Sous la direction de
Jean-Christophe Buisson et Jean Sévillia

LES DERNIERS JOURS DES REINES

LE FIGARO HISTOIRE / PERRIN

Éditions Perrin
12, avenue d'Italie
75013 Paris
Tél. : 01 44 16 09 00
Fax : 01 44 16 09 01
www.editions-perrin.fr

ISBN : 978-2-262-05032-0

Sommaire

PRÉFACE

La reine est morte, vive la reine !

Certains clichés, par leur répétition, gagnent en notoriété médiatique ce qu'ils perdent en rectitude historique. De même que la Grèce n'est pas uniquement – et encore, cela aussi est discutable – « le-pays-qui-inventa-la-démocratie », mais aussi celui où éclôt et s'épanouit le régime dit dictatorial, la France n'est pas seulement le pays des droits de l'homme et de la Révolution. Elle est aussi cette nation où se développa, non sans se modifier et s'affiner au fil de huit siècles, un système monarchique harmonieux. La France réelle aime à s'en souvenir, qui ne manque pas une occasion de manifester son attachement ou, à tout le moins, sa fascination pour la royauté. Y compris – c'est un comble ! – pour celle de notre meilleure ennemie, l'Angleterre, où le moindre jubilé, le moindre mariage, le moindre baptême suscitent un enthousiasme qui peut paraître étrange dans le pays qui coupa la tête à son roi il y a deux siècles. À moins que ce ne soit le contraire et que les Français tentent ainsi d'expier le crime de leurs ancêtres en saluant la pérennité du système monarchique de leurs voisins d'outre-Manche…

Ces sentiments monarchistes plus ou moins conscients et assumés relèvent sans doute des ordres purement symbolique, nostalgique ou historique, mais ils disent bien aussi, à leur manière, par effet de miroir, la période de doute profond qui imprègne les esprits français. À défaut de bien saisir où ils vont, nos compatriotes se rassurent en sachant d'où ils viennent. Les traductions de ce phénomène sont nombreuses. Ainsi de l'éblouissement que suscitent encore le domaine de Versailles, les châteaux de la Loire ou la gouvernance du général de Gaulle, monarque républicain absolu. Ou des excellents chiffres d'audience des émissions audiovisuelles présentées par Stéphane Bern ou Franck Ferrand, comme de la profusion de dossiers consacrés aux vertus de la monarchie dans les journaux et les magazines les plus incontestablement républicains. À cela, comment ne pas ajouter le succès en librairie jamais démenti de ces biographies de figures ou de dynasties royales signées Jean-Christian Petitfils, Jean des Cars ou Simone Bertière ?

En 2014, un collectif d'historiens dirigés par Patrice Gueniffey publiait *Les Derniers Jours des rois*, qui rencontra lui aussi un remarquable succès éditorial. Dans sa préface, le biographe inspiré de Napoléon rappelait combien les monarques français, à l'instar du plus grand d'entre eux, Louis XIV (« Je m'en vais, mais l'État demeurera toujours »), avaient toujours eu, jusqu'à leur dernier souffle, le souci de la transmission du pouvoir. Et combien il existait un « savoir-mourir » royal relevant presque du rite religieux. Loi salique oblige, il eût été bien difficile d'envisager le même ouvrage en évoquant les derniers jours des reines de France : « les lys ne filent point », selon l'aphorisme médiéval. Si nombre d'entre elles régnèrent, peu gouvernèrent. Du moins furent-elles pour certaines d'habiles conseillères – voire plus. Parfois écoutées de leurs maris (Marie-Antoinette, Eugénie de Montijo, Catherine de Médicis), parfois moins (Joséphine de Beauharnais, Marguerite de Valois, qui fit même la guerre à son propre mari, Henri IV !).

Ailleurs et à d'autres époques, il en fut autrement. Raison pour laquelle il nous a semblé passionnant, à travers une évocation des derniers moments de l'existence de vingt grandes souveraines de tous les pays, de dessiner une fresque du pouvoir suprême au féminin qui irait de l'Antiquité au XXe siècle. Le destin tragique de certaines d'entre elles eut parfois, du reste, des incidences considérables : en préférant se tuer plutôt que se soumettre à Octave (le futur Auguste), Cléopâtre aida par exemple à l'enracinement loin de ses frontières européennes de l'Empire romain, premier empire-monde. En poussant son mari, le roi Alexandre de Serbie, vers une alliance avec l'Autriche, Draga Obrenović précipita non seulement sa chute et son assassinat, mais aussi la disparition de la dynastie dont elle portait le nom, ouvrant la voie à la décennie de crises qui s'achèverait avec le déclenchement de la Première Guerre mondiale.

Pour bâtir ce livre, nous avons veillé à préserver un équilibre entre les siècles. Même si l'ère moderne aura été l'âge d'or de la royauté au féminin avec des figures exceptionnelles comme Catherine de Médicis, Catherine II de Russie, Marie-Thérèse d'Autriche ou Christine de Suède – autant de véritables « femmes d'État » capables de gouverner directement ou en s'appuyant avec grande intelligence sur un Premier ministre ou un conseiller avisé (Mazarin, Potemkine, Kaunitz, Oxenstierna…) –, l'Antiquité, le Moyen Âge et l'époque contemporaine ont aussi vu plusieurs reines marquer l'histoire de l'Europe. Autre équilibre que nous avons souhaité préserver : celui entre les pays. Même si la nationalité d'origine – comme la religion, parfois – ne détermine pas toujours celle du trône (l'Écossaise Marie Stuart fut reine de France, l'Allemande Alix de Hesse-Darmstadt tsarine russe, l'Espagnole Eugénie de Montijo impératrice des Français et Charlotte, fille du roi des Belges, devint archiduchesse d'Autriche, puis impératrice du Mexique !), il nous a semblé légitime de narrer des destins qui trouvent leur source ou leur fin aussi bien à Londres, Saint-Pétersbourg, Vienne, Rome ou Belgrade que sur les rives du Nil, au cœur des forêts d'Austrasie, dans les caves de la maison Ipatiev à Iekaterinbourg ou entre les murs humides de la Conciergerie, à Paris. L'Histoire est parfois une leçon de géographie autant qu'un voyage dans le temps. Voire plus ? À l'heure où il est de bon ton de vanter le métissage et l'abolition des frontières nationales, il n'est sans doute pas inutile de rappeler la culture éminemment internationale des cours et des salons des anciens régimes pour qui l'idée européenne n'était pas un vain mot ni une abstraction. Et qui possédait une autre dimension que celle, administrative, bureaucratique, économique, qui tente de prendre corps sur notre Vieux Continent depuis trois quarts de siècle.

Pour donner vie à ces petites histoires qui ont fait la grande, nous avons souhaité des textes denses, rigoureux, scientifiquement irréprochables, mais vivants, incarnés, accessibles. Aussi avons-nous fait appel à ces plumes parfois négligées ou méprisées par certains mandarins au prétexte qu'elles ont l'outrecuidance d'allier le fond et la forme, l'érudition et le style. Certains contributeurs sont des spécialistes dont les travaux font autorité ; d'autres, plus simplement, des écrivains d'histoire ou des journalistes dont la passion nourrit l'exercice de leur profession autant que leur réflexion et leur regard sur le monde présent.

L'Histoire est tragique, nous a appris Raymond Aron. Et l'homme, selon Hobbes, « un loup pour l'homme ».

Pour la femme aussi, quand elle exerce le pouvoir… Dans l'épreuve de la violence, les femmes couronnées auront eu plus que leur part. Parmi ces vingt récits, on trouvera des séances de torture meurtrière (Brunehaut), des suicides (Cléopâtre), des assassinats (Sissi, Draga Obrenović), des matricides (Agrippine), des décapitations (Marie Stuart, Marie-Antoinette), des exécutions sans procès (la dernière tsarine). Juste retour des choses ? Rappelons que dans le registre de l'assassinat, Agrippine et Catherine II avaient eu elles-mêmes l'occasion de témoigner de leur savoir-faire…

Au-delà et en regard de ces fins tragiques, comment ne pas s'arrêter avec le même intérêt sur les derniers instants de celles qui, pour n'avoir pas succombé au couteau ou à la guillotine, ne se révélèrent pas moins admirables, au couchant de leur vie, dans leur face-à-face, à la fois intime et public, avec la Mort ? Comment ne pas être impressionné par ces reines qui, écartées du pouvoir par l'âge, la fatigue, la folie ou les aléas politiques, finirent leur existence dans une douloureuse forme d'isolement ou de réclusion (Victoria, Eugénie, Aliénor d'Aquitaine…) ? Comment ne pas observer sans une certaine fascination la volonté de s'inscrire dans la postérité de ces souveraines transcendées par la foi et leur exemplarité dans la lutte – parfois interminable – contre la maladie (Catherine de Médicis, Anne d'Autriche, la Grande Catherine…) ? Comme s'il existait une civilité du dernier voyage qui serait l'apanage de la royauté, éloignant les têtes couronnées de toute normalité. Oui, même quand leurs derniers jours sont banals, les reines ne sont jamais « normales ». « En ma fin est mon commencement », avait choisi pour devise Marie Stuart, bien avant de monter sur l'échafaud.

Ni l'avènement des Lumières, ni la marche incoercible du progrès, ni le processus de démocratisation de masse et des masses n'ont mis fin au principe de royauté. Symbole d'une tradition qui refuse de disparaître, celle-ci a su revêtir, le cas échéant, les atours de la modernité. Non sans pâtir, dans son essence et sa nature, de ses effets pervers. Adieu le mystère, les secrets et les silences qui entouraient autrefois l'exercice royal du pouvoir. L'époque est révolue où la connaissance que le peuple avait de ses monarques relevait de la chronique édifiante et parfois même posthume. Après n'avoir gardé des souveraines que le souvenir (archives, enluminures, ouvrages imprimés), puis la représentation (portraits), puis des morceaux choisis de leur vie quotidienne (journaux personnels à partir du Grand Siècle, presse, publicité), le XIXe siècle a révélé le corps (photographie) avant que le XXe ne découvre la réalité en temps réel avec le dévoilement successif de la voix (radio) et de la personne (télévision). Nous avons désormais droit à tous les détails sur la vie, les amours et la mort des princesses et des reines, parfois ramenées au même rang que telle ou telle personnalité du monde du spectacle ou du sport. Quel contraste vertigineux entre les disparitions d'Agrippine ou de Brunehaut, chichement relatées par des chroniqueurs, et celle de Lady Diana, vécue presque en temps réel par une société de communication soucieuse de transmettre toujours plus vite et en quantité toujours plus importante au peuple-Moloch la sacro-sainte « information » !

Existe-t-il encore, dans ces conditions, un moyen pour les figures de proue royales de se singulariser et de continuer à exercer une aura du même type que celle de leurs aïeul(e)s ? Sans doute. Rien n'a changé pour les reines dignes de ce nom, depuis le XVIe siècle et cette affirmation d'Élisabeth Ire que cite Stefan Zweig dans sa biographie de Marie Stuart :

« Nous autres princes, nous sommes exposés comme sur une tribune aux regards et à la curiosité du monde entier. La plus petite tache sur nos vêtements est observée, la moindre faiblesse dans nos actions rapidement remarquée, et c'est pourquoi nous devons veiller particulièrement à ce que nos actions soient toujours justes et honorables. »

Jean-Christophe BUISSON
et Jean SÉVILLIA

1

LE RÊVE BRISÉ

Cléopâtre
Alexandrie, août 30 avant J.-C.

par Pierre Renucci

Scène légendaire de l'histoire universelle, la mort de Cléopâtre clôt un mythe politico-sentimental où la vedette revient à la reine d'Égypte, impérieuse et ensorceleuse, à côté d'un Marc Antoine soumis à ses charmes autant qu'à la boisson. Le cinéma y est certes pour beaucoup, surtout depuis qu'un autre couple terrible, Richard Burton et Elizabeth Taylor, les eut incarnés sous la direction de Mankiewicz. Mais le mythe au sens étymologique – le mensonge – remonte bien plus haut, puisqu'il naquit de la propagande du vainqueur d'Antoine, Octave, un politique des plus brillants qui deviendra le premier empereur romain sous le nom d'Auguste. La réalité est différente. Cléopâtre fut une reine vassale, soumise aux maîtres de Rome et aux aléas de leurs querelles. En César puis en Marc Antoine elle trouva deux protecteurs puissants qui firent de l'Égypte un allié privilégié, jusqu'à ce qu'Octave mît fin à son règne et à sa dynastie.

Comprendre la fin oblige à rappeler le commencement. Lorsque Cléopâtre VII ceignit la couronne en

– 51, l'Égypte lagide[1] était le dernier des grands royaumes hellénistiques issus de l'éphémère empire d'Alexandre. Mais, secouée depuis des lustres par des crises internes, la dynastie et le royaume d'Égypte lui-même auraient disparu depuis longtemps sans la protection de Rome qui avait intérêt à leur survie. Cléopâtre faillit disparaître très vite. Montée sur le trône en – 51, elle est renversée par sa sœur Arsinoé et son frère Ptolémée XIII en – 49, mais elle retrouve le pouvoir en – 48 grâce à l'intervention de César – presque par hasard. En effet, poursuivant Pompée qu'il venait de vaincre à Pharsale, César avait débarqué à Alexandrie où le fugitif avait cru trouver refuge. Il n'y avait trouvé que la mort, car les conseillers du jeune Ptolémée XIII s'étaient hâtés de le décapiter pour complaire au nouveau maître de Rome. Mauvais calcul. Bien décidé à saisir cette occasion d'organiser à son profit le protectorat de l'Égypte, César commença par imposer une réconciliation entre Ptolémée et Cléopâtre. Mais le clan du premier refusa, provoquant une guerre que César remporta définitivement en mars – 47.

Restait à installer un gouvernement égyptien docile. Cléopâtre faisait l'affaire, à condition de la débarrasser de la concurrence familiale. Ptolémée XIII étant mort au combat, César n'eut plus qu'à expédier Arsinoé à Rome et, conformément à la coutume, à marier le tout jeune Ptolémée XIV avec sa sœur. Cléopâtre détenait ainsi le pouvoir, mais sous la surveillance de trois légions restées sur place. César quitta l'Égypte en juillet – 47, laissant peut-être la reine enceinte de ses œuvres[2].

---

1. Le royaume hellénistique d'Égypte fut créé par Ptolémée, un des diadoques d'Alexandre. Ptolémée Ier avait pour père Lagos, d'où vient le mot « Lagide ». On dit aussi dynastie ou Égypte « ptoléméenne ».

2. La paternité et l'année de naissance de celui que l'histoire a retenu sous le nom de Césarion sont très discutées.

À l'été – 46, la jeune femme vint à Rome sur invitation de son suzerain et amant. Au programme de la visite officielle, le quadruple triomphe de César sur la Gaule, le Pont, la Numidie et, bien sûr, l'Égypte. Cléopâtre put ainsi voir les chefs vaincus défiler enchaînés dans des charrettes, sous les quolibets de la foule : Vercingétorix, Juba II[1], à peine âgé de quatre ans, qui représentait son père suicidé, et surtout Arsinoé, sa propre sœur. Voilà donc l'Égypte invitée à Rome pour y contempler sa propre déchéance ! Reine en titre et reine déchue, Cléopâtre et Arsinoé étaient là par la volonté du vainqueur qui avait couronné l'une et enchaîné l'autre. Toutes deux personnalisaient leur pays maté. Terrible leçon pour Cléopâtre que de voir cette sœur honnie humiliée par un autre ! Quinze ans plus tard, cette image d'Arsinoé bringuebalée dans sa carriole présidera sûrement à sa dernière décision.

L'assassinat de César le 15 mars – 44 contraignit Cléopâtre à fuir l'*Urbs*, où sa sécurité était menacée. Pour la reine s'ouvrait une période d'incertitude : le nouveau conflit civil romain lui laisserait certes plus de latitude, mais son issue risquait bien de remettre en question le statut politique de l'Égypte.

Dans le courant de l'année – 43, Cassius et Brutus, à la tête d'une armée républicaine, se rendirent maîtres de l'Orient, à l'exception, précisément, de l'Égypte où ils n'eurent pas le temps de mettre les pieds. Leurs amis, en revanche, échouèrent à l'ouest. Après de nombreux rebondissements, Antoine[2] s'assura la maîtrise de l'Occident

1. Roi de Maurétanie.

2. Marc Antoine fut l'un des lieutenants, puis le premier lieutenant de César, notamment en Gaule et lors de la guerre civile contre Pompée. En – 44 il était consul et assura le gouvernement après l'assassinat de César.

avec un allié dont il se serait bien passé, Octave. Celui-ci était le petit-neveu de César que ce dernier, à la surprise générale, avait adopté par testament. Âgé d'à peine dix-neuf ans, ce jeune homme s'était aussitôt révélé un animal politique surdoué et incontournable. Avec Lépide, Antoine et Octave formèrent un cartel appelé « second triumvirat[1] ». Restait à en finir avec les républicains. Ce sera chose faite à la bataille de Philippes[2] remportée par les césariens en octobre – 42, victoire dont le véritable artisan était Antoine.

Aussitôt les triumvirs se partagèrent le gouvernement. Octave se contentait des Hispanies et Lépide de l'Afrique[3]. Antoine, dont le prestige surpassait celui de ses collègues, prenait le reste. L'Italie, elle, restait indivise. Conçu comme provisoire, le triumvirat durera pourtant dix ans, mais le rapport de forces, très favorable à Antoine à l'origine, évoluera progressivement au profit d'Octave. Dès la fin – 40, les accords de Brindes plaçaient l'Occident entier sous son autorité. Seule l'Italie conservait son statut théorique de condominium. Pour sceller ces accords, Antoine épousa la sœur d'Octave, Octavia. Quatre ans plus tard, en – 36, après avoir déchu Lépide, le fils de César joindra l'Afrique à ses possessions. De fait, le triumvirat ne sera plus alors qu'un duumvirat qui laissait deux titans côte à côte et bientôt face à face.

1. Pour le distinguer du premier triumvirat qui regroupait César, Pompée et Crassus.

2. En Grèce, non loin de l'actuelle ville de Kavála, sur la côte nord de la mer Égée.

3. Les deux provinces africaines formaient une bande côtière qui courait de l'est de l'Algérie à l'ouest de la Libye.

Le duel entre Antoine et Octave

Triumvir d'Orient, Antoine s'attacha à réorganiser ses États en s'appuyant sur le plus riche d'entre eux : l'Égypte. Deux solutions s'offraient à lui : l'annexer ou la conserver comme État-client, c'est-à-dire comme un allié inféodé. Souvent Rome préférait la seconde solution, moins conflictuelle et moins coûteuse. Encore fallait-il un monarque conciliant et efficace. Or Cléopâtre était une reine intelligente qui savait que sa seule chance de conserver couronne et influence consistait à servir Rome loyalement. Sitôt après la victoire de Philippes, Antoine avait donc fait d'elle sa concubine, suivant en cela l'exemple de César. On ignore s'il y eut jamais mariage. Qu'il fût l'époux d'Octavia ne l'empêchait pas de se marier avec une princesse étrangère : le principe romain de la monogamie interdisait seulement de reconnaître à Rome une valeur civile au second mariage. L'union entre le triumvir et la reine est avant tout politique, même si des sentiments ont pu exister entre eux. Elle ne relève en rien de l'amour fou pour une « Vénus insatiable » comme l'écrit Dion Cassius. La nymphomanie et la réputation d'experte en philtres de Cléopâtre sont des thèmes de propagande qui ont enflé avec le temps. Quant à son physique, les rares portraits supposés la représenter donnent plutôt raison à Plutarque selon qui, si cette femme avait du charme et de la culture, « sa beauté en elle-même n'était pas incomparable, ni propre à émerveiller ceux qui la voyaient »...

En – 34, Antoine paracheva la structure gouvernementale de l'Orient autour d'une nouvelle dynastie qu'on pourrait qualifier de ptolémo-césarienne. Cléopâtre est proclamée « reine des rois », et chacun des trois enfants qu'elle a eus de lui – les jumeaux Alexandre Hélios et Cléopâtre Séléné et le puîné Ptolémée Philadelphe –

reçoit avec le titre de roi un morceau des territoires orientaux. Les derniers roitelets issus du démembrement des États hellénistiques demeurent, mais passent sous leur suzeraineté. Quoique en apparence cantonnée à l'Orient, la nouvelle dynastie a vocation à prendre en charge tout l'Empire. Parce qu'au sommet de l'édifice se trouve bien sûr Antoine, auquel tous les monarques orientaux obéissent, y compris Cléopâtre. Mais aussi et surtout parce que celle-ci, maîtresse du défunt César, est maintenant présentée comme son épouse et le jeune Ptolémée XV comme leur fils. Le sobriquet même de Césarion donné à l'enfant est une idée d'Antoine pour populariser la dynastie. Césarion, fils réel ou inventé du dictateur, sera donc avant tout un beau coup de propagande pour rallier l'opinion occidentale. Et pour faire bonne mesure, Antoine a fait venir d'Italie son fils aîné Antyllus[1], âgé de quatorze ans, né d'un précédent mariage avec Fulvia, une aristocrate romaine. Il n'est pas douteux qu'Antoine lui réservait un rôle de premier plan, peut-être celui de lui succéder.

Cette construction intervint à un moment où les relations avec Octave s'étaient à nouveau dégradées. Antoine reprochait notamment à celui-ci de ne lui avoir envoyé que 2 000 soldats au lieu des 16 000 prévus par le traité de Brindes pour compléter son armée face aux Parthes. On imagine la contrariété d'Octave ! Lui le fils adoptif de César, lui qui fait claquer son nouveau nom comme un titre au pouvoir voit surgir devant lui un petit frère, fils de sang de César, et une dynastie ptolémo-césarienne ! Ptolémo-césarienne, c'est-à-dire gréco-romaine, faisant la synthèse historico-politique entre Occident et Orient,

1. Antyllus est le surnom donné par les Alexandrins au fils aîné d'Antoine. Son nom romain est Marcus Antonius, comme son père. Le cadet, Iullus, resta à Rome avec Octavia.

entre César et Alexandre. Cette dynastie présente, elle aussi, son titre au pouvoir, et c'est bien là qu'est toute l'affaire : quand il proclame à Alexandrie son nouveau dispositif dynastique, c'est aux Romains et aux Italiens plus qu'aux Alexandrins qu'Antoine s'adresse. Il présente César comme le fondateur d'une nouvelle dynastie, et se présente lui-même comme son successeur dans l'Empire comme dans l'alcôve de Cléopâtre.

Ainsi donc, les deux hommes forts engageaient à l'ouest la bataille de la propagande. Malgré la popularité qu'il conservait à Rome, Antoine la perdra. Octave, parce qu'il était sur place et qu'il tenait bien l'Occident, parvint à convaincre une opinion publique fatiguée des guerres civiles qu'un nouvel affrontement était inévitable. Son coup de génie consista à le faire passer pour un conflit avec l'Égypte, dirigée par une Cléopâtre maléfique et lascive dont l'ambition est de remplacer Rome et l'Italie au gouvernement de l'Empire. Mais personne ne pouvant croire que l'Égypte seule présente un danger, la propagande va attribuer à Antoine le rôle du général romain dégénéré, soumis à sa maîtresse égyptienne dont il est devenu le bras armé. Le mythe du couple maudit prenait corps.

Antoine commit la faute de ne pas mesurer la détermination de son collègue. Alors qu'il concentrait ses forces en Arménie pour envahir la Parthie, Octave en profita pour occuper une partie importante de la côte adriatique. Pris de vitesse, Antoine se trouva d'emblée en situation défavorable. Contrairement à ce qu'on imagine, la célèbre bataille navale d'Actium, le 2 septembre – 31, n'est pas décisive par elle-même, puisque Antoine et Cléopâtre s'échappent avec plus de cent navires et que l'armée de terre reste intacte. Mais elle donne à Octave la maîtrise des mers et un avantage psychologique déterminant. Dès le lendemain, les navires antonins, qui s'étaient réfugiés dans le golfe d'Ambracia[1], se rendront. Une semaine plus tard, ce sera à l'armée de terre de passer à Octave, avec pour conséquence la perte de la Grèce, de la Macédoine, bientôt de l'Asie Mineure. De proche en proche, les troupes romaines de Cyrénaïque[2] et la plupart des roitelets orientaux feront défection à leur tour.

Le dernier combat

Si Antoine ne nourrissait plus guère d'illusions, sa femme échafaudait un plan apparemment inspiré de la guerre d'Hannibal[3], consistant à s'emparer de l'Hispanie. Surtout, elle se souvenait que, plus récemment, cette province avait été le bastion des pompéiens contre César. Mais à l'inverse de Pompée, Antoine n'y disposait d'aucune clientèle susceptible de l'appuyer – sans compter que la perte des côtes africaines rendait l'opération irréalisable. La reine prit alors une décision radicale : quitter l'Égypte avec son trésor et son armée pour s'installer on ne sait où, en Afrique ou en Inde, mais hors de la zone d'influence romaine. Le périple commencerait par le tractage de ses navires par l'isthme de Suez jusqu'à la mer Rouge, d'où il se poursuivrait vers la mer d'Oman ou le golfe Persique. Aussi incroyable qu'il paraisse, ce projet était plus réaliste que le premier et connut même un début d'exécution. Il avorta à cause d'une nouvelle trahison : Didius, le gouverneur de Syrie, venait lui aussi de comprendre son intérêt. Il s'aboucha avec les Bédouins de la région de Pétra, depuis toujours en mauvais termes avec Cléopâtre,

1. Aujourd'hui appelé golfe d'Arta.

2. La Cyrénaïque correspond aujourd'hui à la partie orientale de la Libye, frontalière de l'Égypte.

3. Deuxième guerre punique (– 218 à – 202).

et leur suggéra d'attaquer le convoi dans l'isthme lorsque les navires seraient tirés sur des rouleaux. Les Arabes nabatéens ne se firent pas prier : quelques charges de cavalerie leur suffirent pour anéantir le pesant cortège.

L'« effet domino » déclenché par l'échec d'Actium était accompli. Sans alliés, Antoine et Cléopâtre se retrouvaient isolés. Le premier semble avoir suivi de loin les projets de la seconde. Cet homme si gai, si sociable sombrait dans la dépression. Au bout d'une jetée du grand port, il se fit construire une maison qu'il nomma « Timônéion », du nom de Timôn, un misanthrope athénien célèbre du temps d'Aristophane, et s'y enferma, abreuvant ses rares visiteurs de sentences définitives sur l'ingratitude humaine. Les subites difficultés rencontrées par Octave en Italie lui redonnèrent pourtant un peu d'espoir. Après Actium, la première tâche du vainqueur avait été en effet de s'occuper de la démobilisation d'une partie de son armée, démesurément accrue par le ralliement des troupes ennemies. Depuis un siècle de guerres civiles et de conquêtes, l'attribution de terres et de primes aux vétérans était le casse-tête perpétuel des dirigeants. Cette masse de prolétaires en armes, toujours prête à se vendre au plus offrant, représentait un danger constant. D'abord, Octave avait expédié les premières cohortes de vétérans en Italie sans rien leur donner. Mais entre novembre et décembre, alors qu'il commençait à traiter les affaires d'Orient, la nouvelle lui était parvenue qu'en Italie éclataient des troubles qui requéraient sa présence immédiate. Aussitôt il avait fait voile vers Brindes pour y recevoir les corps constitués et prendre des mesures urgentes propres à calmer les esprits. Mais cela se révélerait vite insuffisant : bientôt des dizaines de milliers de soldats allaient être démobilisés, qu'il faudrait caser et payer sans attendre.

Octave ne s'attarda pas plus d'un mois à Brindes. Il avait besoin de fonds pour solder légionnaires et vétérans, et les fonds se trouvaient en Égypte. D'où l'urgence d'en finir avec le royaume lagide, dont ce que nous appellerions aujourd'hui « PIB » et « réserves » ne relevaient pas du fantasme. L'heure des comptes avec Antoine et Cléopâtre avait sonné.

Tous deux profitèrent du sursis ménagé par les événements italiens pour renforcer les défenses de l'Égypte. Bien sûr, ni l'un ni l'autre n'imaginait plus vaincre l'Empire romain, désormais entre les mains du seul Octave. Mais face à l'opinion publique le couple sauvait les apparences. C'est ainsi qu'à l'occasion de l'inscription de Césarion et d'Antyllus sur la liste des éphèbes[1], des fêtes publiques somptueuses furent offertes. En revanche, les réceptions privées sentaient la fin de règne. Du temps de leur splendeur, Antoine et Cléopâtre avaient créé l'« Association de la vie inimitable », un cercle mondain qui comptait quelques rares privilégiés. Il s'appelait maintenant les « Compagnons de la mort ». On raconte aussi que la reine faisait tester sur des condamnés divers poisons et que le venin de l'aspic procurait le trépas le plus doux. Elle avait aussi lancé la construction de son mausolée, où, avant même qu'il ne soit achevé, elle entassait ses objets les plus précieux et du combustible pour les réduire en cendres avec son propre cadavre si l'ennemi s'avisait de la menacer.

Négociations et chantages

En réalité, l'espoir ne résidait plus que dans la diplomatie. Mais quand la disproportion des forces est trop grande, la diplomatie se résume pour le faible à de la gesti-

1. Les éphèbes étaient les jeunes gens en âge de recevoir l'instruction militaire. Antyllus, qui venait d'avoir seize ans, revêtit par la même occasion la toge virile.

culation et du chantage. C'est ainsi que s'expliquent, d'un côté, la consolidation des frontières et, de l'autre, cette affaire des poisons et du mausolée, qui n'a évidemment pas vocation à rester secrète. Octave a une seule faiblesse : un manque de numéraire qui risque de provoquer une rébellion des vétérans et de l'armée d'active. Il s'agit donc de lui faire savoir qu'à défaut d'un compromis, il devra encore livrer une guerre coûteuse sans espoir de mettre la main sur les liquidités que la reine détruirait avant de se suicider[1]. Selon l'auteur ancien Dion Cassius, celle-ci aurait engagé les tractations à l'insu d'Antoine. C'est possible, à moins qu'en accord avec lui elle ait agi seule afin de ne pas irriter son interlocuteur. Cela dit, elle n'espérait certes pas la confirmation du système créé par le triumvir d'Orient – ce beau rêve avait sombré à Actium –, mais la survie de la dynastie lagide au sein de l'Empire romain, avec le maintien d'une certaine autonomie. Pour marquer son allégeance au vainqueur, elle envoya à Octave les insignes du pouvoir : sceptre, couronne et trône.

Le jeune prince avait déjà décidé la fin des Lagides, mais il prit très au sérieux la menace de suicide de Cléopâtre et d'incendie du mausolée. Il fit donc patte de velours. Officiellement, Octave lance un ultimatum à Cléopâtre : capitulation et abdication en échange de la vie. Mais en secret il lui fait savoir qu'elle conserverait son royaume si elle consentait à tuer Antoine, et lui laisse même entendre qu'il souhaite nouer avec elle une relation amoureuse. Ne nous méprenons pas sur cette dernière proposition dont la portée est exclusivement politique. Mariages ou concubinages dynastiques étaient habituels en Orient : en lui faisant miroiter une telle alliance, c'est-à-dire en

1. Le mausolée renfermait une fortune considérable et vite monnayable : or, argent, pierres précieuses, perles, ébène, ivoire et même des aromates, tel le cinnamome.

remplaçant César puis Antoine dans sa couche, Octave promet à Cléopâtre de la maintenir sur le trône. Pour la convaincre, il lui envoya Thyrsos, un affranchi habile qui parvint à gagner sa confiance. Leurs longs entretiens éveillèrent les soupçons d'Antoine, qui n'appréciait pas non plus le dédain que lui témoignait l'émissaire. Il finit par lui faire donner le fouet, avant de le renvoyer à son maître avec ce mot : « Quant à toi, si tu prends mal cette affaire, tu as mon affranchi Hipparque : fais le suspendre et fouetter et nous serons quittes. » Ironie mordante, lorsque l'on sait que cet Hipparque en qui il avait toute confiance fut le premier de ses affranchis à passer à Octave.

Antoine pouvait se permettre cette désinvolture car lui n'avait plus grand-chose à négocier. À tout hasard, il demande à son ancien collègue de le laisser s'installer à Athènes pour y mener la vie d'un simple particulier. Il va jusqu'à offrir sa propre vie pour sauver le trône de Cléopâtre. Dans la balance, il ne peut mettre que le souvenir de leurs frasques de jeunesse et leur parenté. Bien maigres arguments face au tout-puissant Octave… Antoine lui livre Turullius, un des meurtriers de César auquel il avait confié un commandement à Actium. Ce fut aussi inutile qu'inélégant. Octave se hâta de faire exécuter le césaricide, mais oublia de répondre à l'expéditeur. Celui-ci fait alors une dernière tentative : il députe son fils Antyllus avec de l'or. Octave garda l'or et Antyllus revint sans message.

Octave savait ce qu'il faisait en parlementant avec la reine et en ignorant Antoine. Une tension s'installa dans le couple. Antoine devenait encombrant pour Cléopâtre qui cherchait à sauver son trône, tandis que Cléopâtre devenait suspecte à Antoine qui se doutait des manœuvres d'Octave. Malgré quelques scènes politico-conjugales, il n'y aura pas de rupture. Mais le malaise est réel, et pour le dissiper Cléopâtre organise une fête somptueuse à l'occasion de l'anniversaire de son compagnon le 14 janvier. Par la force des choses, tous deux restaient liés. Cléopâtre ne peut prendre le risque de se débarrasser d'Antoine. Sans les dernières forces romaines qu'il commande, son royaume serait déjà envahi, et de toute façon ces troupes ne pardonneraient pas à une reine étrangère l'assassinat de leur chef. Quant à Antoine, l'Égypte est la dernière case de l'échiquier avant le mat. Celle où, à défaut d'espoir, le soleil brille pour quelques jours encore.

La mort d'Antoine

Arriva le printemps, saison de la guerre. Maîtresse de la Cyrénaïque, une armée octavienne commandée par Cornelius Gallus s'empara de Paraitonion. Toute proche de l'Égypte, cette bourgade portuaire revêtait une importance stratégique considérable. Antoine tentera en vain de la reprendre. Le verrou occidental de l'Égypte avait sauté. À peu près au même moment, Octave prenait Péluse, le verrou oriental, sans coup férir. L'ordre de livrer la place vint-il de Cléopâtre ? Ou s'agit-il d'une initiative personnelle du général Séleucos qui la commandait ? Les historiens anciens sont divisés. L'implication de Cléopâtre est très probable. Bien sûr, la reine n'a pas donné l'instruction écrite et formelle d'ouvrir les portes. L'opinion publique alexandrine ne l'aurait pas compris. Pourtant, l'intérêt de la dynastie commandait toujours de s'entendre avec Rome. À ce moment encore, Cléopâtre continuait de recevoir des messages rassurants d'Octave par l'intermédiaire de Thyrsos. De toutes les façons, la guerre était perdue, quelque résistance qu'opposât Péluse. L'entrée des octaviens à Alexandrie n'était plus qu'une question de jours. Autant éviter de fâcher inutilement le vainqueur…

Octave marcha aussitôt sur Alexandrie. À peine revenu de Paraitonion, Antoine n'eut que le temps de rassembler ses dernières forces et le 31 juillet à l'aube tout était prêt pour l'ultime combat. De son poste de commandement sur les collines proches d'Alexandrie, Antoine surveille sa marine qui se portait à la rencontre de celle d'Octave. Lui-même, avec l'armée de terre, attendait que débutât le combat naval pour avancer à son tour. Or, il n'y eut pas de combat naval. Avant d'arriver à portée de tir, les vaisseaux égyptiens agitèrent leurs rames en signe de salut, reçoivent celui des octaviens et tournent leurs proues. Les deux flottes voguaient maintenant de conserve, rostres pointés sur Alexandrie. Antoine n'avait plus de navires. Il n'eut bientôt plus de cavalerie. Seule l'infanterie lui resta fidèle, mais, noyée sous le nombre, elle fut défaite. Antoine a joué la partie jusqu'au mat. Le soleil ne se lèvera plus pour lui.

Il se replia à Alexandrie avec un dernier carré de troupes. Dans les rues, il hurlait que Cléopâtre avait manigancé la défection de la flotte, qu'elle l'avait trahi, lui et tous ceux qui se battaient pour elle. Enfin, il entra au palais. Là, il apprit que la reine venait de se suicider dans son mausolée. Antoine décida d'en finir à son tour. Non pas, comme le prétend Plutarque, parce qu'il croit Cléopâtre morte ou par souci de ne pas se montrer moins courageux qu'elle, mais parce qu'il est un général romain, parce que Octave ne pourra l'épargner et parce qu'il obéit à un code d'honneur qui lui interdit de se livrer à l'infamie du bourreau. L'annonce de la mort de son épouse n'a fait que conforter sa décision.

Il se frappa au ventre. Le coup ne lui fut pas fatal. Après quelques secondes, Antoine sortit de son évanouissement et distingua des gens autour de lui. Il les supplia de l'achever, mais tous s'enfuirent. Seul dans sa chambre, il n'avait plus assez de force pour reprendre son glaive, mais trop encore pour mourir.

Les témoins n'avaient pas achevé le moribond parce qu'ils étaient allés avertir Cléopâtre. La reine, en effet, était vivante. Profitant des combats, elle s'était barricadée dans son mausolée avec deux servantes et un eunuque. Elle avait fait porter la nouvelle de son suicide à Antoine pour l'inciter à se supprimer au plus vite et sans chercher à la revoir. Après la livraison de Péruse et de Paraitonion, puis la défection de la marine, son faux trépas était simplement la poursuite de son double jeu. Antoine gênait la reine. Depuis Actium, elle avait perdu avec lui des mois précieux, que d'autres utilisèrent pour faire leur paix avec le vainqueur. Celui-ci exigeait qu'elle se débarrassât de son mari, tout en sachant que cela lui était impossible. Mais à présent sa mort devenait urgente, car dans quelques heures elle négocierait directement avec Octave. Antoine devait mourir avant si elle voulait conserver une chance de dissocier son destin du sien. Cléopâtre était un chef d'État avant d'être une épouse.

Pourtant, quand elle apprit l'état de son compagnon, la reine chargea son secrétaire Diomède de l'amener jusqu'à elle. Mais arrivé au pied du mausolée, il ne peut ouvrir la porte parce qu'une fois close, un mécanisme empêche sa réouverture. Il faut donc passer par la fenêtre de l'étage supérieur[1]. L'édifice étant encore en chantier, des cordes de levage pendaient du toit. On y attache le blessé et, de la fenêtre, Cléopâtre et sa petite suite entreprennent de le hisser. Dans la rue, les badauds voient ce déplorable spectacle : leur reine, le visage crispé par l'effort, tirant péniblement au bout d'une corde Antoine, pauvre loque ensanglantée et gémissante.

Après l'avoir recueilli et allongé, Cléopâtre entra en lamentation à la manière des Méditerranéennes, en se griffant le visage et la poitrine. Ces pleurs rituels n'em-

1 Comme la plupart des monuments funéraires hellénistiques de cette époque, le mausolée de Cléopâtre avait sans doute la forme d'une tour à plusieurs étages.

pêchent pas une peine sincère. Qu'elle se soit refusée à laisser son mari agoniser seul atteste plutôt du contraire. Antoine, tout proche de mourir, l'interrompit : qu'importe ce retournement de la Fortune, puisqu'elle lui a tout donné – amour, gloire, puissance, richesse et même une mort enviable puisque c'est celle d'un Romain vaincu par un Romain. À la reine, il conseilla de négocier au mieux de ses intérêts, mais sans déshonneur. C'est bien ce qu'elle comptait faire.

Comme tous les blessés au ventre, Antoine souffrait de la soif. Cléopâtre lui donna un peu de vin et il expira dans ses bras.

La marche vers la mort

Retranchée dans sa forteresse mortuaire, Cléopâtre attendait Octave. En lui facilitant l'invasion de l'Égypte, elle avait satisfait à ses exigences autant qu'elle avait pu, et Antoine ne constituait plus un obstacle à un accord. Maintenant, si Octave voulait sa perte, elle était toujours décidée à se suicider et à incendier le mausolée. D'urgence, celui-ci lui dépêcha le chevalier Proculeius pour la rassurer. Le légataire se rend seul au sépulcre et entame avec la reine une conversation à travers la porte. Selon Plutarque, elle demande la royauté pour ses enfants, ce qui signifierait qu'elle est prête à abdiquer ou au moins à partager le trône. Proculeius lui répond qu'elle doit avoir confiance en Octave et s'en retourne, non sans avoir fait le tour du bâtiment pour repérer les ouvertures. Il revient peu après avec Gallus et deux soldats. Gallus prend le relais des pourparlers, toujours à travers la porte, pendant que les trois autres, à l'aide d'une échelle, s'introduisent dans le bâtiment par une fenêtre. Alertée par les cris d'une servante, Cléopâtre se retourne. Voyant Proculeius dévaler l'escalier, elle se serait poignardée s'il ne l'avait ceinturée à temps.

Octave tenait la reine et son trésor. Celui-ci partit pour Rome avec pour effet immédiat d'y ramener le taux d'intérêt de 12 à 4 %. Cléopâtre, elle, reprit le chemin de son palais où elle resta au secret sous la surveillance constante d'Épaphrodite, un affranchi d'Octave. Elle conservait les honneurs royaux et Épaphrodite avait même ordre de lui rendre la vie agréable et facile autant que possible. La première requête de Cléopâtre fut de s'occuper des funérailles d'Antoine. Des rois et des généraux proposaient de s'en charger à leurs frais, mais ce renard d'Octave se fit un plaisir d'accéder à la demande de son « hôtesse ». Il renforçait ainsi sa propagande qui fait d'Antoine un soldat perdu devenu prince consort d'Égypte, et lui-même s'offrait un acte de clémence à bon marché. La reine participera donc elle-même à l'embaumement du corps, puis à son ensevelissement dans le mausolée.

Elle revint au palais fatiguée par une forte fièvre provoquée par l'infection des griffures qu'elle s'était infligées. Son moral, surtout, était au plus bas. Octave n'avait toujours pas pris la peine de la visiter, ce qui en dit long sur le peu de cas qu'il faisait de la reine. Elle commença à ne plus s'alimenter et demanda conseil à son médecin Olympos. Désir réel de mourir ? Plutôt une sorte de grève de la faim pour pousser Octave à se manifester. De fait, Épaphrodite avertit aussitôt son maître. Les auteurs antiques affirment tous qu'Octave voulait garder la reine en vie pour en faire le clou du triple triomphe qu'il célébrerait l'année suivante pour ses victoires en Dalmatie, à Actium et en Égypte. Nous le verrons, ses intentions réelles ne sont cependant pas aussi sûres que le disent les sources.

Cléopâtre se faisait aussi du souci pour ses enfants, surtout pour Césarion dont la filiation proclamée avec César portait de l'ombre à Octave. C'est pourquoi, peu avant la bataille d'Alexandrie, elle l'avait expédié avec un solide viatique dans un port de la mer Rouge pour s'embarquer vers les Indes. Mais son précepteur Rhodôn a réussi à le persuader de revenir à Alexandrie en lui contant qu'Octave voulait lui offrir le trône. Il y rejoignit ses frères et sœur, qui se trouvaient au palais sous bonne garde mais très bien traités.

Après quelques jours, Octave rend enfin visite à Cléopâtre. Dion Cassius prétend qu'elle se serait lancée dans un numéro de séduction, ponctué d'avances insistantes. Il ne faut voir dans cette assertion que l'ultime couplet de la propagande octavienne sur le thème de la reine maléfique : il fallait bien montrer l'impuissance de la sorcière sur Octave afin que l'on pût dire, avec Florus, que « sa beauté fut inférieure à la chasteté du prince »... Plutarque, lui, montre une femme brisée mais dont le charme légendaire jette ses derniers éclats. Son récit, appuyé sur le rapport que fera le médecin Olympos des derniers jours de la reine, paraît bien plus conforme à la situation. Quoi qu'il en soit, Cléopâtre n'obtiendra aucune garantie sur le sort de la dynastie ni sur le statut futur de l'Égypte. Le Romain la laissera parler, n'ouvrant la bouche que pour lui accorder la vague promesse d'une vie brillante et supérieure à tous ses espoirs. Après son peu d'empressement à se rendre auprès d'elle, sa froideur polie ne permet plus d'espérer grand-chose.

Cet entretien eut pour seul effet de conforter la reine dans sa décision de mourir. Une perspective l'obsédait : figurer au triomphe d'Octave. Depuis qu'elle avait assisté à celui de César, le souvenir de sa sœur Arsinoé offerte à la foule romaine la hantait. Serait-ce son tour de monter sur la charrette, d'être exhibée comme une bête curieuse entre des rois barbares ? Jamais ! La reine avait assez de ruse pour tromper son vainqueur. Elle lui dit qu'elle le suivrait à Rome de son plein gré et que là-bas elle offrirait des bijoux à son épouse Livia et à sa sœur Octavia pour qu'elles l'aidassent à le fléchir. Tout malin qu'il fût, Octave crut que la reine gardait espoir et qu'elle était disposée à vivre pour le supplier encore. De cela aussi les historiographes sont persuadés ou feignent de l'être.

Peu après, Cornelius Dolabella, un proche d'Octave, informa secrètement Cléopâtre que celui-ci avait décidé de partir pour la Syrie dans trois jours et de l'expédier à Rome avec ses enfants. Est-il possible que cet homme ait pris un tel risque, même par amitié pour la reine, et, plus encore, qu'il n'ait pas été sanctionné[1] ? Car le fait que son indiscrétion soit connue prouve qu'il a été démasqué. À moins qu'il ne s'agisse d'une fuite organisée par Octave. Ce serait alors un stratagème destiné à pousser la reine au suicide, ce qui nous amène à nous interroger sur les intentions véritables du Romain.

Et l'Histoire devient légende

Certes, les Anciens insistent sur l'acharnement d'Octave à maintenir Cléopâtre en vie. Il ira même jusqu'à tenter de la ranimer quand elle aura commis l'irréparable. Soit. Mais c'est oublier que cette reine était embarrassante. Que faire d'elle ? La tuer ? Cléopâtre n'était pas le premier roitelet venu : le risque existait de l'ériger en martyr de la résistance au nouveau pouvoir romain. Sans compter qu'il était difficile à un *imperator* d'exécuter une femme. César s'était d'ailleurs interdit de liquider Arsinoé[2]. La placer en résidence surveillée ? C'eût été contredire la propagande qui faisait d'elle l'ennemie mortelle de Rome

1. Plutarque, auquel on doit de connaître l'intervention de Dolabella, ne parle pas de sanctions à son encontre.

2. Arsinoé fut placée en résidence surveillée. Antoine la fit exécuter à la demande de Cléopâtre quand il noua son alliance avec elle.

et l'histoire officielle qui allait en découler. Le suicide évitait ces deux mauvaises solutions. Il renforçait aussi cette histoire officielle de deux façons : Octave sortait innocent de la mort de la reine comme il était sorti innocent de celle d'Antoine, et Cléopâtre donnait la preuve ultime de son irréductibilité malgré l'indulgence de son vainqueur.

Vu sous cet angle, mieux vaut une reine orgueilleuse qui se donne la mort avec courage qu'une femme finie qui la reçoit d'un vainqueur sans pitié. Ce choix d'en finir, conforme au rôle de Cléopâtre dans la mythologie augustéenne, Horace, poète et ami d'Auguste, l'expliquera dans quatre vers définitifs :

Plus farouche encore, car prête au suicide,
Cette femme qui ne sut jamais s'abaisser,
Refusa fièrement aux sévères liburnes [galères]
De la mener, déchue, au triomphe arrogant.

Dès lors, la bienveillance d'Octave ne masque-t-elle pas une manipulation destinée à pousser Cléopâtre à se supprimer ? Impossible de le prouver. Mais cet homme a donné tant de preuves de sa redoutable intelligence et de son art de l'intrigue ! Et le suicide de la reine présentait tant d'avantages…

Décidée à mourir, Cléopâtre obtint d'Octave, qui, officiellement, ne se doutait de rien, l'autorisation d'offrir une libation à Antoine. De retour au palais, elle prend un bain et se fait servir un dernier et somptueux repas. Puis, elle écrit une lettre à Octave qu'elle confie à Épaphrodite. Débarrassée de son surveillant, elle s'enferme dans sa chambre avec Iras et Charmion, les servantes qui l'ont suivie dans le mausolée. Ces deux-là sont destinées à mourir avec leur maîtresse.

Quand Octave lut la lettre, il comprit aussitôt : la reine lui demandait de reposer au côté d'Antoine. Accouru au palais, il voit Cléopâtre vêtue de ses habits royaux, allongée sur un lit d'or, Iras gisant à ses pieds, tandis que Charmion, chancelante, use ses dernières forces à arranger le diadème de sa maîtresse. Personne ne sait quel toxique elle a utilisé ni comment elle se l'est administré. Seules deux légères piqûres apparaissent sur un bras – selon certains –, faisant supposer la morsure d'un aspic ou la piqûre d'une épingle empoisonnée. Pourtant, le corps ne porte aucune tache symptomatique d'empoisonnement et on ne découvrira aucun serpent sur les lieux. Sur ordre d'Octave, des médecins lui administrent des contrepoisons et des Psylles[1], réputés insensibles au venin des serpents, sucent la plaie.

Mais la Mort refuse de rendre Cléopâtre, malgré les efforts d'Octave – Plutarque assure qu'il était navré de la disparition de cette femme dont il avait mesuré la grandeur d'âme. Le vainqueur sera d'ailleurs parfait jusqu'au bout. Il ensevelit l'illustre défunte au côté de son mari, avec tout le faste habituel. Même les courageuses petites Iras et Charmion eurent droit à des obsèques honorables. Bien sûr, il restait fâché que la vedette du triomphe lui ait fait faux bond. Mais il se consolera en faisant défiler son effigie avec un serpent enroulé autour du bras.

Qu'il ait ou non souhaité la mort de Cléopâtre, Octave l'aura brillamment exploitée en poursuivant cette comédie de la mansuétude commencée avec les obsèques officielles accordées à Antoine. Ce fut d'abord cette tentative, mi-tragique mi-burlesque, de réanimation sur le cadavre de Cléopâtre. Ensuite, l'organisation de ses funérailles officielles. Enfin, son ensevelissement au côté de son mari, comme tous deux l'avaient souhaité. Tout cela était le point d'orgue et le point final de l'histoire officielle qui allait s'écrire. Le général et chef d'État romain Antoine ne serait

1. Membres d'une peuplade de Cilicie.

plus que l'époux soumis de Cléopâtre, l'ennemie mortelle de Rome auprès de laquelle il repose pour l'éternité.

Restait à régler le sort des enfants. Leurs destins contrastés montrent que la clémence s'exerce plus difficilement envers les vivants qu'envers les défunts. Antyllus mourra le premier. Âgé de seize ou dix-sept ans, il était l'aîné des garçons que Fulvia avait donnés à Antoine. Octave ne pouvait laisser vivre ce jeune adulte qui avait été très proche de son père sans risquer de se susciter un concurrent. Le malheureux s'était réfugié dans le temple de César divinisé, afin d'être protégé par l'asylie attachée aux sanctuaires. L'asylie ne lui servit de rien, sinon à n'être pas décapité sur place.

Puis viendra le tour de Césarion. Présumé fils de César, il était encore plus dangereux qu'Antyllus. Lors de la délibération sur son sort, le philosophe alexandrin Arios donnera son avis en pastichant un vers de l'*Iliade* : « Pluralité de Césars ne vaut rien[1]. » Il est douteux qu'Octave ait eu besoin de ce conseil pour éliminer un frère aussi fâcheux…

Les jumeaux Alexandre Hélios et Cléopâtre Séléné, tout juste âgés de dix ans, prendront la place de leur mère lors du triomphe d'Octave. La fille sera confiée à Octavia et, plus tard, mariée au roi Juba II de Maurétanie. Ces deux-là étaient faits pour se rencontrer. Lui aussi avait figuré à un triomphe, celui de César, seize ans plus tôt, en remplacement de son père suicidé ; et lui aussi avait été élevé par Octavia. On perd en revanche toute trace du garçon, ainsi que du puîné, le petit Ptolémée Philadelphe. Ont-ils été liquidés discrètement ? Sont-ils morts jeunes de maladie ? Plutarque et Dion Cassius affirment qu'ils furent épargnés et bien traités, ce qui laisse supposer leur passage dans la pouponnière d'Octavia. Sans certitude…

1. Le vers de l'*Iliade* est : « Pluralité de chefs ne vaut rien. Qu'il n'y en ait qu'un ! »

Octave s'attardera quelques jours à Alexandrie pour signifier aux Égyptiens l'acte de décès de la dynastie lagide. Cela se fera très simplement. Il visitera le tombeau d'Alexandre le Grand et touchera la momie, mais il refusera de se rendre dans la sépulture des Ptolémée. À sa suite égyptienne qui insistait, il répondra, selon Dion Cassius, par cette phrase définitive : « J'ai désiré voir un roi et non des morts ! » Alexandre avait bâti un empire éphémère sur lequel ses diadoques, parmi lesquels Ptolémée, s'étaient taillé des royaumes. Cet empire revivait maintenant au travers de Rome. La dynastie lagide n'avait plus de raison d'être.

Ce jour d'août –30 disparaissait le dernier grand royaume hellénistique. L'Égypte devenait une province romaine. Et Cléopâtre entrait dans la légende.

Bibliographie sélective

Principales sources anciennes sur l'époque et sur Cléopâtre

Appien, *Guerres civiles*, livres 2 à 5.
Dion Cassius, *Histoire romaine*, livres 38 à 51.
Flavius Josèphe, *Antiquités judaïques*, livres 14 et 15 ; *Guerre des Juifs*, livre 1.
Florus, *Épitomé*, livre 2, 13-21.
Plutarque, *Vie d'Antoine* ; *Vie de César* ; *Vie de Brutus*.
Suétone, *Vie des douze Césars* (*Jules César* ; *Auguste*).
Velleius Paterculus, *Histoire Romaine*, livre 2, 41-89.

Sur le point précis de la dernière journée et du suicide de Cléopâtre : Plutarque, *Vie d'Antoine*, 84-86 ; Dion Cassius,

Histoire romaine, 51, 13-14 ; Florus, *Épitomé*, 2, 21, 10-11 ; Suétone, *Auguste*, 17, 7-8 ; Velleius Paterculus, *Histoire Romaine*, 2, 87, 1.

Florus, Plutarque, Suétone, Velleius Paterculus sont publiés par Les Belles Lettres dans la collection « Guillaume Budé ».

Dion Cassius y est incomplet ; on trouvera son œuvre intégrale éditée chez Firmin-Didot sous le Second Empire à des dates diverses.

Appien est partiellement publié par Les Belles Lettres dans les collections « La Roue à Livres » et « Guillaume Budé » ; il existe une traduction complète des *Guerres civiles* par Combes-Dounous publiée en 1808 à Paris (imprimerie des frères Mame).

Flavius Josèphe est en partie édité par Le Cerf et par Les Belles Lettres (collection « Guillaume Budé »). La traduction intégrale effectuée par d'Andilly au XVIIIe siècle est publiée en français moderne par les Éditions Lidis, sous le titre *Les Juifs* (1992, 1997).

Travaux modernes

Bengtson, Hermann, *Marcus Antonius, Triumvir und Herrscher des Orients*, Munich, C. H. Beck, 1977.

Grant, Michael, *Cleopatra*, Londres, Weidenfeld & Nicolson, 1972.

Martin, Paul M., *Antoine et Cléopâtre*, Bruxelles, Complexe, 1995.

Renucci, Pierre, *Marc Antoine, un destin inachevé entre César et Cléopâtre*, Paris, Perrin, 2015.

Schiff, Stacy, *Cléopâtre*, Paris, Flammarion, 2012.

Volkmann, Hans, *Cléopâtre*, Paris, Domat, 1956.

Weigall, Arthur, *Cléopâtre, sa vie et son temps*, Paris, Payot, 1934.

Wertheimer, Oskar von, *Cléopâtre*, Paris, Payot, 1981.

2

LA TUEUSE TUÉE

Agripppine
Baie de Naples, mars 59

par Jean-Louis Voisin

Ambitieuse, déterminée, féroce, Agrippine savait qu'elle ne régnerait jamais à Rome où seuls les hommes pouvaient prétendre au statut d'empereur. Aussi décida-t-elle de gouverner l'Empire à travers son fils Néron. Dès sa naissance, elle œuvra pour lui faciliter l'accès au trône en faisant éliminer – parfois physiquement – ses concurrents. Elle plaça ses propres conseillers auprès de lui et se mit à diriger Rome dans une ombre de moins en moins discrète. Néron ne tarda pas à s'en lasser et décida d'écarter sa mère avant d'envisager, à son tour, sa disparition. Par tous les moyens…

Que lui veut-il ? Pourquoi Nero Claudius Caesar Augustus Germanicus, son fils, l'empereur, lui a-t-il adressé une lettre des plus affectueuses pour l'inviter à venir célébrer avec lui à Baïes les fêtes de Minerve, les grandes Quinquatries, qui commencent le 19 mars de l'année 59 et se prolongent jusqu'au 23 ? Est-ce un piège pour pouvoir la supprimer ? Ou une tentative de réconciliation ?

Agrippine hésite. Elle a quarante-quatre ans, reste encore d'une grande beauté et se trouve dans son domaine d'Antium, au sud du Latium, sur la côte, un lieu de résidence chic, proche de Rome, où se sont multipliées de luxueuses villas maritimes fréquentées par l'aristocratie romaine. Caligula, le frère d'Agrippine, y est né en 12. Elle-même y a mis au monde – difficilement –, en 37, le futur Néron, né de son premier mariage. De l'horoscope de l'enfant, on avait tiré une foule de prédictions effrayantes ; parmi les astrologues qu'Agrippine avait consultés pour connaître le destin de son fils, l'un lui avait annoncé qu'il régnerait mais qu'il tuerait sa mère. Elle avait rétorqué : « Qu'il tue, pourvu qu'il règne. »

Agrippine aura tout mis en œuvre pour que son fils puisse régner. Une ambition double : pour lui, pour elle-même. Elle estimait en effet avoir quelques droits à exercer le pouvoir. Puisqu'il était impensable à Rome qu'une femme puisse atteindre le pouvoir suprême, ce serait indirectement, au service de son fils. Car lui seul pouvait prétendre, avec l'aide des hommes et l'accord des dieux, devenir le maître du monde. Racontait-elle dans ses *Mémoires* cette conquête du pouvoir, lente, persévérante, bousculant la morale, renversant les habitudes ? On ne sait, il n'en reste rien et l'on ignore même à quel moment de sa vie se place leur rédaction – peut-être peu après l'avènement de son fils le 13 octobre 54, ou après sa disgrâce l'année suivante. Mais ils ont existé : l'encyclopédiste et amiral Pline l'Ancien les aurait lus et Tacite précise dans ses *Annales* qu'ils « transmettaient à la postérité sa vie et les malheurs des siens ». Le grand historien les a vraisemblablement utilisés, mais il est malaisé d'en évaluer l'influence sur ses écrits. Si l'on ajoute à Tacite Suétone et Dion Cassius, ce sont les trois sources principales qui nous renseignent sur le drame qui se joua au printemps 59. Aucun de ces auteurs n'en a été le témoin :

les deux premiers écrivent les œuvres qui s'y rapportent au début du IIe siècle ; le troisième un siècle plus tard, mais ces parties de son *Histoire romaine* ont été abrégées par des moines byzantins. Malgré des divergences de détails, les lignes de faîte de la vie et de la mort d'Agrippine s'en dégagent avec vigueur.

La survivante

Agrippine est née le 6 novembre 15, dans la deuxième année du règne de Tibère, le successeur d'Auguste mort le 9 août 14. Elle voit le jour sur les rives du Rhin, à *Oppidum Ubiorum*. Cette agglomération urbaine fondée par le premier empereur à l'endroit de l'actuelle Cologne devait constituer le chef-lieu de la nouvelle province romaine de Germanie avant le sanglant désastre de Teutoburg[1] en 9. Des années plus tard, en 50, devenue l'épouse de l'empereur Claude, Agrippine obtiendra de son impérial époux qu'on y envoyât des vétérans, citoyens romains, et qu'on y établît une colonie à laquelle on donna son nom, la *Colonia Claudia Ara Agrippinensium*.

Son père est Germanicus, le neveu de Tibère, que celui-ci a adopté sous la pression d'Auguste, son beau-père. Successeur potentiel à la tête de l'Empire selon les souhaits de ce dernier, très populaire, il commande les armées de Germanie, bat Arminius, le vainqueur de Teutoburg, ensevelit les Romains tombés dans ce combat, récupère deux des trois aigles des légions perdues. Sa mère est Agrippine l'Ancienne, petite-fille d'Auguste,

1. Trois légions, 20 000 hommes, commandées par Quinctilius Varus, sont massacrées par un peuple germain, les Chérusques, sous les ordres d'Arminius, dans la forêt de Teutoburg, à une vingtaine de kilomètres au nord-nord-est d'Osnabrück.

fille de Julie et d'Agrippa, le rude compagnon d'Auguste, associé avant sa mort en 12 av. J.-C. à la gouvernance de l'Empire. Un tempérament entier, inflexible : « Si vous ne dominez, lui aurait dit Tibère, vous croyez qu'on vous fait du tort. » De son mariage avec Germanicus, qu'elle accompagne dans ses déplacements, elle a déjà eu trois fils (Nero, Drusus et Caius plus connu par le surnom que les légionnaires lui donnèrent dans son enfance, Caligula, c'est-à-dire « petite botte ») et aura deux autres filles. En 19, Germanicus meurt en Syrie dans des conditions obscures. La petite Agrippine retrouve à Terracine sa mère, qui rapporte d'Antioche les cendres de son mari. Accusé, vraisemblablement à tort, d'avoir commandité l'empoisonnement de Germanicus, Tibère hésite à désigner un successeur : son fils naturel ou les fils de Germanicus ?

Dès lors, la lutte pour la succession empoisonne la maison impériale – non pas encore un palais sur le Palatin, mais un ensemble de constructions où l'ancien côtoie le moderne et qui tend à former sur cette colline un quartier. La petite Agrippine perçoit, impuissante, des enjeux qui la dépassent mais dont elle tire une leçon : au milieu des cabales, des rumeurs, des clans, des dénonciations, rester en vie est difficile quand le pouvoir suprême est en jeu. Ce qui justifierait le jugement de l'une des plus pénétrantes spécialistes de cette période, Miriam Griffin : « L'enfance et la jeunesse d'Agrippine auraient perverti le naturel le plus optimiste, car son destin a fluctué d'un extrême à l'autre. » Elle a vu la disparition en 29 de Livie, l'épouse d'Auguste, âgée de quatre-vingt-six ans, qui veillait à un certain équilibre entre les différentes branches de la famille impériale ; elle a ressenti la haine totale de sa mère envers Tibère, qui cristallise autour d'elle une coterie antitibérienne, au point que l'empereur la reléguera dans l'île de Pandateria où elle mourra, peut-être d'inanition ; elle a suivi les intrigues du préfet du prétoire Séjan, qui dévoile peu à peu ses ambitions, mais qui peut aussi avoir été manipulé avant d'être mis à mort avec ses partisans et les siens en 31 ; elle a assisté aux mariages qui se nouent et se défont au gré d'alliances politiques mouvantes et éphémères ; elle a appris le retrait de Tibère en 26 en Campanie, à Capri ou dans sa villa de Misène ; elle a su que ses deux frères aînés, Nero et Drusus, déclarés ennemis publics par un Sénat aux ordres, étaient décédés dans des circonstances suspectes ; elle a été informée des procès de lèse-majesté qui se multipliaient et qui frappaient les personnalités les plus en vue, entre autres les fidèles de sa mère et de son père… De quoi se forger une carapace d'insensibilité, de patience et de dureté. Et elle a compris que dans la maison impériale, les femmes tenaient un rôle important : non seulement elles donnaient vie à un héritier, mais elles pouvaient intervenir avec leurs moyens dans le choix d'un prétendant au trône, être le support d'une conjuration, l'instrument, volontaire ou non, pour écarter un ambitieux.

En 28, Tibère la marie avec Cnaeus Domitius Ahenobarbus. Il a tenu à présenter lui-même sa « petite-fille » (par adoption) à son époux. Elle a treize ans, lui une bonne quarantaine. Il appartient à l'une des familles riches et illustres de la noblesse républicaine remontant, d'après la tradition, aux Dioscures, Castor et Pollux, mais qui est tombée dans une disgrâce relative. Une lignée où les consuls avaient été nombreux et qui était renommée par le port d'une barbe couleur de bronze – ce que signifie leur *cognomen* Ahenobarbus –, beaucoup d'orgueil et d'arrogance, et une tendance à la cruauté. Son époux est également lié par le sang à la fois à Auguste et à son rival, Marc Antoine : en effet, la sœur d'Auguste, Octavie, avait épousé Marc Antoine et tous deux étaient ses grands-parents. Cette union est aussi un calcul politique : elle affaiblit le parti d'Agrippine l'Ancienne et de son fils Nero. Aussi, lorsque après neuf années de mariage naît un garçon, il n'est pas illégitime de la part d'Agrippine de lui envisager un avenir brillant. À condition qu'elle puisse le guider dans ce monde dangereux.

Or la situation politique peut sourire à cette jeune femme d'à peine vingt-deux ans. À la mort de Tibère, son frère, Caligula, âgé de vingt-cinq ans, est monté sur le trône le 18 mars 37. Il dispose d'un immense capital de popularité et a été acclamé avec joie par la foule de Rome et par le Sénat. Dans tout l'Empire, militaires et civils prêtent avec enthousiasme un serment de fidélité au fils de Germanicus. Moins de quatre ans plus tard, le 24 janvier 41, Caligula est assassiné avec son épouse et son unique enfant, une fillette âgée d'un an. Personne ne le pleure ni ne le regrette. Entre-temps, il a éliminé le petit-fils de Tibère, Tiberius Gemellus, qui avait été désigné lui aussi comme héritier, a déposé les urnes funéraires de sa mère et de son frère Nero dans le mausolée dynastique bâti par Auguste, a honoré ses sœurs collectivement et publiquement en les insérant dans un serment de fidélité à sa personne et en frappant une émission monétaire en leur honneur, donnant ainsi l'apparence d'une famille impériale unie, avant de verser à leur égard – à l'exception de Iulia Drusilla, sa préférée, morte en juin 38 – dans une persécution maniaque. Celle-ci s'appuyait sur des accusations d'adultère – accusation habituelle pour discréditer les femmes de la maison impériale – et sur des tentatives de complots, réels ou imaginaires, projetés contre lui. C'est ainsi qu'en 39, Agrippine et Livilla avaient été envoyées en exil dans les îles Pontiennes après avoir enduré des mesures vexatoires et vu leurs biens confisqués. Néron, le fils d'Agrippine, avait été recueilli chez sa tante Domitia Lepida où il avait été élevé, affirme Suétone, « sous la direction de deux maîtres, un danseur et un barbier ». Quant au père du garçon, il était mort d'hydropisie en Étrurie à la fin de l'année 40.

L'impératrice

Caligula mort, il ne restait qu'un seul adulte mâle de la maison julio-claudienne : Claude, né en 10 av. J.-C. à Lyon. Il était le frère de Germanicus, l'oncle de Caligula et d'Agrippine. Les prétoriens fouillèrent le palais du Palatin à sa recherche. Un soldat le découvrit par hasard. Il était terrorisé et s'était caché dans les plis d'une tenture placée devant une porte ; le soldat se jeta à ses genoux et le salua empereur. Il fut le premier empereur à être d'abord investi par les prétoriens à qui il promit une somme d'argent, un *donativum*, de 15 000 sesterces par soldat. Il était peu considéré et le jugement que portait sur lui Antonia, sa propre mère, ralliait l'opinion commune : « Une caricature d'homme, disait-elle, un avorton simplement ébauché par la nature. » De fait, à la cour impériale on se moquait de ses penchants pour la bonne chère, le vin et les femmes. De surcroît, il tenait mal sur ses jambes, bégayait et vivait à l'écart, en compagnie des affranchis. Véritable érudit, il se passionnait pour la philologie et l'histoire. Tous doutaient de son intelligence : pour demeurer en vie, il avait affecté, dira-t-il, d'être sot. Cet empereur inattendu, malgré ses faiblesses, mena une politique de qualité, tant sur le plan intérieur qu'extérieur. Sa troisième épouse, la toute jeune Valeria Messalina, lui avait donné deux enfants, Octavie, née en 39/40, et un fils, né en février 41, une quinzaine de jours après la reconnaissance de Claude comme empereur – un héritier donc –, Tiberius Claudius Germanicus. Il est connu sous son surnom de Britannicus qui lui sera donné à l'automne 43 pour célébrer la conquête de la Bretagne – l'actuelle Grande-Bretagne. Dernier descendant des *Claudii*, Britannicus ne pouvait néanmoins afficher comme Néron un lien direct avec Auguste.

L'une des premières décisions de Claude empereur fut de rappeler les exilés. Agrippine revint à Rome, retrouva ses biens, soigna son image en donnant une sépulture décente à son frère Caligula, reprit chez elle son fils Néron et se mit en quête d'un mari, un aristocrate de haut vol, digne d'elle, riche si possible, capable d'assurer sa situation sociale de matrone, soit une citoyenne romaine, mariée et mère. Aguicheuse et aguichante, elle échoue auprès de Galba, le futur et fugace empereur de 68, déjà marié et dont la belle-mère, outrée des avances que faisait cette belle veuve, s'emporta jusqu'à la frapper dans une réunion de matrones. Elle se tourne alors vers C. Sallustius Passienus Crispus, un homme d'entregent, consul pour la deuxième fois en 44, d'une famille moins reluisante que celle de Galba, mais dotée d'une fortune immense. Il est marié avec Domitia, l'aînée des sœurs du père de Néron, la belle-sœur d'Agrippine. Qu'importe ! Il divorce et épouse Agrippine dans l'année 41. Il a le bon goût de mourir avant la fin de l'année 47 après avoir fait de sa femme et de son fils Néron ses héritiers.

De son retour d'exil à son nouveau veuvage, Agrippine a découvert une nouvelle ennemie : l'impératrice Messaline, fille de Domitia Lepida. Elle ne l'affronte pas directement comme l'a fait sa sœur Livilla qui est à nouveau exilée. Plus subtilement, elle distille des nouvelles stupéfiantes : Messaline a envoyé des assassins pour étrangler le jeune Néron ! Mais un serpent-dragon les a mis en fuite. La preuve ? Autour de l'oreiller de l'enfant une dépouille de serpent a été découverte. Aussitôt, Agrippine la fait enchâsser dans un bracelet d'or que le garçon porte à son poignet droit. Ou alors elle fait donner ses partisans. Ainsi, lors des grands Jeux séculaires de 47[1], lorsque les jeunes nobles romains accomplissent un carrousel aux figures complexes, la plèbe romaine se déchaîne pour acclamer le petit-fils de Germanicus au détriment du jeune Britannicus en qui Agrippine a tout de suite perçu un rival pour son fils. Parallèlement, elle pousse discrètement ses avantages auprès des sénateurs et des affranchis qui entourent l'empereur Claude.

En 48, Claude devient veuf. Messaline projetait, dit-on, de donner l'Empire à l'un de ses amants, le beau Caius Silius, consul désigné pour l'année suivante, et qu'elle aurait épousé au cours d'un mariage, ou d'un simulacre de mariage, en août 48. A-t-il envisagé d'adopter Britannicus ? Complot ? Usurpation ? Diffamations ? Au service de qui ? Quoi qu'il en soit, Claude, averti par Narcisse, un de ses affranchis, fait exécuter rapidement Silius, ses partisans et ceux de Messaline qui constituaient une véritable faction ; Messaline sera mise à mort un peu plus tard. Pour Agrippine, la place était presque nette.

Il lui fallut d'abord évincer les candidates que les principaux affranchis avançaient pour donner une épouse à l'empereur ; puis séduire Claude, ce qui était dans ses moyens ; enfin, surmonter un interdit ancré dans la mentalité romaine : une nièce ne pouvait épouser son oncle. Il s'agissait d'un inceste, un prodige qui mettait en péril la cité tout entière car il rompait la *pax deorum*, la paix entre les dieux et les hommes. Seuls des actes cultuels

1. En théorie, ces jeux qui passaient pour être très anciens durent trois jours et trois nuits et se répètent à des intervalles de temps qui varient entre cent et cent dix ans. Dans la pratique, c'est à partir des jeux organisés par Auguste en 17 av. J.-C. qu'ils prennent leur nom et leur forme définitifs. Claude en célébra en 47, car il pensait qu'Auguste s'était trompé dans la date et qu'il fallait ainsi célébrer le 800e anniversaire de la fondation de Rome.

appropriés pouvaient la rétablir. Aussi Claude fit-il voter un sénatus-consulte qui modifia le droit sur ce point afin de pouvoir épouser la fille de son frère. Le mariage fut célébré le 1er janvier 49. Le premier but – le pouvoir – était en partie atteint. Mais il était incomplet tant que Néron n'y était pas installé. Autrement dit, il fallait qu'il soit désigné sans ambiguïté comme le successeur de Claude.

Agrippine fit rappeler de Corse au début de l'année 49 Sénèque, exilé quelques années plus tôt, pour qu'il devienne le précepteur de son fils et lui enseigne en particulier la rhétorique. Un choix judicieux : cultivé, éloquent, courtisan, pédagogue, célèbre, il pouvait avoir une réelle influence sur le garçon. En outre, ce membre du Sénat renforçait dans l'assemblée les soutiens de la nouvelle impératrice. En même temps, elle fiance Néron à Octavie et réussit le 25 février 50 à faire adopter son fils par Claude. « À partir de ce moment, note Tacite, la cité connut un tournant ; tout était aux ordres d'une femme, qui ne se jouait pas, comme Messaline, de la puissance romaine pour satisfaire ses sens. Esclavage strict, comme entre les mains d'un homme ; à l'extérieur, austérité, plus souvent, même, orgueil, aucun dérèglement à l'intérieur de sa maison, sinon lorsque cela servait sa domination. »

Un an passe : Agrippine est honorée du titre d'*Augusta* ; son fils, qui a pris la toge virile un an avant l'âge minimal, reçoit le titre de prince de la jeunesse – comme l'avaient eu les petits-fils d'Auguste – en même temps que lui est attribué un *imperium* proconsulaire hors de Rome et la promesse d'un consulat pour 58 avant qu'il en ait l'âge… Dans les jeux du cirque donnés en son honneur, un détail vestimentaire que signale Tacite laisse deviner la destinée de Néron et de Britannicus : « Britannicus défila en toge prétexte, Néron en vêtement triomphal : le peuple les contemplait ainsi, Néron dans l'appareil impérial, Britannicus dans les vêtements de l'enfance… » En 53, il épouse

Octavie avec un arrangement juridique puisque l'adoption de Néron par Claude avait transformé son épouse en demi-sœur ! Simultanément, Agrippine place ses gens et éloigne, définitivement parfois, ceux qui affichent une hostilité à son endroit. Ainsi Afranius Burrus, homme de confiance, est nommé seul préfet du prétoire[1], tandis que Domitia Lepida, la tante de Néron qui l'avait recueilli enfant mais qui était aussi la grand-mère de Britannicus, est exécutée pour avoir usé de pratiques magiques contre Agrippine.

La pourpre et le sang

Reste que Claude demeurait imprévisible, ou lucide. En 54, il semble témoigner de la méfiance envers son épouse et vouloir donner à Britannicus une place au moins égale dans l'ordre successoral à celle de Néron. Le 13 octobre 54, à soixante-quatre ans, il meurt subitement. D'une attaque de fièvre, selon la version officielle. D'un empoisonnement dû à des champignons, selon les versions officieuses – empoisonnement dont Agrippine serait responsable, affirment en chœur les auteurs anciens, ce dont doutent certains historiens actuels. Toujours est-il que Néron est acclamé empereur par les prétoriens, reconnu par le Sénat, et que son avènement se déroule sans la moindre anicroche : un scénario bien préparé. Néron a dix-sept ans. C'est le plus jeune des princes. Qui va gouverner ?

1. Créées par Auguste, les neuf cohortes de prétoriens, des soldats d'élite, assurent l'escorte et la sécurité du prince. D'abord en garnison dans le Latium, elles sont cantonnées par Tibère à Rome où elles jouent un rôle politique croissant. Elles sont commandées normalement par deux préfets du prétoire.

Dans les premières années du règne, même si le jeune empereur, plus préoccupé par sa soif de popularité et par son souci de devenir un artiste virtuose ne délaisse pas les affaires de l'État, les deux conseillers choisis par Agrippine – Sénèque et Burrus – inspirent à n'en point douter la politique raisonnable du nouveau souverain. Celle qui marqua ce que l'on nomme depuis Aurelius Victor (un historien du IVe siècle) le *quinquennium Neronis*, les « cinq ans de Néron ». Un début de règne heureux, sans heurts apparents entre le Sénat et le prince, comme si ce dernier mettait en pratique les principes stoïciens que Sénèque avait développés dans son traité *De la clémence* (vers fin 55, début 56).

Néanmoins, ce tableau enchanteur qui pouvait annoncer le retour d'un âge d'or comporte des zones d'ombre. Des partisans avoués de Britannicus, tel Narcisse, et des concurrents éventuels, tel Junius Silanus, sont promptement supprimés. On y voit la main d'Agrippine. Sur elle s'accumulent les honneurs : elle est dite *mater Augusti,* « mère de l'empereur », un titre nouveau. Elle devient aussi la prêtresse de Claude divinisé, grâce à la cérémonie de l'apothéose décernée par le Sénat, et a droit à deux licteurs. À un officier du prétoire qui, selon l'usage, demande le mot d'ordre, Néron répond « la meilleure des mères ». Elle veut être partout, sans outrepasser les convenances admises : au palais où sont convoqués parfois les sénateurs, une tradition depuis Auguste, elle écoute les délibérations derrière une porte qui la masque ; elle sort en public avec Néron, souvent dans la même litière, ce qui donnera lieu plus tard à des rumeurs d'inceste. Elle écrit à tous, peuple, magistrats, rois. En 54, son image est reproduite dans tout l'Empire, sur les monnaies, dans les temples du culte impérial, sur des camées et des intailles.

Son omniprésence agace Burrus et Sénèque, qui ne cachent guère leur désir commun de réduire sa place, laquelle risque de heurter les sentiments des Romains, qu'ils appartiennent à la plèbe ou à l'aristocratie. Ainsi, lors d'une réception d'ambassadeurs arméniens, Sénèque évite l'incident diplomatique et le scandale politique en suggérant à Néron d'aller au-devant d'Agrippine qui s'apprêtait à monter sur l'estrade de l'empereur pour accueillir les diplomates. Progressivement, les deux conseillers détachent Néron de sa mère, qui perd l'appui de Pallas, un affranchi impérial à la tête des finances de l'Empire sous Claude et qui en est écarté au cours de l'année 55[1]. La même année, son image disparaît du monnayage impérial.

Néron s'émancipe de plus en plus. Comme Octavie, son épouse, ne lui inspire que de l'aversion, il prend à l'insu de sa mère une maîtresse, l'affranchie Actè. Ce choix, soutenu par Sénèque, exaspère Agrippine, qui propose à son fils les ressources de son importante richesse pour combler Actè... Aucun effet. Alors, elle menace, complimente Britannicus, seul héritier digne de son père, qu'elle envisage, dit-elle, de faire acclamer par les prétoriens. Du chantage, mais qui attire l'attention de Néron sur le danger virtuel que représentera le fils de Claude lorsqu'il prendra, sous peu – il s'apprêtait à fêter son quatorzième anniversaire –, la toge virile et entrera en politique. Au cours d'un banquet familial, vers la mi-février de l'année 55, Britannicus avale une boisson rafraîchie avec de l'eau froide. Presque immédiatement, il tombe inanimé, puis meurt. Une crise d'épilepsie, explique Néron. Effectivement, Britannicus souffrait de cette maladie. Mais Agrippine et Octavie, qui participent au repas, comprennent, effarées : Néron l'a empoisonné. Peu d'historiens actuels en doutent.

Funérailles discrètes, discours habile de Néron devant le Sénat, silence gêné des conseillers : le meurtre de

1. Il passe pour être son amant.

Britannicus est vite passé par profits et pertes. Pour l'impératrice mère, l'avertissement est clair. Elle cherche des appuis parmi les militaires et parmi l'aristocratie où pourrait poindre un rival à son fils qu'elle critique, se rapproche d'Octavie, amasse une sorte de trésor de guerre. Néron lui supprime sa garde personnelle et l'oblige à quitter le palais. Aux yeux de tous, installée dans une maison privée du Palatin, celle de sa grand-mère Antonia, elle est ramenée au rang de simple matrone. « Aussitôt, le seuil d'Agrippine est déserté, observe Tacite ; personne ne la console, personne ne vient la voir, sauf quelques femmes, par affection, ou peut-être par haine, on ne sait. » Car ses ennemis sont nombreux. À la fin de l'année 55, ils l'accusent de conspirer contre l'empereur. Grâce à Sénèque et à Burrus, grâce aussi à sa propre défense, elle est innocentée, retrouve un certain crédit au palais. Ce serait dans ces mois de calme, entre 55 et 58, qu'elle aurait écrit ses *Mémoires*, « destinés avant tout à Néron ».

L'eau et le fer

Depuis 56, la conduite de l'empereur échappe à ses conseillers. La nuit, déguisé, avec une petite bande, il rançonne, vole, terrorise. En 58, il s'éprend de la très belle Poppaea Sabina (Poppée). Riche, intelligente, sans scrupules, née vers 32 dans une famille de la noblesse romaine peut-être originaire de Pompéi qui s'était presque toujours opposée aux Julio-Claudiens et qui, pour cette raison, avait été durement éprouvée, elle est d'un amoralisme complet, d'une coquetterie époustouflante – elle invente un « masque de beauté[1] » – et d'une conversa-

1. Pline l'Ancien, dans son *Histoire naturelle*, rapporte que Poppée aurait inventé, à partir du lait d'ânesse, une sorte de cataplasme pour

tion fort agréable. Sans doute, ainsi que l'insinue Tacite, était-ce pour contrecarrer un retour d'autorité d'Agrippine que Sénèque et Burrus encouragèrent cette passion dévastatrice. Mais Poppée n'était pas Actè. Elle comprit très vite qu'elle avait deux adversaires qui l'empêcheraient d'épouser Néron et de devenir impératrice : Octavie et Agrippine. Si la première ne donnait pas d'enfants à Néron, elle lui assurait à sa manière une forme de légitimité. Mais la seconde, de moins en moins présente à Rome, retirée le plus souvent dans sa villa de Tusculum ou dans sa terre d'Antium, tenait au mariage de la première avec son fils. Ses relations avec ce dernier s'étaient dégradées vigoureusement depuis l'apparition de Poppée.

Ainsi Néron payait des gens pour susciter des procès contre sa mère lorsqu'elle se trouvait dans l'*Urbs*, ou pour la poursuivre de leurs railleries et de leurs injures. « Finalement, assure Tacite, la jugeant intolérable pour lui, il décida de la faire tuer, n'hésitant que sur un point, savoir si ce serait par le poison, ou le fer, ou quelque autre moyen violent. »

A-t-il essayé le poison ? Par trois fois, soutient Suétone. Impossible, répond Tacite : Agrippine prenait des antidotes et ses serviteurs étaient difficiles à soudoyer. Le fer ? Comment trouver un volontaire fiable pour cette mission ? On projeta encore l'écroulement du plafond au-dessus de son lit, la chute du pont d'un navire. En dernier ressort fut retenu le moyen d'un bateau truqué qui s'ouvrirait en pleine mer, puis se refermerait, après avoir laissé tomber les victimes désignées, comme si un accident, chose banale en mer, était arrivé. Un stratagème ingénieux dont on connaît mal l'inventeur. Est-ce l'affranchi Anicetus ? Ce préfet – amiral – de la flotte

---

effacer les rides du visage et rendre la peau plus douce. À condition d'être appliqué sept fois par jour…

de Misène, à l'extrémité ouest du golfe de Pouzzoles, détestait Agrippine et en était haï, mais s'était occupé de Néron dans son enfance, à qui il aurait exposé ce plan. Est-ce Néron et Poppée eux-mêmes qui, pendant une représentation théâtrale où était mis en scène un naufrage, auraient vu ce type de machine ? Ou est-ce un épisode de la vie d'Alexandre le Grand où un ennemi de sa mère Olympias aurait imaginé de la faire périr en mer dans un naufrage accidentel ?

Pour que ce plan réussisse, la présence de l'impératrice était impérative. Et pour la faire se déplacer, il n'y avait qu'une solution : lui proposer une réconciliation. D'où la lettre affectueuse et l'invitation aux fêtes de Minerve en mars 59, qu'elle a fini par accepter. Agrippine se rend d'Antium à Baïes sur une trirème militaire. À son arrivée, Néron l'attend sur le rivage, l'étreint, puis la conduit dans une villa maritime. Dîner parfait, Agrippine a la place d'honneur, Néron séduit par ses paroles qui alternent familiarité et sérieux. Puis il accompagne sa mère vers le somptueux bateau qu'il lui offre, la serre dans ses bras, « soit pour que la comédie fût complète, soit parce que la dernière vision qu'il avait de sa mère, promise à la mort, retenait ce cœur, quelque sauvage qu'il fût », commente Tacite.

La nuit est brillante d'étoiles, calme ; la mer tranquille. Le navire s'éloigne doucement. À un signal, le toit de la cabine où se trouve Agrippine s'effondre sous un lourd poids de plomb. Un des familiers est écrasé. Mais Agrippine et Acerronia, son amie et confidente, sont protégées par les montants du lit, chutent dans la mer pendant que le navire se disloque, y barbotent. Acerronia, imprudente, s'écrie qu'elle est Agrippine, qu'il faut venir à l'aide de la mère de l'empereur. Des marins l'achèvent à coups de rame et de gaffe. Agrippine, elle, reste muette, gagne le rivage à la nage puis, dans une barque de pêcheur, parvient à sa villa de Baules. Consciente qu'elle a échappé à un traquenard, elle échafaude immédiatement un plan : faire comme s'il s'agissait d'un simple accident et prévenir son fils... en espérant qu'il l'épargne.

Au milieu de la nuit, Néron apprend que sa mère a survécu au naufrage et qu'elle est légèrement blessée. Les versions des historiens antiques divergent sur les détails : Néron était-il abattu ou en colère ? A-t-il convoqué Burrus et Sénèque, qui, semble-t-il, ignoraient l'attentat contre Agrippine, pour prendre sa décision ? Des soldats, des marins, peut-être sous le commandement d'Anicetus, sont envoyés pour achever l'infortunée. Elle est seule lorsqu'ils arrivent. Quand elle voit le centurion sortir son épée, elle comprend et lui dit : « Frappe au ventre. » Comme si elle souhaitait punir cette partie de son corps qui l'avait trahie en portant le fils qui la faisait périr.

Selon certains, Néron aurait souhaité voir le cadavre de sa mère qui fut brûlé sur un lit de table. Ses cendres furent enterrées sans tertre ni clôture. Ce n'est que lorsque Néron fut mort qu'Agrippine reçut un petit tombeau, le long de la route de Misène.

Burrus et Sénèque s'occupèrent de la version officielle de la mort de l'impératrice mère. Elle s'était suicidée après l'échec de sa tentative d'assassinat de son fils, l'assassin étant le messager qu'elle avait envoyé pour prévenir Néron. Ce fut encore Sénèque qui écrivit le discours lu au Sénat. Il opposa, pense-t-on, « l'intrigue à l'intrigue », selon le mot de Pierre Grimal, affirma que si Agrippine n'avait pas encore déclenché une guerre civile, il était quasi inévitable qu'elle le fît. La date anniversaire de sa naissance devint un jour néfaste et sa mémoire fut condamnée. À son retour à Rome, Néron reçut un accueil quasi triomphal. Il monta au Capitole et y rendit grâce aux dieux. Mais, selon Suétone, « bien que réconforté par les félicitations des soldats, du Sénat et du peuple, il ne put jamais, ni sur le moment ni plus tard, étouffer ses remords, et souvent il avoua qu'il était poursuivi par le fantôme de sa mère, par les fouets et les torches ardentes des Furies ». Il ne lui survivra pas dix ans[1].

Bibliographie sélective

Barrett, Anthony A., *Agrippina. Sex, Power and Politics in the Early Empire*, Londres, Routledge, 1996.

Croisille, Jean-Michel, *Néron a tué Agrippine*, Bruxelles, Complexe, 1994.

Girod, Virginie, *Agrippine. Sexe, crimes et pouvoir dans la Rome impériale*, Paris, Tallandier, 2015.

Griffin, Miriam T., *Néron ou la fin d'une dynastie*, Gollion, Infolio, 2002.

Grimal, Pierre, *Sénèque ou la conscience de l'Empire*, Paris, Les Belles Lettres, 1978.

Renucci, Pierre, *Claude*, Paris, Perrin, 2012.

Voisin, Jean-Louis, « Mourir en exil sous les Julio-Claudiens : mort volontaire ou assassinat ? » dans *Exil et relégation. Les tribulations du sage et du saint durant l'antiquité romaine et chrétienne (Ier-VIe siècle ap. J.-C.)*, Paris, de Boccard, 2008, p. 133-145.

On peut aussi consulter la bande dessinée de Philippe Delaby et Jean Dufaux, *Murena*, Paris, Dargaud, 9 vol., 2001-2013, qui a pour cadre le règne de Néron.

1. Alors que l'empereur poursuit sa carrière « artistique », des soulèvements ont lieu au printemps 68 en Gaule lyonnaise, dans la péninsule Ibérique, en Afrique. À Rome même, les prétoriens se soulèvent et le 11 juin, le Sénat déclare Néron ennemi public. Abandonné par tous, il se tue au moment où on allait l'arrêter. Ses derniers mots, « Quel artiste périt avec moi ! », sont fameux.

3

LA REINE SUPPLICIÉE

Brunehaut
Renève, 613

par Xavier de Marchis

Pendant plus de quarante ans, une reine franque domina le monde mérovingien né sur les ruines de Rome. La légende noire de Brunehaut, entretenue pendant des siècles, laisse aujourd'hui place à la réhabilitation d'un grand règne : celui d'une femme de caractère qui fut deux fois mariée, deux fois veuve, deux fois prisonnière, deux fois régente et deux fois reine. Victime sacrificielle d'une époque où la politique, le pouvoir et la guerre étaient affaires d'hommes, elle eut une fin à son image : violente et sauvage.

« Tout abandonna Brunehaut[1]. Les grands [...] la haïssaient. La vieille Brunehaut, fille, sœur, mère, aïeule de tant de rois, fut traitée avec une atroce barbarie. On la

1. Il existe plusieurs orthographes possibles pour nommer la reine franque. Brunehilde et Brunichilde, également employées, tiennent avant tout compte des racines germaniques de son nom. Pour des raisons de commodité de lecture, nous emploierons le nom plus usuel et plus contemporain de Brunehaut.

lia par les cheveux, par un pied et par un bras à la queue d'un cheval indompté qui la mit en pièces. »

C'est assez sommairement que le grand historien Jules Michelet rend compte des derniers moments de la première grande reine de l'histoire de France. Une mort atroce, certes, mais une exécution parmi d'autres à mettre sur le compte de ces temps réputés obscurs et barbares, le temps des Mérovingiens.

Or, à y regarder de plus près, la mort exceptionnelle de Brunehaut est une contrepartie d'un règne exceptionnel. Son crime ? Avoir tenté en tant que femme et reine d'instaurer dans un monde déchiré, morcelé, une forme embryonnaire d'État monarchique dans une France encore en gestation. Ses assassins ? Les barbares francs mérovingiens. Appelés par Rome du Ier au IIIe siècle après Jésus-Christ afin de protéger les frontières de l'Empire, ils ont rapidement occupé l'espace laissé vacant à la disparition de celui-ci en 476. Établissant différents royaumes sur un territoire équivalent à l'ancienne Gaule romaine, ils ont connu par deux fois, au prix du sang et des guerres, une unité, fragile d'abord, avec Clovis (466-511), puis avec Clotaire Ier (497-561). À la mort de ce dernier, en 561, la tradition du partage du royaume entre les différents fils du roi a abouti à une nouvelle partition en trois royaumes : Austrasie, Neustrie et Burgondie[1].

---

1. Austrasie, Neustrie, Burgondie : appellations territoriales qui ne deviendront effectives que plus d'un siècle après les faits exposés. Nous les employons pour une meilleure compréhension de l'implantation des royaumes francs mérovingiens. Elles correspondent alors aux capitales historiques de l'expansion franque : Soissons, Reims, Orléans, Paris. L'Austrasie est un immense territoire situé sur le nord-est de la France actuelle, la Belgique et l'extrême ouest de l'Allemagne. La Neustrie, beaucoup plus petite, est une bande de terre allant de Tournai à Angers. La Burgondie englobe un territoire important partant de la Bourgogne jusqu'à la Méditerranée. Le sud-ouest de

Pour avoir voulu rétablir cette unité, crime de lèse-barbarie, Brunehaut sera non seulement éliminée physiquement, mais surtout supprimée « absolument », violemment, complètement, jusqu'à son corps même. Détruire, effacer, araser politiquement, de crainte que le souvenir de son règne ne fasse litière, c'est ce que voulurent ses adversaires. Le souvenir d'un règne et d'une vie dignes des grandes tragédies. Une vie ou plutôt une survie ! Son destin (566-613), pleine d'aventures, de retournements, d'incertitudes, fait de Brunehaut une femme à part, exceptionnelle. Qu'on en juge plutôt : deux fois mariée, deux fois veuve, deux fois prisonnière, deux fois régente, deux fois reine. Une vie riche d'une perpétuelle deuxième chance qui lui a fait croire jusqu'au bout à ses possibilités de succès. Reine en sursis – la mort étant toujours aux aguets –, endossant un rôle trop grand sur une scène trop petite, celle des royaumes francs.

Une vie vécue deux fois

Lorsqu'en 566 la jeune Brunehaut (seize ans) quitte son Espagne natale pour épouser Sigebert, roi d'Austrasie, tous les chroniqueurs de l'époque sont unanimes : belle, intelligente, cultivée et élevée dans la culture romaine, encore omniprésente dans ces derniers feux de l'Antiquité, elle séduit par son calme et sa mesure que masque à peine une évidente détermination. Grégoire de Tours, évêque et témoin majeur des premiers temps de la dynastie mérovingienne, écrit : « Comme le roi Sigebert voyait que ses frères prenaient des femmes indignes d'eux [...] il envoya une légation en Espagne

la France est lui-même découpé en multiples possessions appartenant aux trois rois.

et [...] demanda Brunehaut. [...] C'était en effet une jeune fille élégante de manières, jolie d'aspect, honnête et distinguée de mœurs, sage dans sa conduite et agréable dans sa conversation. » Pour que cet homme d'Église sévère transgresse une certaine réserve et se laisse aller à autant d'éloges, c'est que la jeune reine devait véritablement subjuguer son entourage. C'est une perle perdue au milieu du désordre politique des royaumes barbares. Venance Fortunat, poète, chantera de son côté la jeune élue en ces termes : « C'est une gemme nouvelle que l'Espagne a produite. Voilà la beauté digne d'attendrir un roi [...]. Elle est belle, modeste, digne, avisée, pieuse, généreuse et bonne, supérieure par l'esprit, le visage, la noblesse. » Brunehaut vient d'une cour princière, celle des Wisigoths d'Espagne, fortement imprégnée de culture byzantine. Elle possède des rudiments de droit, de théologie, de géographie. Les nombreuses lettres d'elle retrouvées en attestent. Elle a reçu « *de facto* et *in vivo* » dans sa jeunesse des leçons de politique pratique à la cour de son père. Elle a d'ailleurs sans hésitation adopté le christianisme, comme l'avait fait avant elle l'illustre aïeul et vénéré Clovis en 496. Son rôle de plus en plus prépondérant à la Cour et la naissance d'un fils lui permettent d'espérer que le royaume d'Austrasie affrontera les heurts avec facilité et qu'il pourra un jour devenir le pivot unificateur des royaumes francs.

Malheureusement, un joueur sans scrupules et particulièrement habile n'a pas l'intention de voir l'Austrasie s'imposer à la tête des trois royaumes. C'est Chilpéric, le roi voisin de Neustrie. « Nouveau Néron » (Grégoire de Tours), il vient d'assassiner la sœur aînée de Brunehaut qu'il avait épousée en 568. Brunehaut réclame vengeance. Son époux s'élance à la tête d'une armée, accule Chilpéric dans la ville de Tournai mais... s'écroule, la poitrine transpercée par deux sicaires qui s'étaient glissés au milieu de la foule venue acclamer le vainqueur. Infatigables joueurs pour lesquels tous les coups sont permis, les rois et chefs de guerre de l'époque pratiquent la politique comme une lutte. Chilpéric remporte la première manche. Brunehaut, élevée à la cour de Tolède, va répondre à Chilpéric d'une bien différente façon.

575. Brunehaut se retrouve prisonnière, encerclée à Paris par Chilpéric. Que risque-t-elle ? Le voile et le couvent. C'est le sort des reines franques répudiées ou déchues. La mort viendra, elle, clore sa seconde captivité, à la toute fin de sa vie. En attendant, face à un « roué » comme Chilpéric, que peut-elle ? Tenter le tout pour le tout : éloignée à Rouen, elle épouse en secret son fils, Mérovée, qui s'était épris d'elle et avait déserté les rangs de l'armée paternelle pour la rejoindre. Nouvelle guerre de Troie. Et colère de Chilpéric, qui renvoie saine et sauve sa nouvelle bru dans son royaume et enferme son fils dans un monastère. Celui-ci s'évade, tente de rejoindre sa nouvelle épouse puis finit par tomber dans une embuscade tendue par son père. Brunehaut est de nouveau veuve ! Mais elle est de nouveau libre et de retour en Austrasie. Elle relance les dés : elle doit maintenant s'imposer comme régente du royaume, celui de son jeune fils Childebert, face à des factions nobles rivales qui tentent d'accaparer le pouvoir. Troubles qui permettent d'ailleurs à la Neustrie de Chilpéric de gagner du terrain. Commence alors une partie de billard à trois bandes : Brunehaut, pour éviter son éviction et la disparition de son royaume, regarde vers le troisième royaume franc, jusque-là en retrait de cette lutte fratricide et qui, dès lors, va jouer un rôle d'arbitre entre Chilpéric et Brunehaut : la Burgondie du roi Gontran. De 577 à 587, Brunehaut favorise le rapprochement avec ce splendide territoire ouvert sur la Méditerranée. Gontran, privé de descendance, adopte symboliquement le fils de Brunehaut, Childebert, et, grâce au pacte d'Andelot (587)

dans lequel est nommée « la très glorieuse dame la reine Brunehaut », les deux royaumes fusionnent officiellement en 592 à la mort de Gontran. Brunehaut marche irrésistiblement, comme Clovis et Clotaire avant elle, vers l'unification du *Regnum Francorum*. La Neustrie, réduite à la portion congrue, se voit maintenant à son tour destinée à être avalée par cette nouvelle puissance. Chilpéric n'a pas le temps de voir triompher la reine honnie. Après sa mort, en 584, la couronne revient à son fils, Clotaire II. Un nom à retenir, qui sera le dépositaire avant de devenir l'exécuteur de sa vengeance.

Pour l'heure, c'est le temps des dialogues épistolaires avec le pape Grégoire le Grand, qui voit en elle une reine de haute vertu : « Vous gouvernez d'une façon digne des éloges de la foule des peuples. » Le royaume se couvre d'églises et de monastères étroitement encadrés par le trône, notamment fiscalement. La reine pratique une *Realpolitik* nuancée à l'égard de Byzance et de son empereur Maurice. Elle interpelle à distance l'épouse de celui-ci pour qu'il libère un de ses petits-fils retenu prisonnier dans la capitale de l'Orient romain : « Puissent vos ordres, avec la faveur du Christ, me permettre de récupérer le petit ; puissent mes propres entrailles trouver l'apaisement [...], elles qui souffrent les pires affres en l'absence de mon petit-fils. » Elle ne le récupérera pas. Elle refuse le chantage de l'empereur qui voudrait qu'elle fît la guerre pour lui en Italie contre un peuple – les Lombards – qui lui verse à elle, chaque année, un tribut de 12 000 sous d'or. La mort de Childebert, son fils, en 596 ne lui fait pas perdre la main, mais le royaume est de nouveau divisé, cette fois entre ses deux petits-fils : l'Austrasie pour Théodebert et la Burgondie pour Thierry. Brunehaut entame une nouvelle régence au cours de laquelle le droit romain s'impose de plus en plus grâce au travail des fonctionnaires gallo-romains de Burgondie qu'elle met en avant. De nouveaux impôts sont mis en place pour faire fonctionner cet embryon d'État qui est en train de naître. Hélas, l'entente entre les deux jeunes frères ne dure pas. La division refait surface. Manipulé par le roi de Neustrie, Théodebert va livrer une guerre longue à Thierry qui se terminera à Zülpich (Tolbiac) par le massacre de l'armée d'Austrasie et sa propre mort en 613. Malgré ce drame, Brunehaut continue de régenter les deux royaumes, mais cette nouvelle guerre interne porte en germe sa fin prochaine : la « Tour » de la « Gaule » (Venance Fortunat) est tout près de tomber.

Duels à mort avec Frédégonde et les grands

Tout le règne de Brunehaut se déroule à l'ombre de deux menaces, véritables tenailles portant en elles la mort : Frédégonde, l'épouse de Chilpéric et mère de Clotaire II, d'un côté ; les « meilleurs », ou l'aristocratie naissante des royaumes que régente Brunehaut, de l'autre.

Frédégonde (540-597), c'est la figure inversée des jeux de cartes. Ancienne servante, elle a fait le vide autour de Chilpéric par la violence ; son arme favorite est un homme de main muni d'un poignard enduit de poison. C'est elle qui demande à Chilpéric de supprimer la sœur de Brunehaut, qui fait tuer Sigebert prêt à fondre sur eux et tentera au moins par deux fois de faire assassiner Brunehaut (584 et 590) en lançant de véritables escadrons de tueurs pour la supprimer. Représente-t-elle la reine franque germanique traditionnelle, comme le suggère Michelet ? La réalité est sans doute plus complexe, mais Frédégonde n'en demeurera pas moins animée d'une haine mortelle tout au long de sa vie à l'encontre de Brunehaut.

L'aristocratie naissante de son côté ne la laissera elle non plus jamais en paix. À son retour de captivité, elle a déjà dû batailler ferme pour imposer sa régence sur le royaume, au péril de sa vie en 581, en tentant de séparer elle-même les factions rivales qui se déchiraient. Se ceinturant d'une épée et d'une armure, elle s'était interposée virilement au milieu d'elles alors qu'elles s'apprêtaient à en découdre : « Renoncez, guerriers, à commettre ce mal [...] qui anéantira la paix du royaume », leur avait-elle dit. Mais les dons en terres, les lignages ethniques à défendre, la fiscalité croissante qui ne les épargne pas feront que les nobles ne cesseront de souhaiter et tramer la chute de Brunehaut. Sa force sera, dans un tel contexte, de parvenir à repousser sa fin inéluctable.

Au printemps 613, son second petit-fils, Thierry, meurt à son tour. Tout est encore à recommencer ! Brunehaut doit éviter que les grands ne profitent du vide pour s'imposer et n'offrent à la Neustrie la clé de ses deux royaumes à elle. Pour ce faire, la reine sexagénaire désigne comme nouveau roi l'aîné de ses arrière-petits-fils. Sigebert II a treize ans, l'âge de la majorité chez les Francs mérovingiens. Certes, l'écart d'âge entre le tout nouveau roi et ses jeunes frères a facilité le choix de la reine. Mais il est remarquable de noter que « le droit d'aînesse » – qui n'interviendra définitivement qu'avec le Capétien Robert le Pieux en 1027 – apparaît pour la première fois dans notre histoire à cette occasion.

Brunehaut décide de quitter le palais royal de Metz pour se rendre à Worms, à la frontière la plus orientale du royaume. Elle commet là l'erreur qui lui coûtera la vie. Qu'allait-elle faire à Worms ? Sur ce voyage, les sources restent ou muettes ou fausses. Allait-elle faire appel à des tribus germaniques voisines, comme le lui reproche *mezzo voce* Michelet ? Allait-elle organiser un conflit de diversion pour y précipiter les grands du royaume ? Toujours est-il que ces derniers offrent aussitôt à Clotaire II la possibilité d'envahir l'Austrasie. Qui sont-ils ? Deux noms émergent : Arnoul[1] et Pépin de Landen[2]. Membres de la petite aristocratie naissante, ils ont tout à perdre à la réunion des trois royaumes.

Clotaire II, prêt à flatter cette noblesse qui accourt dans ses bras, propose à la reine un plaid (une assemblée de notables) qui permettrait de résoudre les différends frontaliers dans le *Regnum Francorum*. C'est évidemment un piège dans lequel elle ne verse pas. Brunehaut tente au contraire de mettre sur pied une armée pour abattre définitivement le roi de Neustrie. Toutefois, la vieille reine ne se rend pas compte du mouvement d'abandon général qui s'amplifie autour d'elle : des deux royaumes sur lesquels elle exerce son influence, Burgondie et Austrasie, les principaux personnages s'apprêtent à la trahir, séduits par les possibilités de carrière et les prébendes à récupérer. Warnachaire, son propre maire du palais, organise secrètement les défections dans les rangs de l'armée royale et empêche le recrutement des troupes.

Brunehaut s'aveugle, elle veut punir la trahison d'Arnoul et de Pépin. Deux armées franques se font face : celle du tout jeune Sigebert II et celle de Clotaire II. Au signal du début des combats, Warnachaire et tous les hommes armés désertent. C'est la déroute. Sigebert tente

1. Membre de la haute fonction publique, considéré comme assez grand (*satis altus*), il doit sa carrière à la protection d'un parent de Grégoire de Tours, le duc Gundulf. Il est proche des milieux colombaniens, cercles d'hommes d'Église et d'aristocrates sous l'influence du moine irlandais saint Colomban.

2. Propriétaire terrien important n'occupant aucun poste officiel, il épousera une riche héritière, Itta, qui, après la chute de Brunehaut, renforcera considérablement son influence. Il deviendra maire du palais durant le règne de Dagobert (629-639). Sa fille Begga épousera Angesisel, d'où descendra la dynastie des futurs Carolingiens : les Pippinides.

de fuir mais il est vite rattrapé par Clotaire. Brunehaut est arrêtée à Orbe, puis livrée à Clotaire II qui a installé son camp à Renève, près de la Saône.

Très rapidement, Clotaire met à mort Sigebert et un de ses frères, en épargne un autre parce qu'il en était le parrain, tandis qu'un dernier a réussi à fuir miraculeusement[1]. Ne reste que la grande aïeule de tous ces enfants, la figure mère de cette branche rivale qu'il a toujours exécrée, la reine, qui avait tout tenté pour éviter d'en arriver là, à ce retour des divisions et de la vengeance. Le dernier face-à-face entre Brunehaut et son ennemi juré commence.

Vengeance

Si Clotaire II ne semble pas avoir été un roi plus cruel que les autres, plusieurs éléments entrent en ligne de compte pour expliquer sa décision de mettre à mort la vieille reine franque. Il doit d'abord tenir compte du fait qu'un de ses enfants a réussi à s'échapper : il est en mesure d'organiser autour de son nom une nouvelle légitimité qu'une reine déchue mais vivante pourrait contribuer à faire renaître. Mais surtout Clotaire II est en quelque sorte devenu l'otage de ces nobles qui se sont ralliés à lui et qui ont des comptes à régler avec Brunehaut : ne s'était-elle pas montrée sans faiblesse face à la lente émergence politique de ces « grands », n'hésitant pas à en

1. Sigebert II et Corbus sont immédiatement exécutés. La mise à mort de mâles concurrents est une pratique courante chez les Francs. Childebert, l'autre frère, parvient à s'échapper et se réfugie probablement à Arles. Mérovée, lui, eut donc la vie sauve parce que Clotaire II était son parrain : la filiation spirituelle constituait un lien important et sacré au VIIe siècle.

exécuter quelques-uns ? Sans compter que la reine une fois morte, les biens saisis pourraient alors être restitués à cette aristocratie si durement traitée. Clotaire, qui se souvient certainement de la haine féroce qui avait opposé sa mère Frédégonde à Brunehaut, n'est sans doute pas insensible à cet appel du sang. Saint Colomban[1], ce moine irlandais venu fonder monastères et ordres dans tout le royaume franc, n'avait-il pas annoncé la disparition de Brunehaut et de sa descendance ? C'est plus qu'il n'en faut pour justifier dans un premier temps sa disparition physique. Cela n'explique pas pour autant l'acharnement et les mensonges qu'elle allait devoir affronter au moment de son procès et de son exécution. Clotaire doit donc mettre en scène sa haine vengeresse pour épouser l'esprit du moment à l'égard de la condamnée. Dans le même temps, son exécution permettra de faire rentrer les choses dans l'ordre : fin du règne d'une femme, d'un cycle politique, d'une parenthèse incongrue…

Clotaire monte un tribunal fabriqué de toutes pièces, composé pour l'essentiel de ces « meilleurs » qui n'ont cessé de la haïr. On l'accuse du meurtre de dix rois francs au cours de son règne. Accusation saugrenue qui permet à la reine de servir de bouc émissaire pour la mort violente des rois précédents, dans lesquels figurait son époux Sigebert ! Si Clotaire doit composer avec son entourage, il trouve là un biais ingénieux pour dédouaner sa propre mère des crimes réels qu'elle avait orchestrés.

1. Né vers 540, il s'installe dans l'ancienne Gaule avec quelques disciples dans les dernières années du VIe siècle. Fondateur du monastère de Luxeuil, il refuse de bénir les enfants de Thierry, petit-fils de Brunehaut, qui le chasse de ses royaumes. Il se réfugie en Neustrie, sous la protection de Clotaire II. La discipline et les règles strictes de son ordre ainsi que sa personnalité ont eu une grande influence sur l'aristocratie mérovingienne. Il finit sa vie en 615 à Bobbio, en Italie, ville dans laquelle il fonde une abbaye.

Manœuvre classique du vainqueur au détriment du vaincu dont l'histoire des hommes est si coutumière.

Sur cette simple accusation et sans possibilité de défense, Brunehaut est naturellement condamnée à la déchéance et à la mort. N'oublions pas que l'accusée avait une intelligence vive. Brunehaut était une fine lettrée, dont la culture littéraire et historique aurait pu, si elle avait eu la possibilité de se défendre, troubler les consciences qui lui faisaient face. Nul doute qu'elle n'aurait eu aucun mal à plaider pour elle-même. On la dépouille de ses vêtements royaux et elle subit trois longs jours durant des tortures atroces auxquelles les témoins révèlent qu'elle oppose un silence farouche et déterminé. Une plainte ou une faiblesse de sa part aurait dûment été consignée par des chroniqueurs chargés de noircir son souvenir afin de mieux légitimer son assassinat.

Elle est ensuite hissée sur le dos d'un chameau et promenée au milieu de l'armée de Clotaire. Couverte de crachats, d'insultes, de restes de nourriture jetés au visage, Brunehaut apparaît selon les témoins comme « un paquet sanglant sur la bosse de cet animal ». Jonas de Bobbio précise même qu'elle est donnée en spectacle « ignominieusement », c'est-à-dire certainement entièrement nue. Tout son corps n'est plus qu'une plaie ouverte de chair et de sang. Le choix du chameau n'est pas innocent. Le commerce avec Byzance avait rendu familier cet animal jusque dans les territoires germaniques. La nouvelle Rome avait coutume de promener en public les proscrits ou ceux voués à l'infamie sur le dos de ces bêtes, jugées ridicules. Les barbares de la Francie avaient repris cette coutume et son application à celle qui fut si étroitement liée à Rome et à l'esprit romain ne doit certainement rien au hasard.

Et pourtant, elle vit encore ! Malgré ce traitement, cette violence infligée faite pour l'avilir, la dégrader et la tuer, la vieille Brunehaut respire, son cœur bat. Quelle volonté ! Quelle résistance ! Cette vie encore présente, insulte à ses bourreaux, est le signe de l'incroyable combativité de cette femme. Âgée – elle a alors soixante-trois ans (on mourait en ces temps vers la quarantaine) –, fatiguée certainement des longues luttes qu'elle avait dû mener, des combats pour sa vie et celles de ses enfants, des choix parfois fatidiques qu'elle avait dû faire, elle arrive encore à se tenir droite sur cette étrange monture.

Le supplice final

Clotaire veut en finir. Pour cela il va faire un choix qui témoigne d'une cruauté certaine : un cheval fougueux et indompté est approché de la moribonde. On attache ses cheveux et un de ses pieds à la queue de la bête. Un coup de lance sur la croupe, l'animal s'élance. Le corps de Brunehaut est alors littéralement déchiqueté par les ruades de l'équidé. Le chroniqueur Frédégaire est précis : « Là, elle a les membres désarticulés par ses coups de sabots et par la rapidité de sa course. » Pourquoi ne pas l'avoir égorgée ou ne pas lui avoir porté un violent coup sous l'aisselle de ce poignard franc si féroce qu'est le scramasaxe[1] ? Cette utilisation du cheval, après celle du chameau, ne correspond en rien aux usages du temps. Le cheval était peut-être utilisé comme élément de peine capitale chez les voisins thuringiens ou encore dans le souvenir bien vivace des hordes de Huns qui avaient déferlé un peu moins de deux siècles plus tôt, mais les Francs n'utilisaient pas cet animal comme moyen de mise à mort.

1. Long poignard d'une vingtaine de centimètres usité seulement chez les Francs.

C'est bien le corps politique de la reine que ses adversaires ont cherché à réduire. Une relique intacte, un corps immaculé aurait été un symbole insupportable à ses meurtriers. Broyée en plusieurs morceaux, la dignité, la sacralité du pouvoir royal, si grande chez les Francs, n'avait plus dès lors lieu d'être. Cet avilissement, ce non-respect du corps de cette femme est sans doute un message adressé à la postérité : elle n'était qu'une usurpatrice, une criminelle. Elle devait être traitée comme telle. Sous les Francs, ceux qui répondaient de ces accusations ou de trahison se voyaient laissés pour morts hors des villes, mains et pieds coupés. Le corps en morceaux de la reine déchue, donné en spectacle dans une volonté de sidération des opinions publiques, conjugue de façon inédite vengeance et avilissement.

Mais Clotaire va encore plus loin : il décide de brûler le cadavre et de ne lui accorder aucune sépulture. Un seul exemple avant celui-ci : la mort en 560 et l'incinération de Chramn, fils de Clotaire Ier, qui s'était rebellé contre lui. Brunehaut s'était-elle rebellée ? Contre la logique de son temps peut-être, qui la vit en tant que femme, mais surtout en tant que mère, assumer des charges auxquelles seuls les hommes pouvaient prétendre. Rebellée aussi contre la pression grandissante de la logique germanique du pouvoir, faite de morcellement des territoires et de gains à court terme. Dans tous les cas, en décidant de brûler son cadavre, Clotaire évitait qu'un culte lui fût rendu. En effet, n'avait-elle pas tout au long de ses règnes favorisé, fondé et enrichi monastères et églises ? Qu'elle devienne une sainte eût constitué un affront insupportable. Son oubli était un impératif. Le fait de n'accorder aucune sépulture à la défunte était là encore contraire à toute la tradition de la royauté franque : tous les rois et reines étaient enterrés dignement dans des églises mûrement choisies, soit parce qu'elles avaient été construites ou entretenues au cours de leurs règnes, soit parce qu'elles représentaient un symbole fort. L'église de Saint-Germain ou, plus tard, celle de Saint-Denis abritent les tombes royales afin de conserver leur souvenir et d'édifier la postérité. Même Frédégonde sera enterrée à Saint-Germain ! « Le vent comme sépulture », pour reprendre la belle expression de l'historien Roger Xavier Lantéri, c'était l'assurance que son souvenir s'étiolerait comme ses cendres et que l'histoire ne conserverait rien de l'unique grande reine franque.

De la légende noire à la réhabilitation

« Sans la justice, que sont les royaumes, sinon de grands brigandages. » Grégoire le Grand, pourtant disparu neuf ans plus tôt, n'aurait pu mieux exprimer sans l'avoir vécue la négation de toute forme de justice élémentaire dans cette exécution « absolue », ni mieux qualifier la période – nommée bien plus tard des « rois fainéants » – dans laquelle allait entrer le monde franc au cours du siècle suivant. À chacun sa légende noire.

La monarchie mérovingienne avait perdu ce jour-là ce qui la constituait symboliquement : le *mundium* du roi, cette protection patriarcale que seul le monarque pouvait accorder, matérialisée à travers une poignée de textes juridiques dans une saine cohabitation avec le droit romain. Seul le refus d'obéissance conduisait à la mort. Brunehaut avait donc désobéi : elle n'avait pas voulu assumer le seul rôle des reines mérovingiennes qui était d'être « discrète, fidèle et féconde » (Bruno Dumézil). Elle avait voulu régner, aidée par une ambition, elle fut exécutée totalement et sans rémission pour son souvenir.

Pendant plus d'un siècle, la dynastie mérovingienne allait s'étioler pour complètement disparaître, un peu comme, ironie de l'histoire, Rome avait disparu : des roitelets impotents, enkystés de clans aristocratiques, durent céder la place à une nouvelle dynastie plus dynamique, issue des nouveaux rapports de forces politiques de ces temps, que l'on appellera ultérieurement « carolingienne », magnifiée par la haute figure de Charlemagne. En cela, la mort de Brunehaut marque bien l'entrée symbolique dans le Moyen Âge.

Dès lors, il n'est pas étonnant qu'elle ait été traînée dans la boue du souvenir comme elle le fut par le cheval fou qui l'entraîna dans la mort : Brunehaut ne trouvera aucune voix à même de défendre son glorieux règne après son exécution. Au contraire, c'est la lignée de Frédégonde, entourée des grands et des religieux colombaniens, c'est-à-dire ceux qui suivaient les prescriptions du moine saint Colomban, qui mènera le jeu. La chronique de Frédégaire, rédigée vers 660, réécrit complètement le règne et noircit les faits et gestes de la reine. Écrite alors que la dynastie mérovingienne commence à vaciller sur ses bases, le règne de Brunehaut y est rabaissé comme une faiblesse, tout simplement parce qu'elle était une femme, alors qu'un vrai gouvernement est celui d'un roi gouvernant avec l'aristocratie. On y trouve citées de pseudo-prophéties comme celle-ci : « Viendra d'Espagne une Brune, et à sa vue bien des peuples périront. » Loin d'être pertinent, ce texte est malgré tout incontournable, puisque l'on est obligé de s'y référer pour connaître la fin du règne de Brunehaut. Il en va de même pour *La Vie de saint Colomban*, de Jonas de Bobbio, qui fait de Brunehaut une reine cruelle, « seconde Jézabel », figure honnie qui permet à l'auteur de glorifier la vie du saint irlandais venu en Gaule fonder abbayes et monastères sur le modèle du monachisme irlandais. Ces livres, en travestissant les hauts faits de la reine, contribuent malgré eux à faire entrer celle-ci dans le mythe en lui conférant une dimension particulière.

Les premiers temps carolingiens entérinent cette vision transformée de Brunehaut. Le *Liber historiae Francorum*, écrit en 727, est une sorte de roman historique qui modifie la réalité des faits : avant d'être exécutée, Brunehaut aurait par exemple accepté d'épouser son assassin, Clotaire II ! Le problème est que ce livre connaîtra une diffusion importante et de multiples rééditions. L'œuvre établit définitivement une vision lascive et cruelle de l'ancienne reine.

C'est en plein Moyen Âge, au XIe siècle, que la figure de Brunehaut commence à être lentement réhabilitée : son rôle dans l'extension de la foi chrétienne dans le royaume est souligné. Le moine Aimoin de Fleury salue son action en faveur de l'Église : « Elle n'était pourtant pas méchante en tout. Les églises de Dieu et de ses saints que ses prédécesseurs avaient construites, elle les vénéra avec respect et elle en fit même construire de nouvelles, pieusement et en grand nombre. » *Les Grandes Chroniques de France*, commandées en 1250 par Saint Louis au primat de Saint-Denis, intègrent Brunehaut dans ce premier récit de l'histoire nationale et réhabilite son règne. Notons également l'intérêt que portera l'écrivain Boccace (1313-1375) à la reine franque dans son *Des cas des nobles hommes et femmes* : Brunehaut y parle à la première personne et raconte son exécution. Grâce à la plume du grand écrivain, elle reprend symboliquement le contrôle de son histoire et affronte littérairement sa légende noire.

Mais pour une réhabilitation plus complète de Brunehaut, il faut attendre l'historiographie moderne, à partir du XIXe siècle, avec les tenants du « roman national », Michelet d'abord et Ernest Lavisse ensuite, qui, dans leurs *Histoire de France* respectives, défendent sa mémoire et restaurent son rôle dans notre histoire. Lavisse écrit par exemple : « Brunehaut [...] a été conduite toute sa vie par une idée, et non pas exclusivement, comme la plupart des barbares mérovingiens, par des caprices et des passions. Elle a voulu maintenir, avec l'absolutisme royal, les principes d'ordre et de bonne administration. » Peu suspects de quelque faiblesse pour la monarchie, ni d'adhésion à un féminisme exacerbé, ils n'en soulignent pas moins l'importance de son règne et cette tentative anachronique, faite par une femme, de perpétuer, deux siècles après la chute symbolique de Rome, au cours de ce long crépuscule que l'on appellera l'Antiquité tardive, un pouvoir fondé sur l'héritage classique de la *res publica* romaine, pétri par l'apport chrétien. Michelet : « Le plus grand [de ses crimes] aux yeux des barbares, c'était d'avoir restauré l'administration impériale. La fiscalité, les formes juridiques, la prééminence de l'astuce sur la force, voilà ce qui rendait le monde irréconciliable à l'idée de l'ancien Empire. » Ils ont su voir que dans un monde barbare morcelé, une forme embryonnaire de pouvoir « absolu » était en gestation alors que les forces centrifuges de la féodalité allaient imposer pour longtemps le modèle inverse.

Bibliographie sélective

Sources de l'époque franque

Bobbio, Jonas de, *Vie de saint Colomban et ses disciples*, Bégrolles-en-Mauges, Abbaye de Bellefontaine, 1988.
Frédégaire, *Chroniques des temps mérovingiens*, Turnhout, Brépols, 2001.
Grégoire de Tours, *Histoire des Francs*, Paris, Les Belles Lettres, 2005.
Venance Fortunat, *Poèmes*, Paris, Les Belles Lettres, 2003.

Études sur les Francs mérovingiens

Geary, Patrick J., *Naissance de la France. Le monde mérovingien*, Paris, Flammarion, coll. « Champs-Histoire », 1989.
Heuclin, Jean, *Les Mérovingiens*, Paris, Ellipses, 2014.
Lebecq, Stéphane, *Nouvelle histoire de la France médiévale. 1. Les origines franques*, Paris, Seuil, coll. « Points-Histoire », 1990.
Lot, Ferdinand, *La Fin du monde antique et le début du Moyen Âge*, Paris, La Renaissance du Livre, 1927.
Mériaux, Charles, *La Naissance de la France. Les royaumes des Francs*, Paris, Belin, 2014.
Riché, Pierre, *Dictionnaire des Francs*, Paris, Bartillat, 2013.
Thierry, Augustin, *Récits des temps mérovingiens*, Paris, Bartillat, 2011.

Études sur Brunehaut

Bernet, Anne, *Brunehaut*, Paris, Pygmalion, 2014.
Dumézil, Bruno, *Brunehaut*, Paris, Fayard, 2008.
Lantéri, Roger Xavier, *Brunehilde*, Paris, Perrin, 1995.

4

L'ÉNERGIE DU GRAND ÂGE

Aliénor d'Aquitaine
Poitiers, 31 mars 1204

par Georges Minois

Pour celle qui fut reine de France, reine d'Angleterre, mère de dix enfants, dont deux rois, arrière-grand-mère de Saint Louis, c'est à l'âge avancé de soixante-quinze ans que commença la vraie vie. Retirée dans sa chère abbaye de Fontevraud, Aliénor d'Aquitaine passa ses dix dernières années à faire montre de son immense sens politique et diplomatique. Et ce, jusqu'à son dernier souffle.

Le problème, avec Aliénor d'Aquitaine, c'est que l'on ne sait pas quand faire débuter ses « derniers jours ». Cette femme au tempérament exceptionnel reste en effet active presque jusqu'à sa mort, à quatre-vingt-deux ou quatre-vingt-quatre ans, le 31 mars ou le 1er avril 1204, bien longtemps après avoir achevé le rôle traditionnel d'une reine médiévale, celui de reproductrice pour la perpétuation de la dynastie. L'énergie dont elle fait preuve dans son grand âge et dans ce monde d'une extrême brutalité, elle la puise dans l'instinct maternel. Si elle se bat jusqu'au bout, c'est plus en mère qu'en reine. Et elle a du mérite, car les deux fils dont elle défend les intérêts ne sont pas des modèles de vertu : Richard Cœur de Lion et Jean sans Terre, grands massacreurs devant l'Éternel, éprouvant l'un pour l'autre une haine fraternelle, comme il est de tradition dans la famille Plantagenêt.

Aliénor, en fait, ne s'est jamais retirée des affaires. Certes, elle meurt dans un couvent, à Fontevraud, où elle s'est établie en 1194. Mais ce n'était qu'une fausse sortie. La vieille dame ne cessa pas de voyager et même de participer à des combats. Son rôle de reine, qui avait commencé à quinze ans, elle l'avait assumé pendant presque soixante-dix ans : reine de France (1137), puis reine d'Angleterre (1152), mère de dix enfants dont deux rois, arrière-grand-mère de Saint Louis, elle avait largement rempli sa mission, non sans heurts et malheurs. Mais à l'inverse des autres reines, c'est pourtant dans les dix dernières années de sa vie, entre soixante-quatorze et quatre-vingt-quatre ans (ou soixante-douze et quatre-vingt-deux) qu'elle va donner la pleine mesure de ses capacités. C'est au moment où elle semble se retirer du monde en entrant à Fontevraud qu'elle commence véritablement à jouer un rôle. Les événements ne lui auront pas permis de jouir d'une calme et pieuse retraite. Les « derniers jours » d'Aliénor auront été les dix années de sa vie les plus intenses.

Reine de France frustrée

Jusqu'à son entrée à l'abbaye de Fontevraud, son existence a certes été mouvementée, mais elle n'en avait pas vraiment le contrôle : elle était confinée dans un rôle secondaire et superficiel, soumise, comme il se devait, à ses maris successifs. Née en 1120 ou 1122 – certains avancent la date de 1124, ce qui semble peu probable –, Aliénor, en tant que fille aînée du duc d'Aquitaine Guillaume, qui meurt en 1137 sans enfant mâle, hérite du duché d'Aquitaine et du comté de Poitiers, soit un immense territoire allant de la Loire aux Pyrénées, et de la Gironde à l'est de l'Auvergne – pratiquement le quart du royaume de France. Le sort de la jeune fille est immédiatement réglé, car une telle héritière est très convoitée. En tant que vassale du roi de France Louis VI, c'est à ce dernier de décider de son mariage. Conseillé par l'abbé de Saint-Denis, Suger, le roi capétien, dont le domaine familial est encore réduit à l'Île-de-France, a sous la main un époux tout trouvé : son fils et héritier, le prince Louis, âgé de seize ans. Le mariage est célébré à Bordeaux le 25 juillet 1137, et une semaine plus tard, à la mort de son père, le prince Louis devient le roi de France Louis VII. D'Aliénor, reine à quinze ans, on n'exige qu'une chose : enfanter un héritier. Elle ne demande pas mieux ; le problème, c'est que son mari n'est pas à la hauteur de la tâche, semble-t-il. Confit en dévotion, il ne satisfait pas les besoins sensuels de son ardente et jeune épouse : « J'ai épousé un moine », aurait-elle dit. Au bout de sept ans de stérilité, elle demande conseil à saint Bernard, la grande autorité spirituelle de l'époque, venu assister à la consécration de l'abbatiale de Saint-Denis en 1144. Les avis du saint portent leurs fruits : un an plus tard, Aliénor accouche d'une fille, Marie.

C'est un début, mais ce n'est pas suffisant : il faut un garçon. La mésentente entre Aliénor et Louis VII s'aggrave pendant la croisade de 1147-1149 à laquelle participent les deux époux ; la reine s'y distingue par sa conduite inconvenante. Elle a vingt-deux ans, elle est très belle, aime s'amuser et son allure très libre lui confère la réputation d'une femme légère, un peu trop familière avec les seigneurs croisés qui ont laissé leurs femmes à la maison. Une rumeur insistante lui prête des rapports intimes avec son oncle, Raymond de Poitiers, qui, au dire du chroniqueur Guillaume de Tyr, est « grand, mieux fait de corps et plus beau qu'aucun de ses contemporains ». L'accusation est claire : « Elle négligea la loi du mariage au détriment de la dignité royale » et « elle fut infidèle au lit conjugal ». Quoi qu'il en soit, au retour de la croisade, en 1150, elle accouche une seconde fois, mais ce n'est encore qu'une fille, Alix.

Aussi, raconte un moine chroniqueur de Saint-Germain-des-Prés : « En 1152 quelques-uns des parents du roi vinrent le trouver pour lui dire qu'il existait entre lui et la reine un degré de consanguinité [...] ce qu'apprenant le roi ne voulut pas garder plus longtemps sa femme contre la loi canonique. » L'archevêque de Sens réunit quelques évêques à Beaugency et prononce l'annulation du mariage. Le pape laisse faire. Chroniqueurs et historiens ne sont pas dupes : qu'il ait fallu quinze ans pour s'apercevoir qu'il y avait une parenté au quatrième ou cinquième degré entre les époux est invraisemblable. La véritable raison, même si aucun texte de l'époque ne le dit ouvertement, est l'inquiétude du roi : Aliénor ne semble « produire » que des filles, et à un rythme fort lent. Et même si elle accouchait d'un garçon, sa réputation d'inconduite laisserait planer un doute sur la paternité, ce qui, pour un roi, plus encore que pour un mortel ordinaire, est inacceptable : la continuité dynastique exige la pureté du sang. Ajoutons que l'annulation satisfait les deux époux, entre lesquels il y a manifestement incompatibilité d'humeur et d'appétit sexuel.

Politiquement, la décision est catastrophique pour le Capétien, qui laisse échapper l'Aquitaine. Pis : Aliénor, qui a recouvré sa liberté, épouse deux mois plus tard le jeune Henri Plantagenêt – comte d'Anjou et duc de Normandie, fils de la reine Mathilde – en conflit avec le comte de Blois Étienne pour le trône d'Angleterre. Pour Aliénor, il s'agit d'un libre choix, contrairement à son premier mariage, un choix de femme plus que de duchesse. Henri a vingt ans, dix ans de moins qu'elle, et un tempérament très viril. Entre eux, il y a manifestement une grande attirance physique. Et le contexte reste sulfureux : Aliénor, disait la rumeur, alors qu'elle était encore reine de France, avait couché avec le père d'Henri : « Geoffroi Plantagenêt, lorsqu'il était sénéchal de France, avait usé d'elle », dit un chroniqueur. Et pour le cistercien Hélinand de Froimont, Aliénor « ne se conduisait pas comme une reine, mais comme une putain ». Sa réputation est faite. En tout cas, passée du lit d'un moine à celui d'un lion, elle procrée désormais avec entrain : dès 1153 naît Guillaume, puis viennent Henri (1155), Mathilde (1156), Richard (1157), Geoffroy (1158), Aliénor (1161), Jeanne (1165), Jean (1166). Elle a alors quarante-cinq ans. Mais contrairement à ce que laisserait croire cette impressionnante « série », ses relations avec Henri se sont rapidement détériorées.

Reine d'Angleterre captive, puis reine mère protectrice

Devenu roi d'Angleterre en 1154 à la mort d'Étienne, Henri II Plantagenêt est le plus puissant souverain de son époque, contrôlant l'Angleterre, l'Écosse, le pays de Galles, une partie de l'Irlande, et plus de la moitié de la France, de la Normandie à la Gascogne en passant par le Maine, la Touraine, l'Anjou, et même la Bretagne, qui passe sous son contrôle en 1158. Autoritaire et d'une énergie débordante, sans cesse en mouvement, passant et repassant la Manche, il ne laisse aucune initiative à Aliénor : « Pendant trente-cinq ans elle fut totalement éclipsée [...]. Il semble que son mariage politique avec Henri d'Anjou ne lui apporta ni le pouvoir ni l'influence qu'elle pensait lui être dus en tant que duchesse de plein droit et reine avant d'épouser Henri », écrit le meilleur biographe de ce dernier, W. L. Warren. Si le roi lui confie parfois la régence pendant ses absences sur le continent, c'est toujours sous étroite surveillance. Aliénor, reine frustrée pendant quinze ans, devient une reine surveillée pendant vingt ans, avant d'être une reine emprisonnée pendant encore quinze ans. Non seulement Henri ne lui laisse aucune initiative politique, mais il se lasse rapidement de cette épouse trop âgée et, à partir de 1160 environ, il s'affiche aux fêtes de Woodstock avec sa jeune maîtresse, Rosamund Clifford.

Dès lors, Aliénor réside le plus souvent dans son duché, à Poitiers, où elle anime une cour brillante et où s'élabore l'image de reine des troubadours que retiendra l'histoire superficielle. Superficielle car, derrière la façade frivole des célébrations de l'amour courtois, Aliénor entreprend de dresser ses fils contre son mari, et en particulier son fils préféré, Richard, qu'elle investit comme comte de Poitiers et futur seigneur d'Aquitaine en 1170, l'année où Henri II est empêtré dans l'affaire du meurtre de Thomas Becket[1], l'archevêque de Canterbury. À partir de ce moment, la reine agit en mère et non plus en épouse, et en 1173 trois de ses fils, Henri, Richard et Geoffroy, entrent en révolte ouverte contre leur père, avec le soutien de Louis VII. Situation originale, dans laquelle Aliénor est l'alliée de son premier mari, le roi de France, contre son second mari, le roi d'Angleterre. Situation risquée également, car le Plantagenêt est redoutable. En 1174, alors qu'elle voyage déguisée en écuyer au nord de Poitiers, Aliénor est capturée par les soldats d'Henri, enfermée

1. En conflit depuis plusieurs années avec le roi, Thomas Becket est assassiné dans sa cathédrale. Henri II, accusé d'avoir encouragé les meurtriers, doit faire pénitence pour apaiser le pape.

d'abord à Chinon, puis expédiée en Angleterre, où elle va rester captive dans différentes résidences pendant quinze ans. Réduite à l'inaction, contrainte de céder ses droits sur l'Aquitaine à Richard, elle apprend la mort de son fils aîné Henri[1] en 1183 et suit les péripéties de la lutte entre son mari et ses autres fils.

En 1189, c'est la délivrance. Henri II, trahi par ses fils, est mort à Chinon. Aliénor a presque soixante-dix ans. Débarrassée de ses deux maris – Louis est mort en 1180 –, elle commence son véritable règne. D'abord au service de son fils favori, Richard, dit Cœur de Lion, le nouveau roi, en préparant son couronnement et en parcourant l'Angleterre pour s'assurer des fidélités locales. En 1190, Richard s'embarque pour la croisade. Entreprise périlleuse pour lui et pour le royaume, car à trente-deux ans il n'est pas marié et n'a donc pas d'héritier – c'est un homosexuel notoire ; son partenaire à la croisade est d'ailleurs son ancien amant, le roi de France Philippe Auguste, et à plusieurs reprises il se livre à des pénitences publiques pour ce « péché », *peccatum illud*. Il lui faut absolument une femme. On assiste alors à cet épisode étonnant : Aliénor, en dépit de son âge, va en Navarre chercher la fille du roi Sanche, Bérengère, et, à marche forcée, traverse avec elle les Alpes, descend jusqu'au sud de l'Italie, où elle rejoint l'armée des croisés à Messine. Là, elle présente à son fils la jeune Espagnole, que le chroniqueur Ambroise décrit comme « sage pucelle, gentille femme et preue et belle ». Richard n'a que faire d'une « sage pucelle », mais il obéit à sa mère et épouse Bérengère quelques semaines plus tard, à Chypre. Les apparences sont sauves, mais nul n'est dupe et aucun enfant ne naîtra de cette « union ».

---

1. Mort de la dysenterie à Martel.

Sa mission remplie, Aliénor quitte la Sicile au bout de quatre jours – le 2 avril 1190 –, se rend à Rome où elle rencontre le nouveau pape, Célestin III, et est de retour à Rouen le 24 juin. Après cet éprouvant périple, elle se met en devoir de fortifier l'Angleterre contre les menées de Philippe Auguste, qui, déjà revenu de la croisade, tente de profiter de l'absence de Richard Cœur de Lion. Lorsqu'elle apprend que ce dernier est tombé aux mains du duc d'Autriche[1], c'est encore elle qui s'affaire pour lui conserver la fidélité des grands du royaume contre les intrigues de son frère cadet Jean sans Terre qui brigue la couronne. Elle réunit plusieurs fois les barons d'Angleterre, expédie des consignes aux sénéchaux des provinces continentales du royaume, écrit au pape une lettre de reproches virulents : « Vous n'avez pas seulement dépêché le moindre sous-diacre, voire un acolyte. Les rois et les princes de la terre ont conspiré contre mon fils, on le garde dans les chaînes [...] et durant tout ce temps le glaive de saint Pierre reste dans le fourreau. » En dépit des manœuvres de Jean, Aliénor rassemble les 150 000 marcs d'argent, soit 34 tonnes de métal fin, exigés pour la libération de Richard, et c'est elle-même qui, en plein hiver, vient les livrer à Mayence, le 2 février 1194. Elle rentre triomphalement en Angleterre avec son fils le 12 mars. Deux mois plus tard, elle débarque en Normandie avec ce dernier qui vient défendre ses possessions continentales contre son ancien allié et amant Philippe Auguste. Mais la vieille dame de soixante-douze ou soixante-quatorze ans a passé l'âge de se battre. Elle se rend dans ses terres du Poitou, à l'abbaye de Fontevraud, où elle compte passer une retraite pieuse. Les événements vont en décider

1. Le duc Léopold d'Autriche avait été insulté par Richard au siège d'Acre. Il s'empare de lui au retour de la croisade et le livre à l'empereur Henri VI, son ennemi, qui cherche à en tirer une rançon.

autrement : comme on l'a dit, ses « derniers jours » vont durer dix ans, pendant lesquels elle va donner la pleine mesure de ses capacités. Pour Aliénor d'Aquitaine, la vie commence à soixante-quinze ans.

Fausse retraite à Fontevraud

Si elle a choisi Fontevraud, c'est que cette abbaye lui tient particulièrement à cœur. Fondée un siècle auparavant, en 1099, par un ermite breton, Robert d'Arbrissel, elle est en fait un monastère double : celui-ci comprend une communauté d'hommes, dirigée par un prieur, et une communauté de femmes, dont l'abbesse est la tête suprême de l'ensemble. Les moines prêtres célèbrent les offices, auxquels assistent hommes et femmes, séparés par une clôture, et font office de confesseurs et de prédicateurs, mais l'abbesse a toute autorité sur le monastère. Une institution mixte dirigée par une femme, à laquelle sont soumis les hommes, a de quoi plaire au tempérament d'Aliénor, et depuis son adolescence elle n'a cessé de témoigner son attachement à Fontevraud, qu'elle a souvent visitée et comblée de ses bienfaits : en 1147, avant son départ à la croisade ; en 1152, juste après son remariage avec Henri Plantagenêt, où elle est accueillie par l'abbesse Mathilde d'Anjou, tante de son nouveau mari, et où elle déclare dans une charte : « Après avoir été séparée, pour cause de parenté, de mon seigneur, Louis, le très illustre roi de France, et avoir été unie par le mariage avec mon très noble seigneur, Henri, comte d'Anjou, touchée par une inspiration divine, j'ai souhaité visiter la sainte congrégation des vierges de Fontevraud et, par la grâce de Dieu, j'ai pu réaliser cette intention que j'avais dans l'esprit. Je suis donc venue, conduite par Dieu, à Fontevraud, j'ai franchi le seuil où se rassemblent les moniales et là, le cœur plein d'émotion, j'ai approuvé, concédé et confirmé tout ce que mon père et mes ancêtres ont donné à Dieu et à l'église de Fontevraud, et notamment cette aumône de 500 sous de monnaie poitevine que le seigneur Louis, roi de France, au temps où il fut mon époux, et moi-même, nous avions donnée. »

En 1184, alors qu'elle est prisonnière en Angleterre, elle fait un don de 100 livres de rente perpétuelle sur la prévôté de Poitiers, et de la vigne de Benon. Nouveau don en 1190, alors que Richard s'apprête à partir pour la croisade. Ce dernier confirme tous les dons précédents et y ajoute une rente de 35 livres à prendre sur l'Échiquier de Londres. En 1193, pendant la captivité de Richard, Aliénor, à Winchester puis à Westminster, accorde de nouveaux avantages à l'abbaye. En 1199, elle lui octroiera une rente de 100 livres par an, à consacrer à l'achat de vêtements pour les religieuses. Cela « pour l'âme de son très cher sire, le roi Richard », qui vient de mourir.

Ainsi, à chaque événement important de sa vie, Aliénor se tourne vers Fontevraud. Lorsqu'elle y entre en 1194, la grande église romane, telle qu'on la voit aujourd'hui, est achevée depuis quarante ans, ainsi que la plupart des bâtiments, qui abritent environ deux cents religieuses, et la curieuse et monumentale cuisine. Elle y trouve aussi la sépulture de son second mari, Henri II Plantagenêt, avec le gisant polychrome en tuffeau qui vient juste d'être achevé. Henri, qui était plus angevin qu'anglais, était lui aussi attaché à ce lieu, qui va devenir une nécropole familiale, une sorte de Saint-Denis des Plantagenêts : outre Henri II, on y trouvera bientôt Richard Cœur de Lion, sa sœur Jeanne d'Angleterre et le fils de cette dernière, Raymond VII, comte de Toulouse, le cœur de Jean sans Terre, ceux de son épouse Isabelle d'Angoulême, de leur fils Henri III, et bien sûr la dépouille d'Aliénor elle-même.

Elle dispose à Fontevraud de ses appartements et d'une confortable rente : c'est « l'or de la reine », soit un marc d'or à chaque fois qu'une amende de cent marcs est versée au roi. Ce revenu, qui lui avait été retiré par Henri II, lui est restitué par Richard, qui y ajoute des ressources complémentaires importantes. Richard reste pour Aliénor le *carissimum*, le « très cher », alors que son frère Jean est simplement le *dilectum*, terme de politesse ordinaire. Elle se méfie de ce cadet au caractère fourbe.

Aliénor semble d'abord s'accommoder de sa retraite, n'intervenant plus que dans des histoires d'intendance domestique, par exemple en faveur de l'abbé de Bourgueil qui a du mal à se faire payer la dîme du vin sur ses terres, ou des moines anglais de Reading qui demandent son aide. Le chroniqueur Richard de Devizes la décrit à cette époque comme « une femme incomparable : à la fois belle et gracieuse, volontaire et aimable, modeste et sagace, ce qui est rare chez une femme… » ; « encore maintenant, dit-il, elle est infatigable et on s'étonne de son énergie ». Mais sa réputation de séductrice et de femme aux mœurs légères la suit toujours. On n'oublie pas ses anciens écarts de conduite, dit le chroniqueur : « Beaucoup savaient ce que je voudrais que personne ne sache : ce que cette même reine fut à Jérusalem du temps de son premier mari ; je n'en dirai pas plus, bien que je sache des choses. Chut ! » Allusion au temps où Aliénor, un demi-siècle auparavant, avait eu des flirts appuyés avec son oncle Raymond et son futur beau-père Geoffroi ; sa conduite scandaleuse a manifestement marqué les esprits. Ce passé tumultueux de la vieille reine, joint à son caractère autoritaire, à son indépendance, à son énergie exceptionnelle, cause une certaine fascination et ajoute à son prestige, même dans le cadre religieux de l'abbaye de Fontevraud, où on voit en elle ce que nous appellerions une maîtresse femme.

Réputation qu'elle va maintenant justifier de la façon la plus éclatante. Au début du mois d'avril 1199, on lui annonce que son fils, le roi Richard, atteint par une flèche alors qu'il assiégeait le château de Châlus, en Limousin, est mourant et la réclame. Châlus est à moins de deux cents kilomètres à vol d'oiseau. « Plus rapide que le vent », dit la chronique, elle y est dès le 6 avril, et Richard meurt dans ses bras le jour même. Le 11, elle est de retour à Fontevraud, où elle organise les obsèques de son fils, suivant les dernières volontés exprimées par celui-ci : « Je sais qu'au moment d'expier mes fautes, je ne pourrai que très difficilement échapper aux peines de l'enfer, sauf la miséricorde de Dieu, et grâce aux prières des servantes esclaves du Christ, à Fontevraud, que de mon vivant j'ai beaucoup aimées. À présent, en mourant, je m'abandonne à elles. C'est pourquoi moi, pauvre de tout, je vous ordonne de porter là mon corps, et malgré mon indignité de le déposer aux pieds de mon père. »

La cérémonie des obsèques est présidée par l'évêque Hugues de Lincoln, assisté des évêques de Poitiers et d'Angers, des abbés de Turpenay et du Pin – ce dernier avait administré à Richard les derniers sacrements. Dans les jours qui suivent défilent à Fontevraud les personnalités venues rendre un dernier hommage au roi, dont le légat du pape, Pierre de Capoue. Aliénor, cependant, ne perd pas un instant. D'abord, elle comble de bienfaits les familiers de son fils : son cuisinier, Adam, et sa femme, Jeanne, son bouteiller, Enguerrand, un autre cuisinier, Roger, ou encore un serviteur nommé Renaud, à qui elle concède un four à Poitiers, « eu égard aux services fidèlement rendus à nous-même et à notre fils de bonne mémoire, le roi Richard ». Puis elle entreprend une tournée de toute l'Aquitaine, par Loudun (29 avril), Poitiers (4 mai), Montreuil-Bonnin (5 mai), Niort, Andilly, La Rochelle, Saint-Jean-d'Angély, Saintes, Bordeaux (1er juillet), Soulac

(4 juillet), dans le but de rallier les fidélités à son dernier fils, Jean sans Terre. Au cours de cette tournée, elle fait preuve d'une activité débordante, s'appliquant notamment à rendre la justice, afin de se concilier les faveurs de la population : elle fait rendre aux religieuses de Sainte-Croix de Montreuil les bois qu'on leur a usurpés pour la chasse ; elle opère des transferts de suzeraineté, en faveur par exemple du seigneur Raoul de Mauléon, qui se désiste de ses droits sur La Rochelle en échange du domaine de Talmond ; elle confirme les donations aux établissements religieux, à Saint-Eutrope de Saintes, à La Sauve, à Sainte-Croix de Bordeaux, à Montierneuf. Surtout, elle accorde de nombreuses chartes de création de communes, un geste qui contredit l'attitude qu'elle avait adoptée au temps de sa jeunesse. Ainsi, alors que soixante ans plus tôt elle s'était violemment heurtée aux bourgeois de Poitiers, menaçant même d'emmener en otages deux cents jeunes gens, elle accorde maintenant les libertés communales à la ville, ainsi qu'à des dizaines d'autres. Les chartes sont dictées à ses secrétaires, Josselin et Renoul, et à son chapelain, Roger, qui participent au voyage. Dans l'île d'Oléron, elle accorde une charte inspirée des *Établissements de Rouen* qui garantissent de nombreuses libertés. En échange de la suppression de certaines taxes, elle impose aux habitants l'obligation de contribuer eux-mêmes à leur défense, créant par là des sortes de milices bourgeoises.

Derniers combats

À La Rochelle, elle assiste à l'élection du premier maire, Guillaume de Montmirail. Dans la charte qu'elle accorde à cette ville, le but est clairement exposé : « Nous concédons à tous les hommes de La Rochelle et à leurs héritiers une commune jurée à La Rochelle, afin qu'ils puissent mieux défendre et plus intégralement garder leurs propres droits, sauve notre fidélité, et nous voulons que leurs libres coutumes [...] soient inviolablement observées et que, pour les maintenir et pour défendre leurs droits et les nôtres et ceux de nos héritiers, ils exercent et emploient la force et le pouvoir de leur commune quand ce sera nécessaire contre tout homme, sauve notre fidélité. »

« Défendre leurs droits et les nôtres et ceux de nos héritiers » : il s'agit bien de rallier la population à la cause de Jean sans Terre, que Richard avait désigné comme son successeur, mais qui avait un sérieux concurrent en la personne d'Arthur de Bretagne, fils de Geoffroi et de Constance de Bretagne. En bonne logique dynastique, les droits d'Arthur à la couronne d'Angleterre sont supérieurs à ceux de Jean, car son père Geoffroi, mort en 1186, était lui aussi frère de Richard, et né huit ans avant Jean. De surcroît, Arthur bénéficie du soutien de Philippe Auguste, qui entend bien profiter de la mort de Richard pour reprendre aux Plantagenêts leurs fiefs dans le royaume de France. Ajoutons que Jean a beaucoup d'ennemis, en raison de sa personnalité et de son comportement imprévisible. C'est ainsi qu'en apprenant la mort de Richard, le seigneur angevin Guillaume des Roches a livré la ville d'Angers à Constance de Bretagne et à Arthur. Il faut envoyer Mercadier[1] et ses mercenaires gascons pour la reprendre. En dépit de la fidélité inébranlable de chevaliers comme Hubert Gautier[2] et Guillaume le Maréchal[3],

1. Chef de mercenaires dans le Sud-Ouest au service de Richard Cœur de Lion depuis 1184. Mort en 1200.

2. Archevêque de Canterbury, tout en étant chevalier, il s'est opposé aux manœuvres de Jean pendant l'absence de Richard, mais à la mort de ce dernier il se rallie au nouveau roi.

3. Guillaume le Maréchal (1145-1219), comte de Pembroke, a servi loyalement Henri II, puis Richard et Jean, avant de devenir tuteur du jeune Henri III et régent du royaume.

la situation de Jean, qui se rend en Angleterre, où il est couronné le 27 mai 1199, reste fragile.

Encore une fois, Aliénor intervient. Elle n'aime guère Jean, et celui-ci le lui rend bien, mais c'est son dernier fils vivant, et elle estime de son devoir de mère de le soutenir sans faille. À peine revenue de sa tournée d'Aquitaine, elle se rend à Tours, où vers le 15 juillet elle prête hommage à Philippe Auguste pour son duché d'Aquitaine et son comté de Poitou, enlevant ainsi au roi de France tout prétexte de confiscation, tandis qu'en septembre elle désigne Jean comme son héritier pour ces territoires. Dans les années qui suivent, elle participe activement à la défense du Poitou et de l'Anjou, utilisant notamment les soldats de Mercadier contre les troupes du roi de France. Elle intervient aussi pour réparer les maladresses de son fils : en 1201, elle persuade Amaury de Thouars, sénéchal d'Anjou et de Touraine, que Jean se préparait à révoquer, de maintenir sa fidélité. En même temps, elle écrit à son fils pour lui expliquer ses raisons et, craignant que Jean considère cela comme les divagations d'une vieille femme, elle fait confirmer ses dires par un de ses proches, Guy Diva. Jean finit d'ailleurs par exprimer sa gratitude, déclarant dans une charte sa volonté « qu'elle ait tous les jours de sa vie le Poitou [...] et non seulement qu'elle soit de toutes ces terres qui sont nôtres la Dame, mais aussi de nous et de toutes nos terres et nos possessions ».

Au cours de l'hiver 1199-1200, profitant d'une trêve dans la guerre entre Jean sans Terre et Philippe Auguste, Aliénor, qui réalise que la position de son fils ne cesse de se dégrader, tente une manœuvre audacieuse pour rétablir la paix. Reprenant une idée qui avait été évoquée au cours de négociations antérieures, celle d'un mariage entre le fils de Philippe Auguste, le prince Louis, et une petite-fille d'Henri II, elle entreprend, à presque quatre-vingts ans, à la mauvaise saison, un long et périlleux voyage au-delà des

Pyrénées, en Castille. Là-bas, en effet, vit sa fille Aliénor, qui a épousé le roi de Castille Alphonse VIII ; onze enfants sont nés de ce mariage, et il reste trois filles à marier : Bérengère, promise à l'héritier du royaume de León, Urraca et Blanca (Blanche). Il s'agit d'en ramener une pour lui faire épouser le prince Louis. Logiquement, cela aurait dû être Urraca, mais Aliénor choisit Blanche, on ignore pour quelle raison. L'entourage de la reine l'aurait persuadée qu'avec un nom aussi exotique Urraca n'aurait pas été bienvenue en France, ce qui est tout à fait invraisemblable : Philippe Auguste avait bien épousé une Ingeburge, et bien des princesses portaient des noms plus étranges encore. Blanche a l'âge idéal pour le mariage : douze ans, ce qui lui laisse au moins trente ans pour la procréation avec le prince Louis, qui a treize ans. C'est ainsi que le futur Saint Louis aura pour mère Blanche de Castille, et non Urraca.

La mort se refuse à elle

Le retour d'Aliénor et de Blanche a lieu au mois d'avril 1200, et le mariage est célébré le 23 mai en Normandie, car le royaume de France est alors sous interdit en raison des démêlés matrimoniaux de Philippe Auguste[1] : on ne peut plus y conférer les sacrements. Aliénor d'Aquitaine, de toute façon, n'y assiste pas. Elle s'est arrêtée à Fontevraud, éprouvée par des semaines de voyage émaillées d'incidents : à l'aller, elle a été arrêtée par les Lusignan, qui lui ont arraché des concessions, et au retour, le chef de son escorte, Mercadier, a été tué au cours d'une rixe à Bordeaux. Elle commence à faiblir.

1. Philippe Auguste a épousé en 1193 la princesse danoise Ingeburge et l'a immédiatement répudiée pour épouser Agnès de Méran, ce qui ouvre un conflit de vingt ans (1193-1213) avec Rome.

En 1201, elle tombe malade au printemps, au moment de l'affaire d'Amaury de Thouars.

Mais ce n'est pas encore le moment de mourir, car son fils Jean continue à faire des siennes. En juin 1200, invité aux fiançailles d'Hugues le Brun, seigneur de Lusignan, et d'Isabelle d'Angoulême, quatorze ans, il trouve la fiancée à son goût, l'enlève et l'épouse le 24 août après avoir renvoyé sa première femme, Isabelle de Gloucester. L'affront a pour résultat de dresser contre lui une partie des barons poitevins, qui font appel à leur suzerain Philippe Auguste. Ce dernier convoque Jean à sa cour ; il ne vient pas, en conséquence il est déclaré félon et déchu de ses fiefs. La guerre reprend donc en 1202. Le roi de France attribue l'Anjou, le Maine, la Touraine et le Poitou à Arthur de Bretagne, qui lui prête hommage, sans tenir compte du fait qu'Aliénor est la légitime comtesse du Poitou. Philippe Auguste commence la conquête de la Normandie, tandis qu'Arthur, allié aux Lusignan, pénètre dans le Poitou. Aliénor n'est plus en sécurité à Fontevraud. Elle s'enfuit vers Poitiers avec une petite troupe, mais, poursuivie par Arthur, elle doit se réfugier dans le donjon du château de Mirebeau, d'où elle envoie un messager vers Jean, qui est au Mans.

La réaction de son fils est d'une surprenante rapidité : le message lui est parvenu le 30 juillet ; le 1er août, il arrive avec une armée devant Mirebeau, après avoir franchi cent kilomètres en moins de deux jours. Arthur, pris au dépourvu, est fait prisonnier avec ses hommes, et Jean sans Terre délivre sa mère. Très fier de son exploit, il s'en vante dans une lettre aux barons anglais : « Quand nous apprîmes que la Dame notre mère était étroitement assiégée à Mirebeau, nous nous précipitâmes aussi vite que nous le pûmes, et arrivâmes le jour de la fête de Saint-Pierre *ad Vincula*. Et nous capturâmes notre neveu Arthur… », avant de le faire assassiner en avril 1203.

C'est la dernière aventure d'Aliénor, qui retourne à Fontevraud et dont les derniers mois sont attristés par les nouvelles désastreuses de la guerre. La vieille femme, deux fois reine et mère de deux rois, comtesse et duchesse, a tout perdu. Au cours de sa longue vie, elle a vu se succéder dix-sept papes, elle a survécu à ses deux maris, après deux mariages malheureux, et à huit de ses dix enfants : Guillaume est mort en 1156, Henri en 1183, Geoffroi en 1186, Mathilde en 1189, Alix en 1190, Marie en 1198, Richard et Jeanne en 1199. Il ne lui reste qu'Aliénor, qui est en Castille, et Jean sans Terre, dont le règne s'annonce catastrophique.

Le 6 mars 1204, Philippe Auguste s'empare de Château-Gaillard, la fameuse forteresse, fierté de Richard Cœur de Lion, réputée imprenable. C'est le coup de grâce. Aliénor apprend la nouvelle vers la mi-mars et meurt le 31, ou le 1er avril, à quatre-vingt-deux ou quatre-vingt-quatre ans. Elle est inhumée à Fontevraud, où toute la famille, qui n'a cessé de se déchirer, époux contre épouse, fils contre père, frère contre frère, est réunie dans la mort.

Son gisant la représente un livre à la main, mais on ne sait s'il s'agit d'un livre de piété ou d'un roman courtois. Car l'image de cette reine a varié au cours des siècles. Source d'inspiration pour les ménestrels, elle a d'abord été l'archétype de la femme scandaleuse, qui trompe son premier mari, le roi de France, et se révolte contre le deuxième, le roi d'Angleterre, tout en ayant de nombreux amants. À la période romantique, elle devient au contraire le modèle de la reine cultivée, inspiratrice de l'amour courtois, adoucissant les mœurs brutales de l'époque, avant de devenir le modèle de la femme libérée, préfigurant les combats féministes.

Bibliographie sélective

L'ouvrage de base sur Aliénor est celui d'Alison Weir, *Aliénor d'Aquitaine, reine de cœur et de colère*, trad. de l'anglais par Aline Weill, Laval-Nantes, Siloë, 2005. Titre original : *Eleanor of Aquitaine. By the Wrath of God, Queen of England.*

Le classique *Aliénor d'Aquitaine* de Régine Pernoud, Paris, Albin Michel, 1966, est un peu trop lyrique. On consultera utilement E. R. Labande, « Pour une image véridique d'Aliénor d'Aquitaine », dans le *Bulletin de la Société des antiquaires de l'Ouest*, 4e série, II, 1952, ainsi que les ouvrages d'Amy Kelly, *Eleanor of Aquitaine and the four kings*, Cambridge, Harvard University Press, 1950, et de Martin Aurell, *Aliénor d'Aquitaine et l'essor de Fontevraud*, Nantes, Revue 303, coll. « Les carnets de Fontevraud », 2013.

Pour les sources : « The letters and charters of Eleanor of Aquitaine », *English Historical Review*, no CCXCI, vol. LXXIV, 1959.

5

UNE MORT TRÈS CHRÉTIENNE

Isabelle la Catholique
Medina del Campo, 26 novembre 1504

par Marie-France SCHMIDT

Isabelle la Catholique s'éteint au sommet de sa gloire à l'âge de cinquante-trois ans, après vingt-neuf ans de règne sur la Castille et le León au côté de son mari, Ferdinand II d'Aragon. Beaucoup ont vu dans la mort prématurée de deux de ses enfants et le terrible tremblement de terre du 5 avril 1504 en Andalousie les signes annonciateurs d'une fin proche pour elle et de grands malheurs pour son pays. Victime de fièvres dès le lendemain du séisme, la souveraine semble peu à peu renoncer à vivre, accablée de fatigue et d'inquiétude. Les derniers mois de la très chrétienne Isabelle la Catholique prendront l'allure d'un chemin de croix. En une génération, elle aura transformé son royaume, déchiré par des querelles intestines et encore occupé au sud par les Maures, en une puissance mondiale qu'il reviendra à son petit-fils Charles Quint de porter à son apogée.

« Je ne connais personne de son sexe, dans les temps anciens ou modernes, qui soit digne d'être nommé auprès de cette femme incomparable. » Ainsi parla un jour, à propos d'Isabelle la Catholique, l'humaniste Petrus Martyr, s'adressant au cardinal Cisneros. Confesseur de la reine, celui-ci ne pouvait qu'approuver, ayant effectivement connaissance en détail de la vie de cette souveraine hors du commun.

Isabelle est née le 22 avril 1451 à Madrigal de las Altas Torres, non loin d'Ávila, environ quatre-vingts ans après la révolution qui a porté au pouvoir la dynastie des Trastamare dont elle est la plus illustre et la dernière représentante. Fille de Jean II de Castille et de sa deuxième épouse, Isabelle de Portugal, elle n'est pas destinée au trône qui, à la mort du roi en 1454, échoira à son demi-frère Henri IV, fils du précédent et de Marie d'Aragon.

Ses premières années, d'abord à Madrigal, ensuite dans le sombre château d'Arévalo, lui aussi proche d'Ávila, sont tristes. Elle les passe aux côtés d'une mère à moitié démente, qui mourra en 1496, et de son frère cadet Alphonse. Elle fait preuve de bonne heure d'un caractère grave, dur, énergique, résolu, auquel, contrairement à celui de son demi-frère, l'indécision et la faiblesse sont étrangères. Élevée dans les principes d'une bonne chrétienne, elle acquiert une foi inébranlable.

En 1462, sur ordre du roi, l'infante et son frère sont transférés d'Arévalo à Ségovie où réside la Cour. Le prétexte invoqué est qu'ils y recevraient une meilleure éducation. En réalité, Jeanne de Portugal, la seconde épouse d'Henri IV, va bientôt mettre au monde une fille, Jeanne de Castille, dite la Beltraneja[1], et le roi compte surveiller ses demi-frère et demi-sœur dans l'éventualité de troubles engendrés par cette situation.

1. Le véritable père de Jeanne ne serait pas Henri IV, mais son favori, Beltrán de la Cueva, d'où ce sobriquet de « la fille de Beltrán ».

Isabelle et Alphonse sont ainsi arrachés à leur mère sans ménagement, ce dont la première souffrira beaucoup. Le 9 mai 1462, les Cortes se réunissent à Madrid pour proclamer leur reconnaissance de l'infante Jeanne comme héritière du trône et lui prêter serment, avec l'approbation générale des nobles, même des plus frondeurs. Isabelle et son frère ont fait le voyage de Madrid pour prêter eux aussi serment de fidélité à la petite Jeanne.

La longue marche vers le trône

L'unité de façade exposée à Madrid ne tarde pas à se lézarder et la Beltraneja devient un poison tant pour le roi que pour les nobles qui la contestent.

Jusqu'à la mort d'Henri IV en 1474, la situation est d'une rare complexité car les camps favorables à l'avènement soit de la Beltraneja soit d'Isabelle ne cessent de se faire et de se défaire au gré des circonstances. Dans la succession des événements, quelques dates sont à retenir. Le 28 septembre 1464, les nobles contraignent le souverain à reconnaître Alphonse comme héritier du trône de Castille. L'année suivante, le 5 juin 1465, ils organisent une cérémonie de dégradation d'Henri IV, restée célèbre sous le nom de farce d'Ávila[1]. Après ce geste, les grands du royaume font acclamer par la foule le demi-frère d'Henri IV sous le titre d'Alphonse XII de Castille.

Trois ans plus tard, alors qu'Alphonse s'apprête à mettre le siège devant Tolède, il meurt de manière

1. La signification de cette cérémonie caricaturale est claire : les nobles présents se sentent habilités, suivant le rite wisigothique qui voulait que les principaux membres de la noblesse, au nom du peuple, intronisent ou déposent le roi, à en user ainsi avec Henri IV, considéré comme incapable de gouverner et donc détrôné en effigie.

inexpliquée – peste, empoisonnement ? –, le 5 juillet. Lors de l'agonie de son frère qui dure trois jours, Isabelle fait preuve d'une fermeté et d'une ténacité inattendues chez une jeune femme de son âge. Ainsi écrit-elle une série de lettres dans lesquelles elle réaffirme ses droits à la succession d'Alphonse. Dans l'une d'entre elles, elle affirme sans hésiter que, dans l'éventualité redoutée, elle serait son héritière légitime et que les villes devraient lui prêter serment en présence des Cortes. Cependant, quoique consciente de sa légitimité, elle reste prudente, se contentant de s'intituler princesse de Castille, et passe le mois de juillet en démarches diplomatiques.

Elle a alors dix-sept ans et, selon le chroniqueur Pulgar, elle était « de taille moyenne, bien prise de toute sa personne et les membres bien proportionnés, elle était très blanche et très blonde, les yeux entre vert et bleu, le regard gracieux et honnête, les traits du visage bien en place, la figure fort belle et gaie ». La blancheur et la blondeur sont des singularités chez les Espagnols en général et les Trastamare en particulier. On l'expliquait en évoquant de lointains ancêtres Plantagenêts. L'énergie et une sorte de résolution sévère poussée jusqu'à l'entêtement se lisaient sur les traits de leur descendante.

À la cour de son demi-frère, elle avait reçu une instruction poussée : leçons d'histoire, de grammaire, de musique et de peinture. Reine, elle apprend seule le latin de manière à pouvoir s'adresser aux ambassadeurs.

Sur ces entrefaites, Juan Pacheco, marquis de Villena, proche conseiller d'Henri IV, s'emploie à la réconciliation des deux camps et, le 17 août 1468, il organise à Castronuño, dans la région de Valladolid, une réunion qui durera cinq jours entre les représentants du souverain et ceux du parti adverse.

Après avoir fait le bilan de la situation en Castille et confirmé la nécessité de la pacification du royaume, les deux factions se mettent d'accord pour qu'Isabelle soit bien reconnue princesse successeur d'Henri IV. Quant à Jeanne, elle est déshéritée au profit de la précédente, le roi arguant de son illégitimité parce que son propre mariage avec sa cousine germaine Jeanne de Portugal a été célébré sans la dispense de consanguinité qu'aurait dû accorder le pape. Il faut maintenant songer au mariage de l'infante et future reine.

Ferdinand d'Aragon : le choix d'Isabelle

À vrai dire, la question de ce mariage se posait depuis longtemps, et plusieurs prétendants avaient été approchés, le plus notable d'entre eux étant Alphonse V de Portugal, candidat d'Henri IV, qui ne recueillait pas l'assentiment de la totalité des grands. Un autre parti se présente en la personne de Ferdinand d'Aragon dont le père, Jean II, a besoin de la Castille pour mener ses opérations en Catalogne et au Roussillon contre la France de Louis XI, tandis que les partisans de l'infante sollicitent l'appui de l'Aragon pour ne pas tomber sous le joug d'Henri IV, tenant de l'alliance portugaise. Quant à Isabelle, son choix est fait non par sentiment, mais par intérêt : ce sera Ferdinand.

Après de longues négociations a lieu le 18 octobre 1469 à Valladolid la célébration du mariage civil, au cours de laquelle Ferdinand fait le serment de respecter les lois, coutumes et libertés de la Castille et de ne prendre aucune initiative sans l'accord de son épouse. Le mariage religieux se tient le lendemain, béni par Carrillo, l'archevêque de Tolède. En dépit de l'affront que ce mariage représente pour lui, Henri IV ne fait rien pour barrer la route du trône à sa demi-sœur. Jusqu'à sa mort, le 12 décembre 1474, un jeu très complexe et stérile a lieu entre les grands au sujet d'Isabelle, les camps lui étant favorables se faisant et se défaisant alternativement. Le lendemain de la mort du souverain, alors qu'elle se trouve à Ségovie en compagnie de son mari, Isabelle est déclarée reine par acclamations : « Castille, Castille, pour Isabelle, reine et propriétaire du royaume. »

Restaient à établir les prérogatives de chacun des époux. Les conseillers d'Isabelle se mettent aussitôt au travail et élaborent le 15 janvier 1475 la « Sentence arbitrale de Ségovie », fondée sur un certain nombre de clauses. Dans les actes de chancellerie, le nom du roi précède celui de la reine et les armes de la reine celles du roi. Une certaine égalité s'instaure à travers cette première clause. Mais selon la deuxième, Isabelle demeure seule titulaire de la couronne de Castille, et cette victoire se révèle déterminante pour l'avenir, les femmes pouvant dès lors assumer et transmettre des droits de succession, mais aussi exercer des prérogatives royales. Dans la couronne d'Aragon, au contraire, la femme transmet des droits de succession, mais seul le roi règne effectivement. Néanmoins, Ferdinand est reconnu comme roi de Castille de plein exercice, selon les textes officiels. La reine est seule habilitée à nommer aux emplois civils et militaires. En revanche, le produit des impôts est utilisé d'un commun accord, et les actions font l'objet d'une concertation entre les deux époux. La politique extérieure et les opérations militaires incombent à Ferdinand, tandis qu'Isabelle gère les affaires intérieures, ce qui ne l'empêchera pas de se mêler de celles-là, en particulier au moment de la Reconquista. Les emblèmes de chacun figurent sur les monuments, d'une part le joug et le nœud gordien du roi et d'autre part le faisceau de flèches de la reine. Les documents officiels débutent généralement par la formule : « Le roi et la reine ont décidé… » L'administration de la justice incombe au roi et à la reine lorsqu'ils sont ensemble, et, s'ils sont séparés, chacun peut arbitrer les causes pour son compte. Il en est de même pour la nomination des *corregidores*, représentants locaux du pouvoir royal pour l'exercice de la justice. Ces dispositions sont entérinées dès le 7 février par les Cortes de Medina del Campo, où siègent les délégués des trois états, nobles, clergé et municipalités.

Dans les faits, la physionomie de cette double monarchie se présente ainsi : à la couronne de Castille appartiennent la Castille, le León, Tolède ; s'y joindront plus tard l'émirat de Grenade, les Canaries, les Indes occidentales, le royaume de Navarre. La couronne d'Aragon comprend les royaumes d'Aragon et de Valence, les comtés catalans, les Baléares, le royaume de Sicile (depuis 1460) auquel s'ajoutera au début du XVIe siècle celui de Naples. Chacun de ces royaumes dispose d'une autonomie administrative, possède ses traditions, sa langue, mais la réalité du pouvoir appartient bien sûr au couple royal. Ce type de gouvernement bicéphale, très original, n'engendrera pas l'unité des deux couronnes, en dépit de politiques religieuse et extérieure communes. Elles demeureront séparées et conserveront leurs institutions, leurs frontières et leurs coutumes jusqu'au XVIIIe siècle, bien que gouvernées par un seul souverain, Charles Quint, successeur des Rois Catholiques.

La réorganisation du royaume

Dans un premier temps, Isabelle doit réduire la guerre civile endémique opposant ses partisans et ceux de la Beltraneja. Elle a la sagesse de pardonner à ces derniers sans les priver de leurs privilèges, ce qui a pour résultat leur ralliement progressif. Quant à Jeanne, elle est reléguée dans un couvent qu'elle ne quittera plus jusqu'à sa mort en 1530. Isabelle doit ensuite faire face à l'invasion du

Portugal. Dès avril 1475, Alphonse V, à qui la main de Jeanne avait été promise, réclame le royaume de Castille et envahit l'Estrémadure. La guerre se conclut victorieusement pour la reine par le traité d'Alcazobas de 1479.

La reprise en main du royaume s'opère au cours de deux Cortes successives, celles de Madrigal en 1476, déjà citées, et, surtout, celles de Tolède quatre ans plus tard, lesquelles marquent la fin des troubles intérieurs. Lors des premières est créée la Santa Hermandad, union des villes pour lutter contre le banditisme, alors très répandu dans les campagnes. Le royaume est divisé en districts, et les troupes, issues des municipalités, se déploient en *cuadrillas*, soit fixes, soit mobiles. La Santa Hermandad réprime les agressions sur les routes et chemins, les vols, les crimes, les enlèvements, les incendies des maisons et des récoltes. Les coupables sont capturés et jugés aussitôt. Les auteurs de vols d'une valeur supérieure à 500 maravédis[1] ont le pied coupé. Les meurtres sont sanctionnés par la peine de mort, prononcée et exécutée aussitôt à coups de flèche. Il s'agit d'une justice expéditive, pour ne pas dire sommaire, qui sera appliquée sans réserve jusqu'au XVIIe siècle.

Aux Cortes de Tolède, les finances du royaume, dans un état catastrophique, sont restaurées, la chancellerie, fixée à Valladolid, est réformée, avant d'être dédoublée quelques années plus tard par une seconde chancellerie à Ciudad Real. Le Conseil royal est lui aussi réformé : le droit de naissance n'est plus exigé pour pouvoir y siéger, manière de neutraliser la haute noblesse. Cet organe de gouvernement a désormais une compétence universelle, devenant ainsi le pivot de la monarchie. Enfin, réforme essentielle venant à l'appui de la centralisation du pouvoir,

---

1. Petite monnaie espagnole de cuivre, valant un peu plus que l'ancien denier de France.

la généralisation des *corregidores* dans tout le royaume. Dans les villes importantes, ces derniers, représentants du souverain, sont dotés de tous les pouvoirs, ils sont chargés de rétablir l'ordre dans les municipalités et, finalement, de mettre fin à leur autonomie.

Dès les Cortes de Madrigal, en 1476, s'affirme un signe avant-coureur du durcissement de la position royale vis-à-vis des non-chrétiens : Ferdinand et Isabelle décident de révoquer la loi qui interdisait l'emprisonnement des juifs et des musulmans pour des dettes contractées avec les chrétiens. Les premiers sont en outre astreints à porter la rouelle comme signe distinctif de leur confession. Dans le même ordre d'idée, les souverains s'attaquent aux *conversos*, ces descendants de juifs baptisés revenant à leur religion d'origine. Leur répression ira *crescendo*, jusqu'au triste édit de proscription du 31 mars 1492 qui expulsera l'ensemble des juifs du royaume.

Dans l'entourage de la reine, le prieur des dominicains de Santa Cruz de Ségovie, Torquemada, est le plus virulent. Il propose d'entamer une enquête inquisitoriale pour rechercher et châtier les hérétiques. Les plus nombreux se trouvent à Séville où l'on compte environ 2 500 *conversos* – il y en aurait 250 000 dans toute l'Espagne –, plus ou moins bien initiés au christianisme et qui ont conservé de nombreuses coutumes de la religion de leurs pères. Isabelle remet en question les charges qui leur avaient été attribuées, malgré le bénéfice qu'elle en tirait, et songe à créer l'Inquisition. Les desseins de cette création imminente sont bien définis : d'une part, il convient de séparer les fidèles des infidèles, de restaurer une discipline parmi les *conversos*, connus par leur puissance économique presque abusive ; d'autre part, de stimuler la solidarité politique et religieuse du royaume, et d'inspirer la crainte de Dieu et de la monarchie, qui sont étroitement liés. Après avoir fait procéder à des enquêtes à caractère doctrinal sur les *conversos* et vérifier les relations de certains d'entre eux avec des nobles encore rebelles et les Portugais, la reine demande au pape une bulle autorisant la création de l'Inquisition.

La bulle de Sixte IV intitulée *Exigit sincerae devotionis*, datée du 1er novembre 1478, lui en donne la permission et lui accorde le pouvoir de nommer deux ou trois clercs inquisiteurs en Castille. Les décisions peuvent être prises par Isabelle et Ferdinand, mais l'autorité appartient à la seule reine de Castille. Isabelle, d'ailleurs, n'use de ce tribunal que deux ans plus tard, avec sa prudence habituelle, et les raisons de ce délai lui sont personnelles : elle éprouve de la répugnance pour toute mesure répressive et préfère inculquer un enseignement doctrinal aux nouveaux chrétiens plutôt que de sévir d'emblée contre eux, tout au moins à Séville où débute l'expérience. Cependant, devant l'échec de cette politique, elle laissera toute latitude à Torquemada, nommé Grand Inquisiteur au début des années 1480, et l'institution, toute-puissante, deviendra l'organe de répression que l'on connaît.

Reconquista

Presque toute la péninsule, sauf le Nord, est tombée sous domination musulmane en 711, et on peut considérer que la Reconquista commence dès 722, lorsque les musulmans ont été défaits par Pélage à la bataille de Covadonga. Il faudra huit siècles pour qu'elle soit effective.

Lorsque Isabelle monte sur le trône, la dernière enclave musulmane en Espagne est le royaume de Grenade qui, en tant que vassal de la Castille, lui paie un tribut annuel depuis 1246, encore qu'il ne soit qu'irrégulièrement perçu. Lors des Cortes de 1480, Isabelle s'engage à s'atteler à sa conquête.

En décembre 1481, les Maures s'emparent par surprise de Zahara, ville-frontière, et en massacrent la population. La reine voit là l'occasion d'achever la Reconquista, d'autant qu'au même moment l'émir Abu al-Hasan Ali refuse de payer tribut. Peu après, il est renversé par son neveu Muhamad XI, connu sous le nom de Boabdil.

La reconquête se fait en trois temps. Entre 1482 et 1484, l'armée espagnole, mal préparée, mal commandée, subit plusieurs revers, notamment au siège de Loja où elle perd 10 000 hommes. De 1485 à 1487, elle remporte plusieurs succès, s'emparant des places fortes de Ronda, Loja et Malaga. À la fin de cette phase, toute la partie occidentale du royaume est conquise. À l'issue de la troisième campagne, commencée en 1489, seule Grenade résiste encore. Les chrétiens y mettent le siège le 9 juin 1491, et Boabdil quitte la ville en la livrant le 2 janvier 1492.

Grâce à la ténacité de ceux à qui le pape décernera en remerciement deux ans plus tard le titre de Rois Catholiques, l'Espagne en a terminé avec l'unification de son territoire.

En juin 1503, Isabelle commence à ressentir des douleurs abdominales qui accompagnent une fièvre continue et entraînent une hydropisie que les médecins ont de la peine à contrôler. On lui détecte une tumeur, probablement un cancer de l'utérus. Son souci principal, en dehors des tâches gouvernementales qu'elle continue à assumer pratiquement alitée, est pour sa fille Jeanne[1],

1. Jeanne de Castille (1479-1555), que l'on appellera Jeanne la Folle, épouse Philippe le Beau en 1496. À la mort d'Isabelle la Catholique, tous deux règnent sur la Castille et Ferdinand sur l'Aragon. Au décès de ce dernier, Jeanne devient reine d'Aragon, tandis que le gouvernement de la Castille est confié à Charles Quint. Son piètre équilibre mental explique qu'elle n'ait régné que de manière nominale.

dont elle ne parvient pas à maîtriser l'impatience d'aller retrouver son époux, Philippe le Beau, fils de l'empereur Maximilien Ier. Elle remet ce départ au printemps suivant et s'installe avec Jeanne à Medina del Campo, en espérant que les grandes foires de la ville la distrairont quelque peu. En mars 1504, Jeanne s'embarque enfin pour les Flandres.

Le temps est venu pour la reine de faire un premier acte de contrition. Elle prie Dieu pour lui demander de l'éclairer sur les fautes qu'elle aurait pu commettre, puisque le Seigneur a voulu rappeler à lui deux de ses enfants et un de ses petits-fils, tandis qu'il frappait de démence une autre de ses filles[1]. A-t-elle exercé le pouvoir selon les lois divines ? N'a-t-elle pas été trop indulgente envers les Maures et envers les juifs ?

Épuisée, mais lucide et consciente qu'elle doit exercer ses prérogatives de reine jusqu'à sa mort, Isabelle envoie dépêche sur dépêche pour réclamer en vain l'arrivée en Castille de son petit-fils promis à sa succession, Charles de Habsbourg, futur Charles Quint, né à Gand le 24 février 1500 de Jeanne la Folle et de Philippe le Beau. Isabelle passe une grande partie de la journée au lit et se prépare à la mort en faisant accrocher aux murs de sa chambre des tentures dont les thèmes l'incitent à méditer sur sa fin dernière : la représentation de l'Apocalypse de saint Jean y tient sa place, ainsi que celle de la

---

1. Avec Jeanne la Folle, Isabelle a eu au total cinq enfants : Isabelle d'Aragon (1470-1498), deux fois reine consort de Portugal par son mariage avec Alphonse de Portugal puis avec Manuel Ier, Jean d'Aragon (1478-1497), Marie d'Aragon (1482-1517), reine consort de Portugal par son mariage avec Manuel Ier, Catherine d'Aragon (1485-1536), reine consort d'Angleterre par son mariage avec Henry VIII. Son premier petit-fils, Miguel ou Michel (1498-1500), était le fils d'Isabelle d'Aragon, laquelle mourut peu de temps après l'accouchement.

présence du sang du Christ dans l'hostie, thème inspiré de saint Grégoire.

Le 5 avril 1504, un tremblement de terre, annonciateur pour les âmes crédules de fléaux pour le pays, dévaste l'Andalousie, et les Rois Catholiques, qui passent le temps de Pâques au monastère proche des hiéronymites de la Mejorada, à Olmedo, ressentent les effets de ce cataclysme – le séisme est bientôt suivi de la peste et de la famine. Multiplication de catastrophes prémonitoires ? Isabelle et Ferdinand séjournent deux mois au monastère, tout en continuant à exercer leur tâche.

De retour à Medina del Campo, les souverains sont atteints le 26 juillet d'un fort accès de fièvre quarte, et la nouvelle se propage aux quatre coins des royaumes, avec prescription de la part des autorités locales de procéder à des processions et à des veillées de prières pour leur santé.

Au bout d'un mois Ferdinand est à peu près remis de son incident de santé, mais il n'en est pas de même de la reine, dont la fièvre persiste, quoique avec moins d'intensité. Les plus grandes sommités médicales s'empressent au chevet d'Isabelle en ce mois de septembre 1504. Outre les apothicaires et médecins habituels de la Cour, on fait appel à des professeurs de l'université de Salamanque, tandis que les cérémonies religieuses organisées pour le rétablissement de la reine se multiplient dans toutes les localités des royaumes, et ce pendant cinquante jours. Isabelle, à bout de forces, ne peut même plus signer les actes qui lui sont soumis : trop de morts autour d'elle ont vaincu peu à peu son désir de vivre.

Quand vient la mort

Le 12 octobre 1504, Isabelle élabore un testament qui apparaît à la fois comme un examen de conscience, un bilan de son règne et un ensemble de conseils à l'intention de ses successeurs afin que ces derniers continuent son œuvre. Son premier soin est d'énumérer ses titres et possessions et d'émettre une affirmation de sa foi catholique assortie de la mention de ses intercesseurs, apôtres et saints. Sa prédilection pour l'ordre franciscain auquel appartient son confesseur, l'archevêque de Tolède Cisneros[1], lui suggère le vœu d'être inhumée revêtue de l'habit de cette appartenance, dans le couvent de Grenade situé sur la colline de l'Alhambra, où elle est entrée triomphalement en 1492. Elle y attendra Ferdinand « de sorte que l'union dont nous avons joui dans ce monde puisse être représentée par celle de nos corps dans la terre et que, par la miséricorde de Dieu, nos âmes soient réunies dans le ciel ».

Pour ses obsèques, elle réclame la sobriété. Ce qui lui importe, ce sont les 20 000 messes qui doivent être célébrées pour le salut de son âme dans les églises et dans des monastères de stricte observance, et elle se montre intransigeante à ce sujet. Elle ne lésine pas sur les sommes destinées à ces cérémonies, ni sur celles destinées aux mariages des jeunes filles pauvres, ni sur les dons aux sanctuaires de son choix, la cathédrale de Tolède et le monastère de Guadalupe en Estrémadure, entre autres, où elle est allée souvent prier la Vierge de lui donner le courage de s'acquitter de ses fonctions.

Certains legs témoignent de la nécessité qu'elle ressent d'un dépouillement le plus complet possible : le choix laissé à son époux de disposer de ses parures les plus riches en constitue un exemple. Elle exprime son regret

1. Francisco Jiménez de Cisneros (1436-1517), proche conseiller de la reine nommé cardinal et Grand Inquisiteur en 1507, est un personnage clé de la Renaissance espagnole. Il fonda l'université d'Alcalá de Henares et assuma plusieurs fois la régence de Castille.

de ne pas avoir toujours respecté la justice à l'égard de ses vassaux et entend que certains biens acquis indûment au cours des luttes civiles leur soient restitués.

En ce qui concerne ses possessions, elle réaffirme le droit inaliénable de la Castille sur les îles et la terre ferme découvertes par Christophe Colomb et ses compagnons. Elle garde pour la fin le plus important, les lois de succession de son royaume : ses héritiers auront à cœur d'honorer Dieu et la foi catholique et de poursuivre la conquête de l'Afrique comme prélude à celle plus ambitieuse de Jérusalem qu'elle entend enlever aux Turcs.

Elle proclame officiellement Jeanne héritière universelle et propriétaire naturelle de ses royaumes, ainsi que Philippe le Beau, son époux, le roi consort. Ferdinand d'Aragon doit leur servir d'exemple et exercera le gouvernement du royaume dans le cas où Jeanne serait dans l'incapacité d'assumer ses fonctions.

Isabelle, pour éviter toute vacance du pouvoir, précise dans une lettre du 23 novembre que son mari doit exercer la charge de gouverneur général de ses royaumes. Puis elle commande à l'un de ses poètes préférés, Ambrosio de Montesinos, une méditation sur la Passion du Christ, essentiellement axée sur la prière de Jésus au jardin des Oliviers. Sur les conseils de Cisneros, elle médite sur les pages du livre de Job qui lui donne l'exemple de l'acceptation des épreuves et du dépouillement.

Si on ne possède pas de récit précis du décès de la reine, on sait qu'elle reçoit avec une grande ferveur et présence d'esprit les derniers sacrements de l'Église. Poussée par un excès de pudeur, elle n'autorise pas le prêtre qui l'administre, et qu'elle a fait venir du monastère de la Mejorada, à procéder sur son corps à d'autres onctions que celles des pieds, et ne veut pendant cette cérémonie la présence d'aucun serviteur de sa maison. Au fur et à mesure que l'échéance se rapproche, elle se recentre sur la ferveur et le dépouillement, deux valeurs cardinales qui illustrent l'exemplarité de sa foi.

À cette heure décisive, Ferdinand est au chevet de son épouse. Isabelle la Catholique rend le dernier soupir le 26 novembre entre 11 heures et midi. La nouvelle est communiquée par une série de dépêches transmises en castillan, latin et catalan, au royaume de Navarre, aux villes de Castille siégeant aux Cortes, aux institutions civiles et administratives des différents royaumes. Un courrier urgent est expédié en Flandre aux héritiers de la couronne, mais aussi à Rome et Naples.

Les dispositions en vue des obsèques sont on ne peut plus sobres, selon les prescriptions de la reine défunte : on renonce notamment à la coutume qui veut que les membres des conseils et la Cour s'habillent de serge, tissu de laine grossière, pour ne garder que la couleur noire du deuil, sans doute dans un souci d'économie et d'humilité. Pour suppléer au vide du pouvoir, on fait hisser symboliquement sur ordre de Ferdinand les bannières qui proclament Jeanne reine de Castille, tandis que les conseillers et fonctionnaires de la justice sont confirmés dans leurs postes.

Toujours selon les volontés d'Isabelle, son corps, revêtu de l'habit franciscain, est déposé dans un simple cercueil, le catafalque n'est pourvu ni de festons ni de marches. Elle a en outre recommandé qu'il n'y ait pas de tentures dans les sanctuaires et qu'un nombre restreint de flambeaux les éclaire – au nombre symbolique de treize – pendant les offices, les messes et les vigiles les jours de cérémonie funèbre. La cire, qui devait se consumer devant le cercueil, est plutôt destinée à brûler devant le saint sacrement dans certaines églises pauvres choisies par les exécuteurs testamentaires.

L'ultime voyage

Le 27 novembre, avant le départ du cortège de Medina del Campo, a lieu une veillée en présence du corps avec, comme il est d'usage dans les matines, psaume d'invitation au public à louer Dieu, puis nocturne constitué de plusieurs psaumes et leçons dans l'église principale de la ville, avec une célébration de messes dans toutes les chapelles. À ce moment-là, aucune oraison funèbre n'est prononcée, et le temps manque pour les neuvaines destinées à être honorées par les parents de la défunte.

Puis, le cortège funèbre prend la route de Grenade. En prévision des intempéries qui peuvent jalonner l'itinéraire, le cercueil est enveloppé d'une housse de double peau de bœuf et ceint de cordes pour l'attacher sur le chariot conduit par deux mules. En tête du cortège funèbre, des franciscains d'Arévalo, la ville où résidait Isabelle enfant, portent une croix d'argent recouverte d'un voile noir. Les participants du voyage sont innombrables et choisis par Ferdinand : deux douzaines de personnes de la chapelle de la reine, dont une douzaine de chapelains pour le culte, une autre de chantres, un organiste qui transporte le buffet d'orgue imposant, quelques instrumentistes qui jouent des instruments à vent, en l'occurrence des chalemies – de la famille du hautbois –, sans compter les gentilshommes de la chambre de la reine, les employés préposés à l'ornement du salon lors de chaque étape, ou encore les écuyers et les cuisiniers.

Chaque étape de l'itinéraire entre Medina del Campo et Grenade correspond à des lieux marquants de l'existence de la défunte : ainsi en est-il d'Arévalo, de Cardeñosa où est mort son frère Alphonse, d'Ávila où ce dernier est enterré à ce moment-là, de Tolède où a été édifiée l'église de Saint-Jean-des-Rois – ce sanctuaire aura droit à la présence du catafalque le 3 décembre 1504, où une veillée de prières est organisée.

Le lendemain, une messe de requiem avec nocturne est célébrée dans cette même église. Le 6 décembre, le même genre de cérémonie se reproduit avec nocturne et répons, ou prières qui suivent les leçons des matines dans la cathédrale et, à cette occasion, un des chanoines prononce une oraison funèbre. Le 7 décembre, Tolède proclame Jeanne reine, et le cortège funèbre, entré dans la ville par la porte du Cambron, en sort par la porte du Pardon en direction de l'Alcazar.

Pendant ce dernier voyage d'Isabelle, la ville de Grenade s'affaire pour recevoir la dépouille mortelle dans sa sépulture du couvent de Saint-François à l'Alhambra. Après avoir subi les pluies continues et le froid pendant tout le trajet, les voyageurs parviennent dans la ville reconquise sur les Maures sous un soleil éblouissant. Selon les dernières volontés d'Isabelle la Catholique, les honneurs funèbres sont réduits. Elle a spécifié que son tombeau soit « placé à même le sol sans aucune fioriture, sauf une dalle portant son nom ». Tendilla, le gouverneur de la ville, s'efforce de respecter à peu près ce souhait, tout en ornant au minimum la tombe pour la rendre digne d'une souveraine assimilée à un « trésor », voire à une relique. C'est ainsi qu'il ordonne de daller toute la chapelle, d'en dorer et peindre le plafond, de décorer les chapelles latérales, de forger une grille de fer pour le presbytère, et surtout de placer une plaque de marbre légèrement en surplomb pour que le tombeau ne soit pas piétiné.

Dès 1505, au risque d'aller à l'encontre des recommandations de sobriété de la reine défunte, l'architecte Enrique Egas est mandé pour construire à l'intérieur de la cathédrale de Grenade une chapelle en style gothique fleuri afin d'y recevoir les dépouilles d'Isabelle et de son époux – Ferdinand la rejoindra en 1513. Le retable sculpté du maître-autel représente des scènes de la prise de la ville par les Rois Catholiques et du baptême forcé des Morisques en 1502[1]. Des statues orantes des souverains y sont présentes ainsi que dans la sacristie. Dans ce véritable musée, les étendards enlevés aux Maures en 1492 sont entreposés dans une vitrine et rappellent le rôle fondamental joué par Isabelle dans cette guerre. C'est en grande pompe que le successeur des Rois Catholiques y fait transférer les corps de ses grands-parents qui reposent pourtant modestement dans une crypte. Le luxe est réservé à leurs cénotaphes en marbre de Carrare. La reine a retrouvé, défunte, toute sa dignité et toute sa gloire.

Isabelle aimait à le répéter à son cher Cisneros : « Ce n'est pas à moi de considérer les fatigues et les périls quand il s'agit de l'autorité royale. » De fait, elle n'aura pas ménagé sa peine. En mourant, elle transmettait à Charles Quint un royaume pacifié, beaucoup plus prospère que celui dont elle avait hérité, doté d'institutions et d'organes de gouvernement plus modernes, et où elle avait planté les germes de l'absolutisme en abaissant politiquement la noblesse, même si celle-ci continuait à bénéficier d'avantages exorbitants. De surcroît, un royaume agrandi de la Grande Canarie, de La Palma et de Tenerife, puis des rivages d'Afrique du Nord. Surtout, elle offrait à son successeur la totalité des terres du Nouveau Monde découvertes à partir de 1492 par Christophe Colomb, pour qui elle fut un appui indéfectible. Sous sa gouverne, un empire était né, qui dominera le XVIe siècle.

Pendant à l'illustration de son règne, le dépouillement de sa fin allait conspirer à renforcer son mythe, toujours vivace aujourd'hui.

---

1. Les Morisques, ou musulmans d'Espagne, convertis de force au catholicisme à cette date, en violation des accords de 1492 qui spécifiaient qu'ils pouvaient conserver leur foi.

Bibliographie sélective

Sources

Bernáldez, Andrés, *Memorias del Reinado de los Reyes Católicos*, Manuel Gómez Moreno et Juan de Mata Carriazo (éd.), Madrid, Real Academia de la Historia, 1962.

Mártir de Anglería, Pedro (alias Pierre Martyr d'Anghiera), *Epistolario,* dans *Documentos inéditos para la Historia de España*, Madrid, Imprenta de la viuda de Calero, 1955, t. IX et X.

Reyes Católicos, *Cartas Autógrafas de los Reyes Católicos (1475-1502)*, Amalia Prieto Cantero (éd.), Simancas, 1971 ; également dans Vincente Rodriguez Valencia, *Isabel la Católica en la opinión de Espanoles y Extranjeros*, t. III, appendice, Valladolid, Institut Isabel la Católica de Historia eclesiastica, 1970.

Études

Liss, Peggy K., *Isabel la Católica, su vida y su tiempo*, trad. Javier Sánchez Garcia Gutiérrez, Saint-Sébastien, Nérea, 2e éd., 2004.

Pérez, Joseph, *Isabelle et Ferdinand, Rois Catholiques d'Espagne*, Paris, Fayard, 1988.

Schmidt, Marie-France, *Isabelle la Catholique*, Paris, Perrin, 2014.

6

LA REINE DÉCAPITÉE

Marie Stuart
Fotheringay, 8 février 1587

par Didier Le Fur

Sa condamnation, son supplice et son exécution ont inspiré nombre de peintres et d'auteurs depuis quatre siècles. Éphémère reine de France et mère du roi d'Écosse, fière de sa foi catholique qu'elle refusa d'abjurer jusqu'à son ultime souffle de vie, Marie Stuart eut la tête tranchée sur ordre de la dernière Tudor, Élisabeth Ire, qui craignait une insurrection de ses partisans en faveur de leur « souveraine », retenue prisonnière en Angleterre depuis des années. Au-delà de la rivalité de deux femmes déterminées et ambitieuses, le conflit qui opposa ces cousines recouvrait une incontestable dimension géopolitique dans une Europe en proie aux guerres de Religion et en cours de recomposition diplomatique. La marche vers la mort de la femme de François II fut digne et héroïque ; ses dernières heures, atroces et tragiques.

Alors qu'elle avait passé tout juillet dans sa chambre, et le plus souvent couchée, handicapée par des rhumatismes aux jambes et aux bras, Marie Stuart acceptait, le 16 août 1586, de participer à une chasse au cerf.

C'était le début de l'après-midi. Entourée d'une poignée de serviteurs et d'une vingtaine d'hommes d'armes, elle chevauchait en tête lorsque la petite troupe fut arrêtée par des soldats portant livrée de la reine d'Angleterre. Ses serviteurs furent aussitôt désarmés ; quant à la reine d'Écosse, descendue de cheval et protestant, assise à terre, de l'injure qu'on lui faisait, elle fut brutalement invitée à remonter en selle. Pendant que ses hommes reprenaient le chemin de Chartley, demeure dans laquelle Marie Stuart résidait depuis près de vingt mois, elle était conduite, sous bonne escorte, au château de Tixall, à quelques miles de là. Certains de ses gens vinrent la rejoindre, mais pas les secrétaires Gilbert Curle et Claude Nau. Ils avaient été menés à Londres, à la Tour, et mis au secret. Le complot dirigé par Anthony Babington, un fidèle de la reine d'Écosse qui devait la délivrer de son état de prisonnière et la hisser sur le trône d'Angleterre après qu'Élisabeth Ire eut été assassinée, venait d'être découvert. Babington et ses complices avaient été arrêtés. Marie Stuart était soupçonnée de l'avoir encouragé.

Destin contrarié

Celle qui avait perdu son père, Jacques V, une semaine après sa naissance en décembre 1542, et qui fut déclarée aussitôt reine d'Écosse, avait dû quitter son royaume six ans plus tard en raison des troubles qui le ravageaient. Elle avait trouvé asile en France à la cour d'Henri II. En 1557, elle y avait épousé François de Valois, le fils aîné du roi. Devenue reine de France en 1559, elle avait souhaité revenir en son pays en 1561, après le court règne de son époux. Un retour plus difficile que prévu. Les luttes seigneuriales, la progression de la Réforme, le soutien d'Élisabeth Ire aux protestants dans le but d'annexer l'Écosse à la couronne anglaise avaient rendu sa puissance moindre. Son second mariage avec le très catholique lord Darnley, Henri Stuart, en 1565, n'avait pas amélioré la situation. Son assassinat en février 1567, puis le remariage de la reine en mai de la même année avec James Hepburn, reconnu être le meurtrier de Darnley, avaient aggravé les tensions et augmenté les rancœurs contre elle. En juin 1567, Marie Stuart était arrêtée par ses opposants et incarcérée à Loch Leven, où elle fut obligée d'abdiquer en faveur de son fils Jacques, né l'année précédente. Si la reine put s'évader de sa prison, la lutte ne s'interrompit pas. En 1568 eut lieu la bataille de Langside : une défaite cuisante pour Marie Stuart, qui, dépourvue, accepta l'aide promise par Élisabeth Ire quelques mois plus tôt. Celle-ci s'était engagée à la rétablir sur son trône à main armée. Marie Stuart ne douta pas de sa cousine – elles avaient toutes deux Henry VII pour aïeul – et passa la frontière pour obtenir son soutien. Mais Élisabeth Ire ne tint pas sa parole et la reine d'Écosse fut arrêtée et emprisonnée sans espoir d'être libérée par sa geôlière. Le piège anglais avait admirablement fonctionné. Jacques Stuart fut aussitôt reconnu roi d'Écosse par tous les opposants de sa mère. Quant à Élisabeth Ire, elle le déclara son légitime héritier si elle décédait sans enfants. La fille d'Henry VIII était non seulement parvenue à éliminer une rivale catholique, à contrôler le royaume d'Écosse, mais aussi à assurer sa succession par un homme de son sang qui entretiendrait la religion réformée en Angleterre puisque l'enfant allait être converti. Le succès était total.

L'incarcération de Marie Stuart ne se matérialisa pas par un enfermement en cellule. La reine fut mise en résidence surveillée, mais ses conditions de vie dans les différents châteaux où elle fut assignée ne furent jamais celles d'une reine d'Écosse, reine douairière de France et héritière du trône d'Angleterre. Plusieurs fois, soit par l'action des opposants à Élisabeth Ire, soit par le soutien de ses alliés à Rome, en Espagne et en France, des projets pour la libérer et renverser sa cousine avaient été envisagés, en vain. Le dernier remontait à 1583 et avait été fomenté par Philippe II d'Espagne. S'il avait avorté, il avait permis à Élisabeth Ire d'agir plus concrètement que par le passé contre sa cousine, accusée de troubler le royaume et de mettre en danger sa personne par ces différentes entreprises. Avec l'accord de son Parlement, elle l'avait fait déchoir de ses droits à la succession au trône d'Angleterre et fait voter l'acte d'association, loi d'exception spécialement promulguée contre elle et dont l'unique but était de la faire périr légalement. Ce texte permettait en effet de mettre à mort ou de condamner à la peine capitale quiconque aurait revendiqué la couronne anglaise ou cherché à l'enlever à la reine régnante par une invasion étrangère ou par un complot contre sa personne. Avait suivi une machination orchestrée par Francis Walsingham, conseiller d'Élisabeth Ire, pour neutraliser définitivement l'Écossaise et accélérer sa chute. Le complot de Babington en était le résultat.

Juger une reine

Le 16 août 1586, Marie Stuart ignorait encore l'arrestation de Babington. Son éloignement de Chartley devait l'empêcher de détruire les papiers susceptibles d'établir sa complicité dans l'affaire. Le commissaire en avait emporté trois coffres pleins et, à la cour d'Angleterre, ne doutant pas du succès, l'on projetait déjà de la conduire à la tour de Londres. Parallèlement, les publicistes anglais s'étaient mis au travail. Parurent des textes faisant état des torts et outrages commis par celle qui était désignée comme usurpatrice du titre de reine d'Angleterre à l'encontre de la reine légitime, et qui l'accusaient ouvertement d'avoir voulu la tuer. Des rumeurs alarmantes couraient. L'une évoquait un débarquement d'un petit-fils de Charles Quint à Newcastle, une autre prétendait que le duc Henri de Guise, cousin de la prisonnière et chef de la ligue catholique en France, s'était jeté sur les côtes du Sussex. L'arrivée de Philippe II aurait été imminente. Pour donner plus de poids à ces mensonges, les garnisons de Portsmouth et de Plymouth furent renforcées et on en profita pour lancer une nouvelle vague d'arrestations de catholiques. Tout était préparé pour convaincre le peuple anglais de la légitimité à tuer une femme qui, par le sang, était pourtant en droit de devenir leur souveraine.

Sauf que rien dans les documents saisis à Chartley ne put incriminer Marie Stuart. D'ailleurs, lors du procès de Babington, début septembre, la responsabilité de la reine ne fut pas évoquée et si Babington fit des aveux complets, il assura que Marie Stuart n'avait pas eu connaissance du projet. Curle tint le même discours. Il ne nia pas que sa maîtresse avait reçu une lettre de Babington et qu'elle y avait répondu le 25 juin, mais ne dit rien d'une autre, datée du 17 juillet, qui, selon les conseillers d'Élisabeth Ire, aurait été « la » preuve de la culpabilité de la reine d'Écosse puisqu'elle y aurait approuvé la mort de sa cousine. Reste que l'original de cette lettre ne fut jamais montré, ni au procès de Babington ni plus tard. La déposition de Nau fut différente. S'il confirma que Marie Stuart n'avait pas participé au projet, il avoua qu'elle en connaissait l'existence. Après le supplice de Babington et de ses complices, éventrés, les extrémités de leurs membres coupées, et laissés là, sur l'échafaud, jusqu'à ce que mort s'ensuive, Curle et Nau furent de nouveau interrogés. Ils admirent soudainement l'intention de Marie Stuart de s'évader avec le soutien d'une armée financée par elle, même s'ils continuèrent à jurer qu'elle n'avait jamais souhaité faire mourir sa cousine.

Certes, l'accusation n'était plus sans moyens, mais ces affirmations restaient trop floues pour mettre à mort une reine. Quelques-uns envisagèrent le poison. Il aurait permis de n'impliquer aucune personne d'importance. L'idée, qui avait déjà été proposée par le passé, ne fut pas retenue. Par ailleurs, Élisabeth Ire hésitait. Faire mourir une parente, belle-sœur d'un roi de France, mère du roi d'Écosse, soutenue par la papauté et protégée du roi d'Espagne, était un acte grave, encore jamais vu, qui pouvait élever contre elle tous les États catholiques. Elle voulut encore attendre, espérant de sa cousine revenue à Chartley depuis le 25 août, mais détenue dans des conditions plus sévères que par le passé, des aveux spontanés qui la condamneraient sans avoir besoin de chercher des preuves. Mais Marie Stuart resta muette. Finalement, fin septembre, Élisabeth Ire avança d'un pas vers la condamnation de sa cousine en autorisant la tenue d'un procès en vertu de l'acte d'association publié l'année précédente. Le 5 octobre, elle désigna ceux qui formeraient cette cour exceptionnelle, en prenant soin d'y mêler de grands officiers anglais, des pairs, des membres du conseil privé et des hommes de loi. La reine d'Angleterre ne voulait pas porter seule la responsabilité de cette mort annoncée. Elle serait l'expression d'une volonté nationale à laquelle Élisabeth Ire se soumettrait pour le bonheur de son peuple et la tranquillité de son royaume.

La question du lieu du procès s'était posée dès la mi-août. Après avoir longtemps tergiversé, Élisabeth Ire avait désigné le château royal de Fotheringay, situé dans le Northamptonshire. Amyas Paulet, gardien de Marie Stuart, reçut l'information le 10 septembre 1586. La date du départ fut fixée au 21. Ils y arrivèrent le 25. Alors que la reine d'Écosse cheminait vers sa dernière demeure, les ambassadeurs anglais tentaient de prouver sa culpabilité dans les cours européennes et de justifier la tenue d'un procès. Les princes catholiques manifestèrent leur colère. En France, Henri III exigea que sa belle-sœur fût au moins accompagnée d'un conseil. Il ne fut pas écouté. Quant à Jacques VI, il avait refusé de s'associer aux revendications françaises autant parce que sa mère venait de le déshériter du trône d'Écosse s'il ne revenait pas au catholicisme que parce qu'Élisabeth Ire menaçait de le priver de la couronne anglaise s'il s'aventurait à protester. Marie Stuart affronterait donc seule ses juges. Elle était loin l'époque où cette femme avait ébloui la cour de France par sa jeunesse, où les poètes lui dédiaient textes et chansons célébrant sa beauté et les espoirs qu'ils mettaient en elle. À quarante-cinq ans, Marie Stuart était depuis longtemps regardée comme une vieille femme dont la silhouette avait été déformée par la maladie, et plus personne n'imaginait louer ses vertus dans l'espoir de quelques avantages futurs. Pour ses partisans aussi, la reine d'Écosse était perdue.

Une mort nécessaire

Le 11 octobre 1586, la Haute Cour arrivait à Fotheringay. Le 12, une délégation apportait à la captive la lettre de sa cousine qui lui annonçait l'ouverture de son procès. Marie Stuart se défendit. Elle n'était pas venue en Angleterre pour chercher asile, elle n'était donc pas soumise aux lois de ce royaume, n'ayant jamais voulu y résider, y vivant, même prisonnière, à sa mode et dans sa religion. Étrangère, reine et non sujette, elle était par conséquent non justiciable en ce pays. Ce refus, elle le renouvela le lendemain. Finalement, le 14, elle acceptait de s'exprimer, mais seulement sur les faits qui lui étaient reprochés.

Elle parut dans la grande salle où les quarante-six délégués étaient déjà assis, marchant à grand-peine, soutenue par son médecin. Elle se borna à répéter ce qu'elle avait déclaré précédemment. Elle assura qu'elle n'avait jamais écrit la lettre du 17 juillet dont on ne lui lut qu'un résumé fabriqué par l'accusation, mais ne nia ni n'affirma ses différentes tentatives d'évasion et les projets d'invasion de l'Angleterre par ses alliés depuis dix-huit ans. Le procès s'acheva le 15, sans que l'accusation fournisse une seule preuve tangible de la culpabilité de l'accusée dans le projet d'assassinat d'Élisabeth Ire par Babington. Pourtant, les jeux étaient faits.

Le 8 novembre, la commission se réunissait dans la Chambre étoilée de Westminster et déclarait Marie Stuart coupable de tentative de meurtre contre la reine d'Angleterre. Elle proclama également sa condamnation : la mort. Par la loi, cette sentence devait être ratifiée par le Parlement. Une nouvelle enquête fut ouverte, ou on feignit de l'ouvrir. Les pièces frauduleuses produites à Fotheringay furent examinées à nouveau. Le Parlement confirma la décision de la Haute Cour au nom du bonheur du royaume d'Angleterre et du maintien de « la vraie et irrémissible religion du Christ ». Une prise de position qui obligea Élisabeth Ire à s'exprimer, puisque seule sa décision finale rendait la sentence exécutoire. Si celle-ci jura que l'acte d'association n'était pas un guet-apens pour perdre sa cousine et affecta d'être menée à l'extrémité vers laquelle la poussaient tant la Haute Cour que son Parlement, elle souhaita se protéger et déclara : « Mon danger est le vôtre et je serai très soigneuse de l'écarter. Mais comme l'affaire de la reine d'Écosse est des plus délicates, des plus importantes, n'attendez pas de moi une prompte résolution. »

Effectivement, Élisabeth Ire ne prit aucune décision dans l'immédiat. Sauf qu'à tout moment elle avait à présent pouvoir de faire périr légalement sa rivale. Marie Stuart, quant à elle, ne quittait guère son lit, souffrant toujours de ses rhumatismes. Elle fut avertie de la sentence par Robert Beale, clerc du conseil privé d'Élisabeth Ire, et, selon son médecin, ne sembla pas s'en étonner. Les jours qui suivirent, elle les passa en partie à écrire. Au pape Sixte Quint, à qui elle demanda de servir de père spirituel à son fils et de le ramener dans le chemin de la foi avec l'aide du duc de Guise et du roi d'Espagne et, s'il refusait, déclara abandonner ses droits sur l'Écosse et l'Angleterre à Philippe II. À ses cousins de France, elle fit ses adieux, espérant que sa mort serait le témoignage de sa constance en la foi catholique. À Bernardino de Mendoza, ambassadeur du roi d'Espagne, elle répéta ce qu'elle avait écrit au souverain pontife et clama son innocence. Enfin, elle écrivit à Élisabeth Ire non pour lui demander sa grâce, mais pour la prier de pouvoir recevoir la confession par son aumônier, qui lui avait été enlevé depuis le mois d'août, et d'être enterrée en France, à Saint-Denis, avec son premier époux, François II, ou à Reims, auprès de sa mère, Marie de Guise. Enfin, elle demanda que ses serviteurs puissent rentrer librement chez eux après sa mort. Une lettre qu'elle dut frotter sur son visage afin de prouver que le papier n'était pas empoisonné mais qui resta sans suite.

La sentence fut rendue publique le 4 décembre 1586. L'ambassadeur extraordinaire de France, Pomponne de Bellièvre, tenta d'intervenir auprès d'Élisabeth Ire pour qu'elle épargnât celle qui avait été si peu de temps sa souveraine. La fille d'Henry VIII promit d'y réfléchir et les mois de décembre et de janvier se passèrent dans l'attente de sa décision, malgré les injonctions de Walsingham et de plusieurs de ses conseillers qui la pressaient d'ordonner la mort de sa cousine le plus rapidement possible. Début février 1587, alors que Marie Stuart attendait sa fin sans en connaître la date, la propagande royale, qui n'avait pas interrompu la publication de pamphlets à l'encontre de « l'usurpatrice », assura qu'elle s'était évadée et qu'à Greenwich avait éclaté une nouvelle conspiration contre Élisabeth Ire. Au même moment celle-ci se décidait à signer le *warrant* qui donnait pouvoir d'exécuter sa cousine, laissant à ses hommes, comme si de rien n'était, le soin d'organiser l'événement. Le comte de Kent, Henry Grey, et le comte de Shrewsbury, George Talbot, chargés de faire exécuter la sentence, furent aussitôt priés de se rendre à Fotheringay. Un devoir qui fut également imposé au bourreau de la tour de Londres.

Le testament français

Le mardi 7 février 1587 au matin, accompagnés du shérif de Northampton, les deux comtes arrivaient au château où était détenue la reine d'Écosse. En début d'après-midi, ils se présentèrent devant la condamnée et Robert Beale lut le *warrant* à haute voix. Résignée, Marie Stuart l'écouta en silence, puis se signa. Elle affirma qu'elle était heureuse de quitter un monde si misérable dans lequel elle ne servait à rien, ne pouvant venir en aide à personne. Elle jura aussi sur son livre d'heures qu'elle était innocente du crime qui lui était imputé. Une déclaration irrecevable selon le comte de Kent, puisque le texte qu'elle utilisait pour faire son serment était reconnu papiste, donc faux par la loi du royaume d'Angleterre. Il lui fut cependant offert de mourir dans la vérité en se convertissant. Marie Stuart rejeta la proposition et implora qu'on lui permette de s'entretenir avec son aumônier, ce qui lui fut refusé. Elle demanda ensuite si des princes avaient intercédé pour elle. On ne lui cacha pas la vérité mais, selon Kent, aucun n'aurait donné de raisons assez bonnes pour prouver qu'elle ne méritait pas son sort ; et comme elle se plaignait de son fils, on lui assura qu'il avait rempli tous ses devoirs de piété filiale. Puis, la condamnée s'informa du jour et de l'heure de sa mort. Elle était programmée pour le lendemain matin. Marie Stuart réclama une autre fois ses papiers qui avaient été saisis depuis l'été, pour rédiger son testament. Doléance qui, comme les autres, fut rejetée. Parce qu'elle n'avait pas eu de nouvelles d'Élisabeth Ire, elle s'inquiéta de ce qu'il adviendrait de son corps, renouvelant son souhait d'être enterrée en France. Élisabeth Ire en avait décidé autrement. La dépouille de sa cousine resterait en Angleterre. Quant à l'avenir de ses serviteurs, le comte n'ayant aucune information à ce sujet, il promit qu'il ferait tout pour exécuter ses volontés. Enfin, la reine d'Écosse aurait évoqué Nau et Curle, ne cachant pas son amertume à l'égard du premier, convaincue qu'il l'avait condamnée pour sauver sa vie.

Les hommes partis, Marie Stuart se prépara à quitter ce monde avec une sérénité remarquée par tous. En compagnie de ses femmes, Jeanne Kennedy et Élisabeth Curle, sœur de Gilbert, elle passa d'abord un long moment en prière dans l'antichambre transformée en oratoire, puis, après avoir fait avancer l'heure du repas, partagea l'argent qu'il lui restait en différentes sommes qu'elle disposa dans des bourses. Au dîner, elle se fit servir par son médecin Bourgoing, et mangea peu. À la fin, comme pour une cène, elle rassembla ses serviteurs, but à leur santé et les pria de boire aussi à la sienne. En pleurs et à genoux, selon Bourgoing, ceux-ci lui auraient demandé pardon de l'avoir offensée, pardon qu'elle aurait accordé, et elle se serait recommandée à leurs prières. Plus tard, après avoir distribué son argent et le reste de ses biens sauvés du pillage de Chartley, souvenirs dont certains étaient destinés à son fils, mais aussi à Henri III et à la reine Catherine de Médicis, Marie Stuart parla longuement à son pharmacien Gorion. Son désir que l'on venge sa mort ne la quittant pas, elle obtint de lui la promesse de se rendre auprès de Philippe II pour le prier de poursuivre son projet d'invasion de l'Angleterre, afin qu'il punisse ceux qui lui avaient fait du mal.

Ces choses faites, la condamnée resta seule avec ses femmes. Elle acheva la lettre commencée la veille et destinée à Henri III. Elle lui annonçait sa mort, son désir d'être inhumée en France et lui demandait de prendre soin de ses serviteurs. Dans une autre, elle désignait Henri de Guise et son frère le cardinal ses exécuteurs testamentaires. Vers 2 heures, alors que dans la salle basse les coups de masse des charpentiers retentissaient encore, elle se fit laver les pieds et s'allongea sur un lit. Les mains jointes sur la poitrine, les yeux clos, elle pria ainsi longtemps. Vers 6 heures, elle demanda à ses femmes de l'aider à s'habiller. Elle avait choisi pour mourir un pourpoint de satin noir sur une chemise blanche à manches noires et une jupe d'une même étoffe, sur un jupon cramoisi qu'elle ceintura d'un chapelet d'or. Les jambes gainées de bas de soie bleu, les pieds chaussés dans des escarpins de maroquin, elle mit autour de son cou garni d'une collerette à l'italienne un collier de boules de senteur où pendait une croix d'or. Puis, elle enfila un manteau de satin noir tramé d'or, doublé de taffetas noir à parements de zibeline, à manches pendantes jusqu'à terre et à longue traîne. Sur la tête, par-dessus un bonnet de lin, une coiffe noire à laquelle était accroché un long voile blanc brodé. Marie Stuart allait à la mort habillée en veuve. Prête, elle entra une dernière fois dans l'oratoire et s'agenouilla pour prier encore.

À 7 heures, un messager cogna à la porte de l'appartement. Les lords l'attendaient. Elle demanda un répit qui lui fut accordé. Mais une heure passa et la reine ne se présentait toujours pas. Craignant qu'elle n'opposât quelque résistance, les comtes ordonnèrent aux soldats d'enfoncer la porte si, d'aventure, à une nouvelle sommation, elle refusait d'obtempérer. Ils n'en eurent pas besoin. La porte s'ouvrit au second coup et le shérif entra seul dans l'appartement, où la reine était toujours à prier. Soutenue par Bourgoing, Marie Stuart se leva, prit le Christ d'ivoire qui trônait sur l'autel, le baisa et le donna à son valet, Annibal Stuart, pour qu'il le porte devant elle jusqu'au lieu de son supplice. Mais le cérémonial qu'elle avait envisagé pour la conduire jusqu'à la mort ne fut pas du goût des lords anglais. Ses serviteurs ne furent pas autorisés à la suivre. Ceux-ci protestèrent, furent repoussés, on voulut les enfermer. Marie Stuart, qui, dans la bousculade, s'était emparée du crucifix, obtint à force de suppliques que cinq d'entre eux l'accompagnassent. Entouré de ses gardes, le shérif marchait en tête, suivi par Paulet, Beale et les comtes de Kent et de Shrewsbury. Soutenue par deux hommes d'armes, la reine allait après, la traîne de son manteau portée par son valet Melvil. Derrière venaient Jeanne Kennedy et Élisabeth Curle, Bourgoing et Gorion. Les archers fermaient le lugubre cortège.

Une mort en musique

La salle de l'exécution avait été tendue de noir et, près de la cheminée où brûlait un grand feu, se dressait l'estrade elle aussi recouverte de frise noire. À peine haute de deux pieds, elle était large de douze au carré. Une balustrade ajourée l'entourait. Devant le billot également couvert de noir se tenaient le bourreau et son aide, masqués, vêtus de longues robes de velours noir avec tablier blanc. Face au billot se trouvaient une chaise basse avec un coussin pour la reine et deux fauteuils pour les comtes. Une barrière devant laquelle circulaient les hallebardiers du shérif défendait l'approche de l'échafaud. Derrière se pressaient près de 300 personnes, gentilshommes des environs, hommes de robe et officiers de la reine d'Angleterre. Dehors, dans la cour, une foule de curieux s'était massée. Une autre entourait le château : 2 000 cavaliers s'étaient positionnés pendant la nuit pour entraver toute tentative de délivrance de la condamnée. Lorsque celle-ci entra dans la salle, les musiciens se mirent à jouer. Marie Stuart allait à la mort en musique.

Conduite au bas de l'échafaud par Paulet, la reine, selon l'ambassadeur de France dans une lettre datée du 27 février au roi Henri III, mais qui parlait par ouï-dire, aurait déclaré à son geôlier : « Merci de votre courtoisie, sire Amyas, ce sera la dernière peine que je vous donnerai et le plus agréable service que vous m'ayez jamais rendu. » Puis elle s'assit entre Kent et Shrewsbury, entourée du shérif et de Beale, qui lut une dernière fois à haute voix le *warrant*. À la fin, alors que l'assistance criait *« God save the queen Elizabeth ! »*, Marie Stuart se signa et prit la parole. Selon le récit de son médecin, elle aurait encore clamé son innocence et raconté son histoire depuis son arrivée en Angleterre, jurant qu'elle était restée catholique et qu'elle le serait jusqu'à son dernier souffle. Le doyen de Peterborough se plaça alors devant elle pour faire son prêche, qu'elle refusa d'écouter, suppliant les comtes qu'ils lui accordent d'entendre son aumônier et de mourir dans sa foi. Le doyen insista, l'engagea à se repentir. Elle refusa de l'écouter. Finalement, Shrewsbury imposa au religieux de se taire, mais n'accorda pas à la condamnée son dernier souhait. Il proposa que l'assemblée prie pour elle. Le doyen entama alors une prière en anglais pour que Dieu donne le repentir à celle qui allait mourir et pour qu'il bénisse la reine d'Angleterre en lui accordant une longue vie, la victoire sur ses ennemis et le triomphe de la religion protestante. De son côté, Marie Stuart s'était agenouillée et, le dos tourné au doyen et aux comtes, récitait à haute voix les psaumes de la pénitence en latin, se frappant la poitrine de son crucifix, le baisant parfois. Les prières anglicanes finies, Marie Stuart fut relevée et assise sur sa chaise. Les comtes lui demandèrent si elle n'avait rien à révéler de secret. Elle répondit qu'elle en avait dit assez et n'était pas disposée à en dire plus, puis, sans y être invitée, elle se leva maladroitement.

Le temps de la mort était venu. Le bourreau s'approcha d'elle, voulut la déshabiller. Elle l'en empêcha et appela ses femmes restées au pied de l'échafaud. Elle ôta les épingles de sa coiffure, donna à Jeanne Kennedy sa croix d'or que le bourreau lui arracha des mains, affirmant qu'elle était son dû, et la mit aussitôt dans sa poche ; elle se débarrassa de son manteau, de son voile, de son pourpoint et de son tour de gorge. Seulement vêtue de sa chemise et de sa jupe[1], elle se retourna, bénit ses serviteurs, embrassa ses servantes, leur dit « adieu » en français et se laissa bander les yeux par Jeanne Kennedy à l'aide d'un mouchoir qu'elle avait emporté, alors que le bourreau et son aide se mettaient à genoux, selon la coutume anglaise, pour prier la condamnée de leur pardonner sa mort, ce qu'elle fit. Puis, sans être liée, tenant son crucifix entre les mains, alors que le bourreau s'était redressé, elle s'agenouilla à son tour, leva la tête et tendit haut le cou, convaincue qu'elle serait décapitée à l'épée, supplice sans déshonneur réservé aux gens de la noblesse. Mais ce privilège ne lui fut pas accordé. Marie Stuart serait exécutée comme une meurtrière, à la hache.

Par les bras, le bourreau et son aide la traînèrent jusqu'au billot. Marie Stuart tenait toujours la tête haute, psalmodiant ses prières catholiques. Le bourreau la fit

1. Qui ne furent jamais rouges comme le prétendit l'historien anglais J. A. Froude au XIXe siècle, et tant d'autres après lui…

coucher à plat ventre et lui plaça le cou sur le billot. Le comte de Shrewsbury leva son bâton pour donner le signal. Déjà le bourreau brandissait la hache lorsqu'il fut retenu par son acolyte. La reine, qui répétait inlassablement ses prières, avait mis ses mains sous son menton pour respirer. Elles lui furent retirées, mises dans le dos. Marie Stuart ne résista pas. Le bourreau frappa. Le premier coup ne fit qu'une large plaie sur l'occiput. Le deuxième toucha le cou mais fut insuffisant. Ce ne fut qu'à la troisième tentative que la tête roula à terre. La reine n'aurait pas crié. Un sang bouillonnant sortit du corps tranché. Le bourreau saisit la tête par la coiffure pour la montrer à l'assistance. Marie Stuart portait une perruque qui dissimulait des cheveux déjà blancs. Elle resta dans les mains du bourreau et la tête tomba une seconde fois sur le plancher. Il la ramassa aussitôt, replaça rapidement la coiffe sur le crâne presque rasé de la morte et la brandit à la vue des témoins, qui crièrent une seconde fois *« God save the queen Elizabeth ! »*, et le comte de Kent d'ajouter : « Ainsi puissent périr tous ses ennemis. » Puis la tête de la morte fut exposée à l'une des fenêtres de la grande salle sur un coussin de velours noir, pour que le public assemblé dans la cour soit témoin de la bonne exécution du jugement.

Feux de joie à Londres

Les spectateurs évacués, la tête et le corps de la reine furent enroulés dans un vieux tapis et emportés dans la salle haute du château, celle qui avait servi au procès. Quant à la salle utilisée pour l'exécution, elle fut immédiatement dépouillée de son décor, le sang lavé avec soin. Le billot, l'échafaud, les tentures, les vêtements de la défunte furent brûlés dans la cheminée, sous le regard de

Paulet. Tout devait disparaître pour éviter que ces restes ne deviennent reliques. Le livre d'heures et le crucifix furent pareillement détruits.

La nouvelle de la mort de Marie Stuart arriva à Londres le jour même de l'exécution. Les cloches sonnèrent à la volée, des feux de joie furent allumés. Élisabeth Ire attendit quatre jours pour s'inquiéter de cette joie. Alors, elle joua la surprise, la douleur, la colère, proféra des menaces de vengeance contre ses conseillers, qui tous se justifièrent par écrit et lui demandèrent pardon. William Davison, son secrétaire, fut le plus accablé. Élisabeth Ire l'accusa de l'avoir trahie, pour avoir remis au chancelier le *warrant* sans l'avoir prévenue, et y avoir mis le grand sceau qui le rendait exécutoire. L'homme fut conduit à la tour de Londres. S'il échappa à la mort, il resta en prison tant que la reine le souhaita. Celle qui avait souhaité la mort de sa cousine ne voulait plus être mêlée à un crime unique dans l'histoire. Elle assura tant qu'elle put aux ambassadeurs de France et d'ailleurs qu'elle avait été abusée et, pour montrer sa compassion et son horreur du crime qu'elle avait pourtant accepté, prit le deuil.

Restait le problème de ce corps tranché. Le 9 février, il avait été grossièrement embaumé et enfermé dans un cercueil de plomb encastré dans un autre de bois bardé de fer. Aucune cérémonie religieuse n'avait accompagné cette mise en bière et aucun lieu de sépulture n'avait encore été choisi. Il demeura dans la haute chambre du château de Fotheringay pendant près de cinq mois. Finalement, Élisabeth Ire autorisa l'inhumation dans la cathédrale de Peterborough. Après avoir fait mourir sa cousine comme un prisonnier de droit commun, elle choisissait de lui offrir des funérailles de reine dans la religion anglicane et, pour accréditer sa prétendue irresponsabilité dans cette affaire, se faisait représenter par Bridget Hussey, comtesse de Bedford. Là furent également le roi d'armes de l'ordre de la Jarretière, qui assista à l'office près de l'effigie, les hérauts d'Angleterre, plusieurs pairs du royaume, des chevaliers et des dames en grand deuil, ainsi que tous les anciens serviteurs de Marie Stuart qui avaient été retenus en Angleterre. Sur le cercueil recouvert d'un drap de velours noir était une couronne de reine, posée sur un coussin de velours pourpre. L'oraison funèbre fut prononcée par l'évêque de Lincoln. Elle fut des plus brèves et laissait croire aux Anglais à une conversion de la reine : « Rendons grâce à Dieu pour l'heureuse fin de la haute et puissante princesse Marie, reine d'Écosse et reine douairière de France. Je n'ai pas grand-chose à dire de sa vie et de sa mort, ne connaissant guère l'une et n'ayant pas assisté à l'autre. Je n'entrerai dans aucun jugement à son égard, mais comme il a été dit qu'elle avait compté sur le sang du Christ pour son salut, nous pouvons espérer qu'il s'est accompli, car comme le dit le père Luther, plus d'un qui a vécu papiste meurt protestant. » La fosse avait été creusée à l'entrée du chœur de l'aile méridionale, face à la sépulture de la très catholique Catherine d'Aragon, première épouse d'Henry VIII.

Si à Rome le pape ne fit que protester, en France Henri III n'en fit guère plus, se bornant à laisser les publicistes du duc de Guise vilipender la « chienne » anglaise et glorifier la « martyre » écossaise. En revanche, Philippe II, qui programmait depuis longtemps une guerre contre l'Angleterre pour la punir de son soutien aux protestants des Pays-Bas, utilisa, lui, l'exécution de Marie Stuart pour déclencher le conflit espéré. Ce devait être une formidable victoire, l'assurance de la fin du protestantisme en Angleterre. Ce fut l'un des plus grands échecs de ce prince et la propagande anglaise se moqua longtemps de cette « Invincible Armada », liquéfiée sur les côtes anglaises à l'été 1588.

Marie Stuart ne fut pas pour autant oubliée. Son fils, qui avait succédé à Élisabeth Ire en 1603 et régnait sous le nom de Jacques Ier, ordonna en 1612, après avoir fait raser le château où sa mère avait été exécutée, le transfert de son cercueil dans l'abbaye de Westminster, cimetière des rois d'Angleterre. Il choisit de la faire inhumer dans la chapelle d'Henry VII, non loin de celle qui avait décidé sa mort. Des gestes qui faisaient oublier le crime d'une souveraine régicide, l'attitude plus qu'ambiguë d'un fils, et légitimaient le droit des Stuarts à gouverner l'Angleterre.

Bibliographie sélective

Chantelauze, Régis de, *Marie Stuart. Son procès et son exécution, d'après le journal de son médecin et la correspondance de son geôlier*, Paris, Plon, 1876.

Chéruel, Adolphe, *Marie Stuart et Catherine de Médicis, étude historique sur les relations de la France et de l'Écosse dans la seconde moitié du XVIe siècle*, Genève, Droz, 1975.

Cottret, Bernard, *La Royauté au féminin. Élisabeth Ire d'Angleterre*, Paris, Fayard, 2009.

Duchein, Michel, *Marie Stuart, la femme et le mythe*, Paris, Fayard, 1987.

Kervyn de Lettenhove, J. B. M., *Marie Stuart, l'œuvre puritaine, le procès, le supplice, 1585-1587*, Paris, Perrin, 1889.

Zweig, Stefan, *Marie Stuart*, Paris, Le Livre de Poche, 2001.

7

UNE FIN SOLITAIRE

Catherine de Médicis
Blois, 5 janvier 1589

par Jean-François SOLNON

En ces premiers jours de janvier 1589, la vieille femme malade, usée, fatiguée, qui s'apprête à mourir dans son appartement du château de Blois, n'est déjà plus que l'ombre d'elle-même, privée de tout ce qui a fait sa vie. Solide jusque-là, sa santé se dérobe définitivement. Catherine de Médicis est la proie d'une terrible douleur à la poitrine qui va se révéler fatale. Elle est seule ou presque. Nombreuse, sa famille s'est dramatiquement réduite, tandis que son fils, le roi Henri III, dernier Valois, vient de s'affranchir politiquement de sa tutelle. S'efface ainsi celle qui, sous les règnes successifs de François II, Charles IX et Henri III, incarnait la continuité de l'État dans les temps troublés des guerres de Religion. Avant même de mourir, dame Catherine avait déjà quitté la scène.

Longtemps dotée d'une extraordinaire vitalité qui a toujours triomphé de ses maladies ordinaires – goutte, rhumatismes, catarrhe, dont elle savait jouer pour capter la bienveillance de ses adversaires –, Catherine de Médicis est, à bientôt soixante-dix ans, atteinte dans la première quinzaine de décembre 1588 d'une congestion pulmonaire qui l'oblige à garder la chambre. En ce matin de janvier, la toux redouble. Elle étouffe. Trop affaiblie, elle laisse au roi son fils le soin de dicter son testament qu'elle ne peut signer, précise le notaire, en raison de « sa débilité ». L'esprit reste lucide, mais les forces lui manquent. Oubliée, l'intrépide cavalière montant en amazone et dont l'endurance à la chasse enchantait son beau-père le roi François ! Évanouie, la « femme grasse et pleine », alourdie par les maternités et par sa légendaire gourmandise ! La maîtresse femme sans beauté mais au physique imposant n'est plus qu'une pauvre malade au souffle court, incapable d'écrire – elle qui avait tant noirci de papier[1] – et, lasse de tout, ne songeant plus qu'à son salut.

Seul Henri III est auprès d'elle, unique survivant, avec Marguerite de Navarre, des dix enfants qu'elle a donnés à son mari, le roi Henri II. Implacable, la mort, qui lui a enlevé son cher époux à l'âge de quarante ans, s'est acharnée sur huit de ses enfants. Catherine a survécu à sa progéniture. Elle a enterré trois fils – François II en 1560, Charles IX en 1574 et, il y a peu, François, duc d'Alençon puis d'Anjou, en 1584. Et la mort avait aussi frappé en 1578 Élisabeth, reine d'Espagne, morte en couches à vingt-trois ans, et Claude, duchesse de Lorraine, morte en 1575 à vingt-sept ans en donnant naissance à son neuvième enfant[2]. Quelle malédiction pesait sur Catherine pour que les siens soient condamnés si tôt à la tombe ? Au seuil de sa propre mort, sa dernière fille n'est pas à ses côtés. Catherine est séparée de Margot

1. La publication des *Lettres de Catherine de Médicis*, parues entre 1880 et 1909, ne compte pas moins de onze volumes.

2. Trois enfants de Catherine de Médicis moururent en bas âge : Louis, Victoire et Jeanne.

que son mari Henri de Navarre a exilée pour sa conduite jugée scandaleuse au château d'Usson, près d'Issoire : elle y est quasi prisonnière depuis trois ans. En ses derniers moments, la reine mère est bien seule.

La passion du pouvoir

Pour beaucoup d'observateurs, Catherine paraissait inusable : elle avait tant sacrifié à la vie publique, occupé si longtemps dans le royaume la première ou la seconde place. Sa vie personnelle avait paru absorbée par sa passion du pouvoir. Après la mort en 1559 d'Henri II, qu'elle avait tant aimé malgré ses écarts, elle était restée fidèle à sa mémoire. Au long de trente années de veuvage, on ne lui connut aucun amant. Elle avait gouverné ses enfants en mère possessive et autoritaire, arrangeant avec soin leurs mariages, déployant mille efforts pour leur faire obtenir une couronne. Les avait-elle aimés ? Pas également. Elle avait eu ses préférés : Élisabeth, qui, dès quatorze ans, avait gagné Madrid pour régner au côté du roi d'Espagne Philippe II, et Henri, duc d'Anjou puis roi de France, qu'elle appelait « mes yeux ». Marguerite, la dernière-née, n'avait pas eu cette chance. La jolie Margot avait souffert d'être délaissée par une mère qu'elle admirait et redoutait à la fois.

Reine de France puis régente sous le règne de Charles IX, tenant le premier rôle au côté de son fils Henri III depuis l'avènement de celui-ci en 1574, elle a gouverné le royaume pendant des décennies, avant de voir, depuis peu, la politique s'écarter d'elle. Saluée ou redoutée par tous comme une inlassable négociatrice entre catholiques et protestants, elle n'est allée depuis un an que d'échec en échec. Dame Catherine a perdu la main et, ce 5 janvier, elle se meurt, déjà abandonnée de tous avant même que la camarde ne fasse son œuvre. Avec sa mort, une longue page d'histoire se tourne, un « règne » d'une trentaine d'années s'achève. Mais Catherine ne part pas dans la gloire de la tâche accomplie. Les événements se sont emballés : elle ne les maîtrise plus. Ses méthodes de gouvernement appartiennent au passé. Elle n'inspire plus la politique d'Henri III : elle a perdu la confiance de son fils. Catherine de Médicis a été remisée dans les coulisses avant même de quitter la vie. Sa mort politique a précédé sa mort physique. Sans doute l'a-t-elle précipitée.

Elle n'avait jamais ménagé ses peines en faveur de ce fils adulé auquel elle écrivait dans un moment de pensées morbides : « Si je venais à vous perdre, je me ferais enterrer avec vous toute en vie. » Dès le retour d'Henri de la lointaine Pologne où il avait régné à peine cinq mois[1] avant de succéder à son frère Charles IX sur le trône de France, elle avait rédigé à son intention un long mémoire sur l'état du royaume bourré de conseils, d'avis, de mises en garde, de leçons politiques. Henri s'était montré reconnaissant et les belles paroles qu'il lui avait adressées – « France et vous valent mieux que Pologne » – avaient touché Catherine, convaincue qu'elle gouvernerait le jeune et nouveau souverain. Elle avait dû rapidement déchanter. Conscient de ses qualités, imprévisible, volontiers ombrageux, Henri, à la sensibilité d'écorché, était devenu un mystère pour sa mère. Docile, sans doute, aimant, certainement, mais pas servile, Henri lui avait vite

1. République nobiliaire ayant à sa tête un roi élu, la Pologne avait désigné le 11 mai 1573, après la mort de Sigismond Auguste Jagellon le 7 juillet précédent, Henri de Valois, alors occupé au siège de La Rochelle. Après avoir reçu à Paris les ambassadeurs polonais, le fils de Catherine partit pour Cracovie où il fit son entrée le 18 février 1574 et fut couronné trois jours plus tard. Averti le 14 juin de la mort de son frère Charles IX, il s'enfuit aussitôt de la capitale polonaise pour, *via* Vienne et Venise, ceindre la couronne de France.

montré qu'il se voudrait le maître et ne se laisserait pas gouverner. Seul, il avait constitué son équipe de gouvernement ; seul, il avait choisi son épouse – Louise de Vaudemont – que Catherine, pourtant infatigable marieuse, avait dû accepter. La reine mère ne serait pas pour autant sur la touche : sa tâche, fixée par Henri, serait de l'aider – mais pas de se substituer à lui.

À défaut de diriger le roi, elle s'était chargée d'apaiser les querelles familiales qui, en ces temps troublés, dégénéraient en menaces politiques. Avec son dernier fils, François d'Anjou, elle avait eu fort à faire. Chaque fois, en 1575 comme en 1578, lorsque l'impétueux prince avait quitté la Cour pour se retirer sur ses terres et prendre la tête d'une rébellion contre le roi, elle avait été chargée de le ramener au Louvre. Aussi la « ravaudeuse de paix » avait-elle repris la route pour négocier avec le rebelle : il en allait de l'autorité du trône et du salut de l'État. Catherine n'était satisfaite qu'après avoir réconcilié les deux frères et évité de nouvelles prises d'armes.

Sa mission : éteindre les incendies dont tour à tour protestants, ultracatholiques, malcontents[1] agitaient les brandons et sur lesquels soufflaient aussi avec ardeur les princes protestants d'Allemagne, le roi d'Espagne et la reine d'Angleterre. La reine mère n'avait pas failli à sa tâche, pacifiant les provinces huguenotes du Midi au terme de dix-huit mois de voyage (août 1578-novembre 1579), se réconciliant provisoirement avec son gendre

1. Ainsi désigne-t-on, dès l'avènement d'Henri III en 1574, les gentilshommes catholiques (comme Henri de Montmorency-Damville, maréchal de France et gouverneur de Languedoc) et protestants (tels Henri de Condé ou Henri de Navarre), « bons et légitimes Français, tant d'une que d'autres religions », opposés à la politique royale et favorables à un régime de monarchie mixte où le pouvoir serait partagé entre le roi, le Conseil peuplé de grands seigneurs et les états généraux. Monsieur, frère du roi, en était le chef.

Henri de Navarre, négociant avec les Guises, chefs de la Ligue[1]. Elle avait connu plusieurs succès, souffert quelques échecs, mais elle semblait toujours indispensable, d'autant qu'Henri III lui laissait parfois carte blanche lorsque, privilégiant ses exercices de dévotion, il négligeait de gouverner. Tandis que le roi « faisait le moine », dame Catherine avait travaillé à sauver l'État dans le tourbillon tragique des guerres de Religion.

Dans l'année qui précéda sa mort, le ciel de France s'était davantage encore chargé d'inquiétants nuages. Depuis la disparition de François d'Anjou en juin 1584, les lois fondamentales du royaume, faute de dauphin, faisaient d'Henri de Navarre l'héritier de la couronne. Malgré les efforts de Catherine, le refus du Béarnais d'abjurer sa foi et de se convertir au catholicisme avait scandalisé les ligueurs et excité les prédicateurs parisiens tonnant en chaire contre le roi jugé complice de l'hérésie. Bientôt la violence verbale ne suffit plus : les ligueurs de la capitale songeaient désormais à enlever Henri III, à le jeter dans un couvent, voire à le tuer. Le duc Henri de Guise ne partageait pas ces projets insensés. Ses ambitions étaient autres : d'abord vaincre les huguenots – ce que le roi, aux yeux des ligueurs, tardait à faire –, apparaître ainsi comme l'unique recours, ramasser le pouvoir qu'un monarque indigne avait laissé échapper et s'emparer du trône.

Un talent de négociatrice émoussé

Henri III avait fini par prendre la décision de combattre Navarre, mais l'armée royale, commandée par le duc de

1. Association de défense du catholicisme contre les protestants, la Ligue prenait deux visages. L'un parisien et bourgeois, d'abord secret ; l'autre princier et public, né à l'initiative des Guises.

Joyeuse, fut battue par le futur Henri IV à Coutras, le 20 octobre 1587, tandis que Guise, dit le Balafré, avait vaincu à deux reprises, à Vimory (près Montargis) puis à Auneau (non loin de Chartres), les reîtres germaniques et suisses appelés par les huguenots. Déjà adulé à Paris, le Lorrain – ainsi appelait-on aussi le chef de la maison des Guises –, heureux au combat, voyait grandir sa réputation aux dépens du roi. Insulté en chaire, menacé d'enlèvement, douloureusement affecté par la mort de Joyeuse, tué à Coutras, celui-ci se sentait seul. Il n'y avait guère que le fidèle duc d'Épernon, dit « l'archimignon[1] », qui pouvait lui donner l'énergie nécessaire pour se mesurer au Balafré.

Pour le roi, le temps des négociations avec son rival était passé. Pourtant, il n'avait pas lésiné pour ramener le Lorrain au loyalisme. Que de promesses de bienfaits à accorder à sa famille, que de palabres, de rencontres discrètes dans l'espoir de détacher le duc des extrémistes catholiques parisiens ! En vain. Toutes les négociations récentes que le monarque avait confiées à Catherine de Médicis avaient échoué. Non seulement les talents de négociatrice de la reine mère paraissaient s'être émoussés, mais avec Henri III elle ne partageait plus la même vision des choses. Aux yeux du roi, Catherine avait trop d'indulgence pour le Balafré. Une autre politique s'imposait. Épernon avait la sienne, expéditive : il suffisait de capturer Guise, de le juger et de l'exécuter. Dame Catherine, qui détestait le favori qui l'avait supplantée dans l'esprit de son fils, regimbait, prête à remettre inlassablement sur le métier la recherche d'un accord avec le duc Henri. Mais avait-elle encore la confiance de son fils ?

1. Parmi les familiers ou favoris attachés à la personne du roi et à son service exclusif, que l'on appelle « mignons », les ducs de Joyeuse et d'Épernon, plus proches encore d'Henri III et comblés de faveurs, étaient nommés péjorativement « archimignons ».

Au cours de l'année 1588, chacun put mesurer le fossé qui séparait désormais Catherine du roi. Au printemps, Henri III, hésitant, sollicita encore son avis lorsqu'il réunit à la mi-avril ses conseillers avant de décider de la réponse à donner aux provocations des ligueurs qui n'attendaient que Guise – alors sur ses terres – pour agir. La position de chacun était attendue. Épernon plaida à son habitude pour des mesures énergiques : au roi de prendre les armes contre ceux qui refusaient de lui obéir. Tout au contraire, Catherine conseilla la négociation et proposa d'offrir aux Guises de réelles satisfactions. On ne pouvait entendre avis plus opposés.

Les deux rivaux nourrissaient en réalité des desseins plus radicaux. Dans une lettre à son fils, Catherine proposait de jouer les intermédiaires entre le roi et les Lorrains, mais elle plaidait avec force pour la disgrâce d'Épernon. Le favori renvoyé, assurait-elle, Guise promu principal conseiller du roi, c'était la paix avec la Ligue. De son côté, Épernon accusait la reine mère de sacrifier les intérêts du roi au profit de son petit-fils, le marquis de Pont-à-Mousson, enfant de sa défunte fille Claude et du duc Charles III de Lorraine. Catherine souhaitait, disait-on, faire du jeune prince l'héritier du trône à la place d'Henri de Navarre malgré la loi salique, et gagner à sa cause le duc de Guise.

À la fin du mois d'août, tandis que le roi contemplait son impuissance, rendue plus aiguë encore par les avis opposés de sa mère et de son favori, le Balafré s'apprêtait à passer à l'action. Appuyé par une trentaine de milliers de Parisiens excités contre le souverain, les princes ligueurs – les ducs de Mayenne, d'Aumale, d'Elbeuf, frère et cousins d'Henri de Guise – préparaient une prise d'armes qu'ils avaient coordonnée avec la gigantesque expédition maritime lancée par l'Espagne contre l'Angleterre hérétique. Les Guises étaient chargés d'arracher au royaume des ports utiles au ravitaillement de l'Invincible Armada dont Philippe II voulait faire une démonstration de force propre à terroriser les huguenots français et à impressionner un roi de France jugé trop pusillanime.

Conscient des périls, car bien informé, Henri III interdit au duc d'entrer dans Paris. Guise passa outre et fit son entrée dans la capitale le 9 mai 1588 sous les acclamations. Qui l'insoumis rencontra-t-il en premier ? La reine mère en son hôtel des Halles, la sachant bienveillante envers sa famille. Avait-elle fait secrètement appeler le duc à Paris ? Certains le pensent, d'autres n'y croient guère. On ne peut rien prouver. Un témoin anonyme de l'arrivée du Balafré chez Catherine décrit la surprise de celle-ci. On la vit « trembler, frissonner, changer de couleur », tout en étant « émue d'aise et de contentement », ce qui semble contradictoire. Pour l'ambassadeur de Venise, elle « resta tout sens dessus dessous ». Les émotions contraires de la reine mère – qui savait donner le change – interdisent de percer ses véritables sentiments. Le Balafré obtint de Catherine ce qu'il désirait : elle l'accompagnerait au Louvre, sa présence atténuerait peut-être la colère prévisible du roi, ou même retiendrait son bras. Blême d'une colère mal contenue, Henri III déversa ses griefs sur son hôte, l'accusa de trahison, tandis que Catherine le tirait à part pour lui dire « ce qu'elle avait vu de l'affluence du peuple et qu'il n'était pas encore temps de se porter à des résolutions précipitées ». La menace de la rue exigeait de temporiser. Guise prit alors congé et sortit du Louvre, libre. Aussitôt la reine mère se mit en quête d'un improbable accord avec lui, mais n'obtint rien.

Apprit-elle au matin du 12 mai l'arrivée dans Paris des troupes appelées par le roi décidé à lutter contre l'insurrection annoncée ? Atterrée, elle envoya ses domestiques aux nouvelles. Le peuple tendait des chaînes en travers des rues. Pour la première fois de son histoire, Paris se hérissait de barricades. Malgré le danger, Catherine décida non de se rendre au Louvre, mais à... l'hôtel de Guise. Craignait-elle que son fils ait donné l'ordre de l'encercler et de faire le duc prisonnier ? Rassurée, elle le pria d'ordonner le retour au calme. À nouveau, elle échoua. Henri de Guise était maître de Paris.

Le lendemain, elle se rendit chez le roi : le Conseil avait à débattre de la protection de Sa Majesté. Pour échapper à la souricière, nombre de fidèles conseillaient la fuite. Catherine fut seule à soutenir le contraire : le roi devait rester à Paris. Convaincue que Guise retrouverait le chemin du loyalisme, elle se proposa une fois encore d'aller le rencontrer pour lui demander de faire cesser la révolte. À travers les barricades, elle reprit courageusement le chemin de l'hôtel de Guise. Avec la même rudesse que la veille, le duc refusa de se rendre auprès du roi. Catherine finirait-elle par comprendre que le temps n'était plus aux négociations ?

Ruptures

Tandis qu'elle s'humiliait devant Guise, Henri III s'enfuit de sa capitale. Catherine resta à Paris, promise sans doute à engager d'énièmes pourparlers. Depuis Chartres où il s'était retiré, le roi disait publiquement sa confiance en sa mère. Elle maintenait dans la ville, il est vrai, la continuité dynastique. Elle pouvait ainsi renseigner son fils sur les affaires de la capitale tout en inspirant confiance aux ligueurs. « On loue, écrivait-elle, ceux qui savent céder au temps pour se conserver. » Cette phrase, frappée comme une maxime, était son discours de la méthode. « Céder au temps » n'était pas passivité. Au Balafré, elle offrit tout naturellement de servir de médiatrice et tâcha de le réconcilier avec le roi en rejetant la responsabilité du drame récent sur Épernon, dont elle réclamait toujours avec insistance le renvoi. La Ligue présenta ses demandes. Elles étaient sévères : reconnaissance par le roi des événements parisiens récents, diminution des impôts, disgrâce d'Épernon, reprise de la guerre contre les protestants. Catherine encouragea Henri à tout accepter. Les circonstances l'exigeaient. La mort dans l'âme, le roi signa cette capitulation, nommée édit d'Union, le 16 juillet 1588.

En réalité, le succès de Catherine fut en trompe-l'œil. Henri en voulut à sa mère de servir ainsi les intérêts des Guises et de lui avoir imposé la disgrâce de son archimignon. Lorsqu'elle lui demanda, pour parachever la réconciliation, de rentrer au Louvre, il refusa. Elle supplia et, à son habitude, versa quelques larmes : « Comment, mon fils, que dira-t-on de moi quand on me verra ainsi éconduite de vous, et que moi, que Dieu a fait naître votre mère, aie si peu de crédit en votre endroit ? Serait-il bien possible que vous eussiez changé tout à coup votre bon naturel, car je vous ai toujours connu de bonne nature, prompte et aisée à pardonner. » Le « bon naturel » d'Henri ne songeait qu'à prendre sa revanche.

Elle se fit en deux temps. Le 8 septembre, il renvoya toute l'équipe ministérielle qui, depuis de nombreuses années, travaillait à ses côtés : le chancelier Cheverny, le surintendant des Finances Bellièvre, et trois secrétaires d'État, Villeroy, Claude Pinard et Pierre Brûlart. Catherine en demeura « fort ébahie ». Le changement du 8 septembre était une sorte de séisme politique. Dans l'histoire de la vieille monarchie, jamais semblable renversement n'avait eu lieu. Les raisons en furent aisément découvertes. Les serviteurs démis étaient trop liés à la reine mère pour conserver en ces temps difficiles la pleine confiance d'Henri. Ce que le roi reprochait aux ministres déchus valait condamnation de la politique de sa mère. Villeroy, ennemi personnel d'Épernon, était trop indulgent avec les ligueurs ; Bellièvre se montrait toujours prêt à négocier avec l'adversaire et à lui céder. Tous avaient le tort de tenir leurs fonctions de Catherine. Hier hommes de confiance, aujourd'hui suspects. Henri ne pardonnait à aucun de lui avoir conseillé de céder aux vainqueurs des barricades. « Tous ces seigneurs renvoyés, résumait un contemporain, avaient trop d'intelligence avec la reine mère, comme elle pareillement avec les seigneurs de la Ligue. » La mutation signifiait assurément un changement d'orientation dans la conduite des affaires. À sa mère, Henri témoignerait encore des égards, mais elle n'inspirerait plus sa politique. Désormais, le roi gouvernerait par lui-même. La vieille dame en ressentit une grande amertume.

Après sa retraite forcée des affaires, Catherine ne fut que spectatrice du second acte de la revanche royale sur Guise. Le roi avait décidé de convoquer les états généraux à Blois afin de retrouver une nouvelle légitimité. Mais les élections des députés furent calamiteuses pour son camp. Dans son discours d'ouverture, Henri III n'en parla pas moins haut et fort, assura redoubler de zèle pour extirper l'hérésie, réformer le gouvernement du royaume et décocha quelques flèches à son rival : « Je déclare atteints et convaincus de lèse majesté ceux de mes sujets qui y tremperaient [dans les ligues] sans mon aveu. » Séance achevée, les proches du Balafré vinrent exiger du roi que ce passage du discours soit retranché de la version imprimée. Une fois encore, Catherine s'autorisa à donner un conseil à son fils : il fallait satisfaire les Guises. Henri céda. Ce fut l'ultime recommandation de dame Catherine.

Meurtres et mort

Tenue désormais à l'écart, souffrante, elle ne s'occupait plus que de ses affaires personnelles. Le jeu politique lui était interdit, mais elle restait marieuse, l'une de ses passions. Depuis plusieurs années, elle avait en tête de marier sa petite-fille Christine de Lorraine. Elle était demeurée interdite lorsque le roi avait pensé l'unir au duc d'Épernon. Mésalliance insupportable, promotion imméritée pour ce Gascon orgueilleux quand Catherine songeait à un prince souverain ou à l'héritier d'une couronne ! Le destin lui sourit. À Florence, Ferdinand de Médicis venait d'accéder au trône. Il lui fallait convoler. Aussitôt, Catherine mena tambour battant une campagne matrimoniale qui réussit. Les articles du contrat furent signés à Blois le 24 octobre. Les cérémonies du mariage devaient suivre. Mais la maladie de la reine mère les retarda.

L'âge, le sentiment d'abandon qu'elle ressentait, le désœuvrement, sinon la solitude, rendaient ses maux plus douloureux. Tandis que le roi bataillait avec les états généraux, Catherine devait garder la chambre. Hors de l'influence de sa mère, Henri III pouvait s'abandonner à l'esprit de vengeance contre Guise, jugé responsable de tous ses malheurs. Pour faire cesser l'entreprise d'humiliation dont il était la victime, le roi décida de se défaire du Balafré par la force. Le plan fut arrêté avec ses hommes de confiance dans la nuit du 20 au 21 décembre. Henri rompait ainsi avec les leçons dont sa mère s'était faite la championne : céder devant l'adversaire le plus fort, contourner l'obstacle, attendre des jours meilleurs. Le 23 décembre au matin, le Balafré fut assassiné par les Quarante-Cinq, la garde personnelle du roi, au château de Blois, tandis que son frère, le cardinal de Guise, était arrêté.

Le monarque descendit annoncer la nouvelle à sa mère. Un médecin et diplomate florentin, Philippe Cavriana, se tenait à côté d'elle. Il rapporta la scène. « Bonjour Madame, je vous prie de me pardonner. M. de Guise est mort, et on n'en parlera plus. Je l'ai fait tuer, n'ayant fait que prévenir le même dessein qu'il avait formé contre moi. Je ne pouvais plus tolérer son insolence. »

Catherine resta muette, pétrifiée. Son fils expliqua les raisons de son acte : « Je veux être roi et non prisonnier et esclave comme je l'ai été jusqu'à présent, où je commence de nouveau à être roi et maître. » Catherine écoutait toujours. Henri poursuivit, sans être interrompu : « Je continuerai la guerre contre les huguenots avec plus d'ardeur et de courage, car je veux de toute façon les extirper de mon royaume. »

L'unique témoin de la scène laisse penser que la reine mère ne dit mot. Des chroniqueurs, comme l'ambassadeur de Venise, lui prêtent au contraire des paroles d'approbation. Non pas la fameuse : « Mon fils, c'est bien taillé, mais il faut coudre », mais : « Mon fils, cela me fait plaisir, pourvu que ce soit pour le bien de l'État [...]. Du moins, je le désire ardemment. »

La réserve nuançait son peu sincère acquiescement.

Le 31 décembre, Cavriana assura qu'elle était bouleversée (*molto turbata*) : « Quoique très prudente et très expérimentée dans les choses du monde, elle ne sait toutefois quel remède donner à tant de maux présents, ni comment prévenir les maux à venir. » À cette date, Catherine avait appris le second meurtre commandé par son fils, celui du cardinal de Guise, le 24 décembre au matin. Le roi avait fait arrêter les autres membres de la maison rivale – sauf le duc de Mayenne qui avait pu s'enfuir à temps[1] – et emprisonner les plus farouches députés ligueurs.

1. Charles de Lorraine, duc de Mayenne (1554-1611), succéda à son frère comme chef de la Ligue. Après l'assassinat d'Henri III, il combattit Henri IV, mais fut défait aux batailles d'Arques, d'Ivry et de Fontaine-Française. En janvier 1596, il finit par se rallier au premier Bourbon, reçut le gouvernement de l'Île-de-France et, après le coup de couteau de Ravaillac, siégea au conseil privé de Marie de Médicis.

Aux yeux du roi, l'ordre de tuer Guise n'était pas un assassinat. Au nom de la justice retenue qu'exerce le souverain en cas de péril, il avait commandé une exécution, non un meurtre. Ce « coup de majesté » devait lui permettre de reprendre la main. Catherine, elle, en doutait. Elle aurait confié à un père capucin son sentiment véritable : « Ah ! le malheureux, qu'a-t-il fait ? Priez pour lui, qui en a plus besoin que jamais et que je vois se précipiter à sa ruine, et je crains qu'il ne perde le corps, l'âme et le royaume. »

Catherine voyait juste. Henri III hérita d'une tempête d'une violence inédite dans un siècle qui pourtant n'en manquait pas. À l'annonce du double meurtre, les Parisiens se déchaînèrent, criant leur haine pour le roi et leur volonté de se venger. La reine mère eut sans doute d'autres entretiens avec son fils, mais on en ignore la teneur. La fièvre la reprit et elle n'avait plus la force de lutter. De sa chambre, où Henri faisait de brefs passages, elle entendait la rumeur du monde, les nouvelles terribles en provenance de Paris insurgé. Elle étouffait et, lucide, se sentait mourir. Le 5 janvier 1589 au matin, veille des Rois, elle laissa à son fils le soin de dicter son testament. La politique, sa grande passion, en était absente. Seul son salut comptait. Comme un particulier, elle précisa le lieu de son inhumation, abandonnant à Henri le détail de la cérémonie funèbre. En bonne catholique, elle approuva la liste des fondations pieuses, des aumônes et des legs qu'elle avait préparée. Elle instituait le roi comme unique héritier, mais n'eut pas un mot ni un geste pour sa fille Margot. Vers une heure, elle reçut les derniers sacrements puis mourut. Elle allait avoir soixante-dix ans.

Sa disparition suscita dans le public autant de passions que sa vie. Les uns applaudirent à la mort de celle qui, assuraient-ils, avait usé avec *maestria* de la ruse, de la duplicité, du machiavélisme, et n'avait répugné ni au poison ni à l'assassinat. Jules Michelet se fit l'écho de la vindicte en prétendant qu'Henri III avait assisté à sa mort « par curiosité de voir si, en mourant, elle n'intriguerait pas encore et ne ferait pas quelque coup fourré ». D'autres préférèrent saluer les services rendus à la monarchie. « Ce n'est pas une femme, c'est la royauté qui vient de mourir, écrivit Jacques Auguste de Thou, magistrat et historien. Catherine avait en effet au plus haut degré le sentiment de la royauté ; aussi la défendit-elle avec un courage et une persistance admirables. » Un ambassadeur italien dit sa crainte « que les affaires souffrissent beaucoup » de sa sortie de scène. « Il manquait ce seul coup, pronostiquait-il, pour mettre le comble aux malheurs de cet infortuné royaume, contre lequel on voit tellement la colère de Dieu déchaînée, que l'on peut craindre une grande ruine. » Au moins Catherine ne vit-elle pas mourir Henri III, assassiné par un moine ligueur fanatique le 1er août suivant, et, avec lui, la dynastie dont elle avait été l'incarnation.

Morte, écrit sans fard le chroniqueur Pierre de L'Estoile, « on n'en fit non plus de compte partout que d'une chèvre morte ». Le roi commanda de procéder à l'autopsie. « On trouva le poumon attaqué, le sang répandu dans la cervelle, avec un abcès dans le côté gauche. » À la nouvelle de sa mort, les Parisiens, convaincus qu'elle avait donné son consentement à l'assassinat des Guises, menaçaient, si elle était enterrée à Saint-Denis, de jeter sa dépouille à la voirie ou dans la Seine. Toute inhumation comme reine de France était donc impossible. On garda son corps à Blois. Mais comme les drogues nécessaires à l'embaumement manquaient, on enterra simplement et au plus tôt le corps en pleine terre, de nuit. Il y resta vingt et un ans. En 1610, sa dépouille fut enfin transférée à Saint-Denis dans la rotonde des Valois, puis, après la démolition de la chapelle en 1719, déplacée dans l'église abbatiale. Comme tous les cercueils royaux, sa tombe fut violée en 1793 et ses restes jetés à la fosse commune.

Bibliographie sélective

Cloulas, Ivan, *Catherine de Médicis*, Paris, Fayard, 1979.

Crouzet, Denis, *Le Haut Cœur de Catherine de Médicis. Une raison politique au temps de la Saint-Barthélemy*, Paris, Albin Michel, 2005.

Garrisson, Janine, *Catherine de Médicis. L'impossible harmonie*, Paris, Payot, 2002.

Gellard, Matthieu, *Une reine épistolaire. Lettres et pouvoir au temps de Catherine de Médicis*, Paris, Garnier, 2014.

Jouanna, Arlette, *Histoire et dictionnaire des guerres de Religion*, Paris, Robert Laffont, coll. « Bouquins », 1998.

Knecht, Robert Jean, *Catherine de' Medici*, Harlow, Addison Wesley Longman Limited, 1998.

Solnon, Jean-François, *Catherine de Médicis*, Paris, Perrin, 2003, coll. « Tempus », 2007.

Wanegffelen, Thierry, *Catherine de Médicis. Le pouvoir au féminin*, Paris, Payot, 2005.

8

UNE SI LONGUE AGONIE

Anne d'Autriche
Paris, 20 janvier 1666

par Simone BERTIÈRE

Après le mariage de son fils, Louis XIV, et la mort de Mazarin, Anne d'Autriche rêve de partager le temps de la retraite entre la Cour et le monastère du Val-de-Grâce qu'elle a fait construire, tout en gardant un œil sur les affaires. Mais le jeune roi n'entend pas gouverner autrement que seul et ne supporte pas les leçons de morale. Les dernières années d'Anne sont donc assombries de déceptions et d'amertume. Elle perd ses amis, dont son cher Nicolas Fouquet. Bientôt se déclare la maladie qui la rongera inexorablement. Loin d'accéder à son désir de mourir au Val-de-Grâce, son fils lui impose de rester auprès de lui au Louvre. Des mois de souffrances l'y attendent entre les mains des médecins. Elle y voit en même temps un châtiment mérité, pour s'être trop aimée elle-même, et une promesse de rédemption dans l'autre monde. Elle meurt chrétiennement, apaisée, le 20 janvier 1666.

Mazarin vient de mourir, le 9 avril 1661. On lui fait des funérailles nationales et la Cour prend le deuil. Il a rempli, au-delà de toute espérance, l'engagement pris au lit de mort de Louis XIII. Il laisse à son filleul un royaume en état de marche dans une Europe pacifiée. Pour Anne d'Autriche, c'est une époque qui s'achève. Elle est la plus heureuse des reines, la plus aimée des mères. Tout ce qu'elle désirait lui a été accordé. Les troubles intérieurs ne sont plus qu'un mauvais souvenir, son fils disposera de l'autorité royale pleine et entière. La France est désormais en paix avec l'Espagne, que le traité des Pyrénées s'est gardé d'humilier. La réconciliation familiale dont elle rêvait depuis toujours met fin à un siècle d'affrontements. Son fils aîné, Louis XIV, a épousé sa cousine doublement germaine, l'infante Marie-Thérèse, en qui elle trouve la fille qu'elle aurait aimé avoir. Son cadet Philippe s'apprête à convoler avec une autre cousine, Henriette d'Angleterre. Dans tous ces bonheurs qui lui arrivent à la fois, elle croit discerner une intervention divine, que la naissance de son petit-fils le dauphin vient confirmer le 1er novembre : « Dieu lui avait déjà fait toutes les grâces qu'elle lui avait demandées, elle n'avait plus rien à désirer que son salut[1]. » Ni plus rien à faire ici-bas. Lui restait à vivre, dans le déchirement, la mise à l'écart progressive qui préluderait à sa mort.

Les affres de la retraite

Elle était très mal préparée à s'effacer, et ce fut pour elle une rude épreuve de se voir dépouiller peu à peu des prérogatives qui avaient été siennes. Bien qu'elle appro-

1. Cette citation et celles qui suivront sont tirées – sauf indication contraire – des *Mémoires* de Mme de Motteville, dame de compagnie et confidente d'Anne d'Autriche, qui fut très proche d'elle dans ses dernières années.

chât de la soixantaine, elle se portait comme un charme. Elle avait longtemps détenu l'autorité suprême, dont elle déléguait l'essentiel à Mazarin, non sans garder l'habitude de faire entendre son avis. Certes, elle prétendait n'avoir jamais aimé l'exercice du pouvoir et se disait heureuse d'en être soulagée. Mais elle ne se rendait pas compte qu'elle en goûtait les retombées. Elle n'en mesura le prix que lorsqu'elle en fut privée, dans les années où Mazarin, miné par la maladie, la ménageait moins : « Quand elle recommandait une affaire, elle n'était point obéie, et si elle en pressait l'exécution, [on lui répondait] qu'il fallait en parler à M. le Cardinal. » Et elle en souffrait.

Avec son fils, ce fut bien pis. Lorsqu'il déclara qu'il se passerait de Premier ministre, elle crut comme tout le monde qu'il ne tiendrait pas six mois. Elle dut bientôt se rendre à l'évidence : il s'apprêtait bel et bien à gouverner lui-même. Aucune place n'était prévue pour elle. Non qu'elle fût visée personnellement : il voulait écarter du Conseil les membres de sa famille et autres grands seigneurs turbulents et les remplacer par des techniciens issus de la robe, plus compétents et plus dociles. Mais sa mère se trouva exclue *de facto* et le vécut mal. Il en vint à lui interdire de donner des ordres. Elle s'aperçut qu'elle ne comptait plus. Son rôle d'intermédiaire pour l'attribution des faveurs et des grâces était terminé : on s'adressait directement au roi. L'éviction politique était sans remède.

Elle crut avoir trouvé dans la vie familiale une justification à son existence : on lui avait laissé le soin d'éclairer sa petite bru sur les us et coutumes de la cour de France – tâche malaisée puisque la tradition imposait le déclassement de la reine mère au profit de sa belle-fille. Anne d'Autriche, devant qui Marie de Médicis avait refusé de s'effacer, s'était promis de passer la main de bon cœur. En prévision, elle avait quitté le premier étage du Louvre et s'était fait aménager un appartement au rez-de-chaussée, en bordure de Seine. Elle comprit aussitôt qu'elle ne risquait pas d'être supplantée par Marie-Thérèse pour régenter la vie de cour. L'infante sortait des mains des duègnes madrilènes et ne savait pas un mot de français. Anne d'Autriche se contenta bientôt de l'entourer d'un cocon protecteur, avec pour effet pervers de les placer l'une et l'autre en marge d'une vie de cour profondément renouvelée. Mais elle savait ce maternage provisoire, dans l'intérêt même de la jeune femme.

Quand on se sent inutile et que l'avenir apparaît vide, l'idée s'impose, en ces temps où règne l'esprit de la Contre-Réforme, d'une retraite pour se préparer à la mort. Bien que profondément pieuse, Anne d'Autriche n'a pas encore atteint ce stade. Elle n'est pas détachée du monde. Privée d'influence directe, elle se croit en mesure d'exercer sur ses enfants et sur l'ensemble de la Cour un magistère moral efficace, pour y maintenir « la vertu et la piété ». Mais elle a ses arrières assurés. En cas de difficulté, elle peut trouver asile au Val-de-Grâce, qui est son œuvre. Dès 1619, elle avait fait acheter rue Saint-Jacques un vaste terrain doté d'un pavillon d'habitation exigu. L'endroit se prêtait à merveille à des aménagements ultérieurs. En 1621, elle y fonda une abbaye et mit à sa tête une religieuse bénédictine tirée d'un prieuré de la vallée de Bièvres nommé Val-de-Grâce de Notre-Dame-de-la-Crèche, en hommage à la Nativité. La construction, lancée en 1624, mais freinée par les dissensions du couple royal, n'offrit d'abord à la communauté qu'un abri rustique. Mais Anne y disposait d'un logement sommaire, en milieu ami, loin des espions chargés de la surveiller. Le Val-de-Grâce devint ainsi le centre névralgique d'échanges épistolaires clandestins avec sa famille espagnole, qui lui valurent l'interdiction formelle d'y retourner. Raison de plus pour qu'elle en ait la nostalgie. Lorsque après des années de stérilité, elle se trouva enceinte, elle fit le vœu, si Dieu lui donnait un fils, de le reconstruire à neuf. La régence lui permit de mettre en route l'édification de l'admirable chapelle qui en est aujourd'hui le joyau, sans qu'elle pût en voir l'achèvement.

Des liens très profonds l'attachent donc à ce monastère – seul lieu où elle se sente vraiment chez elle, pleinement aimée. Après la mort de son époux, elle avait repris les visites régulières et les retraites lors des grandes fêtes religieuses. Depuis qu'elle est exclue de la vie active, elle apprécie de retrouver là-bas une prééminence que nul ne lui dispute : elle y demeure reine et ses désirs sont des ordres. Elle y est heureuse. La dévotion revêt chez elle un visage souriant. L'angoisse qui étreint la plupart de ses contemporains à l'idée de comparaître devant leur Créateur semble lui être étrangère. À la différence des grandes dames qui s'en vont expier à l'ombre de Port-Royal leurs égarements passés, elle vient au Val-de-Grâce pour remercier Dieu de lui avoir prodigué ses bienfaits. Il ne l'en aurait pas ainsi comblée s'il ne l'en avait jugée digne – à charge pour elle de rester fidèle à ses commandements. Songe-t-elle à s'y retirer définitivement ? Tant que sa santé reste bonne, elle n'évoque cette solution qu'en désespoir de cause, pour faire pression sur son fils, qui y est hostile, elle le sait bien. Mais son désir de mourir au Val-de-Grâce ne fait aucun doute. D'ici là, une pratique religieuse occasionnelle aux côtés des moniales lui offre la paix du cœur. Elle lui donne aussi la force d'affronter les épreuves qui l'attendent au-dehors.

Déceptions en série

Le retour de la paix et la mort de Mazarin ont soudain libéré des forces longtemps contenues. En 1661, pour la première fois depuis vingt-cinq ans, les gentilshommes se trouvent dispensés des campagnes militaires qui les tenaient sous les armes tous les étés. La guerre cède le pas à l'amour. La Cour s'offre de longues vacances estivales à Fontainebleau, dans un cadre enchanteur permettant de joindre aux fêtes traditionnelles – bals, ballets, comédies – des escapades en forêt ou des baignades dans la Seine. Toute cette jeunesse, enivrée de liberté, mord dans la vie à pleines dents. Et Anne d'Autriche voit lui exploser à la figure une vérité qu'elle se refusait jusqu'alors à admettre : son temps est passé. Du fait de ses maternités tardives[1], un gouffre d'incompréhension la sépare des compagnons et amies de ses fils, dont elle pourrait être la grand-mère. Elle mesure brusquement l'inanité du rêve familial longtemps caressé : Louis XIV filant avec Marie-Thérèse un amour conjugal heureux, modèle offert à l'admiration de ses peuples. N'avait-elle donc pas compris que Mazarin, pour arracher son filleul à Marie Mancini, lui avait laissé entendre que les rois, mariés par politique, avaient droit à quelques compensations ? Elle tentait – sans grand espoir il est vrai – de préparer l'infante à régner sur la Cour. Peine perdue, la place est prise : tandis que celle-ci, enceinte, garde la chambre, le roi mène gaillardement la danse avec la partenaire qu'il s'est choisie, sa propre belle-sœur Henriette, à la plus grande fureur de son frère Philippe que des penchants homosexuels avérés n'ont pas immunisé contre la jalousie. Le désastre est complet.

Ses remontrances auprès des imprudents ont pour effet de les inciter à choisir un leurre – on dira plus tard

1. Elle était née en 1601. Son mariage, célébré en 1615 et pleinement consommé en 1619, était resté longtemps stérile, avant que ses vœux ne soient comblés par la naissance du futur Louis XIV en 1638 et de Philippe en 1640.

un chandelier – vers qui détourner l'attention. Mais de l'idylle feinte naît bientôt chez le roi un amour véritable pour la douce Louise de La Vallière, et toute la Cour bruit de querelles et de commérages. Anne d'Autriche, consternée, s'aperçoit bientôt, lors de quelques affrontements dont elle va sortir vaincue, qu'elle a perdu toute emprise sur son fils.

Dès le séjour à Fontainebleau, Louis XIV, en dépit des pronostics maternels, avait bel et bien pris en main les tâches de gouvernement. Il cherchait à remédier, sur les instances de Colbert, à l'impécuniosité chronique du Trésor : comme prélude à une réforme des finances, sa première décision importante fut d'arrêter le surintendant Fouquet. Or celui-ci était depuis toujours un protégé d'Anne d'Autriche, car elle avait sympathisé avec sa pieuse mère dans le cadre de ses activités caritatives. Louis XIII d'abord, puis Mazarin avaient vu d'un mauvais œil que la plus grande part de sa dotation financière passât aux œuvres de charité patronnées par les dévots et ils avaient serré les cordons de la bourse. Nicolas Fouquet s'était alors substitué à eux en toute discrétion. Il lui procurait des subsides, régulièrement servis sous forme de pensions, pour financer ses dons. Il avait constitué pour elle un fonds secret chez un commis servant de prête-nom. Sa première femme de chambre précisait les montants souhaités, qui lui étaient transmis de la main à la main par un ami commun.

Elle aimait Fouquet. Elle avait rêvé de le voir succéder à Mazarin. Il était son féal à elle. Il n'avait jamais manqué aux égards qu'il lui devait. Elle s'opposa vivement à son arrestation, plaidant sa cause sans souffler mot du lien qui les unissait. Hélas, elle reçut de la bouche de Louis XIV la preuve que le surintendant ne méritait pas sa confiance et l'avait trahie en rapportant au roi qu'elle venait de réclamer, sous le sceau du secret, la subvention annuelle qu'il lui servait pour la construction du Val-de-Grâce : « Enfin, Madame, vous croyez cet homme fort fidèle à vos intérêts particuliers, mais je veux vous convaincre de sa mauvaise foi. Il m'a découvert que vous lui aviez récemment demandé 200 000 livres et lui aviez ordonné de me cacher cette libéralité. Vous savez que je ne vous refuse rien et que je préviens même souvent vos demandes et vos besoins, que vous pouvez me faire connaître avec confiance : mais vous devez juger, par ce mystère, du cœur et de la fidélité du surintendant pour ce qui vous regarde[1]. » Elle prit alors le parti de se taire : elle n'avertirait pas Fouquet de ce qui l'attendait. Après l'arrestation, la lecture des papiers saisis dans ses « cassettes » acheva de ternir l'image qu'elle avait de lui : des centaines de billets attestaient le versement de subsides à une foule d'hommes et de femmes, dont il escomptait en retour soit des faveurs pour les unes, soit des appuis politiques pour les autres. Tous avaient sacrifié au veau d'or : « Il avait acheté quasi tous les hommes de la Cour. » Elle n'en avait pas moins perdu dans l'affaire un irremplaçable pourvoyeur de fonds, un très ancien ami, et quelques illusions de plus sur l'humanité.

L'émancipation du roi

L'année suivante, c'est un coup direct qui lui fut porté. La faveur subite de Louise de La Vallière n'avait pas manqué d'éveiller des jalousies. Un complot se noua pour lui susciter une rivale. À la manœuvre, la comtesse de

1. Conversation rapportée par Millet de Jeure, *Histoire de France de 1635 à 1662*, dont le manuscrit est conservé à la bibliothèque Méjanes d'Aix-en-Provence.

Soissons, née Olympe Mancini, qui avait eu naguère avec le roi une idylle très poussée avant d'être supplantée par sa sœur Marie. Nommée surintendante de la maison de la jeune reine, elle était en conflit permanent avec la duchesse de Navailles, qui devait à la protection d'Anne d'Autriche la charge de dame d'honneur, avec mission de tenir bien clos les appartements qui hébergeaient les séduisantes filles d'honneur. Lorsque le roi se montra sensible aux œillades de l'une d'entre elles, Anne-Lucie de La Motte-Houdancourt, la duchesse lui en fit reproche et se permit de lui dire que, selon la règle prévalant dans les palais comme dans les chaumières, il devait chercher « les objets de ses plaisirs » hors de sa maison. Il se fâcha, puis, devant sa mère, il feignit de s'adoucir. Mais, piqué au vif, il se mit en quête de moyens détournés pour parvenir à sa belle. Déjà un trou percé dans une cloison permettait de lui parler à mi-voix. Il explorait les gouttières pour entrer dans sa chambre par le toit. Mme de Navailles, « préférant son devoir à sa fortune », prit alors la décision héroïque de faire grillager toutes les issues. La Cour n'avait rien perdu de l'aventure et en avait fait des gorges chaudes. Louis XIV choisit de se taire et renonça sans grand regret à la demoiselle, mais il garda contre la duchesse une solide rancune qui lui valut bientôt, avec son époux, une sentence d'exil définitif.

Par lui-même l'incident était mineur. Mais ce mouvement de révolte du jeune roi contre les interdits qui brimaient ses désirs agit comme un révélateur : il ne supportait plus les leçons de morale. Marie-Thérèse, à qui l'on ne parvenait pas à cacher son infortune, pleura toutes les larmes de son corps sans l'émouvoir. Et lors du carême, Anne d'Autriche, en invitant Bossuet à consacrer son homélie à la pécheresse repentante Marie-Madeleine, obtint le résultat opposé : il décida de tirer de l'ombre Louise de La Vallière et de l'imposer comme favorite officielle. Après une éclipse due à une première maternité, elle fit sa réapparition au début de mai 1664 lors de la célèbre fête qui, sous le nom de *Plaisirs de l'Île enchantée*, offrit aux yeux éblouis de la Cour dans le parc de Versailles, durant une longue semaine, toutes les merveilles sorties de l'imagination féconde des meilleurs spécialistes du genre. La fête était dédiée aux deux reines, mais l'héroïne véritable en était Louise, qui, logée au château, assise à la table principale, recevait l'hommage indirect mais transparent des vers de *La Princesse d'Élide* célébrant les amours royales.

Alors les dames tenant le haut du pavé à la Cour s'interrogèrent. Fallait-il continuer de bouder l'intruse ? Ou devaient-elles au contraire s'incliner et lui tenir compagnie lors des activités communes – on disait la « suivre » ? Cette seule idée révoltait Anne d'Autriche. Comment son fils osait-il ? Il eut avec elle plusieurs séances d'explications. Lors de la plus violente, après le départ des Navailles, il resta plusieurs jours sans lui adresser la parole : « Voyez comme il me traite », s'exclama-t-elle à l'adresse de son fils cadet. Sa servante espagnole la trouva en larmes dans son oratoire : *« Ah ! Molina, estos hijos... »* – ces enfants, que ne nous font-ils pas souffrir ? Et elle menaça de se retirer au Val-de-Grâce. Alors Louis vint à résipiscence, lui demanda pardon à genoux, pleura de douleur avec elle et lui fit promettre de ne pas le quitter. Mais il l'informa du même coup qu'il avait fait ce qu'il avait pu pour ne pas offenser Dieu, qu'il ne pouvait résister à la violence de ses passions et qu'il n'éprouvait pas le désir de le faire – ni dans le cas de ses amours coupables ni même dans son envie de vengeance contre les Navailles. La conclusion de tout cela ? L'exil de ses amis était sans remède et les femmes de qualité seraient sommées de suivre Mlle de La Vallière comme une princesse. Et il la priait de ne pas s'y opposer. C'était un ordre : elle capitula.

Pour comble de chagrin, elle avait perdu dans l'affaire la confiance et l'affection de Marie-Thérèse. Celle-ci, qui n'était point sotte, avait mesuré l'impuissance de sa tante et compris qu'elle compromettrait toute chance de s'imposer en restant dans son orbite. Le seul qui lui voue jusqu'au bout un amour profond, sincère, intense est son fils cadet Philippe, qu'elle trouvera près d'elle aux heures de souffrance. Mais il ne remplace pas l'aîné, qui lui semble en passe de perdre son âme. Tout en s'abandonnant sans vergogne à la luxure, ne vient-il pas d'applaudir une comédie scandaleuse ? Aux derniers jours de *L'Île enchantée*, Molière, non content de proclamer que « vivre sans aimer n'est pas proprement vivre[1] », s'est rendu coupable d'impiété en mettant sur scène un dévot hypocrite qui, sous couvert de direction de conscience, tente de ruiner le brave homme qui l'héberge et de séduire sa femme. Certes, c'est un faux dévot, mais il ressemble furieusement à un vrai. Morale et religion n'en sortiront pas indemnes : Anne d'Autriche jette ses dernières forces dans le combat mené par l'archevêque de Paris pour faire interdire la pièce. Elle a gain de cause sur ce point, mais pour peu de temps. La maladie qui doit l'emporter est en route et *Tartuffe* ne tardera pas à reparaître, amendé et augmenté, pour un succès toujours renouvelé.

La mise en scène de la maladie

Depuis un certain temps déjà, Anne d'Autriche donnait des signes de fatigue et sentait faiblir son attachement à

1. *La Princesse d'Élide*, acte III, scène 1re, vers 366. Le tome I des *Œuvres complètes* de Molière (éd. G. Couton, « Bibliothèque de la Pléiade », 1971) comporte, avec le texte de la pièce, le compte rendu complet des spectacles de *L'Île enchantée*.

la vie. Au printemps de 1663, elle eut une grave alerte de santé. Douleur aux jambes, nausées, migraine, forte fièvre. On la saigne, elle se trouve mal, s'évanouit dans les bras de son fils cadet tandis que la jeune reine, la croyant morte, court chercher le roi. Il aide à la relever, elle rouvre les yeux. Ils ont ensemble un long entretien, à base de recommandations dernières, tant elle se sent proche de mourir. Il la veille pendant plusieurs nuits, couchant tout habillé sur un matelas déposé au pied de son lit. Philippe est là aussi, s'accrochant à elle. À son chevet les médecins se relaient, proposant divers remèdes. On la presse de prendre de l'émétique. Elle refuse, arguant que « puisque son mal durait, et que les prières publiques qu'on avait faites pour elle et pour sa santé ne l'avaient point obtenue, il fallait croire que Dieu la voulait malade ; qu'elle consentait qu'on lui fît les remèdes ordinaires, mais qu'elle n'en voulait point d'autres ; et qu'elle souhaitait de souffrir son mal autant qu'il plairait à Dieu de le lui laisser ». Les médecins écartèrent donc la poudre de vipère au profit du quinquina[1], qui fit tomber la fièvre mais la plongea pour deux semaines dans une sorte d'assoupissement. On la purgea, elle rechuta et, cédant aux instances de son confesseur, consentit à absorber de l'émétique, qui la « guérit entièrement » – à moins que sa robuste constitution n'ait pris le dessus toute seule.

Le récit de Mme de Motteville dramatise délibérément un incident certes fâcheux, mais ni spectaculaire ni inquiétant par lui-même : elle était sans doute étendue sur son lit pour la saignée, laquelle suffit à expliquer son malaise. Il vise à mettre en lumière le comportement de ses enfants – en première ligne auprès d'elle.

Une très ancienne tradition voulait que le soin des malades en phase terminale incombe à ses plus proches

1. Il venait tout juste de faire son apparition dans la pharmacopée.

parents. En s'y astreignant comme les autres, la famille royale faisait preuve d'humilité : face à la mort, tous les hommes sont égaux. En affichant son chagrin, elle s'humanisait et invitait le peuple entier à fraterniser avec elle. Pour les rois et les reines, naissances, maladies et morts se déroulent pour l'essentiel en public et tendent à se transformer en spectacles que la chronique se charge de répandre auprès du bon peuple avec un bénéfice politique évident. Nul ne semble se demander ce qu'en pense le principal intéressé et, quand les choses vont vite, il n'a pas le temps de se poser la question. Hélas pour Anne d'Autriche, elle est solide et c'est une maladie au long cours qu'elle est contrainte de subir à la vue de tous.

Au mois de mai de l'année 1664, lorsqu'elle remarqua l'apparition d'un nodule sur son sein gauche, elle choisit de n'en pas parler tant qu'il resta indolore. Quand elle commença de souffrir, le ballet des praticiens reprit, digne de Molière. Une vive querelle opposa son propre médecin, Seguin, partisan de la saignée, à celui du roi, Vallot, qui passait pour s'y connaître en chimie et en herbes médicinales. Ils ne s'accordèrent que pour suspendre les applications de ciguë prescrites par un collègue. En décembre, il devint clair qu'elle était atteinte d'un cancer à un stade avancé. Elle épargna aux médecins la peine de l'en informer : ayant soigné des religieuses à l'infirmerie du Val-de-Grâce, elle savait ce qui l'attendait. Bientôt, comme Seguin et Vallot se montraient impuissants à enrayer les progrès du mal, on fit appel aux charlatans, qui essayèrent en vain sur elle leurs remèdes miracles. Elle traîna toute l'année suivante entre « redoublements » et rémissions. Lorsqu'elle voulut accompagner la Cour à Saint-Germain au printemps de 1665, on dut l'y amener en chaise à porteurs, par petites étapes. Elle commençait à souffrir terriblement. À l'automne, elle regagna Paris par le même moyen et se fit déposer au Val-de-Grâce. Elle dit à l'abbesse en se mettant au lit : « Me voilà contente. Que Dieu dispose de moi à sa volonté. » Et elle répéta qu'elle souhaitait y terminer ses jours.

Cette ultime faveur lui fut refusée. On mit en avant la distance entre le Louvre et la rue Saint-Jacques, qui multiplierait les allées et venues. On invoqua l'inconfort, les obstacles qui compliqueraient la tâche des médecins pour la soigner à l'intérieur d'un couvent de femmes où règne la « clôture ». Mais désirait-elle encore être soignée ? Ne pouvait-on la laisser mourir en paix, loin du monde et de ses fastes, entourée de l'amitié des religieuses et avec le seul secours des prêtres ? Mme de Motteville, qui tente d'exonérer Louis XIV de tout reproche, affirme que « s'il eût cru que la reine sa mère eût eu tant de peine à quitter cette retraite, comme elle en avait en effet, il n'aurait jamais souffert qu'on lui eût fait cette *violence*[1] ». Et elle accuse les médecins qui, pensant complaire au roi en la ramenant au Louvre, en avaient exagéré la nécessité et l'avaient ainsi privée d'une consolation qu'elle avait toute sa vie paru désirer.

En vérité, les médecins n'avaient pas tout à fait tort. Louis XIV tenait bel et bien à la voir mourir au Louvre. Pour pouvoir lui prodiguer plus souvent sa tendresse ? Assurément. Mais aussi parce que le rituel monarchique, tel qu'il est en train de le concevoir et de l'imposer, l'exige. Il est totalement identifié à la fonction de roi et, décidé à l'incarner de son mieux, il rêve de concentrer autour de sa personne la quintessence du royaume. Sa famille doit être à ses côtés en perpétuelle représentation. « Nous nous devons au public », dira-t-il plus tard à sa belle-fille de Bavière, rétive. Dans le cas d'Anne d'Autriche, un motif supplémentaire s'ajoute à l'impératif de principe. Ses dissentiments récents avec son fils sont

1. C'est nous qui soulignons.

bien connus. Elle a si souvent menacé de se retirer au Val-de-Grâce, lorsqu'elle était mécontente de lui, que sa volonté d'y mourir pourrait passer pour un désaveu, une façon de dénoncer la mise à l'écart dont elle a été victime. Pour ceux qui réprouvent la forme de gouvernance choisie par Louis XIV, pour tous ceux qui mettent le service de Dieu au-dessus de celui du roi, elle pourrait servir de caution. Il lui impose donc de souffrir et de mourir en pleine communion avec lui et, si possible, en public.

Quand on la ramène au Louvre dépouillée de tout ce à quoi elle tenait et qui l'attachait à la vie, morte au monde et résignée à tout, elle s'abandonne à Dieu. Incapable de quitter son lit, elle souffre horriblement – du fait des remèdes plus que de son mal. L'apparition de la gangrène a modifié le traitement. Un chirurgien nommé Alliot a entrepris de mortifier les chairs atteintes à l'aide d'une préparation arsenicale, après quoi il les coupe « par tranches au rasoir ». Jour après jour, elle offre le spectacle de son martyre. L'opération se pratique matin et soir en présence de la famille royale. La patiente trouve le courage de plaisanter, en disant que sa destinée est différente de celle des autres : « Personne ne pourrissait qu'après la mort, mais elle, Dieu l'avait condamnée à pourrir pendant sa vie. » En dépit des apparences, le plus douloureux était l'application préalable de l'onguent. L'exérèse ultérieure ne devint atroce que lorsqu'elle approcha des zones de chair vive. On dut alors y renoncer. La pharmacopée ancienne manquait cruellement d'antalgiques et on hésitait aussi à en user, parce qu'on croyait fermement en la valeur rédemptrice de la douleur. Mais sur la fin on se décida à la traiter au « jus de pavot », quitte à diminuer les mérites que lui vaudraient auprès de Dieu de si horribles souffrances.

La mort en face

Le 27 septembre 1665 arriva d'Espagne la nouvelle de la mort de son frère Philippe IV. En l'apprenant, elle pleura et « dit seulement qu'elle le suivrait bientôt ». Puis elle mêla ses larmes à celles de Marie-Thérèse, tandis que Louis XIV spéculait déjà sur les chances de survie de son débile héritier[1]. Elle-même ne se décidait pas à mourir et, comme souvent en pareil cas, l'impatience gagnait son entourage. « Le roi, que la longueur des maladies de la reine sa mère rendait moins sensible à la tristesse, attiré par les plaisirs, se laissait facilement aller à eux. » La veille de l'Épiphanie de 1666, lors du souper suivi d'un grand bal – auxquels n'assistait aucune des deux reines –, le roi, son frère et sa belle-sœur rivalisèrent d'éclat dans des habits constellés de pierreries.

Anne coupa court à leurs divertissements par une rechute qui fit croire l'issue imminente. « Son indifférence était si grande sur ce qui regardait sa vie qu'elle ne paraissait point avoir de volonté déterminée. [...] Elle s'abandonnait entièrement à la volonté de Dieu, jusqu'à s'abandonner aussi en toutes choses à la volonté des hommes. » Un nouveau remède ne fit qu'aggraver son mal. Son cancer exhalant alors une puanteur insupportable, elle voulut y voir un châtiment pour « avoir eu trop d'amour-propre et avoir trop aimé la beauté de [s]on corps », le linge fin et les draps de batiste. Durant le jour, elle se retenait, mais la nuit la douleur lui arrachait des larmes et des cris. Elle semble avoir échappé à l'angoisse qui étreint alors la plupart des mourants à l'idée de se

1. Charles II, bien qu'à demi dégénéré, pour cause de consanguinité, survécut jusqu'en 1700, mais eut pour successeur un Bourbon de la branche française, petit-fils de Louis XIV, Philippe V.

présenter devant Dieu. Comme elle se confessait tous les jours, sa fidèle confidente attribue cette sérénité au pieux homme qui la préparait si bien « à ce grand voyage de l'éternité ». En vérité, c'est au salut de ses enfants et non au sien qu'elle pensait. Avant sa dernière communion, elle entretint tour à tour séparément, puis ensemble, les deux époux régnants. « Il est à croire qu'elle leur souhaita le bonheur et la paix dans le mariage, avec la crainte de Dieu et l'abondance de ses bénédictions. » Elle chercha surtout à lier solennellement Louis XIV. À la fin de la cérémonie, elle se recueillit, le regarda fixement et lui dit, avec la majesté d'une reine et l'autorité d'une mère : « Faites ce que je vous ai dit ; je vous le dis encore, le Saint Sacrement sur les lèvres. » Les yeux pleins de larmes, il baissa la tête et répondit qu'il n'y manquerait pas. Mais nul ne sut à quoi il s'engageait.

Son testament était fait depuis longtemps. Après plusieurs fausses sorties, allait-elle enfin mourir ? Elle demeurait solide. Elle survécut à l'extrême-onction, qu'on ne donnait pourtant, comme son nom l'indique, qu'à la dernière extrémité. Alors l'attente devint intolérable. Un soir, vers minuit, elle eut une faiblesse, mais reprit conscience, et c'est le roi qui s'évanouit. Il dut se retirer. Seul Philippe accompagna jusqu'au bout cette mère tant aimée, désormais entrée dans son agonie, « qui fut longue et pleine de souffrances », et dont elle fit offrande à Dieu. Elle avait toujours manifesté son désir d'aborder la mort en face : « Je ne veux pas m'endormir, de peur de mourir sans y penser », disait-elle. Elle fut exaucée : elle resta lucide jusqu'à son dernier soupir et put bénéficier, au creux de la nuit du 20 janvier 1666 entre 4 et 5 heures du matin, d'une fin discrète, simple, dépouillée, presque conforme à celle que lui auraient procurée ses chères moniales. Comme elle le souhaitait, son cœur rejoignit au Val-de-Grâce celui de sa première petite-fille, qu'elle était allée y déposer elle-même. Il disparaîtra lors des pillages de la Révolution.

Le roi avait dû faire arracher de la chambre mortuaire son frère, qui se voulait le plus aimant des deux. Lui-même pleura dans son lit toute la nuit. Le lendemain il déclara « que la reine sa mère n'était pas seulement une grande reine, mais qu'elle méritait d'être mise au rang des plus grands rois ». Il parlait d'or, car sans elle, et sans l'appui sans faille qu'elle avait apporté à Mazarin, le Grand Siècle n'eût pas été ce qu'il fut. Mais comme il tenait à tirer un trait sur les troubles qui avaient perturbé sa minorité, il imposa le silence sur la Fronde et du coup fut effacé le souvenir du rôle politique considérable qu'elle avait joué. En revanche, son enseignement moral et religieux lui revint en tête lors de l'affaire des Poisons, qui le fit renoncer au libertinage des mœurs, et l'image qu'il donna dans le reste de son règne fut conforme à ce que sa mère attendait : victoire posthume pour celle qui lui avait voué tant d'amour.

Bibliographie sélective

Source essentielle

Motteville, Mme de, *Mémoires*, Paris, Petitot, 1824 ; Paris, Michaud et Poujoulat, 1838.

Lectures conseillées

Bertière, Simone, *Les Reines de France au temps des Bourbons*, t. 1, *Les Deux Régentes*, Paris, de Fallois, 1996.
—, *Le Procès Fouquet*, Paris, de Fallois, 2013.
Dulong, Claude, *Anne d'Autriche, mère de Louis XIV*, Paris, Hachette, 1980.
—, *Anne d'Autriche*, Paris, Perrin, 2008.
Kleinman, Ruth, *Anne of Austria*, Colombus, Ohio State University Press, 1985 ; traduction française : *Anne d'Autriche*, Paris, Fayard, 1993.
Petitfils, Jean-Christian, *Louis XIV*, Paris, Perrin, 1995.

9

NAÎTRE PROTESTANTE ET MOURIR CATHOLIQUE

Christine de Suède
Rome, 19 avril 1689

par Didier Le Fur

Souveraine d'un royaume protestant puissant et prospère, Christine de Suède choisit de renoncer à la couronne à vingt-sept ans pour embrasser la foi catholique. Une décision qui illustrait parfaitement le tempérament libre et déterminé d'une femme qui, dès lors, connut une vie d'exil ponctuée de tentatives avortées d'accession à différents trônes européens. Accueillie en grande pompe à Rome après son départ de Suède, elle y passa ses dernières années, auréolée d'un prestige qui fit d'elle une figure majeure de la Ville éternelle. Victime toute sa vie de libelles et de pamphlets sur ses mœurs et ses fréquentations, cette reine atypique et érudite qui maniait aussi bien le juron que la langue de Bossuet eut droit à des funérailles grandioses dans la basilique Saint-Pierre.

Le 13 février 1689, au palais Riario à Rome, cité dans laquelle elle avait élu domicile depuis plus de trente ans,

Christine de Suède, qui avait alors soixante-deux ans et rentrait d'un voyage de plusieurs semaines dans le sud de l'Italie, fut soudain frappée par une très violente fièvre qui l'obligea à s'aliter. Quelques heures plus tard apparut sur sa jambe droite une large plaque rougeâtre. Ce mal, la reine le connaissait. Elle en avait éprouvé les ennuis une première fois à l'hiver 1686. Il n'était pas ignoré non plus de ses médecins. Christine de Suède souffrait d'érysipèle, une infection de la peau qui se manifeste sur les parties inférieures du corps, se présente comme une zone inflammatoire, augmente, puis se transforme en œdème et devient douloureuse au toucher. Ces crises ne duraient guère plus de dix jours, l'inflammation disparaissait alors, avant de réapparaître un an plus tard, à la même époque. Mais ce mal, qui est l'apanage des personnes âgées, ne serait pas cette fois « sorti entièrement ». Pour son médecin, une partie serait restée « dans la masse du sang » et aurait « tenté d'attaquer » d'autres points du corps royal, engendrant chez la souffrante de « grands et dangereux symptômes, jusqu'à des syncopes réitérées ».

Pour soulager la malade, ses médecins eurent recours aux remèdes habituels : saignées pour évacuer le mauvais sang, cataplasmes sur la plaie pour apaiser les brûlures et absorption de bouillon pour faire disparaître la fièvre. Les soins parurent efficaces. La rémission fut effective le 21 du même mois. « Une grande diarrhée » l'aurait annoncée aux hommes de science. La reine était à présent hors de danger et pouvait entamer sa convalescence. Selon le récit que Christine de Suède souhaita faire rédiger pour raconter cette maladie et sa guérison spectaculaire, persuadée qu'il s'agissait évidemment d'un miracle de Dieu, la reine, convaincue de bientôt rendre l'âme, se serait préparée avec l'intrépidité d'une parfaite catholique, communiant à deux reprises, faisant à chaque fois paraître « des sentiments particuliers de la plus grande piété ».

Un royaume contre un baptême

Celle qui se croyait arrivée au seuil de la vie et voulait à tout prix que l'on se souvienne d'elle comme d'une fervente catholique n'était pourtant pas née dans la religion apostolique et romaine. Son père, Gustave Adolphe, roi d'une Suède alors à son apogée[1], pratiquait, tout comme son royaume, le luthéranisme qui était religion d'État. Christine de Suède avait donc été élevée dans la foi protestante. Seul enfant viable mis au monde par sa mère Marie-Éléonore de Hohenzollern, la jeune princesse avait aussi été élevée pour gouverner. Son père avait changé les lois du royaume à cette fin. Ayant trouvé la mort à la bataille de Lützen[2] en 1632, il laissa le trône à sa fille qui n'avait pas six ans et dut attendre sa majorité en 1644 pour régner effectivement. La foi protestante, Christine de Suède la conserva pendant plus de vingt-cinq ans. Puis la reine douta ; enfin, elle souhaita ardemment devenir catholique. Mais la pratique de cette religion était interdite en Suède. Dans l'incapacité de se convertir dans son pays natal et d'y exercer librement sa foi, Christine de Suède accomplit en quelques mois les actes les plus importants de sa vie. Premièrement, elle abdiqua sa couronne, deuxièmement elle se convertit.

Le projet d'abdication, dans l'air depuis la fin 1653, était connu de toutes les cours d'Europe au début de

1. Roi de Suède d'octobre 1611 à novembre 1632, Gustave Adolphe fut un stratège d'exception qui fit de son armée un instrument redoutable et de son royaume une puissance prospère avec le concours de son chancelier Axel Oxenstierna.

2. Le 6 novembre 1632, les forces suédoises remportèrent la victoire contre les troupes de la Ligue catholique dirigées par Wallenstein, mais la mort de Gustave Adolphe affaiblit durablement la Suède et le camp protestant engagé dans la guerre de Trente Ans.

l'année 1654. Plusieurs mois furent cependant nécessaires pour régler tant la succession de la reine que les droits et revenus auxquels elle prétendait pour son entretien. Finalement, ce fut son cousin, celui qui avait été pressenti pour être son époux, Charles Gustave, qui régna à sa place sous le nom de Charles X. Quant aux biens de la reine, ils étaient constitués de la ville de Norrköping, des îles de Gotland et d'Öland en Suède, de l'île d'Oesel en Estonie, des domaines de Pohl et de Neukloster dans le Mecklembourg, et de la ville de Wolgast, avec le domaine dit de la Table, en Poméranie. Ces terres reviendraient à la couronne suédoise à sa mort. À cela s'ajoutait le droit de conserver les bijoux offerts ou reçus en héritage, ses collections de médailles, sculptures, tapisseries et peintures qui s'étaient constituées autant par le pillage lors des guerres que par des dons, cadeaux diplomatiques ou de favoris, ainsi que par des achats de la reine qui eut assez rapidement la réputation d'être particulièrement désinvolte avec l'argent de l'État. Le 16 juin 1654, au château d'Uppsala où la Cour résidait depuis janvier, l'acte était signé. Pourtant, lors de la cérémonie, Christine de Suède n'afficha nullement son désir de devenir catholique. Son renoncement au pouvoir royal, elle l'expliqua alors par le besoin de repos et le souhait de se consacrer à l'étude.

Sa conversion, quant à elle, ne se fit pas immédiatement. Christine quitta la Suède quelques jours après l'abdication, traversa le Danemark et visita l'Allemagne. Ce ne fut qu'à la fin de l'année 1654, arrivée en Flandre, terre espagnole et catholique, qu'elle accomplit son abjuration. Elle eut lieu à Bruxelles, dans les appartements de l'archiduc Léopold, le 24 décembre, entre les mains du père dominicain Guèmes. Parmi les hommes présents, l'ambassadeur d'Espagne en Suède qui l'avait précédée de quelques semaines en Flandre, Antonio Pimentelli. Parce qu'elle avait le désir de rencontrer le pontife Alexandre VII et de visiter Rome, Christine de Suède dut se plier à une seconde cérémonie d'abjuration, publique cette fois, avant de pouvoir fouler le sol des États pontificaux. Elle se déroula à Innsbruck, le 3 novembre 1655, en l'église de la Hofburg. Celle que l'on continuait d'appeler la reine de Suède parvint dans la Ville éternelle quelques jours plus tard. La réception qui devait être des plus intimes fut finalement entourée d'un faste immense. La papauté ne pouvait manquer de célébrer la venue de celle qui avait reconnu l'erreur du protestantisme et, par le baptême, réintégré la bergerie de l'Église catholique apostolique et romaine. Alexandre VII, pasteur de cette même Église, accepta d'être le parrain de la confirmation qui se déroula au Vatican lors de ce même séjour et lui attribua un second prénom, le sien : Alexandra.

Voyages, voyages

Durant ce périple de plusieurs mois à travers l'Europe, Pimentelli n'avait pas quitté Christine de Suède. Une présence qui laissa croire à beaucoup une relation autre que spirituelle entre eux. Car il est un fait certain, cette abdication suivie de cette conversion stupéfia tout le monde. Dès son avènement, et plus encore depuis le début de son règne personnel, la fille du « Lion du Nord », qui avait sauvé le protestantisme en Allemagne, avait été louée par tous les auteurs protestants d'Europe. Elle aurait eu les mêmes qualités et les mêmes ambitions que son illustre père, et sa capacité à défendre la vérité évangélique aurait été une évidence. Pour cela, ils avaient évoqué sa brillante intelligence, sa belle éducation conduite par son précepteur Johannes Matthiae et le chancelier du royaume Axel Oxenstierna, sa grande érudition – elle parlait huit langues qu'elle aurait, selon ses dires, apprises seule, et les auteurs dont elle s'entourait à Stockholm – tant suédois, comme Isaac Vossius, qu'étrangers, parmi lesquels se trouvait le Français Descartes – ou avec qui elle entretenait une correspondance – comme Spinoza, le sulfureux Scarron ou l'historien François de Mézeray – en constituaient des preuves supplémentaires. Les autres, les catholiques, parlaient davantage de son orgueil et de sa vanité, de son amour du pouvoir et de ses ambitions expansionnistes. Ils raillaient ses mœurs qui, parce qu'elle était protestante, ne pouvaient être que dépravées. Outre qu'ils la décrivaient petite – elle mesurait 1,52 m –, laide et bossue, ses manières masculines, sa voix grave, ses propos crus, son goût pour le juron, la chasse et les chiens alimentaient les bruits selon lesquels Christine de Suède aurait été plus sensible au charme des femmes qu'à celui des hommes. Un choix que la reine ne dissimula jamais vraiment, notamment lors de sa liaison avec la « belle comtesse » Ebba Sparre, une complicité qui dura huit ans et ne s'acheva qu'avec le départ de la souveraine.

Sa conversion connue, ce double discours perdura, mais il changea de camp. Les protestants la regardèrent depuis comme une misérable femme incapable de résister, à cause de la faiblesse de son sexe, à l'influence de ces maudits jésuites qui l'avaient pervertie de leur ignorance, et ceux qui avaient été silencieux sur ses amours et sa conduite privée se mirent dès lors et pendant des décennies à lui inventer des relations imaginaires, faisant de sa résidence à Rome, centre prétendu de la lubricité du monde catholique, un véritable lupanar où prostituées, curés et autres ruffians se seraient donné rendez-vous pour de formidables orgies. Les catholiques, et même s'il était d'usage de toujours se méfier des convertis, devinrent logiquement plus conciliants à son égard. Ce fut particulièrement vrai en France lors du premier séjour dans le royaume qu'y fit la reine en 1656. Depuis son départ de Suède, ses revenus ne lui étaient versés que partiellement et elle avait souhaité se rendre sinon en son pays, au moins à Hambourg pour régler ce problème. Elle voyagea donc à travers la France presque sans escorte, comme elle l'avait fait depuis son départ de Suède, dans un incognito relatif. Ce fut le duc de Guise qui l'accompagna depuis Fontainebleau jusqu'à Compiègne où se trouvait la Cour et qui avertit celle-ci du spécimen qui allait lui être présenté.

D'apparence, elle n'aurait guère été différente des portraits peu flatteurs qui avaient été écrits sur elle depuis son avènement par ceux qui ne l'aimaient pas. Celle qui avait renoncé à ses vêtements de femme dès son départ de Suède et s'était rasé la tête pour porter perruque d'homme et chapeau avait choisi pour vêtements un pourpoint et une hongreline de soldat, assez courte pour que l'on puisse voir ses pieds et ses chaussures masculines. Par ailleurs, la réalité de sa taille médiocre fut confirmée, tout comme celle de ses yeux bleus grands et expressifs et de sa bouche, grande également ; son visage, en revanche, malgré des traces de petite vérole sur la peau, n'aurait pas été ingrat. Reste que celle qui affectionnait « de faire l'amazone » fut prise en France comme telle, et que si les compliments ne furent pas pour son physique, ils le furent pour sa science. Lors de sa visite à l'Académie royale, à Paris, elle aurait impressionné tous les savants alors réunis, dans le domaine des lettres comme dans celui des arts. À Compiègne, selon Mme de Motteville, l'impression, en raison de sa mise – perruque de travers et teint bruni par le soleil « pareil à une Égyptienne » – à sa descente du carrosse, fut d'abord mauvaise, mais très vite malgré sa voix grave, son franc-parler – Christine de Suède maîtrisait parfaitement le français –, ses manières brusques, ses jurons, ses mains crasseuses et la misère de son escorte, elle avait séduit par sa liberté et sa gentillesse. Certes, elle n'aurait rien eu d'une femme telle qu'on la concevait alors à la cour de France, mais cette extravagance ne dérangea pas. Quant aux éloges diffusés à Rome au même moment, ils étaient tous de véritables panégyriques à sa gloire.

Mystères d'une vie d'exil

Celle qui, de son propre aveu – dans un essai de Mémoires inachevé –, affirmait détester la bière et le porc, admettait n'avoir jamais été une beauté, encore moins au soir de sa vie où elle portait en plus des traces du temps double menton et ventre proéminent, et déclarait être de caractère méfiant et colérique, impatient, méprisant et railleur, riant trop et trop fort, tout en étant incapable de marcher lentement, parut toutefois assez rapidement nostalgique de son pays et de l'action politique. À quoi pouvait donc servir cette reine qui avait décrété trouver le pouvoir vain, mais qui, par la paix de Westphalie en 1648, avait aidé à mettre fin à une guerre qui avait ensanglanté l'Europe pendant trente ans ? Peut-être, comme le prétendent certains, rêva-t-elle de devenir le messager de la paix entre la France et l'Espagne, voire entre les chrétiens, pour qu'unis ensemble catholiques et protestants engagent une nouvelle croisade contre l'Empire turc qui menaçait à nouveau l'Europe. Une mission qui ne fut guère plus qu'une intention mais qu'elle ne chassa jamais complètement de son esprit. Peut-être envisagea-t-elle aussi de devenir souveraine d'un nouveau royaume, catholique celui-là ? Le gouvernement français, lors de la première visite qu'elle fit en France, lui avait parlé du royaume de Naples et promit de l'aider à l'obtenir du souverain pontife. Mais son second séjour dans le royaume, en 1657, s'acheva dramatiquement à Fontainebleau par le meurtre de son secrétaire Monaldeschi, meurtre auquel elle n'aurait pas été étrangère. Dès lors, la France lui tourna le dos.

L'idée de revenir en Suède et d'y régner à nouveau la tarauda également. Ainsi, à la mort de Charles X, en 1660, elle fit le voyage jusqu'à Stockholm. Le roi n'avait qu'un fils et celui-ci était âgé de cinq ans. Elle proposa de remonter sur le trône si l'enfant venait à mourir. Mais l'accueil fut plus que froid et la Diète se montra catégorique. Si Christine de Suède n'abjurait pas la religion catholique, elle n'avait aucun espoir de redevenir souveraine de son ancien royaume. Sept ans plus tard, « Kristina » était de nouveau sur les routes, en direction d'Hambourg, pour tenter une fois encore sa chance en Suède. Mais les députés furent plus intransigeants que la première fois et l'obligèrent à signer une convention avant de pouvoir rentrer en son pays. Outre le retour au protestantisme, elle ne devait plus chercher à s'occuper du gouvernement, devait congédier ses serviteurs étrangers et ne jamais être présente dans la ville où se tiendrait la Diète. Si une de ces exigences était transgressée, elle serait aussitôt arrêtée. Christine n'insista pas.

De retour à Rome, elle apprit la vacance du trône de Pologne. Le roi Casimir V venait lui aussi d'abdiquer, las de gouverner. La monarchie polonaise était élective. La famille Vasa, dont elle descendait, avait donné plusieurs rois illustres à cet État. Elle tenta l'aventure, sans plus de succès. Enfin, dans les dernières années de sa vie, pensant quitter Rome qui fut toujours son port d'attache depuis le début de son exil, elle envisagea en entretenant des relations régulières avec son lointain cousin, l'Électeur de Magdebourg, de faire muer en duché impérial et à son profit la Poméranie ou la Brême. À la même époque, elle manifestait encore publiquement son opposition à la persécution des protestants en France et en Angleterre, et soutenait la révolution anglaise, espérant de tous ses vœux le succès de Guillaume d'Orange, assurant à qui voulait l'entendre que l'union de la Hollande et de l'Angleterre ferait de cette nouvelle nation la plus grande d'Europe. À Rome, elle se mêla des élections pontificales, lorsqu'il fallut trouver un successeur à Alexandre VII, en soutenant la candidature de celui qui avait été auprès d'elle depuis son arrivée dans la cité, le cardinal Decio Azzolino, sans guère de résultat.

Reste que Christine de Suède demeurait une personne importante dans la Ville éternelle. La visite à la « patronne » de Rome était, pour tous les diplomates et voyageurs de prestige, la troisième dans l'ordre protocolaire, après le pape et son secrétaire. En outre, son salon demeurait l'un des plus courus de Rome et l'un des seuls où l'on parlait des affaires de l'Allemagne et du Nord en général. Par ailleurs, elle accueillait dans son palais, comme elle l'avait fait en Suède, peintres et sculpteurs qui augmentaient par leurs œuvres ses collections, ainsi que les écrivains qui faisaient vivre son théâtre et bientôt son académie, car la reine de Suède ne dérogea jamais à ses prétentions intellectuelles. Certes, ses tentatives littéraires ne furent jamais probantes et surtout, en dehors de quelques poèmes, restèrent toutes inachevées ; son autobiographie dédiée à Dieu n'alla pas plus loin que l'année 1635, ses essais sur les vies d'Alexandre le Grand et Jules César ne continrent que quelques feuillets. Par ailleurs, ses maximes, dans le goût de l'époque, ne furent jamais considérées comme des œuvres originales. Mais elle fut incontestablement un grand mécène.

Femme lettrée à défaut d'être une femme de lettres, elle se piquait également d'être une femme de science et avait fait, comme beaucoup de grands personnages de son époque passionnés de chimie, installer un laboratoire dans son palais romain. Mais pas plus que les autres elle ne trouva la manière de faire de l'or. Cette vie où se mêlaient artistes et hommes d'Église fit encore jaser. En 1674, notamment, elle s'insurgea publiquement contre des pamphlets publiés à travers l'Empire qui se moquaient d'elle et de sa sexualité, affirmant alors qu'elle aurait été chaste et que tous les bruits qui couraient, en particulier ceux sur sa relation avec Decio Azzolino, n'étaient que calomnies. Elle s'en justifia encore plus tard dans ses Mémoires, ajoutant qu'elle n'aurait jamais éprouvé de plaisir à faire l'amour, sinon elle l'aurait fait davantage. Ces allégations avaient malgré tout un sens. Elles montraient que Christine de Suède, malgré son retrait du pouvoir, restait un danger pour certains par le symbole d'indépendance qu'elle représentait dans le monde catholique, et que sa liberté de femme intriguait aussi les autres. Cet intérêt perdura après sa mort, puisqu'en 1697 fut publiée à Amsterdam, terre protestante, une somme d'histoires scabreuses et croustillantes qui mettait en scène la reine, ses servantes et quelques prélats de renom, avec pour lieu principal le palais Riario, aventures qui n'auraient jamais cessé, même lorsque la reine était sur son lit de mort[1]. Car la rémission du mal de février 1689 fut de courte durée.

Une éphémère rémission

Si durant sa maladie Christine resta seule entourée de ses médecins, de ses chirurgiens et de ses apothicaires, ainsi que des gens de sa maison, sa guérison avérée fut

1. Ce pamphlet, intitulé *Histoire des intrigues galantes de la cour de Suède*, met en scène une bagarre homérique de la reine – naturellement pour une affaire de mœurs – à la suite de laquelle elle serait entrée en agonie.

aussitôt fêtée. Outre les visites du cardinal Ottoboni, futur Alexandre VIII, qui lui apportait la bénédiction apostolique, vinrent la saluer le neveu du pontife, le cardinal Livio Odescalchi, et plusieurs personnages de la Curie, ainsi que nombre d'ambassadeurs, princes et prélats, sans oublier les grands noms de la noblesse romaine. La nouvelle arriva jusqu'en Suède et Charles XI ne manqua pas de féliciter sa grand-tante par une lettre pleine de tendresse, donnant ordre à son chambellan alors à Rome, Erik Sparre, de lui témoigner de vive voix la joie qu'il avait eue de la savoir sauvée. Pour commémorer l'événement, plusieurs actions de grâces furent célébrées, un *Te Deum* fut chanté par trois fois, avec musique à trois chœurs, et au palais du cardinal Azzolino comme dans les logements des officiers de la reine, il y eut durant plusieurs jours table ouverte au peuple de Rome. Quant à la miraculée, elle écrivit à Olivekrans, l'homme qui s'occupait de la gestion de ses biens, le 20 mars, pour lui confirmer le mieux de son état, affirmant que Dieu l'avait arrachée des bras de la mort, louant sa constitution physique qui avec l'aide du ciel était venue à bout d'un mal « capable de tuer vingt Hercule ». Et si elle se plaignait de son régime, elle restait pleine d'espérance en l'avenir puisqu'elle pensait fermement qu'avant Pâques prochain elle serait à nouveau debout.

À ce même secrétaire, elle écrivit encore une autre fois, le 2 avril. Puis plus rien. Alors que tout le monde la croyait guérie, le 14 avril, dans la nuit, vers 3 heures, la fièvre ordinaire de l'érysipèle, tout aussi violente que les précédentes, s'empara à nouveau du corps de la reine. Malgré tous les remèdes, et sans doute à cause de l'épuisement causé par la dernière crise, les médecins restèrent cette fois impuissants. Christine de Suède était perdue. Selon le récit officiel de sa mort, elle serait demeurée pendant tout ce temps parfaitement sereine, et c'est le mardi 19 avril, vers 6 heures du matin, couchée sur le côté droit, sa main gauche sur le cou, sans une plainte ni un mouvement, qu'elle quitta ce monde pour l'autre. Parmi ceux qui l'assistèrent dans ses dernières heures, outre les religieux des paroisses alentour, étaient le père Slavata de Bohême, vicaire général des carmes déchaussés, et l'ami de toujours, le cardinal Azzolino.

Christine de Suède n'était pas la première reine à venir se réfugier à Rome et à y mourir en exil. Catherine de Bosnie, qui avait été privée de son royaume et de son époux par les Turcs, y était morte en 1478. Charlotte de Chypre y avait trouvé asile pour les mêmes motifs, à la même époque, et y avait rendu l'âme neuf ans plus tard. Mais il s'agissait là de chrétiennes soumises depuis la naissance à la vérité romaine. La gloire de la papauté à accueillir une convertie aussi illustre était tout autre. Christine de Suède était la première du genre. Pour cette raison, la papauté, qui l'avait protégée depuis son installation à Rome, souhaita que son enterrement soit tout sauf celui d'une humble catholique, malgré les dernières volontés de la défunte rassemblées dans un testament rédigé le 1er mars 1689. Celle qui ne fut jamais une bigote, quoi qu'aient pu dire certains de ses contemporains, et qui s'était parfois opposée fermement à la politique papale – notamment sous le pontificat d'Innocent XI qu'elle prenait pour un imbécile – avait ordonné qu'aussitôt sa mort annoncée 20 000 messes soient dites pour le repos de son âme. Comme tout seigneur, elle avait également organisé ses obsèques, choisi la robe dans laquelle elle serait inhumée et, si la chose était possible, l'église de la Rotonde pour lieu de sépulture. Le cardinal Azzolino, qu'elle désignait comme héritier de tous ses biens meubles, devait régler cet enterrement qu'elle désirait sans pompe. Sur la pierre tombale, elle avait souhaité pour seule inscription ses prénoms de femme catholique et le nombre des années qu'elle avait passées sur terre. Les funérailles de Christine de Suède furent donc publiques, fastueuses, et la basilique Saint-Pierre fut choisie pour accueillir sa dépouille.

Un enterrement de reine

Le jour de la mort, le corps de la reine fut abandonné à ses chirurgiens le temps qu'il soit ouvert et embaumé, selon la coutume observée à Rome pour les grands personnages. Puis, il fut habillé d'une tenue blanche brodée d'or, que la reine avait fait confectionner quelques mois plus tôt à cette intention, et exposé sur le lit de mort, sous un dais aux couleurs de la robe mortuaire. Continuellement jusqu'au vendredi soir, les chapelains de la reine, assistés des carmes de la congrégation Della Scala, prièrent pour le repos de son âme. Dans la nuit du vendredi 22 au samedi 23 avril, le corps fut transporté à la Chiesa Nuova pour que l'on puisse procéder aux premières cérémonies funèbres hors du palais. Il fut mis dans un carrosse ouvert de tous côtés, escorté par les quatre chapelains de la reine qui portaient des flambeaux. Il était entouré des lances du pape et des officiers de la défunte à pied, le tout étant éclairé par les torches que portaient les hallebardiers de sa garde. Ses autres officiers et gentilshommes suivaient dans neuf carrosses, tous en habit de deuil. Sur les bas-côtés, les hommes d'armes du souverain pontife retenaient la foule. Dans l'église, le corps fut déposé dans l'oratoire et y resta jusqu'au matin. L'église avait entre-temps été préparée pour l'office religieux. Au milieu de la porte principale avaient été peintes les armes de la reine, soutenues par deux figures de la Renommée. Autour, deux images de la Mort. Les murs de l'édifice avaient été tendus de toiles noires semées de larmes d'argent et d'or et tant sur les autels des chapelles qu'au plafond brûlaient des centaines de bougies blanches. Le corps fut déposé sur un lit de parade entouré de gros cierges d'argent. Le dais qui le protégeait, imaginé par l'architecte de la défunte, Felice Delino, était en forme de couronne royale. Alors entrèrent tous les officiers de la reine, en deuil, avec le Sacré Collège. La messe dite, le corps fut transporté au Vatican dans une longue procession qui rassemblait certes tous ceux qui avaient assisté aux funérailles, mais aussi la plupart des confréries de Rome, dont celle de Sainte-Dorothée, église paroissiale de la morte, et les représentants des ordres mendiants ; ceux de la basilique Saint-Pierre, avec le camerlingue du clergé romain, suivis par les chanoines et les musiciens de la basilique, devançaient le corps qui était maintenant enveloppé d'un manteau royal violet à bordures d'hermine. Une couronne avait été posée sur la tête de la défunte, un sceptre placé dans ses bras. Le dais était porté par les officiers de la reine. Autour et derrière marchaient les autres gens de sa maison, avec les cardinaux, deux par deux, sur leurs mules. Le long des rues, le peuple romain s'était massé, et pour éviter les bousculades, le pontife avait ordonné une seconde fois à ses troupes de protéger le convoi. À Saint-Pierre, le corps reçut encore l'absolution, puis fut enfermé dans un double cercueil de bois et de plomb, dans lequel furent jetées, avant qu'il ne soit fermé, quelques médailles à l'effigie de la défunte.

Quant à son tombeau, il fut imaginé par l'architecte Carlo Fontana et achevé en 1702. Un sarcophage de jaspe, avec, au-dessus, un portrait de profil de la reine pareil à une médaille. En dessous, une légende annonçait à tous les visiteurs que Christine, reine de Suède, avait de sa propre volonté quitté l'hérésie luthérienne pour la religion catholique. Une épitaphe qui résumait une vie telle que l'Église romaine souhaitait s'en souvenir, mais qui passait sous silence ce qui avait pu faire de Christine de Suède l'une des femmes les plus charismatiques de l'Europe du XVIIe siècle : son désir de liberté.

Bibliographie sélective

Ackerman, Susanna, *Queen Christiana of Sweden, and her Circle : the Transformation of a Seventeenth-Century Philosophical Libertine*, New York, Copenhague, Cologne, Brill Academic Pub., 1991.

Arckenholtz, J., *Mémoires concernant Christine de Suède pour servir d'éclaircissement à l'histoire de son règne et principalement de sa vie privée*, Amsterdam, 1751, 4 vol.

Beaussant, Philippe, *Christine de Suède et la musique*, Paris, Fayard, 2014.

Collectif, *Christine de Suède, une reine européenne, 1689-1989*, Naples, Prismi, 1991.

Franklin, Alfred, *Christine de Suède et l'assassinat de Monaldeschi au château de Fontainebleau*, Paris, E. Paul, 1912.

Heyden-Rynsch, Verena von der, *Christine de Suède, la souveraine énigmatique*, Paris, Gallimard, 2001.

10

UNE MORT EXEMPLAIRE

Marie-Thérèse d'Autriche
Vienne, 29 novembre 1780

par Jean-Paul BLED

Considérée comme la plus grande souveraine du XVIIIe *siècle, Marie-Thérèse a su préserver l'essentiel de ses immenses territoires face à la poussée de la Prusse et aux convoitises de la Russie, tout en conservant la prestigieuse couronne du Saint Empire dans sa famille. Diplomate habile, tenace et guerrière à l'occasion, elle fut aussi et surtout une remarquable souveraine qui parvint à incarner la monarchie des Habsbourg à l'issue de quarante ans de règne, tant auprès de ses sujets, dont elle s'était voulue la « mère », qu'en Europe où elle jouissait d'un grand prestige. Sa mort fut à l'image de sa vie : douloureuse et exemplaire.*

Après la mort de son époux, l'empereur François-Étienne, survenue le 18 août 1765 à Innsbruck, Marie-Thérèse ne quitte plus le deuil. Cette disparition, autant brutale qu'inattendue, l'a laissée comme anéantie. Elle perd, écrit-elle, « un époux, un ami, le seul objet de mon amour. Depuis quarante-deux ans[1], nos cœurs, nos sentiments n'avaient qu'un seul et même but ; nous avons été élevés ensemble[2] ; toute mon infortune depuis vingt-cinq ans ne me paraissait supportable que parce que je l'avais pour soutien ».

En invoquant ainsi ses infortunes, Marie-Thérèse fait d'abord référence aux déboires du début de son règne. Alors que, tout juste âgée de vingt-trois ans, elle venait en octobre 1740 de succéder à son père l'empereur Charles VI, avait débuté la guerre de Succession d'Autriche qui n'allait pas durer moins de huit ans. Le premier acte en avait été l'invasion de la Silésie lancée en plein hiver par Frédéric II[3]. Lui-même tout récemment monté sur le trône de Prusse, il avait cru ne faire qu'une bouchée de cette pauvre reine sans expérience. L'armée prussienne allait certes remporter des succès éclatants, mais sans que la détermination de Marie-Thérèse en fût jamais brisée. Conséquence de ces défaites, il lui avait bientôt fallu affronter la mobilisation d'une vaste coalition réunissant la France, la Prusse, la Bavière, la Saxe, la Savoie et l'Espagne. Alors que l'opinion générale était qu'elle ne pourrait échapper à un partage des dépouilles,

1. Marie-Thérèse, alors seulement âgée de sept ans, rencontre François-Étienne, de huit ans son aîné, pour la première fois en 1724 à Prague lors du couronnement de Charles VI comme roi de Bohême. Le principe de leur mariage est alors décidé par Charles VI et le duc Léopold de Lorraine.

2. Dans l'accord conclu entre Charles VI et le duc Léopold, il a été en effet décidé que François-Étienne achèverait son éducation à Vienne.

3. Dès les jours suivant la mort de Charles VI, Frédéric écrit à Voltaire : « Cette mort dérange toutes mes idées pacifiques et je crois qu'il s'agira plutôt de poudre à canon, de soldats, de tranchées que d'actrices, de ballets et de théâtre. » Pour justifier son entrée en guerre, il met en avant une vieille revendication des Hohenzollern sur la Silésie, laquelle n'est cependant qu'un prétexte.

elle avait opposé à ses ennemis une énergie admirable qui n'avait jamais faibli et qui avait fini par arrêter la marche à la catastrophe. Sans doute au terme de la guerre livrée à la Prusse avait-elle été contrainte de lui céder en décembre 1745, au traité de Dresde, la Silésie, la plus riche de ses provinces, mais elle avait empêché le pire, l'éclatement de la monarchie.

Marie-Thérèse avait mis à profit les années suivantes pour réformer la monarchie autrichienne afin de la mettre en état de reprendre la lutte contre la Prusse et recouvrer la Silésie. Ces efforts avaient porté leurs fruits. Lorsqu'il avait rouvert les hostilités, en octobre 1756, Frédéric était convaincu que le scénario de la guerre précédente allait se répéter. Mais les Autrichiens étaient devenus des adversaires autrement coriaces. Il avait certes encore remporté de magnifiques victoires, notamment à Rossbach et à Leuthen, qui contribueraient à forger sa légende[1]. Mais, fait nouveau, l'armée de Marie-Thérèse lui avait aussi infligé de graves revers. Le général-comte Daun l'avait battu le 18 juin 1757 à Kolin, aux portes de Prague. Puis deux ans plus tard à Hochkirch. Après Kolin, Marie-Thérèse n'avait pas manqué d'exulter : « Le 18. Naissance de la monarchie, avait-elle écrit à Daun. Cher comte Daun, la monarchie vous doit son salut et moi mon existence. » Et pourtant, au bout de sept années d'une guerre dont tous les belligérants allaient sortir épuisés, elle n'était pas parvenue à prendre sa revanche. Les forces s'équilibrant,

1. Remportées coup sur coup les 7 novembre et 5 décembre 1757, les victoires de Rossbach et de Leuthen sont des succès éclatants. À Rossbach, Frédéric II taille en pièces les Français du maréchal de Soubise ; à Leuthen, il écrase les Autrichiens de Charles de Lorraine. Dans les deux cas, il défait un ennemi largement supérieur en nombre. Mais, à chaque fois, il compense cette infériorité par son génie militaire qui donne ici toute sa mesure. Ces victoires, fondées sur la vitesse et l'audace, lui vaudront l'admiration inconditionnelle de Napoléon.

c'était une paix blanche qui avait été signée le 17 février 1763 à Hubertsbourg. L'Autriche de Marie-Thérèse avait démontré qu'elle restait une grande puissance, même si elle n'avait réussi ni à reconquérir la Silésie ni à abaisser la Prusse.

La reine veuve

Lorsque François-Étienne disparaît, voilà deux ans que les canons se sont tus. Sous le coup de ce deuil brutal, Marie-Thérèse songe d'abord à renoncer à l'exercice du pouvoir et à se retirer dans un couvent. Sans doute ne reste-t-elle pas longtemps sur cette intention, notamment sous l'influence du comte Kaunitz, son chancelier, qui parvient à la convaincre que la mise en œuvre d'un tel projet serait une catastrophe pour la monarchie autrichienne. Elle risquerait de ruiner l'œuvre accomplie depuis qu'elle a pris les rênes du pouvoir. Elle continuera donc la mission à laquelle Dieu l'a appelée, mais une partie de sa vie s'est arrêtée en ce 18 août 1765. Elle conserve dans son livre de prières l'image de François-Étienne étendu sur son lit de mort qu'elle a fait peindre pour la revoir jour après jour. D'autres décisions et comportements de sa vie quotidienne illustrent ce tournant. Marie-Thérèse se fait couper les cheveux, cesse de se farder et de se maquiller et elle fait don de ses bijoux à ses filles et à sa belle-fille ; désormais elle ne quittera plus le deuil et, pour bien marquer sa résolution, elle distribue ses robes entre les femmes de sa maison. Dans le même registre, elle fait tendre sa chambre de gris. La mort vient d'entrer définitivement dans l'horizon de la souveraine.

Il est une autre raison à la décision de Marie-Thérèse. Dès sa montée sur le trône, elle avait projeté de faire élire son époux à la tête du Saint Empire, elle-même ne pouvant y prétendre. Le rapport des forces au sein du collège impérial ébranlé par la crise de la succession d'Autriche ne l'avait pas permis. La majorité des voix s'était portée sur Charles-Albert de Bavière, fort du soutien de la diplomatie française et de Frédéric II. À la mort de Charles-Albert en 1745, la situation s'était inversée et Marie-Thérèse avait pris sa revanche[1]. Selon un usage désormais solidement établi, François-Étienne avait fait élire en 1764 son fils aîné, l'archiduc Joseph, roi des Romains. Ainsi, à sa mort, il lui succéderait sans coup férir à la tête de l'Empire. Et de fait, sans surprise, c'est bien ce qui allait se passer.

Le gouvernement des possessions héréditaires des Habsbourg était en revanche la chasse gardée de Marie-Thérèse. Elle avait certes tenu à ce que son époux reçût le titre de corégent. Mais, dans ce binôme, la répartition des tâches était tout sauf fondée sur la parité. Marie-Thérèse n'aurait jamais admis que François-Étienne cherchât à sortir de son rôle de conseiller. Dès le début du règne, celui-ci avait pu s'en convaincre. Avant d'envahir la Silésie, Frédéric II avait proposé à Marie-Thérèse de conclure avec elle un traité d'alliance si elle lui cédait en échange la province qu'il convoitait. Comme la plupart des anciens conseillers de Charles VI, François-Étienne avait poussé son épouse à accepter ce marché. Celle-ci avait tout de suite mis le holà. La décision de la guerre ou de la paix lui incombait. Et, comme elle se refusait à céder au chantage du roi de Prusse, la cause avait été entendue. C'est donc à Marie-Thérèse et à elle seule que revenaient la responsabilité du pouvoir, les prises de

1. Bien qu'épouse de l'empereur, Marie-Thérèse ne portera jamais le titre d'impératrice. Elle s'y refusera même. Elle régnera sur les possessions héréditaires en qualité d'archiduchesse d'Autriche, reine de Hongrie, reine de Bohême, etc.

décision et la conduite des affaires à l'intérieur comme à l'extérieur.

Maintenant que la mort de François-Étienne laisse la place vacante, Marie-Thérèse pourrait décider purement et simplement de supprimer ce poste qu'elle a créé elle-même pour répondre à une situation particulière. Elle prend pourtant le parti de placer Joseph à ses côtés dans cette position de corégent. Sans doute a-t-elle considéré que l'autorité du jeune empereur dans l'Empire aurait à souffrir s'il y apparaissait comme un souverain sans terres. Son élévation à la fonction de corégent des possessions héréditaires satisfait à cet impératif politique. Cette responsabilité présente encore l'avantage d'être la meilleure école pour le préparer à succéder, le jour venu, à sa mère. Celle-ci a sûrement aussi estimé que les atteintes de l'âge venant, elle aurait besoin de son soutien. Il n'est cependant pas certain qu'elle ait embrassé toutes les conséquences de sa décision. Marie-Thérèse entend bien conserver comme précédemment la maîtrise du pouvoir. Or, il est loin d'être acquis que Joseph se laissera cantonner dans le rôle d'un simple conseiller. Ayant suivi le développement de sa personnalité, Marie-Thérèse aurait dû deviner qu'il brûlerait d'impatience de tenir le premier rôle.

Sa réflexion personnelle nourrie de l'enseignement des Lumières a conduit Joseph à se convaincre que l'administration des hommes et des choses doit se conformer aux normes de la raison. Il y a gagné un esprit de système qui l'amène à porter un regard critique sur l'action de ses prédécesseurs : « Je regardais, n'hésite-t-il pas à écrire, tout ce qui avait été fait auparavant comme l'œuvre d'Indiens iroquois » – en clair, de sauvages incultes. Sous ce propos perce déjà à tout le moins de l'indélicatesse à l'endroit de sa mère, mais, tout aussi grave, il donne à comprendre que les ressorts de la politique de Marie-Thérèse lui ont échappé. De la guerre de Succession d'Autriche, celle-ci a conclu à la nécessité de réformer l'organisation de la monarchie en vue de lui donner une meilleure cohésion. Elle s'est donc mise à l'œuvre sans retard, mais elle a mis dans l'application de ce programme un pragmatisme qui lui a permis de contourner les obstacles et de progresser vers l'objectif visé : une plus grande centralisation de la monarchie sans que soit violentée la personnalité des parties constitutives de l'ensemble habsbourgeois. Un pragmatisme qui va totalement manquer à Joseph II.

La relation avec la Hongrie en offre un exemple flagrant. Marie-Thérèse marque à cette dernière un attachement qui est étranger à son fils. Celui-ci renvoie au soutien que la nation hongroise ne lui avait pas mesuré au pire moment de la guerre de Succession d'Autriche. Lorsque, profitant de son couronnement comme reine de Hongrie, à Presbourg, en juin 1741, elle avait lancé un appel à la Diète, celle-ci y avait répondu en votant, en échange de la confirmation des « libertés hongroises », l'« insurrection », c'est-à-dire la levée de régiments d'infanterie et de cavalerie – au total, 40 000 hommes – autorisés à intervenir en dehors des limites du royaume. Marie-Thérèse n'oubliera jamais cette aide à un moment critique pour elle et pour la monarchie. Aussi entend-elle respecter scrupuleusement le serment qu'elle a prêté à la Constitution hongroise lors de son couronnement. Pour autant, celle-ci ne couvre pas tous les aspects de la relation entre Vienne et le royaume de saint Étienne. Sans trahir son serment, Marie-Thérèse compte bien utiliser l'espace laissé ainsi libre pour faire avancer pas à pas l'intégration de la Hongrie dans le corps de la monarchie. Ces subtilités échappent à Joseph pour qui la Constitution hongroise n'est rien d'autre qu'un sépulcre blanchi. Dès qu'il pourra décider en maître, il compte bien se débarrasser de ce carcan et soumettre la

Hongrie à la norme commune à tous les pays constitutifs de l'ensemble habsbourgeois.

Conflits mère-fils

Dans ces conditions, des conflits entre la mère et le fils étaient inévitables. Ils ne cesseront au cours des années suivantes. Marie-Thérèse était prête à laisser certains champs de compétences à la responsabilité de Joseph. Elle n'a rien à redire à ce qu'il ait en charge ce qu'on appellerait aujourd'hui la politique culturelle. Il aura ainsi sous sa responsabilité le théâtre de cour auquel il donne le nom de « Théâtre national », décidant dans la foulée d'en bannir les pièces jouées en français. Marie-Thérèse entend en revanche conserver le contrôle de la diplomatie et de l'armée dont dépend la position de Vienne en Europe. Décidé à imprimer sa marque à la politique extérieure de la monarchie qu'il est prompt à trouver trop timorée, Joseph ressent cette volonté comme une insupportable tutelle. Ces conflits vont si loin que Marie-Thérèse n'hésite pas à plusieurs reprises à menacer d'abdiquer. Ce faisant, elle montre une fois de plus ses talents d'habile tacticienne. Joseph aurait pu la prendre au mot, mais elle sait très bien qu'il n'en fera rien, car, s'il regimbe contre son autorité, sa mère l'impressionne autant qu'il l'aime. Il ne redoute rien tant que de se retrouver seul. Comme elle s'y était attendue, il finit par faire amende honorable. Jusqu'à la prochaine crise qui, après une courte accalmie, ne tardera pas à éclater… Au plus fort de l'une d'entre elles, Marie-Thérèse va jusqu'à traiter son fils de « coquette de l'esprit ».

Marie-Thérèse sort souvent victorieuse de ces joutes. Pas toujours. On connaît son opposition catégorique au projet de partage de la Pologne en contradiction, considère-t-elle, avec les principes de la morale chrétienne. Mais les grands fauves que sont Frédéric II et l'impératrice russe Catherine II n'ont que faire de ces principes. Et surtout Joseph II entend bien que la monarchie ait sa part du gâteau. Or, cette fois, le fidèle Kaunitz se range au côté de son jeune empereur. Menacée d'être isolée, Marie-Thérèse s'incline. Au terme du premier partage de 1772, l'Autriche reçoit la Galicie orientale, la Wolhynie, la Podolie occidentale, la moitié du palatinat de Cracovie, ainsi que les duchés de Zator et d'Auschwitz. Avec ces annexions, Marie-Thérèse n'acquiert pas moins de deux millions et demi de nouveaux sujets. À partir de ces territoires est formée une nouvelle entité, le royaume de Galicie et de Lodomérie, dont la capitale est établie à Lemberg (Lwów, Lviv).

La crise ouverte à la fin de 1777 pour la succession sur le trône de Bavière semble d'abord sourire à Joseph II. Voilà longtemps que l'Autriche a placé parmi ses objectifs l'incorporation de la Bavière à ses possessions. Déjà, pendant la guerre de Succession d'Autriche, Marie-Thérèse avait pensé à jouer cette carte. Mais, lorsque, profitant de la disparition du duc Maximilien-Joseph mort le 30 décembre 1777 sans laisser d'héritier direct, Joseph monte une combinaison destinée à faire passer la Bavière sous la souveraineté autrichienne, elle se montre immédiatement circonspecte. Elle redoute une réaction de Frédéric II qui, selon elle, s'opposera à la modification du rapport des forces en Allemagne entraînée immanquablement par cette annexion. Après les ravages provoqués par la guerre de Sept Ans encore proche, rien ne serait plus dommageable à la monarchie qu'un nouveau conflit. Pourtant, convaincu que les atteintes de l'âge retiendront Frédéric II de se lancer dans une nouvelle aventure guerrière, Joseph n'a cure de ces conseils de prudence. Mal lui en prend. Si vieux qu'il soit, le roi de Prusse n'hésite pas, face à ce coup de force, à reprendre les armes. Pis, dès le début des hostilités, Joseph s'affole et va jusqu'à implorer sa mère d'intervenir pour éviter une catastrophe. Devant son fils à la dérive, quoique cette démarche auprès de son ennemi de toujours lui coûte, Marie-Thérèse s'adresse directement à Frédéric II dans l'espoir de trouver avec lui un arrangement à l'amiable. Sans résultat immédiat cependant. La guerre continue, une guerre étrange il est vrai, sans engagement majeur, qui ne désigne pas de véritable vainqueur sur le terrain militaire. Sur le plan politique, c'est autre chose. La solution du conflit est le fruit d'un arbitrage franco-russe au terme duquel l'Autriche doit se retirer de la presque totalité de la Bavière. Un dénouement qui évite le pire, mais laisse Joseph II frustré.

Une santé vacillante

Ces affrontements récurrents, ce dernier conflit autour de l'avenir de la Bavière ne manquent pas de retentir sur l'état de santé de Marie-Thérèse. Voici plusieurs années que celui-ci est pour son entourage un motif d'inquiétude. Dès 1769, elle avait brossé d'elle-même un portrait sans complaisance : « Je suis très forte, plus encore que ma très sainte mère ; je suis aussi rouge, surtout depuis la petite vérole ; mes pieds, ma poitrine, mes yeux sont en piteux état ; les premiers sont très gonflés ; je m'attends chaque jour à ce qu'ils éclatent ; mes yeux vont très mal ; le pire est que je ne peux supporter ni lorgnon ni lunettes ; je ressens, dans la poitrine, des débuts de vapeurs, car j'ai du mal à respirer, les pieds allongés et même en position couchée. Je ne peux me plaindre ; chaque être humain doit partir. Pendant cinquante ans j'ai été en bonne santé. » Marie-Thérèse a perdu la fine silhouette de sa jeunesse depuis longtemps. Seize grossesses ont eu pour effet de l'alourdir considérablement et d'imprimer à son corps les marques qu'elle décrit dans ce portrait où elle ne cherche à cacher aucune de ses infirmités.

Sans surprise, la situation dépeinte dans cette lettre a eu tendance à s'aggraver dans les années suivantes. En raison de sa corpulence, Marie-Thérèse ne se déplace plus qu'avec peine. Pour lui permettre de descendre à la crypte des Capucins, où elle vient souvent se recueillir devant le tombeau de François-Étienne, il a fallu lui aménager un ascenseur afin de lui épargner des efforts devenus désormais trop pénibles.

Le sentiment croissant de ses infirmités aurait pu conduire Marie-Thérèse à revenir sur son choix initial et à se retirer des affaires. Elle n'en fait rien. Il lui arrive certes d'en avoir la tentation. Elle n'y cède pourtant pas. Quand bien même sa force de travail diminue, elle conserve assez de robustesse pour faire front. Elle a par ailleurs une force de caractère doublée d'un fond de stoïcisme qui la conduit à tenir ferme. Au surplus, elle a toujours été une femme de pouvoir et ce trait de sa personnalité ne la quitte pas en entrant dans la vieillesse. Ses démêlés répétés avec Joseph la détournent encore d'un parti qui reviendrait à lui laisser la direction de l'État. La crainte l'obsède que les excès auxquels il ne manquerait pas de s'abandonner, s'il avait le champ libre, ne causent des torts irréparables à la monarchie. Elle n'a certes pu éviter le déclenchement de la crise bavaroise, mais elle a su empêcher qu'elle ne tourne à la catastrophe – ce qui serait sans doute advenu s'il avait été seul à la barre. Elle restera donc, jusqu'au bout, sur le trône où Dieu l'a appelée.

L'affaire bavaroise n'a pas suffi pour instruire Joseph sur les dangers d'une politique personnelle. D'autant qu'il ne s'estime nullement responsable de son dénouement décevant. La faute en incombe à ses yeux à la précipitation montrée par sa mère. Il entend donc bien ne pas s'interdire de nouvelles initiatives. Il en donne l'illustration quand il décide, en mars 1780, de se rendre en Russie pour y rencontrer Catherine II. Mieux, il met sa mère devant le fait accompli. Il n'a pas discuté avec elle, pas plus qu'avec Kaunitz, de l'opportunité de ce voyage. Il a superbement ignoré ses préventions contre la tsarine. La réaction de Marie-Thérèse ne souffre d'aucune ambiguïté : « Vous pouvez vous imaginer, écrit-elle au comte de Mercy-Argenteau, son ambassadeur auprès de la cour de Versailles, combien peu j'ai approuvé ce plan autant à cause de l'impression que l'entrevue causera sur les autres puissances qu'à cause de l'antipathie ou même de l'horreur que m'inspire un caractère tel que celui de l'impératrice de Russie. »

Marie-Thérèse s'inquiète notamment que cette initiative ne mette en péril l'alliance avec la France, pierre angulaire de sa diplomatie depuis le renversement des alliances survenu en 1756. Elle n'avait pas pardonné à l'Angleterre, son alliée durant la guerre de Succession d'Autriche, de l'avoir pressée de renoncer à la Silésie. Dès les lendemains de la paix d'Aix-la-Chapelle (1748), elle avait fait le choix, habilement secondée par Kaunitz, de se tourner vers la France. L'opération avait réussi quand, excédé par le double jeu de Frédéric II qui prétendait combiner son alliance avec Versailles avec des arrangements avec Londres, Louis XV avait répondu aux avances de Vienne. L'alliance avait tenu, bien qu'elle n'eût pas permis à Marie-Thérèse de recouvrer la Silésie, sa chère province, au terme de la guerre de Sept Ans. Le mariage du dauphin de France avec la jeune archiduchesse Marie-Antoinette en mai 1770 l'avait consolidée. Et pourtant Marie-Thérèse ne pouvait pas ne pas voir que plusieurs initiatives de son fils risquaient de miner ce bel ouvrage. Déjà Versailles s'était irrité du partage de la Pologne avec laquelle la France entretenait depuis longtemps une relation privilégiée. La défunte reine de France, Marie Leszczyńska, n'était-elle pas une princesse polonaise ? Puis, lors de l'affaire bavaroise, la diplomatie française, désormais conduite par Vergennes, n'avait soutenu que mollement la cause de son allié. Fallait-il en déduire qu'un rééquilibrage de sa politique en Allemagne entrait désormais dans ses vues ? Et maintenant ce voyage de Joseph en Russie ne pouvait être vu que d'un mauvais œil par la France, nécessairement portée à redouter qu'un arrangement entre Vienne et Saint-Pétersbourg ne se fasse au détriment de son allié ottoman.

Le temps va manquer à Marie-Thérèse pour connaître la suite. Lorsque Joseph rentre de ce long périple, la santé de sa mère s'est gravement altérée. Son cœur donne d'évidents signes de fatigue. Devenue presque obèse, Marie-Thérèse souffre de troubles respiratoires et a de plus en plus de mal à se mouvoir. La nouvelle de la mort de Charles de Lorraine, survenue le 4 juillet 1780, l'a d'autre part profondément remuée. Avec la perte de ce frère de François-Étienne, c'est comme un dernier lien avec son époux qui a disparu.

Le savoir-mourir

Sans illusion sur son état, Marie-Thérèse confie en ce début d'automne à Mercy-Argenteau, son fidèle ambassadeur en France : « Ma santé va grand train. » Elle sent l'ombre de la mort se rapprocher imperceptiblement d'elle. Quel autre sens donner à sa décision de compléter son testament ? Elle y couche, le 15 octobre, de nouveaux bénéficiaires de ses libéralités, mais surtout elle y ajoute un vibrant appel à ses successeurs pour qu'ils pratiquent « l'amour et la crainte de Dieu, l'amour paternel des sujets, la vertu, la justice ». Elle va jusqu'à faire l'aveu qu'elle préférerait « voir ses États gouvernés par un étranger croyant et vertueux que par un prince indigne de ses ancêtres et de sa mission ». Comment ne pas penser que ces propos se réfèrent à Joseph II, même si elle s'est évidemment gardée d'en mentionner le nom ? C'est comme si, à l'approche du grand départ, elle ne pouvait plus retenir l'inquiétude qui la ronge. Que fera son fils de la monarchie qu'elle va bientôt lui transmettre ? Ne risque-t-il pas, en jouant à l'empereur-philosophe, de compromettre l'œuvre à laquelle elle a consacré sa vie ? Et en bonne chrétienne, elle craint pour le salut de son fils dont elle est venue à suspecter la sincérité de la foi.

La mort ne tarde pas à lui donner un nouveau signe. C'est ainsi qu'elle interprète l'incident qui survient alors qu'elle veut descendre dans la crypte des Capucins pour y prier, comme à son habitude, sur la tombe de son époux. La corde casse en effet avant que l'ascenseur n'ait accompli son trajet. Projetée au sol, Marie-Thérèse doit être aidée pour se relever : « C'est mon mari qui a voulu me retenir », confie-t-elle au père capucin.

Le 8 novembre, malgré son état de santé, elle décide d'assister à une chasse à Schönbrunn pour goûter la compagnie de Marie-Christine, sa fille préférée, et de son gendre, le duc Albert de Saxe-Teschen. Elle sait que ce sera sa dernière occasion de les voir puisqu'ils doivent bientôt partir pour Bruxelles où ils remplaceront Charles de Lorraine à la tête des Pays-Bas. Cette imprudence lui est fatale. Elle est aussitôt victime d'un refroidissement. Rentrée à la Hofburg, elle ne tarde pas à décliner. Secouée par de fortes quintes de toux, elle est gagnée par la fièvre. Alors qu'il lui est devenu de plus en plus pénible de rester allongée dans un lit, elle passe ses nuits enveloppée dans la vieille robe de chambre de son époux. Aux progrès de la maladie, elle oppose un stoïcisme inspiré des certitudes de sa foi. Malgré les souffrances qui l'assaillent, elle continue de travailler, traite les dossiers, paraphe les documents. Comme bientôt son vieux rival Frédéric II[1], comme plus tard François-Joseph, elle mourra dans l'exercice de ses fonctions.

Le 24 novembre, Marie-Christine et Albert de Saxe-Teschen, alertés par le médecin personnel de la vieille souveraine, rentrent précipitamment de Presbourg. Le lendemain, Marie-Thérèse se confesse, puis, le jour suivant, reçoit la communion, agenouillée sur un prie-Dieu, un voile noir sur la tête. Bien qu'il se déclare convaincu que sa mère trouvera encore la force de sortir victorieuse de ce nouveau combat, Joseph ne la quitte plus. S'il ne se tient pas en permanence à son côté, il reste à proximité, prêt à réagir si elle a besoin de lui.

Pourtant, dans la nuit du 27 au 28 novembre, les médecins annoncent qu'ils ont perdu tout espoir de sauver la souveraine. C'est le moment qu'elle choisit pour recevoir le sacrement de l'extrême-onction. Assise dans son fauteuil, elle est entourée de ceux de ses enfants présents à Vienne, Joseph II, l'archiduc Maximilien-François, les archiduchesses Marie-Anne et Marie-Élisabeth, l'archiduchesse Marie-Christine et son époux qui prient, agenouillés. En fin de journée, la toux la reprend. Alors qu'on la presse de s'étendre pour dormir, elle s'y refuse, car, dit-elle : « Je crains de m'endormir, je n'entends pas être surprise par la mort. Je veux la voir en face. » À l'approche du grand départ, Marie-Thérèse atteint la grandeur du stoïcisme chrétien, affrontant la mort avec le même courage dont elle a fait preuve face à toutes les épreuves de son existence. Certes, elle ne sortira pas victorieuse de cet ultime combat, du moins conservera-t-elle sa dignité jusqu'au dernier moment.

1. Celui-ci lui survivra six ans.

Au petit matin, elle reçoit ses enfants, l'un après l'autre, pour un ultime adieu. Elle peut attendre maintenant la mort dans la sérénité. Plusieurs remarques attestent la tranquillité de son âme : « Je vois qu'avec la force de Dieu on peut tout » ou bien : « C'est comme si on passait d'une chambre à l'autre. » Une nouvelle journée passe dans l'attente. Vers 9 heures du soir, comme répondant à un appel, Marie-Thérèse se lève de son fauteuil. Elle ne parvient qu'à esquisser quelques pas avant de s'effondrer sur une chaise longue. Joseph se précipite aussitôt vers elle : « Votre Majesté est mal couchée », observe-t-il. Marie-Thérèse a encore la force de lui répondre : « Oui, mais assez bien pour mourir. » Quelques instants plus tard, elle rend son dernier soupir.

Marie-Thérèse est morte en souveraine. Reste une ultime étape qui est accomplie le 3 décembre. Après le service funèbre célébré à la chapelle de cour de la Hofburg, le cortège s'ébranle vers l'église des Capucins où les dépouilles des Habsbourg reposent depuis le siècle précédent[1]. Devant le portail se tient le dialogue rituel entre le grand maître de cour et le père abbé qui précède l'entrée des Habsbourg dans leur ultime demeure. Placé derrière le portail, le père abbé commence par poser la question : « Qui es-tu ? Qui demande à entrer ici ? »

Le grand maître de cour énumère alors tous les titres de la défunte, à quoi le second répond : « Je ne te connais pas. Qui demande à entrer ici ? »

Le grand maître décline de nouveau les titres, s'attirant la même réponse. C'est seulement quand, s'étant agenouillé, il dit : « Je suis Marie-Thérèse, une pauvre pécheresse, et j'implore la miséricorde de Dieu », que la voix derrière la porte lève son refus : « Alors tu peux entrer. »

---

1. Les cœurs des défunts sont déposés dans l'église des Augustins proche de la Hofburg, les entrailles dans la cathédrale Saint-Étienne.

Lorsque la lourde porte est enfin ouverte, le cercueil, porté par douze pères capucins, est accompagné jusqu'à la crypte par le cardinal Migazzi, archevêque de Vienne, et plusieurs hauts dignitaires. Une fois que le cardinal a donné la dernière bénédiction, le cercueil est ouvert, un geste par lequel il est signifié que la défunte est confiée à la garde des capucins. Refermé, il est maintenant descendu dans le sarcophage, chef-d'œuvre de l'art baroque construit en 1753 à la demande de Marie-Thérèse par le sculpteur Balthasar Ferdinand Moll. Conformément à son vœu, elle est réunie à son mari après une longue séparation de quinze années, alors qu'à l'extérieur, le couple impérial, sculpté dans la pierre, est figuré pour l'éternité dans l'éclat de la jeunesse et du bonheur.

Bibliographie sélective

Bled, Jean-Paul, *Marie-Thérèse d'Autriche*, Paris, Fayard, 2001 ; Paris, Perrin, coll. « Tempus », 2011.

Ferri, Edgarda, *Maria Teresa. Una donna al potere* (« Marie-Thérèse. Une femme au pouvoir »), Milan, Mondadori, 1996.

Guglia, Eugen, *Maria Theresia. Ihr Leben und ihre Regierung* (« Marie-Thérèse. Sa vie et son gouvernement »), Munich, Oldenbourg, 1917.

Mraz, Gerda et Gottfried, *Maria Theresia. Ihr Leben und ihre Zeit in Bildern und Dokumenten* (« Marie-Thérèse. Sa vie et son temps. Images et documents »), Munich, Süddeutscher Verlag, 1979.

Vallotton, Henry, *Marie-Thérèse impératrice*, Paris, Fayard, 1963.

11

DE TRIANON À L'ÉCHAFAUD

Marie-Antoinette
Paris, 16 octobre 1793

par Jean SÉVILLIA

Impopulaire, accusée de préférer les plaisirs d'une vie frivole aux obligations dues à son rang, l'archiduchesse d'Autriche et reine de France révélera un tempérament et un courage inattendus dans les épreuves tragiques que traversera la famille royale à partir de 1789. Victime expiatoire d'une révolution devenue folle, elle manifestera, au moment de monter sur l'échafaud, une dignité sereine qui marquera certains régicides. Au point d'accéder, deux siècles plus tard, au rang d'icône.

10 août 1792, 4 heures du matin. Les habitants des Tuileries ont passé la nuit debout. Dans une atmosphère tendue, ils attendent l'assaut : depuis minuit, le tocsin ameute les sections révolutionnaires de la capitale. Alors que le jour pointe à l'horizon, Madame Élisabeth, la sœur de Louis XVI, appelle Marie Antoinette auprès d'une fenêtre : « Ma sœur, venez donc voir le lever de l'aurore. » Le spectacle est en effet saisissant : le ciel est rouge. Rouge sang.

La défense du palais a été organisée. Elle repose sur 900 Suisses, d'une fidélité à toute épreuve, 200 à 300 gentilshommes volontaires, un millier de gendarmes et 2 000 gardes nationaux. Ces derniers forment une troupe incertaine, mais elle est placée sous les ordres du marquis de Mandat, un zélé serviteur du roi qui commande le dispositif de sécurité du château.

À 6 heures du matin, Louis XVI, accompagné de son épouse et de ses enfants, passe les gardes nationaux en revue. Mais sa timidité l'empêche de haranguer avec force ces hommes qui auraient besoin d'être encouragés. À la porte du Carrousel, déjà, certains d'entre eux conspuent le monarque tandis que, de l'autre côté de la grille, une foule agressive crie en direction du roi : « Déchéance ! Déchéance ! »

On apprend alors qu'un peu plus tôt, le marquis de Mandat, répondant à une convocation de la municipalité, s'est rendu à l'Hôtel de Ville. Mais une commune insurrectionnelle a pris le pouvoir à Paris au cours de la nuit. Elle a fait arrêter le défenseur des Tuileries, qui a été assassiné. Son corps a été jeté à la Seine, et sa tête, depuis l'aube, est promenée au bout d'une pique dans les rues de la ville…

Roederer, procureur syndic du département de Paris – l'équivalent d'un préfet de police –, demande alors à voir le roi et lui explique que la défense du château est désormais impossible. Le seul endroit où la famille royale serait à l'abri est le Manège, la salle où siègent les députés, le long du jardin des Tuileries. Louis XVI, la veille encore, affirmait qu'il préférerait « se faire clouer aux murs du château que de se réfugier à l'Assemblée ». Après avoir écouté Roederer, il hésite. Marie-Antoinette, elle, prône la résistance. « Il y a ici des forces, s'exclame-t-elle, il est temps de savoir qui l'emportera du roi et de la Constitution ou de la faction ! »

Par peur, non pour lui – il n'a jamais été lâche – mais pour ses proches, Louis XVI cède. À 9 heures du matin, la famille royale, accompagnée de centaines de fidèles, gagne à pied le Manège en fendant une multitude hostile. Parvenu à l'Assemblée, le roi déclare se mettre sous la protection de la représentation nationale. Nombre de bancs sont vides, pourtant, et les députés modérés, terrorisés, se taisent.

Tandis que l'Assemblée délibère sur son sort, Louis XVI est enfermé avec les siens dans la loge du logographe[1]. Pendant ce temps, l'attaque des Tuileries commence. Mais une grande partie des gardes nationaux fait défection. De plus, après les premiers tirs, le roi, refusant de faire couler le sang, envoie un ordre de cessez-le-feu qui a pour résultat de désarmer les troupes fidèles. À 11 heures du matin, un millier de Suisses, de soldats loyaux et de volontaires sont massacrés dans des conditions effroyables. L'affrontement terminé, le palais est envahi, pillé, dévasté.

Dans l'après-midi de ce 10 août 1792, les députés décident la suspension du monarque et l'élection d'une nouvelle Assemblée qui s'appellera la Convention. La France, désormais, est dirigée par Robespierre, Marat, Danton et la Commune de Paris. Prisonnier d'une révolution avec laquelle, depuis 1789, il a sincèrement essayé de composer, le roi entraîne la reine dans sa chute. Ils ne le savent pas, mais il leur reste respectivement six et quatorze mois à vivre.

Marie-Antoinette, estime Simone Bertière, « fut davantage victime que coupable, et les épreuves qu'on lui infligea apparaissent sans commune mesure avec ses fautes ». Ce qui frappe dans la vie de cette femme, en effet, c'est le contraste entre l'existence fastueuse à laquelle sa haute naissance la destinait, sa difficulté à habiter son person-

1. Le service qui transcrit les débats de l'Assemblée.

nage de reine de France et, quand elle aura tout perdu – son trône, sa liberté et sa famille –, la dignité dont elle fera preuve devant son calvaire.

Une archiduchesse frivole

Avant-dernière des seize enfants de François de Lorraine et de Marie-Thérèse d'Autriche, Maria Antonia Josepha Johanna de Habsbourg-Lorraine connaît une enfance insouciante et reçoit une éducation bizarrement négligée. Quand il est décidé de l'unir au petit-fils de Louis XV, en gage de l'alliance franco-autrichienne conclue en 1756, son instruction doit être complétée à la hâte, afin de compenser sa frivolité naturelle.

Lors de son mariage avec le dauphin, en 1770, elle n'a que quatorze ans et demi, et son mari un an de plus. À la cour de Vienne, une authentique vie de famille s'épanouissait derrière le cérémonial, à l'abri des regards étrangers. En France, depuis Louis XIV, le roi, la reine et leurs proches, qui devaient être vus du lever au coucher, ne s'appartenaient pas. Même si Louis XV avait allégé ces contraintes, Marie-Antoinette a du mal à accepter l'étiquette de Versailles. Devenue reine, en 1774, elle s'emploie, pendant que Louis XVI se met au travail, à limiter ses obligations et à s'étourdir de plaisirs. La comtesse de La Marck l'écrit au roi de Suède : « La reine va sans cesse à Paris, à l'Opéra, à la Comédie, fait des dettes, s'affuble de plumes et de pompons, et se moque de tout. »

De Vienne, l'impératrice Marie-Thérèse surveille sa fille. Par affection, mais aussi par intérêt. Louis XVI a vite perçu que l'Autriche, par le truchement de son ambassadeur à Paris, le comte de Mercy-Argenteau, cherche à faire de la reine son agent d'influence à la cour de France. Le jeune monarque n'est pas dupe, mais afin de détourner sa femme de la politique, il satisfait ses exigences en accordant charges et prébendes à ses amis. Tactique de court terme, qui le fait passer pour un faible.

Par contrecoup, Marie-Antoinette, dont le charme a d'abord séduit, devient impopulaire. Même à la Cour il se forme un parti hostile à la reine, renforcé par l'habitude de celle-ci de recevoir au Petit Trianon qui elle veut, au mépris des codes et des rangs en honneur à Versailles.

Les calomnies courent déjà, attisées par la non-consommation du mariage. Des libelles taxent le roi d'impuissance et prêtent à la reine des amants, voire des amantes. Dès 1770, pourtant, Louis XV a prié son chirurgien d'examiner son petit-fils, qui a été jugé normal, contrairement à une légende que colportera encore Stefan Zweig. Mais le dauphin, peu Bourbon en cela, n'est pas porté sur la chose.

L'avenir de la dynastie appelant un dauphin et l'impératrice Marie-Thérèse s'inquiétant d'une possible répudiation de sa fille, Joseph II, en 1777, rend visite incognito à sa sœur et à son beau-frère, alors reine et roi, et leur fournit des conseils d'une crudité que ne craint pas cette époque. Conseils observés à la lettre. Sept ans auront donc été nécessaires pour que survienne l'« événement si intéressant » dont l'ambassadeur d'Autriche s'empresse de faire part à ses maîtres.

Fin 1778 est née Marie-Thérèse, Madame Royale, qui, pour n'être pas le garçon espéré, atteste au moins de la fécondité du couple royal. Puis deux ans s'écoulent avant que ne survienne une nouvelle grossesse. « Le roi n'a pas le goût de coucher à deux », écrit Marie-Antoinette à sa mère. Elle non plus, qui rêve d'un gentilhomme suédois croisé à la Cour : Axel de Fersen. Un dauphin, Louis-Joseph, vient enfin au monde en 1781. Puis Louis-Charles, le duc de Normandie, en 1785. Et en 1786 Madame

Sophie, qui ne vivra pas un an. Après cette naissance, la reine met fin aux relations conjugales. La maternité, toutefois, modifie progressivement son caractère. Mère aimante, attentive à la croissance et à l'éducation de ses enfants, elle devient plus réfléchie.

Paradoxalement, c'est alors qu'éclate l'affaire du Collier[1]. Une escroquerie dans laquelle Marie-Antoinette n'est pour rien, mais qui n'a pu être conçue que parce qu'elle renvoie l'image d'une femme incapable de résister à ses passions. L'affaire provoque un regain de pamphlets et de caricatures hostiles, suscitant en retour, chez la reine, un raidissement qui aggrave son impopularité.

Au-delà de sa personne, le principe qu'elle incarne est touché. Or, si la souveraine, depuis son mariage, a cherché à préserver sa liberté, elle n'en est pas moins pénétrée du principe dynastique. Au cours des années suivantes, où des hommes comme Necker, Calonne ou Brienne gouvernent, elle tente donc de réparer le mal qu'elle a fait inconsciemment en s'initiant aux difficultés du royaume, notamment aux questions financières. Entrée en politique, elle commet de nombreuses erreurs, mais de bonne foi, pensant contribuer au sauvetage de l'autorité royale. Une

1. Le 15 août 1785, le cardinal de Rohan est arrêté. Il a été la dupe d'une aventurière, la comtesse de La Motte, qui l'a incité, au moyen de billets portant une fausse signature de la reine, à avancer de l'argent afin que Marie-Antoinette fasse l'acquisition d'un collier de 647 diamants qu'elle avait d'abord refusé d'acheter en raison de son prix. Une fois en possession du collier, le cardinal l'a confié à Mme de La Motte pour qu'il soit remis à la souveraine. Mais le somptueux objet a été donné à des complices afin d'écouler les pierres. La machination a été découverte lorsque les joailliers ont présenté les faux billets à Marie-Antoinette afin de se faire payer. Jugé par le Parlement, alors en conflit avec Louis XVI, le cardinal de Rohan, traité comme la victime innocente d'une escroquerie, sera acquitté. Mme de La Motte, arrêtée, sera marquée au fer rouge et condamnée à la prison à vie, mais s'enfuira en Angleterre.

autorité d'autant plus minée que, en 1787, apparaît chez le roi un mal que son temps ne sait pas nommer, mais que nous appelons la dépression. Au début de cette année, Vergennes meurt et il n'y a pas d'homme de la même stature pour le remplacer à la tête des Affaires étrangères ; quant à l'Assemblée des notables, convoquée pour avaliser un nouveau cours financier, notamment avec la création d'un impôt unique, elle force à la démission le contrôleur général Calonne, et c'est son adversaire, Loménie de Brienne, que le souverain nomme à sa place, bien qu'il l'abhorre. Miné par ces complications, Louis XVI est victime de crises de larmes, de phases de mutisme et de prostration, d'un besoin irrépressible de sommeil ou de réflexes de boulimie.

Necker, y voyant une issue à la crise, convainc le souverain de convoquer les états généraux pour le 1er mai 1789. Pour le couple royal, cependant, les premiers mois de cette année sont dominés par un drame familial dont les historiens sous-estiment l'incidence sur le début de la Révolution : la maladie et l'agonie de leur fils Louis-Joseph, âgé de sept ans. Le premier dauphin, victime d'une tuberculose osseuse, mourra le 4 juin 1789. Au cours du mois précédent – rappelons que la cérémonie d'ouverture des états généraux a lieu le 5 mai –, le roi et la reine sont obsédés par la souffrance de leur enfant. Après sa disparition, Louis XVI, père brisé et plus que jamais dépressif, assiste aux événements dans une sorte d'hébétude.

Des têtes fichées sur des piques

Si l'été 1789 se déroule à Versailles, la peur rode déjà. Le 14 juillet, la prise de la Bastille marque l'irruption de la violence dans le processus révolutionnaire. Le surlendemain, le roi et la reine incitent la duchesse de Polignac, la gouvernante des Enfants de France, à prendre le chemin de l'émigration, si vive se montre la haine à son égard. Mme de Tourzel la remplace, mais Marie-Antoinette a perdu une amie. N'osant quitter l'enceinte du parc de Versailles, la reine se sent seule, assiégée dans sa propre demeure.

Le 1er octobre, un banquet est offert aux officiers du régiment de Flandre appelé pour renforcer la défense du château. L'apparition de Louis XVI, de Marie-Antoinette et du nouveau dauphin y déclenche l'enthousiasme. La propagande des clubs s'empare de cette fête, la transformant en orgie organisée pour lancer un défi à la Révolution. La tension contre la famille royale monte d'un cran.

Quatre jours plus tard, la reine est au Petit Trianon et le roi à la chasse lorsqu'on apprend qu'un cortège mené par des femmes marche sur Versailles. Le temps de se replier au château et d'hésiter sur la conduite à tenir, ce flot populaire mêlé d'agitateurs est sur place. Louis XVI reçoit une délégation et, sous la pression des émeutiers, signe des décrets qu'il désapprouve, mais l'affaire semble en rester là. À l'aube du 6 octobre, cependant, les appartements de la reine sont attaqués, et deux gardes du corps sont tués en s'interposant. Marie-Antoinette se réfugie *in extremis* chez le roi avant que La Fayette, le commandant de la garde nationale, n'arrête l'assaut. Pourtant, quand la famille royale paraît au balcon, la dignité de la reine impressionne ceux qui voulaient l'égorger deux heures plus tôt : elle est acclamée.

« À Paris ! », crie la foule. Un mot d'ordre qui n'a rien de spontané. Orchestrée par les radicaux de l'Assemblée, avides de réduire au silence les modérés, l'expédition de Versailles poursuit l'objectif, en ramenant « le boulanger, la boulangère et le petit mitron » à Paris, de placer le roi et la représentation nationale sous la menace de la rue, que les extrémistes sauront manipuler. À midi, le carrosse royal prend la route de la capitale, précédé par les têtes des deux gardes fichées au bout d'une pique et entouré par une horde furieuse d'où s'échappent des injures visant Marie-Antoinette.

Aux Tuileries, la famille royale est en résidence surveillée. Un semblant de vie de cour se met néanmoins en place. Pendant l'été 1790, le roi et la reine sont autorisés à séjourner à Saint-Cloud. Fuir leur serait possible mais, contrairement à sa femme, Louis XVI n'y songe pas. Persuadé que le mouvement de 1789 est irréversible, le roi joue le jeu, comme on le voit lors de la fête de la Fédération, ce qui ne l'empêche pas de manœuvrer, ainsi en soudoyant Mirabeau. Fin décembre 1790, c'est la mort dans l'âme que le monarque, catholique sincère, ratifie la Constitution civile du clergé.

Avec l'aide de Fersen, Marie-Antoinette prépare un plan d'évasion qu'il reste donc à faire accepter au roi. Le 18 avril 1791, des manifestants bloquent la famille royale qui s'apprête à faire ses pâques à Saint-Cloud, en compagnie de prêtres non jureurs. Cette atteinte à sa liberté de circuler décide Louis XVI à fuir : il admet d'être un roi constitutionnel, non un otage. Reprenant le plan de Fersen, son intention est de gagner Montmédy, place forte commandée par le marquis de Bouillé, et de là… d'aviser.

Sauver la monarchie

Plusieurs fois repoussé, le départ est fixé au 20 juin. On sait la suite : reconnu à Varennes le 21 juin, le roi sera contraint de rebrousser chemin. L'aller aura duré vingt-quatre heures, le retour quatre jours, au milieu des invectives ou de discrets signes de fidélité. Pendant le trajet vers Paris, dans la berline royale, Marie-Antoinette, par sa puissance de séduction, aura même réussi à gagner à sa cause un des députés envoyés par l'Assemblée : Barnave.

« Il n'y a plus de roi en France », a dit Louis XVI à Varennes. Le 25 juin, il est suspendu de ses fonctions pendant que l'Assemblée commande une enquête sur les circonstances de sa fuite. Le rapport – œuvre de modérés – conclut à l'innocence du monarque, qui sera rétabli s'il accepte la Constitution en cours de révision. Le 14 septembre 1791, Louis XVI prête serment à ce texte ; quinze jours plus tard, l'Assemblée législative tient sa première séance.

« Je puis vous dire que je vous aime et n'ai même le temps que de cela », écrit Marie-Antoinette à Fersen au retour de Varennes. Avec cet homme qu'elle aime autant qu'il l'aime, sans qu'on en sache plus, la reine échange une abondante correspondance. Mais elle écrit aussi à Barnave, à Mercy-Argenteau, au nouvel empereur, son frère Léopold II, puis au fils de celui-ci, François II, à l'impératrice de Russie, au roi de Suède… Avec la même fièvre qu'elle mettait naguère à se divertir, elle tente désespérément, en se faisant des illusions sur son influence, de sauver la monarchie française.

Le 20 avril 1792, la France déclare la guerre « au roi de Bohême et de Hongrie », François II, le neveu de Marie-Antoinette. Affronter l'Autriche, pour la Législative, est un acte de politique intérieure destiné à maintenir la mobilisation populaire. Chez Louis XVI, étranger au nationalisme jacobin, ce conflit oppose deux logiques rivales : celle du patriotisme français et celle de la solidarité qui lie les rois face au principe révolutionnaire. Chez Marie-Antoinette, qui s'était efforcée d'aimer un peuple qui l'a rejetée et maintenant la persécute, la guerre suscite la tentation d'attendre son salut personnel du pays où elle est née et qui lui vaut un qualificatif chargé de haine : « l'Autrichienne ».

Après plusieurs occasions où Louis XVI, usant d'un droit que lui accorde la Constitution, a refusé de ratifier des décrets inspirés par les extrémistes, le roi et la reine sont devenus « Monsieur et Madame Veto ». Leur situation est de jour en jour plus intenable. Le 20 juin 1792, une horde d'émeutiers envahit les Tuileries afin de forcer le roi à lever son veto. Avec courage, le monarque se porte au-devant des factieux et, trois heures durant, les tient en respect, acceptant de coiffer le bonnet phrygien et de boire à la bouteille, mais pas de céder aux revendications des trublions.

La reine, tenant le dauphin par la main, a été cernée par une meute inquiétante. Le coup a manqué ce jour-là, mais le château vit dans l'angoisse d'une nouvelle intrusion qui, elle, sera fatale. Amaigrie, saisie de crises de larmes et de spasmes nerveux, Marie-Antoinette ne dort plus.

Le 25 juillet, le manifeste du duc de Brunswick, commandant de la coalition austro-prussienne, menace Paris de « subversion totale » en cas d'outrage à la famille royale. Cette provocation est d'autant plus absurde que les coalisés ne font nullement la guerre pour rétablir le roi de France dans ses prérogatives d'avant 1789, mais pour servir leurs intérêts. Faisant de Louis XVI le complice des troupes étrangères, le manifeste de Brunswick produit l'inverse de l'effet escompté. Le 3 août, la majorité des sections parisiennes, se rangeant à l'avis de Robespierre, réclame la déchéance du roi. L'attaque des Tuileries n'est plus qu'une question de jours...

La reine de France en prison

Internés au soir de ce 10 août 1792 qui a vu les Suisses verser leur sang sur les marches des Tuileries en défendant le roi de France, Louis XVI, Marie-Antoinette, Madame Élisabeth et les enfants royaux sont logés dans trois cellules du couvent des Feuillants, à côté du Manège. Le 13 août, ils sont incarcérés au Temple, prieuré médiéval ceint d'un enclos fortifié et doté d'un donjon. La princesse de Lamballe, amie de Marie-Antoinette qui a tenu à rester à son côté le 20 juin comme le 10 août, et Mme de Tourzel, la gouvernante des Enfants de France, qui a suivi la famille royale au départ des Tuileries, sont elles aussi conduites au Temple.

Pour Marie-Antoinette, quel contraste ! Hier encore, en dépit des bouleversements survenus depuis le début de la Révolution et du danger latent qui planait à Paris, elle restait une reine qui régnait sur une cour. La voici prisonnière, réduite à la compagnie de ses proches et de ses geôliers. Une semaine après leur arrivée, en effet, Mme de Lamballe et Mme de Tourzel sont emmenées pour être emprisonnées à la Force, de même que le personnel de la famille royale est éloigné. Recommandé par Pétion, le maire de Paris, Jean-Baptiste Cléry est engagé pour servir le roi, tandis que, refusant les domestiques qu'on leur propose, Marie-Antoinette et sa belle-sœur Élisabeth s'occuperont des enfants et d'elles-mêmes.

Les captifs sont installés dans la petite tour, un édifice accolé au donjon du Temple : le roi au troisième étage, la reine, Madame Élisabeth, le dauphin et Madame Royale au deuxième. La chambre où dorment Marie-Antoinette et son fils étant la plus grande, c'est là que se tiennent dans la journée tous les membres de la famille.

Des crédits assez généreux leur sont alloués afin d'acheter des vêtements et de se nourrir. Matériellement, leur condition serait supportable s'ils n'étaient l'objet d'une surveillance permanente, la tour étant peuplée de gardes municipaux qui ne quittent pas les prisonniers de l'œil et qui, la nuit, campent sur des lits de camp derrière leurs portes. Mais les gardes changent souvent. Certains sont grossiers et brutaux, d'autres respectueux et intimidés. Beaucoup sont touchés par la simplicité et la courtoisie de cet homme et cette femme que la propagande révolutionnaire décrit comme des monstres sanguinaires.

Les journées s'écoulent lentement. Le roi et la reine font la classe au dauphin et à Madame Royale. Louis XVI lit beaucoup – 257 livres en cinq mois –, pendant que les femmes s'adonnent à la couture. Ils ont obtenu le droit de se promener dans le jardin lorsque le temps est clément.

Libéré de toute responsabilité politique, le roi affiche une sérénité croissante, fruit de son élévation spirituelle. Au cours des derniers mois, aux Tuileries, Marie-Antoinette a appris à estimer son mari. Il l'a impressionnée par son sang-froid, sa hauteur d'âme, sa bonté. En retour, elle s'est associée à lui dans l'épreuve, refusant de l'abandonner, fût-ce pour se mettre hors de danger avec ses enfants. Au Temple, la foi chrétienne et la vie de famille sont dorénavant leurs seuls recours.

Traitée comme une criminelle

Puis viennent ce que l'histoire a retenu sous le nom de massacres de Septembre : un massacre prémédité qui a pour but, avant les élections à la Convention, de terroriser les modérés. Le 3 septembre, la princesse de Lamballe, tirée de la prison de la Force, est tuée, puis son corps est dépecé et mutilé selon un mode dont la symbolique sexuelle vise les liens particuliers que les pamphlétaires lui prêtaient avec la reine. Sa tête sanguinolente, embrochée au bout d'une pique, est brandie par des émeutiers qui tentent de pénétrer dans le Temple et de parvenir jusqu'à Marie-Antoinette afin de « lui faire baiser la tête de sa putain ». La souveraine s'étant évanouie à l'annonce de cette nouvelle, le spectacle lui est évité, mais le choc psychologique ne l'épargne pas.

Alors qu'à la fin du mois d'août les nouvelles de la frontière étaient mauvaises pour les armées françaises, les troupes austro-prussiennes reculent à Valmy le 20 septembre. Le lendemain se tient la première séance de la Convention. Celle-ci se sent renforcée par ses succès militaires : une des premières décisions de la nouvelle assemblée est d'abolir la royauté. Dès lors, la détention des captifs du Temple se fait plus rigoureuse : comme on a remarqué qu'ils écrivaient des lettres en cachette, on leur retire plume, encre et papier, et ils n'ont le droit d'être ensemble que pour les repas. Fin octobre, ils passent de la petite tour au donjon, les femmes au troisième étage et le roi et son fils au deuxième étage, car le dauphin a été enlevé à sa mère. En novembre, nouvelle brimade, on leur prend « couteaux, rasoirs, ciseaux, canifs et tous autres instruments tranchants », comme aux criminels.

Bientôt les victoires de Dumouriez en Belgique éloignent l'hypothèse que le roi puisse servir de monnaie d'échange avec la coalition. Se sentant abandonnée, la famille royale perd tout espoir. Et Marie-Antoinette maigrit encore…

La découverte aux Tuileries, le 20 novembre, de « l'armoire de fer », un placard où Louis XVI cachait des papiers diplomatiques et politiques, précipite les événements. Le 3 décembre, Pétion, le maire de Paris, emporte la décision de faire juger le roi par la Convention. Une première comparution se déroulera le 11 décembre, une seconde le 26 décembre. Entre-temps, Louis XVI aura été séparé de sa femme et de ses enfants.

C'est alors, souligne Simone Bertière, que Marie-Antoinette « tient à son mari comme cela ne lui est jamais arrivé au cours de vingt-deux ans de vie conjugale ». Elle qui s'est longtemps crue supérieure à lui se rend compte que, du trio de prisonniers du Temple, elle est la plus fragile. Louis XVI ne se fait aucune illusion sur ce qui l'attend – la prison à vie ou la mort – et offre chrétiennement ses souffrances. La pieuse Madame Élisabeth, de son côté, est constamment abîmée dans la prière. Marie-Antoinette, elle, n'est pas prête pour le pire. Vulnérable, elle a besoin de son mari, figure paternelle et protectrice.

Le 18 janvier 1793, au terme d'un vote qui a duré trente-six heures, chaque député s'étant tour à tour prononcé à la tribune, « Louis Capet » est condamné, à une voix de majorité, à la peine capitale. C'est par les crieurs de journaux qui passent près du Temple que Marie-Antoinette, le 20 janvier au matin, apprend le verdict. Dans la soirée, deux heures durant, Louis XVI dit adieu aux siens. « On entendait les gémissements, les sanglots, les cris de désespoir, raconte Jean-Christian Petitfils. Les voix, les larmes, les lamentations, tout se confondait en une symphonie de douleur. » Le roi promet un dernier au revoir le lendemain matin, mais, sur les conseils de son confesseur, s'en abstiendra afin d'éviter un nouveau déchirement à sa femme. À 10 h 22, le 21 janvier, Marie-Antoinette comprend par une salve d'artillerie retentissant au loin que la tête de son mari vient de tomber.

Le martyre de la « veuve Capet »

Brisée, abattue, vêtue de deuil, la « veuve Capet », toujours emprisonnée au Temple, n'est plus que l'ombre de la reine de France. Cinq années seulement séparent le grand tableau que Mme Vigée-Lebrun a peint en 1787 pour représenter Marie-Antoinette avec ses enfants de son portrait en tenue de deuil que le pastelliste polonais Kucharski a réalisé, avec l'autorisation de la Commune, après l'exécution de Louis XVI. Le premier montre une mère de trente-deux ans dont l'éclat de la beauté est rehaussé par l'épanouissement de la maternité, le second une femme qui paraît vingt ans de plus que son âge, les cheveux blanchis, les traits flétris, d'une maigreur extrême.

À la fin de l'hiver 1793, la Convention, qui déclare la guerre à l'Angleterre, à la Hollande et à l'Espagne, se réserve la possibilité d'échanger Marie-Antoinette. La surveillance dont elle est l'objet se relâche, au point que les gardes municipaux qui se relaient dans sa prison lui sont plutôt favorables. Un garde compatissant lui procure une copie du testament de Louis XVI : « Je prie ma femme de me pardonner tous les maux qu'elle souffre pour moi et les chagrins que je pourrais lui avoir donnés dans le cours de notre union, comme elle peut être sûre que je ne garde rien contre elle. » Le même garde volera le cachet du roi, son anneau de mariage et un paquet de cheveux, qui avaient été mis sous scellés après le 21 janvier, et les remettra à la reine. Celle-ci les fera passer secrètement au comte de Provence, son beau-frère, le futur Louis XVIII. Car une correspondance clandestine reprend, réduite à des billets griffonnés à la hâte. Marie-Antoinette en envoie même à Fersen, qui les recevra quand elle ne sera plus de ce monde.

Du vivant de Louis XVI, de fidèles royalistes avaient imaginé de faire évader la famille royale. Des projets similaires sont élaborés, mais se révèlent irréalisables. Au mois de juillet 1793, quand la fortune des armes tourne au profit des coalisés, ces derniers se préoccupent des gains territoriaux qu'ils pourront remporter sur la France, mais nullement du sort de Marie-Antoinette. À la Convention, comme il réclama celle de Louis XVI, Robespierre ne cesse de réclamer la tête de la reine.

Le 3 juillet, son fils de huit ans – Louis XVII pour les royalistes – lui est retiré. La scène est bouleversante, car il faut littéralement le lui arracher des mains. L'enfant reste au Temple, mais il est confié au savetier Simon, chargé de son « éducation républicaine ». Par la fenêtre, sa mère entrevoit Louis-Charles quand il déambule dans le jardin, ou l'entend jurer, blasphémer et chanter *La Carmagnole*.

Le 2 août, à 2 heures du matin, Marie-Antoinette est informée qu'elle va être immédiatement transférée à la Conciergerie, en vue de sa comparution devant le tribunal extraordinaire. Après avoir à peine eu le temps de dire au revoir à Madame Élisabeth et à sa fille, elle est emmenée et se cogne le front en passant une porte basse. Comme on lui demande si elle s'est fait mal, elle répond : « Oh non ! rien à présent ne peut me faire mal. »

Dans sa nouvelle prison, la reine est enfermée dans une salle en contrebas dont la fenêtre donne sur la cour. La pièce est sombre, les murs sont humides, et deux gendarmes se tiennent en permanence dans cet espace restreint où la prisonnière ne dispose que d'un petit paravent pour se préserver du regard de ses gardiens. N'ayant droit à aucune sortie, elle tourne en rond. On lui a accordé quelques livres, mais interdit la broderie et le tricot, sous prétexte de lui éviter de se faire mal avec des aiguilles.

Le personnel de la prison est toutefois respectueux. Même les gendarmes, que la reine a conquis par sa simplicité, et qui lui apportent des fleurs. Mais elle ne se nourrit pas, maigrit encore, et souffre maintenant d'hémorragies intimes qui l'épuisent. Elle lit des récits de voyage ou d'aventures mais, contrairement à son mari, aucune lecture spirituelle : Marie-Antoinette a une foi sincère mais superficielle qui ne la porte pas à la méditation.

Dans sa cellule défilent des inconnus qui paient pour la voir, sans avoir le droit de lui adresser la parole. Un jour du mois d'août, elle a la surprise de reconnaître un chevalier de Saint Louis qui lui laisse, dans un œillet, un message évoquant une éventuelle évasion. La découverte de ce complot aura pour conséquence l'incarcération de la reine dans une cellule encore plus sombre, avec des conditions de détention beaucoup plus dures. Ses derniers objets personnels lui sont soustraits, dont son anneau de mariage, de même que la chandelle, si bien que la nuit, enfermée à double tour, la captive est réduite au noir complet, deux gendarmes se tenant dans sa cellule, deux autres à l'extérieur. Isolée, privée de tout, Marie-Antoinette n'a plus qu'à attendre la mort.

Calme et sereine face à la mort

Le 5 septembre 1793, la Convention met « la Terreur à l'ordre du jour » ; le 17 septembre, la loi des Suspects est adoptée. Dans ce contexte, le procès ne saurait tarder. Déférée devant le tribunal révolutionnaire le 3 octobre, l'inculpée subit le 12 octobre un « interrogatoire secret » – sans public. Ses deux avocats, commis d'office le 13 octobre, n'auront pas vingt-quatre heures pour se préparer, puisque le « procès » s'ouvre le lendemain.

Le tribunal siégera le 14 octobre de 8 heures du matin à 11 heures du soir, et le 15 octobre de 8 heures du matin à l'aube de la nuit suivante. Pâle, blanchie, décharnée, mais maintenant calme et sereine – de la même sérénité que Louis XVI –, Marie-Antoinette se bat jusqu'au bout. Quand Hébert évoque les accusations d'inceste qu'on a mises dans la bouche de son fils et qu'un juré s'étonne qu'elle ne réponde pas, elle bondit d'indignation : « Si je n'ai pas répondu, c'est que la nature se refuse à répondre à une pareille inculpation faite à une mère. J'en appelle à toutes celles qui peuvent se trouver ici. »

Dossier vide, absence de preuves, juges partiaux, réquisitoire attendu, défense inutile, verdict écrit d'avance : « J'ai promis la tête d'Antoinette, avait lancé Hébert à la Convention, j'irai la couper moi-même si on tarde à me la donner. » On la lui donnera. À 4 h 30 du matin, Marie-Antoinette, déclarée coupable de trahison et de complot contre la paix civile, est condamnée à mort, la sentence devant être exécutée le jour même.

Ramenée dans sa cellule, elle obtient de quoi écrire. Cette dernière lettre, admirable, sera pour sa belle-sœur, Madame Élisabeth[1] : « Je viens d'être condamnée non pas à une mort honteuse, elle ne l'est que pour les criminels, mais à aller rejoindre votre frère ; comme lui innocente, j'espère montrer la même fermeté que lui dans ces derniers moments... »

Elle s'étend ensuite tout habillée sur son lit et pleure. Sa petite servante lui offre un peu de bouillon, mais elle ne peut rien avaler. On lui a interdit d'aller au supplice dans sa robe noire de veuve. Elle met alors sa tenue habituelle du matin, mais doit changer de chemise car elle a perdu beaucoup de sang. Sous le regard du gendarme de service, elle roule le linge souillé et, ne sachant qu'en faire, le glisse dans une fente du mur. Elle prie. Les juges et le greffier arrivent, lui lisent la sentence qu'elle connaît déjà. Surgit alors Sanson, le bourreau, qui lui lie

1. Madame Élisabeth, guillotinée en 1794, n'a jamais reçu cette lettre. La missive a été remise à Fouquier-Tinville, puis à Robespierre. Après la mort de ce dernier, elle a été récupérée par un obscur conventionnel qui la cédera à Louis XVIII, en 1816, contre un retour en grâce.

les mains et lui coupe les cheveux. Après la levée d'écrou, c'est dans une charrette ordinaire qu'elle s'en va, tenue en laisse par une corde. Un prêtre jureur est monté avec elle, mais elle refuse les services de ce ministre de Dieu qui a transigé avec la fidélité à l'Église : « Je meurs dans la religion catholique, apostolique et romaine », a-t-elle écrit dans sa dernière lettre.

Le trajet durera une heure et demie. La Convention craignant un enlèvement, 30 000 hommes forment une haie sur le passage de la condamnée. La charrette est précédée d'un comédien à cheval. Sur le ton de la dérision, l'histrion encourage la foule à exprimer sa haine envers celle qui marche à la mort : « La voilà, l'infâme Antoinette, elle est foutue, mes amis ! » Devant Saint-Roch, les harengères y vont de leur couplet : « À mort l'Autrichienne ! » ; « Messaline ! Messaline ! ». Le crayon de David nous a laissé l'ultime profil de cette femme qui, digne, droite, impavide, résiste à l'humiliation. Place de la Révolution – l'actuelle place de la Concorde –, elle descend d'un bond, grimpe à l'échafaud du même pas, perd un de ses souliers, marche sur le pied du bourreau : « Monsieur, je vous demande excuse. » Elle se laisse attacher sur l'instrument du supplice. Le couperet tombe. Sanson brandit la tête aux cheveux blancs d'où s'écoule le sang.

« Vive la République ! Vive la liberté ! », crie la foule, qui a eu sa pitance. Il est midi et quart, ce 16 octobre 1793. La charrette sur laquelle on dépose la dépouille mortelle, ruisselante de sang, se dirige ensuite vers le cimetière de la Madeleine, où déjà Louis XVI a été enterré. Rien n'ayant été préparé, les bourreaux jettent sur l'herbe le corps de la reine, la tête entre les jambes. Le 1er novembre suivant, le fossoyeur enverra sa note

« pour la bière, la fosse et les fossoyeurs » de la « veuve Capet »[1].

À l'instar de son mari dix mois plus tôt, Marie-Antoinette était la victime expiatoire d'une révolution devenue folle, qui avait dès l'origine porté la violence dans ses gènes. Des fautes, elle en avait commises pendant son règne. Mais ce n'était pas à cause d'elles qu'elle venait d'être sacrifiée : plus que ce qu'elle avait fait, on lui reprochait d'être ce qu'elle était. Archiduchesse d'Autriche et reine de France, Marie-Antoinette n'avait pas sa place dans un pays livré à la Terreur et qui faisait la guerre à l'Europe des rois. Deux siècles plus tard, la France la regardera pourtant comme une icône. Triste ironie de l'histoire.

Bibliographie sélective

Bertière, Simone, *Marie-Antoinette l'insoumise*, Paris, de Fallois, 2002.

Mme Campan, *Mémoires*, Paris, Mercure de France, coll. « Le Temps retrouvé », rééd. 1999.

Castelot, André, *Marie-Antoinette*, Paris, Perrin, 1953 ; rééd. 2014.

Cléry, Jean-Baptiste, *Journal de ce qui s'est passé à la tour du Temple*, suivi de *Dernières heures de Louis XVI*, par l'abbé Edgeworth de Firmont, et de *Mémoire écrit par Marie-Thérèse-Charlotte de France*, Paris, Mercure de France, coll. « Le Temps retrouvé », rééd. 2006.

Girault de Coursac, Paul et Pierrette, *La Dernière Année de Marie-Antoinette*, Paris, François-Xavier de Guibert, 1993.

1. Exhumés en 1815, les restes de Louis XVI et de Marie-Antoinette seront inhumés dans la basilique de Saint-Denis. En 1826, la chapelle expiatoire sera édifiée à l'emplacement de l'ancien cimetière de la Madeleine.

Lever, Évelyne, *Marie-Antoinette*, Paris, Fayard, 1991.
Marie-Antoinette, *Correspondance, 1770-1793*, édition établie et présentée par Évelyne Lever, Paris, Tallandier, 2005.
Marie-Antoinette telle qu'ils l'ont vue, présenté par Évelyne Lever, avec la collaboration de Sabine Melchior-Bonnet, Paris, Omnibus, 2014.
Petitfils, Jean-Christian, *Louis XVI*, Paris, Perrin, 2005.
Seth, Catriona, *Marie-Antoinette, anthologie et dictionnaire*, Paris, Robert Laffont, coll. « Bouquins », 2006.
Tourzel, Mme de, *Mémoires de Mme la duchesse de Tourzel, gouvernante des Enfants de France pendant les années 1789 à 1795*, Paris, Mercure de France, coll. « Le Temps retrouvé », rééd. 2005.
Walter, Gérard, *Le Procès de Marie-Antoinette*, Bruxelles, Complexe, 1993.
Zweig, Stefan, *Marie-Antoinette*, Paris, Grasset, rééd. 2002.

12

LA VENGEANCE D'UN FILS

Catherine II de Russie
Saint-Pétersbourg, 6 novembre 1796

par Lorraine DE MEAUX

Catherine II fut une impératrice passionnée : mettant un point d'honneur à parler couramment le russe, faisant de l'orthodoxie l'expression sincère de sa foi, celle qui était née princesse allemande protestante s'attacha à renforcer la grandeur de sa patrie d'adoption. Volontaire, travailleuse, dotée d'une grande autorité, notamment à l'égard de son fils, le futur Paul Ier, elle fut une femme d'exception dont les qualités séduisirent l'Europe entière : « l'adorable Catherine », disait Voltaire. En trente-quatre ans de règne, elle changea le visage de la Russie, initiant la réflexion nationale sur l'État, encourageant la liberté économique et repoussant les limites de l'Empire, tant en Europe qu'en Orient. Elle mourut à soixante-sept ans, au terme d'une lente et douloureuse agonie.

Ce jeudi 5 novembre de l'année 1796, le grand-duc Paul est parti déjeuner dans un moulin qu'il a fait construire aux environs de son palais de Gatchina. Les cinq ou six courriers envoyés à la hâte et sans concertation par différents ministres et par des proches de l'impératrice ne trouvent donc pas l'héritier du trône chez lui. Quand Paul finit par apprendre que Nikolaï Zoubov – frère du favori de sa mère – cherche à le voir de façon pressante, il pense d'abord qu'il s'agit d'un nouveau retournement concernant le projet de mariage de sa fille Alexandra avec le jeune roi de Suède, dont les fiançailles avaient été rompues quelques semaines auparavant, plongeant la famille impériale dans un désarroi certain. Mais l'affaire est tout autre, et de la plus haute importance : Catherine II vient d'être victime d'une « attaque d'apoplexie ». L'impératrice a été trouvée inconsciente et reste depuis plongée dans une profonde inertie. « [Paul est] frappé à cette nouvelle d'une grande joie ou d'une grande douleur, car les extrêmes se touchent et se ressemblent. » L'expression prudente de Charles François Philibert Masson[1] – un Français bien introduit dans la société pétersbourgeoise – peut prêter à sourire : les exécrables relations de Paul avec l'impératrice n'étaient un secret pour personne. Il est donc permis de penser que le futur empereur a vécu cette annonce funèbre comme une bonne nouvelle.

Accompagné de son épouse Maria Fedorovna, Paul parcourt les quarante-cinq kilomètres qui séparent Gatchina de Saint-Pétersbourg en trois heures. À mi-chemin, dans la petite ville de Sophia, le comte Rostopchine vient à sa rencontre à la demande du grand-duc Alexandre, fils aîné de Paul et petit-fils choyé de Catherine. Dans le relais de poste, l'attention de Rostopchine est d'abord attirée par des éclats de voix. C'est Zoubov, chargé de faire préparer

1. L'auteur de *Mémoires secrets sur la Russie sous les règnes de Catherine II et de Paul Ier* était précepteur chez les Saltykov, avant de devenir le secrétaire particulier du grand-duc Alexandre. Accusé de sympathies révolutionnaires, il fut chassé de Russie par Paul Ier.

des chevaux pour Paul, qui semonce grossièrement un palefrenier ivre : « Des chevaux, des chevaux ! Sinon c'est toi que j'attelle à l'empereur ! » L'homme exprime sa surprise : « C'est quoi cet empereur ? S'il y a un empereur en Russie, que Dieu le bénisse ! C'est donc que notre petite mère n'est plus, alors vive l'empereur ! » À cet instant précis arrive un grand carrosse à huit chevaux. L'héritier en sort, reconnaissable entre tous avec sa haute silhouette maladroite, son visage rond et plat au nez camus. Apercevant Rostopchine, Paul s'écrie en français : « Ah, c'est vous mon cher Rostopchine ! Faites-moi le plaisir de me suivre : nous arriverons ensemble. J'aime mieux à vous voir avec moi. »

Si Fédor Rostopchine a gagné depuis quelques années la confiance de Paul, il a aussi réussi l'exploit de rester en bons termes avec Catherine, conservant ses entrées au palais d'Hiver. Son épouse est la nièce d'une dame de compagnie de l'impératrice. Jeune officier, Rostopchine amusait Catherine par ses bons mots et son esprit caustique. Nommé à la « petite cour » de Gatchina, il a su s'y rendre indispensable. Son récit[1] offre un témoignage précieux de ce moment particulier de l'entre-deux-règnes. Et le talent de narration de Rostopchine n'est pas sans rappeler celui de sa fille, l'inoubliable comtesse de Ségur… Rostopchine remonte donc dans son petit traîneau pour suivre le carrosse de Paul. Il est déjà 18 heures. En route, ils croisent encore une vingtaine d'envoyés, signe que l'agitation gagne à Saint-Pétersbourg. Au palais de Tchesmé,

1. Fedor Rostopčin, « Poslednij den' žizni imperatricy Ekateriny II-j i pervyj den' carstvovanija imperatora Pavla I-go » [« Dernier jour de vie de l'impératrice Catherine II, premier jour de règne de l'empereur Paul Ier »], *Arkhiv knjazja Voroncova* [« Archives du prince Vorontsov »], Moscou, Kn. 8. Quelques années plus tard, en septembre 1812, Rostopchine, gouverneur de Moscou, donna l'ordre d'incendier la ville envahie par les troupes napoléoniennes.

maison d'étape que l'impératrice avait fait construire sur le chemin de Tsarskoïe Selo, l'héritier sort quelques instants de son carrosse. Rostopchine attire son attention sur la beauté de la nuit de pleine lune, calme, lumineuse, plutôt douce pour la saison – pas moins de trois degrés. À la vue de larmes sur le visage de l'héritier, Rostopchine s'écrie : « Ah, Monseigneur, quel moment pour vous ! » Paul lui serre fortement la main : « Attendez, mon cher, attendez, j'ai vécu quarante-deux ans. Dieu m'a soutenu ; peut-être me donnera-t-Il la force et la raison pour supporter l'état auquel Il me destine. Espérons tout de Sa bonté. »

Paul arrive à Saint-Pétersbourg à 20 h 30, douze heures après l'incident dont a été victime sa mère. Le palais est plongé dans une atmosphère étrange d'excitation et d'attente. Paul trouve l'impératrice mourante étendue dans sa chambre sur un matelas à même le sol, trop lourde pour être hissée sur son lit. Il se retire ensuite quelques instants dans ses appartements avant de revenir auprès de Catherine. « Son visage n'était plus celui de l'héritier, mais celui du tsar », rapporte toujours Rostopchine. La tsarine n'était pas encore morte, mais les médecins étaient formels : aucun espoir n'était permis.

Plus russe que les Russes

De santé robuste, Catherine II avait certes montré depuis quelques années des signes de faiblesse. Déjà en 1774 son bulletin de santé faisait état de syncopes. Mais, loin de se ménager, celle qui aimait les situations « volcaniques » pratiquait les excès. En 1791-1792, les rumeurs sur sa santé dégradée avaient attisé querelles et convoitises. Aussi essayait-elle toujours de se montrer en pleine possession de ses moyens physiques. Elle avait cependant beaucoup grossi et ses jambes étaient constamment enflées. Elle souffrait de migraines et de maux d'estomac. D'après Masson, « monter et descendre l'escalier du palais, s'habiller et paraître un instant était un travail pour elle d'autant plus grand qu'elle s'efforçait toujours de paraître jeune et bien portante, et qu'elle ne voulait pas se servir de chaise à porteurs ». Ses dents étaient gâtées et sa voix altérée. Son teint de plus en plus rouge. Mais son air altier, son regard bleu et vif impressionnaient toujours autant. L'année 1796 la trouva particulièrement active. À défaut d'une nouvelle guerre avec la Turquie, elle avait lancé une expédition contre la Perse, première étape d'un « projet indien » imaginé par Platon Zoubov, favori du moment, vingt et unième sur une liste officielle inaugurée quelques décennies plus tôt par le beau Stanislas Poniatowski[1].

Dans un autre registre, préoccupée de marier ses petits-enfants, elle avait manigancé un rapprochement avec la cour de Suède, espérant faire du jeune roi le mari de sa petite-fille, la grande-duchesse Alexandra. Après d'âpres négociations, le fiancé présumé avait accepté de venir à Saint-Pétersbourg : de réception officielle en bal somptueux, Catherine pensait arracher l'accord du jeune homme, difficile à convaincre. Le 11 septembre devait être le grand jour : au cours d'un bal, les fiancés allaient être bénis par le métropolite venu spécialement de Moscou. Mais Gustave IV Adolphe de Suède n'était pas prêt à coopérer, exaspéré par l'intransigeance de Catherine qui exigeait pour Alexandra la « liberté de conscience », soit

1. À l'occasion d'un séjour à Saint-Pétersbourg, le Polonais avait séduit Catherine, alors grande-duchesse. Devenue impératrice, elle le fit roi de Pologne avant de décevoir ses attentes, et de participer, avec la Prusse et l'Autriche, au dépècement de la Pologne. Contraint à l'abdication, Stanislas Poniatowski était en exil surveillé à Saint-Pétersbourg au moment de l'agonie de l'impératrice.

le droit de pratiquer dans le palais de Stockholm le culte orthodoxe. Cette condition paraissait un comble : jeune fiancée, Catherine ne s'était-elle pas elle-même convertie pour épouser le tsarévitch ? Mais devenue plus russe que les Russes, elle se refusait à ce que sa petite-fille se convertît au luthéranisme. Toute la Cour attendait la décision du roi. Le conseiller Markov s'épuisait en allées et venues, pressant Gustave de se rendre au bal. La peintre Élisabeth Vigée-Lebrun travaillait ce jour-là dans son atelier, sur la place du Palais : « Je faisais alors le portrait du comte Diedrestein, écrit-elle dans ses célèbres *Souvenirs* ; lui et moi allions souvent à ma fenêtre pour voir si le jeune roi céderait à tant d'instances ; il ne céda point. Enfin, d'après ce que j'ai su de la princesse Dolgorouki, tout le monde était réuni, lorsque l'impératrice entrouvrit la porte de sa chambre et dit, d'une voix très altérée : "Mesdames, il n'y aura pas de bal ce soir." »

L'impératrice était bouleversée. À l'annonce par Markov du refus définitif du roi, elle était restée quelques minutes bouche bée, sous le choc. À tel point que son valet Zakhar Zotov lui avait proposé de boire un verre d'eau. Catherine venait sans doute d'avoir une légère attaque que ses médecins attribuèrent à la fatigue et à la contrariété. Comment ce « petit roi » pouvait-il humilier ainsi la Grande Catherine ! L'épisode n'était pas de bon augure ; les Pétersbourgeois commençaient déjà l'analyse des signes funèbres, se souvient Masson : « Le soir où [l'impératrice] se rendit chez Samoïlov[1] avec le roi, une étoile lumineuse se détacha du ciel au-dessus de sa tête et tomba dans la Neva. [...] C'est un fait dont toute la ville parla : les uns prétendaient que cette belle étoile signifiait le passage de la jeune reine en Suède, les autres, remarquant que la

1. Alexandre Samoïlov était depuis 1792 procureur général du Sénat.

citadelle et les tombeaux des souverains se trouvant vers les lieux où l'étoile avait paru tomber, disaient en secret et en tremblant que cela annonçait la mort prochaine de l'impératrice. Je dis "en tremblant" et "tout bas" parce que "mort" et "impératrice" sont deux mots qu'on ne peut trouver ensemble en Russie sans blasphème et sans danger. » Au cours des semaines qui suivirent, nul incident ne vint perturber le train-train officiel d'une impératrice vieillissante, mais toujours alerte intellectuellement.

Catherine ne manquait pas de projets. Elle venait de confier à Élisabeth Vigée-Lebrun l'exécution de son portrait : le dimanche qui précéda sa mort, soit le 2 novembre, cette dernière alla, le matin après la messe, présenter le portrait qu'elle avait fait de la grande-duchesse Élisabeth[1] : « L'impératrice vint à moi, m'en fit compliment, puis me dit : "On veut absolument que vous fassiez mon portrait, je suis bien vieille ; mais enfin, puisqu'ils le désirent tous, je vous donnerai la première séance d'aujourd'hui en huit." » Le mardi 4 novembre, Catherine organisa dans ce qu'elle appelait son « petit Ermitage » une réception dans l'intimité. Elle s'y montra particulièrement gaie, commentant les nouvelles du jour : un vaisseau venu de Lübeck avait annoncé une récente défaite du général Moreau[2], contraignant les armées révolutionnaires à repasser le Rhin. Dans

1. Élisabeth Alexeïevna, princesse de Bade, était depuis 1793 l'épouse du grand-duc Alexandre.

2. Alors commandant en chef de l'armée du Rhin, ce brillant général républicain servit avec talent les intérêts de la France révolutionnaire. Soutien de Napoléon Bonaparte lors du coup d'État du 18 Brumaire, Moreau devint cependant critique à l'égard du nouveau régime. Contraint à l'exil et rallié à la coalition des monarchies européennes, Moreau fut mortellement blessé à la bataille de Dresde le 27 août 1813. L'église catholique Sainte-Catherine de Saint-Pétersbourg abrite son tombeau.

un billet badin, Catherine en avait informé l'ambassadeur d'Autriche, Ludwig von Cobenzl : « Je m'empresse d'annoncer à l'excellente Excellence que les excellentes troupes de l'excellente cour ont complètement battu les Français. » Puis elle passa la soirée à s'amuser des facéties de Léon Narychkine, son fidèle bouffon, en lui marchandant des babioles qu'il avait dans les poches, tel un mercier ambulant. Elle le gronda aussi de l'annonce qu'il fit de la mort de Victor-Amédée de Sardaigne, passé peu de temps auparavant par Saint-Pétersbourg. « Cependant elle se retira quelques instants plus tôt qu'à l'ordinaire, écrit Masson, se sentant, disait-elle, de légères coliques pour avoir trop ri. »

Derniers sacrements

La nuit fut apparemment normale. La journée du mercredi 5 novembre commence de façon habituelle : Catherine se lève tôt, s'habille et boit son café avant de consacrer quelques instants au travail solitaire. Mais elle ne sonne pas à 9 heures, ainsi qu'elle en a la coutume. Inquiets de son silence, ses femmes de chambre et ses valets entrent chez elle. Ne la trouvant pas dans sa chambre, ils la découvrent effondrée dans sa « garderobe » – pièce d'usage pour la chaise percée : « Elle était déjà sans connaissance et sans mouvement. On courut chez le favori qui logeait en dessous, on appela les médecins : le tumulte et la consternation se répandent autour d'elle », témoigne encore Masson.

Le docteur Rogerson[1] prescrit saignées et lavements, traitements classiques « qui font leur effet ordinaire. Elle

1. Après avoir guéri le fils de la princesse Dachkov de la diphtérie, l'Anglais John Samuel Rogerson devint médecin de la Cour en 1769.

vit encore : le cœur palpite ; mais aucun autre signe de mouvement ». Voyant l'état désespéré de Catherine, Zoubov avertit les plus hauts dignitaires de l'Empire : Alexandre Bezborodko – ministre des Affaires étrangères –, le général Saltykov – président du collège de la Guerre –, le procureur général Samoïlov, l'indispensable Alexeï Orlov[1] et le métropolite Gabriel. À 11 heures, heure à laquelle l'impératrice fait habituellement appeler les grands-ducs, la famille est informée de l'incident. Les grandes-duchesses, qui entretiennent des relations affectueuses avec leur grand-mère, sont effondrées. En larmes également, le grand-duc Alexandre montre un visage perturbé. En début d'après-midi, la nouvelle commence à se répandre, plongeant Saint-Pétersbourg dans l'angoisse. « De mes jours je n'ai vu une alarme aussi vive se propager généralement », remarque Mme Vigée-Lebrun. Que réservait l'avenir ? Certains redoutaient une révolution. La plupart s'inquiétaient de la venue au pouvoir de Paul, dont la bizarrerie était bien connue. Catherine n'avait-elle pas pris des dispositions particulières pour sa succession ? Une opinion assez répandue croyait en l'existence d'un manifeste qui aurait déshérité Paul au profit d'Alexandre. Faisant allusion au sort de la Russie après sa mort, Catherine n'évoquait en effet jamais le règne de son fils et désignait toujours son petit-fils comme successeur.

Les minutes, les heures s'écoulent. L'impératrice gît, immobile et muette, dans l'incapacité de dicter ses dernières volontés. « L'anxiété allait toujours croissant ; elle était affreuse pour tout le monde ; car non seulement on adorait Catherine, mais on avait une telle peur du règne

1. Complice de la première heure, Alexeï Orlov avait été favori de l'impératrice, comme son frère Grigori. Commandant les forces navales, il est resté jusqu'à la fin un interlocuteur privilégié de l'impératrice.

de Paul ! », résume la célèbre portraitiste. Les dissensions entre la mère et le fils n'avaient cessé d'augmenter avec les années. Paul ne pardonnait pas à Catherine la mort violente de son père, tué au cours d'une partie de chasse, peut-être avec la complicité de son épouse. De ce dernier, il avait le caractère irrationnel. Et le rejet que Catherine lui témoignait fournit la meilleure preuve de ce qu'il était bien le fruit de ce mari tant haï. Depuis quelque temps, Catherine était horrifiée par l'obsession prussienne de Paul, qui avait transformé son domaine de Gatchina en caserne rigide et en champ de manœuvre[1]. Elle se méfiait également de l'influence de Catherine Nelidova[2], dont Paul voulait faire sa favorite officielle, et défendait sa bru, pour qui elle avait une grande estime. De son côté, l'héritier ne pouvait souffrir Zoubov. Catherine avait essayé à plusieurs reprises d'obtenir la renonciation de son fils à la couronne, faisant tour à tour pression sur le précepteur La Harpe[3], sur l'épouse de Paul, et sur Alexandre lui-même, sans succès. Tandis que l'impératrice agonise, murée dans son silence, alors que rien ne semble définitivement fixé pour sa succession, Bezborodko et les autres conseillers choisissent la prudence et le respect de

1. Vivant dans l'admiration des prouesses de Frédéric II, Paul se consacrait essentiellement à régler les détails des revues de sa troupe de Gatchina, indifférent au froid et à la fatigue, imposant à ses hommes de longues heures d'entraînement.

2. Dame de compagnie et amie de la grande-duchesse Maria Fedorovna, Catherine Nelidova suscita une intense passion chez Paul, qui réussit à convaincre son épouse du caractère strictement platonique de cette relation. Les deux femmes finirent par unir leurs influences pour modérer le caractère de l'héritier.

3. Le Vaudois Frédéric-César de La Harpe fut le précepteur des grands-ducs Alexandre et Constantin de 1784 à 1795. Disciple de Rousseau, il fut moins jacobin et républicain que le soutint longtemps l'historiographie. Sa correspondance entretenue avec les membres de la famille impériale russe révèle en effet un homme modéré et réfléchi.

la procédure usuelle : ils appellent l'héritier au chevet de sa mère.

L'inconvenance de Paul

Aussitôt arrivé au palais d'Hiver, Paul se dépense sans compter. Il donne des ordres et s'attache à régler de nombreux détails. Vers 22 heures, un grand cri poussé par l'impératrice attire dans sa chambre médecins et proches. Elle retombe cependant aussitôt dans l'état de profonde torpeur qui était le sien depuis le matin. À l'aube, Paul prie le métropolite Gabriel de donner les derniers sacrements à l'impératrice qui commence son deuxième jour d'agonie. Il fait nommer ses fils, les grands-ducs, colonels des différents régiments de la garde impériale[1] et prend lui-même la tête du prestigieux régiment Préobrajensky, créé par Pierre le Grand pour ses plus proches compagnons. Le palais se remplit peu à peu d'officiers accourus de Gatchina. Leur uniforme « était si grotesque et si nouveau qu'ils paraissaient des revenants d'un autre siècle », écrit Masson. Aux alentours du palais, d'innombrables voitures obstruaient les rues. Tous ceux qui y avaient quelque connaissance y passaient la journée en attendant ce qui allait survenir.

L'entourage de Catherine s'efforce de gagner la faveur du nouveau maître : Bezborodko, qui n'est pas sorti des appartements impériaux depuis près de trente heures, offre un visage désespéré, entre tristesse de perdre un être cher et effroi de son sort futur. Plaidant sa cause auprès de Rostopchine, il demande la grâce de ne pas être

1. Alexandre Pavlovitch commande le régiment Semionovsky, Constantin Pavlovitch le régiment Izmaïlovsky et Nicolas Pavlovitch le régiment de la garde à cheval.

démis de ses fonctions. Averti, Paul lui fait savoir qu'il compte sur son soutien, « connaissant son talent et ses capacités dans les affaires », rapporte Rostopchine. Tout ralliement était bon à prendre pour celui qui quelques heures auparavant pouvait encore douter de sa capacité à s'imposer. L'héritier confie sans tarder à Bezborodko la préparation de l'ordre de succession au trône et envoie Rostopchine au Sénat. À 13 heures, Paul fait dresser une table dans un couloir derrière la chambre à coucher de l'impératrice et prend son repas en compagnie de son épouse. À 15 heures, il commence la fouille systématique des papiers de sa mère : de cette conduite inconvenante naquit le bruit qu'il avait détruit le testament de Catherine dans lequel elle transmettait le pouvoir à son petit-fils Alexandre. Bezborodko lui aurait désigné un document que Paul aurait jeté au feu. Il lit sans émotion apparente un cahier qui lui est destiné : « À mon fils Paul. » Puis il lance l'opération de nettoyage : il renvoie ainsi chez lui le prince Fedor Bariatinsky, chambellan de l'impératrice, présent en 1762 lors de la mort de Pierre III. Il convoque à nouveau Bezborodko : n'y a-t-il pas une affaire qui ne peut pas attendre ? Il fait aussi venir plusieurs fois Zoubov, s'adressant à lui avec une étonnante bienveillance, alors que la foule des courtisans s'est déjà éloignée du favori comme d'un pestiféré.

L'atmosphère générale et l'attitude de Paul étaient peu respectueuses de l'événement en cours. Les derniers instants d'un puissant ne sont-ils que l'ultime obstacle à l'épanouissement d'un nouveau pouvoir ? « En vérité, note Masson, il semble aussi que la mort d'un souverain ne fut qu'un entracte de comédie, tant sa personne occupe peu ceux qui l'environnent et même ses enfants. » Les yeux clos, inerte sur son matelas, le visage étonnamment pourpre, Catherine offre le terrible spectacle d'une lente agonie. La fidèle Maria Perekoussikhina, dame de compagnie et confidente, lui prodigue des soins incessants, ajustant sa tête, ses jambes, ses bras, essuyant ses lèvres humectées d'une bave rose. Enfin, à 21 heures, le docteur Rogerson annonce que la fin est imminente. Rostopchine consigne les derniers instants : « Entrèrent alors dans la chambre les grands-ducs et les grandes-duchesses, Alexandre et Elena, et avec eux Mme de Lieven, dame de compagnie, et derrière elle le prince Zoubov, ainsi que le comte Osterman [chancelier de l'Empire], Bezborodko et Samoïlov. [...] À droite de l'impératrice se tenaient l'héritier, son épouse et ses enfants ; au chevet [Sergueï] Plechtcheev [ami proche de Paul] et moi-même, appelés pour l'occasion ; à gauche, les docteurs et les domestiques de Catherine. Sa respiration se fit difficile et rare ; le sang lui monta à la tête, puis reflua du visage qui retrouva son aspect naturel. Le silence de tous les assistants, la fixité des regards dirigés vers le même objet, l'absence de toute pensée profane, la demi-obscurité qui régnait dans la pièce, tout inspirait l'effroi et annonçait que la mort était là. Alors que sonnait dix heures et quart, la Grande Catherine respira une dernière fois. » Elle avait soixante-sept ans et avait régné trente-quatre ans et quatre mois. Sur la place du Palais une foule immense s'était massée, silencieuse et tranquille.

La morte et le revenant

Paul peut faire son entrée sur la scène impériale. En coulisse, il avait pris un soin maniaque à tous les préparatifs. Le rideau allait se lever sur un spectacle macabre : l'enterrement commun de Catherine II et de Pierre III, l'époux détesté dont l'assassinat avait jadis porté sur le trône de Russie la petite princesse d'Anhalt-Zerbst. Le premier acte n'a rien de suspect : le maître des cérémonies,

Valouïev, prévient que la chapelle du palais va accueillir le serment au nouvel empereur. Tous les membres de la famille et les dignitaires militaires et civils sont convoqués. Après lecture des Évangiles et récitation des prières, chacun prête allégeance à Paul « devant Dieu ». Le nouvel empereur vient ensuite saluer la dépouille de sa mère. Avant de se rendre au Sénat et clore ainsi sans incident particulier cette nuit mémorable, Paul convoque Rostopchine : « Tu es fatigué et moi aussi, mais va s'il te plaît avec Arkharov chez le comte Orlov et fais-lui prêter serment. Il n'était pas au palais et je ne veux pas qu'il oublie le 28 juin. Dis-moi demain comment votre affaire s'est passée. »

Paul souhaite venger la mémoire bafouée de son père. Le 28 juin 1762 était la date du complot qui porta sa mère au pouvoir, bientôt suivi par l'assassinat le 6 juillet de Pierre III, peut-être par Alexeï Orlov, au palais de Ropcha, dans les environs de Saint-Pétersbourg. Réveillé dans son sommeil, le vieil Orlov prête serment sans ciller. Paul réserve pour les jours suivants un effet de surprise : « Le nom de Pierre III, qu'on n'avait osé prononcer depuis trente-cinq ans [*sic*], parut soudain à la tête du cérémonial de deuil et d'enterrement », se souvient Masson. Tandis qu'au palais d'Hiver on embaume le corps de Catherine, Paul fait déterrer à la laure Saint-Alexandre-Nevski, prestigieux monastère de Saint-Pétersbourg, le cadavre de son père. De vieux moines désignent l'emplacement de la tombe. Le tsar fait ouvrir le cercueil et se recueille devant les restes, un tas d'ossements et un gant. Les cérémonies parallèles peuvent commencer : les services funéraires sont accomplis de façon concomitante, l'un auprès de la dépouille de Catherine placée sur un lit de parade dans la salle de bal du palais, l'autre dans l'église de la laure où est exposé le cercueil de son père. Paul fait rechercher les officiers qui avaient été proches de Pierre III en ce funeste jour de 1762 : le vieux baron Ungern-Sternberg, compagnon d'armes, est ainsi nommé général en chef.

Le 25 novembre, la dépouille du revenant est couronnée en présence des Suisses en grande tenue de deuil ainsi que des maréchaux de la noblesse. Paul répare un oubli : Pierre III avait en effet négligé de se faire couronner durant son règne si court. Le 2 décembre, sous un soleil éclatant, le cercueil de Pierre III est transféré en grande pompe au palais d'Hiver. Paul a lui-même fixé l'ordre du cortège. Il marche derrière la dépouille de son père, accompagné de la tsarine et de toute la famille, suivi des assassins de son père assumant cette corvée cruelle avec dignité. Orlov domine de sa grande taille le cortège, portant sur un coussin la couronne du royaume de Kazan, symbole des conquêtes impériales. L'apothéose de cette comédie macabre devait être la réunion posthume des époux : le 5 décembre, les deux cercueils sont acheminés ensemble du palais d'Hiver à la forteresse Pierre-et-Paul, lieu de sépulture officielle des souverains russes. Élisabeth Vigée-Lebrun est le témoin de cette étrange marche : « Je vis de ma fenêtre cette lugubre cérémonie comme on voit un spectacle des premières loges. Le cercueil de l'empereur défunt était précédé par un chevalier de la Garde, armé de pied en cap d'une armure d'or ; celui qui marchait devant le cercueil de l'impératrice n'avait qu'une armure de fer [...]. Paul suivait le cortège à pied, tête nue, avec sa femme et toute la Cour, qui était très nombreuse et dans le plus grand deuil. Les dames avaient de longues robes à queue et d'immenses voiles noirs qui les entouraient. Il leur fallut marcher ainsi dans la neige par un froid horrible, depuis le palais jusqu'à la forteresse, qui est à une fort grande distance de l'autre côté de la Neva. Au retour, j'en vis quelques-unes qui étaient mourantes de fatigue. »

Mise en scène lugubre

Les cercueils sont présentés à la vénération populaire pendant deux semaines. La dépouille de Catherine a pris un aspect terrifiant. Le corps, mal embaumé, jaune, bleu, noir, offre un contraste terrible avec les richesses qui couvrent son cadavre et le voisinage sordide des restes de son époux assassiné. La foule n'apprécie guère cette mise en scène lugubre : l'affront fait à l'impératrice est à l'opposé des plus élémentaires hommages dus aux défunts. Le 18 décembre, les deux cercueils sont mis en terre, en présence de toute la famille impériale et sans la moindre cérémonie. Le temps était doux, avec de la neige. Aujourd'hui encore, les deux tombeaux parallèles témoignent de la folie macabre de Paul Ier ; ils portent toujours l'inscription dictée par le tsar : les dates de naissance respectives et la date d'enterrement commun. Toute cette affaire alimente le doute sur la santé mentale du nouveau souverain.

Quelques années auparavant, Catherine – d'humeur facétieuse – avait imaginé une tout autre épitaphe : « Ci-gît Catherine seconde, née à Stettin le 21 avril (2 mai) 1729. Elle passa en Russie l'an 1744, pour épouser Pierre III. À l'âge de quatorze ans, elle forma le triple projet de plaire à son époux, à Élisabeth et à la nation. Elle n'oublia rien pour y réussir. Dix-huit années d'ennui et de solitude lui firent lire bien des livres. Parvenue au trône de Russie, elle voulut le bien et chercha à procurer à ses sujets bonheur, liberté et propriété. Elle pardonnait aisément et ne haïssait personne. Indulgente, aisée à vivre, d'un naturel gai, l'âme républicaine et le cœur bon, elle eut des amis. Le travail lui était facile ; la société et les arts lui plaisaient. »

Catherine fut indéniablement une personnalité de premier plan de la seconde moitié du XVIIIe siècle. Annexant la Pologne et la Crimée, elle fit de l'Empire russe une puissance incontestée. Paul tenta en vain d'effacer le règne personnel de sa mère, allant jusqu'à bouleverser les alliances traditionnelles de politique étrangère par un rapprochement avec la France bonapartiste. Malgré un règne bref – puisqu'il fut à son tour assassiné en 1801 –, il réussit à influer durablement sur le cours de la Russie : en modifiant la règle de succession en faveur de la primogéniture masculine, il créa l'impossibilité pour Nicolas II de confier le trône à sa fille aînée. La dynastie des Romanov était alors prise au piège du terrible secret de la maladie du tsarévitch Alexis. Cette décision lourde de conséquences trouve indéniablement sa source dans la haine de Paul pour sa mère.

Quant au « petit roi » qui avait causé la mort de la Grande Catherine, le destin eut raison de son entêtement. Contraint à l'abdication après l'invasion de la Finlande par le tsar Alexandre Ier, Gustave IV Adolphe de Suède s'épuisa dans une vie d'errance à travers l'Europe, avant de mourir alcoolique et pauvre dans une auberge de Saint-Gall, en Suisse.

Bibliographie sélective

Sources

Masson, Charles François Philibert, *Mémoires secrets sur la Russie sous les règnes de Catherine II et de Paul Ier*, Paris, Firmin-Didot, 1859.

Rostopčin, Fedor, « Poslednij den' žizni imperatricy Ekateriny II-j i pervyj den' carstvovanija imperatora Pavla I-go » [« Dernier jour de vie de l'impératrice Catherine II, premier jour de règne de l'empereur Paul Ier »], *Arkhiv knjazja Voroncova* [« Archives du prince Vorontsov »], Moscou, Kn. 8, p. 159-174.

Trofimovič, R. S., « Zapis' sovremennika o končine Ekateriny Velikoj » [« Écrit d'un contemporain sur la fin de Catherine la Grande »], *Russkij arkhiv*, Kn. 3, Vyp. 11, 1909, p. 202, 203.

Vigée-Lebrun, Louise Élisabeth, *Souvenirs*, Paris, H. Fournier, 1835-1837.

Études

Carrère d'Encausse, Hélène, *Catherine II*, Paris, Fayard, 2002.

Madagaria, Isabel de, *Catherine the Great : A short History*, New Haven, Yale University Press, 1991.

—, *La Russie au temps de la Grande Catherine*, Paris, Fayard, 1987.

Oldenbourg, Zoé, *Catherine de Russie*, Paris, Gallimard, 1966.

Raeff, Marc (éd.), *Catherine the Great. A profile*, Londres, Macmillan, 1972.

Troyat, Henri, *Catherine la Grande*, Paris, Flammarion, 1977.

Waliszewski, Kazimierz, *Le Roman d'une impératrice. Catherine II de Russie*, Paris, Perrin, 2011.

13

LES DEUX MORTS DE L'IMPÉRATRICE

Joséphine de Beauharnais
Rueil-Malmaison, 29 mai 1814

par Jean Tulard, de l'Institut

Immensément populaire de son vivant, Joséphine demeure un mythe indissociable d'un lieu, Malmaison, et surtout d'un homme : Napoléon. Contemporaine de la crise de 1814, sa disparition brutale émeut d'autant plus qu'elle s'était montrée d'une grande dignité lors de son divorce en 1809. Ainsi la mort politique précède-t-elle chez elle de cinq ans la mort physique ; combinaison que l'on retrouve peu ou prou chez son illustre mari, définitivement chassé après les Cent-Jours et qui allait expier sa grandeur pendant sa captivité sordide de cinq ans et demi à Sainte-Hélène.

Le 30 novembre 1809, à l'issue d'un dîner aux Tuileries, l'empereur Napoléon resté en tête à tête avec l'impératrice Joséphine lui fait connaître son intention de divorcer. C'est le point culminant d'une crise qui couvait depuis plusieurs mois et le terme d'une longue histoire d'amour.

Tout a commencé par une rencontre, probablement le 10 octobre 1795, qui se conclut par un mariage le 9 mars 1796 et une première séparation le 11.

Le général Bonaparte, qui vient de s'illustrer le 13 Vendémiaire en matant l'insurrection royaliste contre la Convention, tombe amoureux fou de Marie-Josèphe-Rose, dite Joséphine, de La Pagerie, veuve du général Alexandre de Beauharnais. Née en 1763, elle est encore d'une grande sensualité et ses origines aristocratiques lui donnent un charme supplémentaire sous cette révolution finissante.

Bonaparte est vite séduit. Il n'a encore connu de l'amour qu'une jeune prostituée au Palais-Royal, l'épouse d'un représentant en mission, s'il faut l'en croire, et sa fiancée Désirée Clary dont il se vantera à Sainte-Hélène d'avoir pris le pucelage. C'est peu. Il est au demeurant peu exigeant, réputé par la suite aussi rapide au lit qu'à table. Joséphine, elle, a de l'expérience. Elle a été formée par Alexandre de Beauharnais qui aurait servi de modèle à Choderlos de Laclos pour son Valmont des *Liaisons dangereuses*. Une référence.

Après la première nuit, Bonaparte ne peut plus se passer de sa belle créole. Mais celle-ci ne manifeste aucun enthousiasme. Barras, homme fort du Directoire, dont elle a été la maîtresse, l'aurait poussée à faire une fin. Elle commence à se faner, elle a deux enfants, Eugène et Hortense, qu'il faut établir. Épouser un général en vue qui part en campagne en Italie peut être une bonne affaire. Combien se sont déjà enrichis par le pillage ? Et l'Italie est riche… Va donc pour Bonaparte !

Celui-ci est de plus en plus amoureux, mais parvient à maintenir un équilibre entre sa flamme et les exigences de la guerre. Plus tard, Joubert sera moins heureux, ce qui vaudra à ce tout juste jeune marié d'être tué à Novi.

Séparé de Joséphine, Bonaparte ne cesse de la supplier de le rejoindre, pourtant elle n'en a nulle envie. Un lieutenant est sa nouvelle passion : Louis-Hippolyte Charles, peu versé, semble-t-il, dans l'art de la guerre, mais expert dans celui d'aimer. Tout Paris connaît cette liaison que seul le général ignore. Et quand elle retrouve son époux à Milan, le 13 juillet 1796, c'est accompagnée de l'amant. Deux jours d'idylle seulement car la campagne a ses exigences. Bonaparte revoit Joséphine à Brescia, le 25 juillet, mais l'épouse laisse paraître sa lassitude et ne rêve que de quitter l'Italie. Elle obtient enfin l'autorisation de partir après une entrevue orageuse à Milan où Bonaparte commence à avoir des doutes sur sa fidélité.

Joséphine n'a pas encore compris qu'elle a lié son destin à celui du futur maître de l'Europe.

Bonaparte part seul pour l'Égypte. Elle doit le rejoindre mais s'en garde bien. Charles a plus d'attrait que l'Orient. C'est au Caire, grâce aux confidences de Murat et de Junot, que Bonaparte aura la certitude de son infortune conjugale. De retour en France, il pardonne, car il a besoin des relations politiques de son épouse, mais le charme est rompu. Désormais, il multiplie les maîtresses, comme la Grassini lors de la seconde campagne d'Italie. Et c'est Joséphine qui devient jalouse.

Aux lettres enflammées du jeune général à l'envoûtante créole succèdent des lettres passionnées de l'épouse à un mari de plus en plus froid. Exemple d'échange de lettres de Joséphine à Napoléon : « Oui, ma volonté est de te plaire, de t'aimer ou plutôt de t'adorer » ; et Napoléon de répondre : « Je suis bien portant. La pluie, le vent et le froid ne me font rien. »

La façade officielle est respectée mais la flamme s'éteint. Joséphine pressent le danger d'une séparation. Elle goûte maintenant les avantages d'être l'épouse du Premier Consul, de jouir d'une cour et d'une liste civile qui permet de satisfaire les caprices d'une femme très dépensière, trop pour Napoléon, resté économe. Sans doute éprouve-t-elle aussi admiration et affection pour celui qu'elle appelait avec commisération « le chat botté » et qui devient empereur des Français.

Cinq ans de réflexion

Elle manœuvre habilement. La veille du sacre, le 1er décembre 1804, elle fait savoir au pape qu'elle n'est pas mariée religieusement avec Napoléon. Il faut procéder dans la nuit à une cérémonie présidée par le cardinal Fesch, oncle de l'Empereur. Et lorsque David peint, non sans difficultés, le sacre lui-même, Joséphine lui suggère de représenter Napoléon la couronnant elle-même : elle devient ainsi le centre de la cérémonie. Dans ses douteux Mémoires, Laure d'Abrantès trouve les mots pour raconter la scène : « Il jouissait en regardant l'impératrice s'avancer vers lui ; et lorsqu'elle s'agenouilla, lorsque les larmes, qu'elle ne pouvait retenir, roulèrent sur ses mains jointes qu'elle élevait bien plus vers lui que vers Dieu, dans le moment où Napoléon, ou plutôt Bonaparte, était pour elle sa véritable providence, alors il y eut entre ces deux êtres une de ces minutes fugitives, uniques dans toute une vie et qui comblent le vide de bien des années. » Difficile ensuite pour Napoléon de s'en séparer.

En réalité, le passage du Consulat à vie à l'Empire héréditaire la condamne. Elle ne peut en effet donner d'héritier à Napoléon. De nombreux médecins se sont penchés sur les causes de cette ménopause précoce : suites d'un avortement, ou de son emprisonnement sous la Terreur, quand la guillotine était une menace quotidienne ? Mais l'Empire reste fragile, impossible même, sans postérité. Napoléon, par un vieux fonds d'attachement, a longtemps hésité avant de répudier Joséphine. L'adoption dans la tradition romaine n'est guère possible en France. Certes, le fils de Louis, frère de Napoléon, et d'Hortense, fille de Joséphine, Napoléon Louis-Charles, aurait pu être l'héritier de l'Empire, mais il meurt le 5 mai 1807. Joseph n'a que des filles. Lucien et Jérôme ont été écartés de la succession. Sans lien du sang, l'hérédité perd son sens.

De plus, Napoléon acquiert la conviction à deux reprises que la stérilité n'est pas de son côté, comme a tenté de le lui faire croire son épouse. Il aura deux bâtards : le comte Léon le 13 décembre 1806, et Alexandre Walewski le 4 mai 1810.

Dès lors, le sort de Joséphine est scellé. De la vie privée on passe dans la vie publique. La raison d'État prime le sentiment, Roméo et Juliette laissent la place à Titus et Bérénice avec quelques nuances.

Le dernier voyage du couple impérial sera pour Bordeaux, Bayonne et la Vendée en 1808. « Je suis près de l'Empereur ; chaque jour semble le rendre encore plus aimable et plus parfait pour moi », écrit Joséphine à son fils Eugène. C'est un succès pour elle. Partout elle séduit : élégante, toujours affable, « alliant la grâce à la bonté », selon les discours officiels.

Joséphine accompagne encore Napoléon jusqu'à Strasbourg au moment de la campagne en Autriche de 1809. Elle a auprès d'elle sa fille Hortense, brouillée avec Louis, roi de Hollande, et Stéphanie de Beauharnais, sa cousine, en froid avec son mari, le grand-duc héritier de Bade, mais déjà l'impératrice devine que la Cour la délaisse. La séparation se rapproche, à la joie du « clan » Bonaparte qui l'a toujours détestée. Faut-il voir un signe prémonitoire dans la façon dont Napoléon, dans une lettre du 31 mai 1809, lui apprenant la mort du maréchal Lannes, conclut : « Ainsi tout finit » ?

Les lettres suivantes manquent singulièrement de chaleur : « Adieu mon amie, tu connais mes sentiments pour Joséphine, ils sont invariables », ou encore : « Adieu mon amie, je me porte fort bien. » Nous sommes loin des missives enflammées de 1796.

Et c'est le fatal dîner du 30 novembre 1809 aux Tuileries. Joséphine s'évanouit en apprenant les intentions de Napoléon, si l'on en croit le récit tant de fois reproduit des Mémoires du préfet du palais Bausset. Des Mémoires écrits en réalité par un « teinturier » – peut-être Balzac – qui ne manquait pas d'humour. Alors que le préfet transporte Joséphine, en apparence évanouie, vers ses appartements, celle-ci lui parle à l'oreille pour lui dire qu'il la serre de trop près avec son épée. Le discours que le « teinturier » prête à Napoléon dans ces circonstances ne manque pas de vérité : « L'intérêt de la France et de ma dynastie a fait violence à mon cœur. Le divorce est devenu un devoir rigoureux pour moi. Je suis d'autant plus affligé de la scène que vient de faire Joséphine que, depuis trois jours, elle a dû savoir par Hortense la malheureuse obligation qui me condamne à me séparer d'elle. Je la plains de toute mon âme, je lui croyais plus de caractère et je n'étais pas préparé aux éclats de sa douleur. »

Plus authentique est le témoignage de Pasquier, alors au Conseil d'État et qui va devenir préfet de police :

« Je n'oublierai jamais la dernière soirée dans laquelle l'impératrice délaissée fit encore les honneurs de sa cour. C'était la veille du jour où devait se prononcer la dissolution de son mariage. Il y avait un grand cercle, un souper était, suivant l'usage, servi dans la galerie de Diane, sur un grand nombre de petites tables. Joséphine était assise à celle du milieu, et les hommes circulaient autour d'elle, recherchant cette inclinaison de tête toute gracieuse qu'elle avait l'habitude de faire aux hommes qu'elle connaissait. Je restai quelques minutes à peu de distance d'elle, et je ne pus m'empêcher d'être frappé de la parfaite convenance de son maintien en présence de tout ce monde qui l'entourait encore d'hommages et qui ne pouvait ignorer que c'était pour la dernière fois, que dans une heure elle descendrait du trône et quitterait le palais pour n'y jamais rentrer. Il n'appartient qu'aux femmes de surmonter les difficultés d'une pareille situation, mais je doute qu'on eût pu en trouver une seconde capable de s'en tirer avec une grâce et une mesure aussi parfaites ; la contenance de Napoléon fut moins bonne que celle de sa victime. »

Les larmes de l'Empereur

Le soir du 15 décembre, dans la salle du trône, aux Tuileries, se déroule la cérémonie officielle en présence de la famille impériale, des grands officiers de la couronne et des dames du palais de l'impératrice.

Napoléon parle rapidement pour exprimer ses regrets, puis Joséphine, en larmes, lit un texte qu'elle ne peut achever, laissant ce soin à Regnaud de Saint-Jean-d'Angély : « Avec la permission de notre auguste et cher époux, je dois déclarer que, ne conservant aucun espoir d'avoir des enfants qui puissent satisfaire les besoins de sa politique et l'intérêt de la France, je me plais à lui donner la plus grande preuve d'attachement et de dévouement qui ait jamais été donnée sur terre. Je tiens tout de ses bontés ; c'est sa main qui m'a couronnée ; et du haut de ce trône, je n'ai reçu que des témoignages d'affection et d'amour du peuple français. »

Le lendemain, après avoir entendu un discours d'Eugène où se trouve la fameuse formule : « Les larmes qu'a coûtées cette résolution à l'Empereur suffisent à la gloire de ma mère », le Sénat vote un sénatus-consulte enregistrant la dissolution du mariage civil par 76 voix contre 7 et 4 bulletins blancs.

Article 1. Le mariage contracté entre l'empereur Napoléon et l'impératrice Joséphine est dissous.

Article 2. L'impératrice Joséphine conservera les titre et rang d'impératrice-reine couronnée.

Article 3. Son douaire est fixé à une rente annuelle de 2 millions de francs sur le Trésor de l'État.

Article 4. Toutes les dispositions qui pourront être faites par l'Empereur en faveur de l'Impératrice sur les fonds de la liste civile seront obligatoires pour ses successeurs.

Article 5. Le présent sénatus-consulte sera transmis par un message à S.M. l'impératrice.

L'annulation religieuse est prononcée par l'officialité diocésaine de Paris le 9 janvier 1810, confirmée le 11.

Le 16 décembre, Joséphine quitte définitivement les Tuileries pour Malmaison. La reine Hortense raconte dans ses Mémoires :

« De bonne heure, je me rendis près de ma mère. Son salon était rempli de toutes les dames du palais qui pleuraient de ce départ. Je redoutais beaucoup pour elle ce moment d'attendrissement, car, selon moi, le plus pénible était passé. Quitter une cour n'était pas quitter un lieu de bonheur et je menai ma mère dans la voiture pendant que l'Empereur était au Conseil. Il lui avait dit adieu auparavant. Je n'avais pas été témoin de cette scène, mais j'imaginais tout ce qu'elle avait eu de déchirant. Notre route jusqu'à la Malmaison fut triste et silencieuse. En entrant dans ce lieu qu'elle aimait tant, son cœur était oppressé. “S'il est heureux, dit-elle, je ne m'en repentirai pas”, et ses yeux étaient constamment remplis de larmes. »

Le château, construit en 1610 pour le conseiller au parlement de Paris Christophe Perrot, avait été acheté par Joséphine le 21 avril 1799, alors que Bonaparte était en Égypte. Celui-ci, après Brumaire, réglera en son nom propre les sommes encore dues, mais, à la suite du divorce, renoncera à ses droits en faveur de sa première épouse.

Dès 1800, Percier et Fontaine ont modernisé le vieil édifice, multipliant les réminiscences antiques. Leur succèdent Lepère, puis Vignon, et enfin Berthaut qui aménage la salle à manger, le salon et la chambre de l'impératrice.

Le domaine comprend alors 726 hectares avec les châteaux de Buzenval, la Chaussée et Bois-Préau acquis en 1810.

Même lorsque Bonaparte y résidait, Malmaison était la propriété de Joséphine. C'est elle qui présidait aux aménagements et agrandissements, dépensant des sommes énormes à la grande colère de Napoléon. Tentures, statues, tableaux, fleurs, cages d'oiseaux exotiques : tout porte ici la marque de Joséphine. Elle est désormais seule maîtresse des lieux et Malmaison sera son tombeau.

Napoléon, quant à lui, avait gagné Trianon où il resta huit jours dans un « désœuvrement inaccoutumé », selon le témoignage de son secrétaire Méneval.

Joséphine disposait d'une maison qui occupe une page de l'*Almanach impérial.*

Premier aumônier : Mgr Barral, archevêque de Tours ; dame d'honneur : la comtesse d'Arberg, assistée de dix dames du palais. L'ex-impératrice a droit à un chevalier d'honneur, le baron de Beaumont, et à dix chambellans : Turpin-Crissé, Viel-Castel et Montholon – le futur compagnon d'infortune de Sainte-Hélène –, entre autres. Son premier écuyer est le baron de Monaco. L'entourent également une lectrice, Mme Gazzani, un intendant général, Montlivault, et un secrétaire des commandements, Deschamps. Un entourage peu distrayant.

Du moins la table est-elle bonne et la cave excellente. On y trouve les meilleurs crus de Bourgogne, plusieurs bordeaux et du Dom Pérignon que semble apprécier Joséphine.

Le déjeuner se prend à 11 heures, parfois dehors, et s'achève vers midi. À 14 heures, le chambellan de service fait la lecture des dernières nouveautés parisiennes. Puis c'est la promenade en calèche ou parfois en barque. Vient l'heure du dîner, à 18 heures. Il dure une heure. Puis on passe au salon. La soirée se partage entre le jeu et la conversation. Une légère collation est proposée à 23 heures et à minuit on éteint les lumières. Les jours passent et le temps fait son œuvre.

Le lendemain de son départ des Tuileries, Napoléon lui fit visite. Tous les jours il envoyait un page avec une lettre. Il l'invitait à dîner au Trianon. Ce soir-là, selon la reine Hortense, « l'Empereur essuya deux ou trois fois ses yeux sans rien dire ».

Mais le temps passe, l'éloignement fait son œuvre et les lettres de Napoléon se font toujours plus froides.

21 décembre 1809 : « Hortense que j'ai vue cet après-midi m'a donné, mon amie, de tes nouvelles. J'espère que tu auras été voir aujourd'hui tes plantes, la journée ayant été belle. Je ne suis sorti qu'un instant, à 3 heures, pour tirer quelques lièvres. Adieu mon amie, dors bien. »

22 décembre : « Je voulais venir te voir aujourd'hui, mais je ne puis ; ce sera, j'espère, pour demain. Il y a bien longtemps que tu ne m'as donné de tes nouvelles. J'ai appris avec plaisir que tu t'étais promenée dans ton jardin pendant ces froids. Adieu, mon amie, porte-toi bien et ne doute jamais de mes sentiments. »

27 décembre : « Eugène m'a dit que tu avais été très triste hier. Cela n'est pas bien, mon amie, et contraire à ce que tu m'avais promis. J'ai été fort ennuyé de revoir les Tuileries. Ce grand palais m'a paru vide et je m'y suis trouvé isolé. Adieu, mon amie. Porte-toi bien. »

Remplacée mais regrettée

C'est la nouvelle impératrice qui occupe maintenant tous les esprits. Ce sera Marie-Louise, fille de l'empereur d'Autriche François Ier. Une Habsbourg, comme Marie-Antoinette. Le mariage civil est célébré dans la grande galerie du palais de Saint-Cloud et le mariage religieux dans le Salon carré du Louvre, le lendemain 2 avril 1810.

Joséphine est remplacée. Remplacée mais regrettée. « Joséphine avait en elle un attrait irrésistible », résume Méneval, qui loue sa grâce, l'égalité de son humeur, sa douceur et sa gentillesse avant d'ajouter : « On eût dit qu'elle était née pour le rôle que lui avait imposé l'élévation du rang où elle était montée avec lui [Napoléon]. » Quand arriveront les désastres, les soldats considéreront qu'elle était la « bonne étoile » de son illustre mari et qu'il a eu tort de s'en séparer. Lors des cérémonies du mariage de Napoléon avec Marie-Louise, elle doit non seulement quitter le palais de l'Élysée qui lui avait été attribué le 16 décembre 1809, mais aussi Malmaison, trop proche de Paris. La voilà contrainte de s'installer au château de Navarre, près d'Évreux, que l'Empereur lui a attribué le 11 mars 1810. Elle cache l'amertume que lui procure cet exil en entreprenant de grands travaux dans sa nouvelle demeure.

C'est que Marie-Louise est jalouse de Joséphine. Hortense le révèle dans ses Mémoires :

« Je dois penser au bonheur de ma femme, me dit l'Empereur. Les choses ne se sont pas arrangées comme je l'espérais. Elle est effarouchée des agréments de votre mère et de l'empire qu'on lui connaît sur mon esprit. Je le sais à n'en pas douter. Dernièrement je voulus aller me promener avec elle à la Malmaison. J'ignore si elle crut que votre mère y était, mais elle s'est mise à pleurer et je fus obligé de changer de direction. Quoi qu'il en soit, jamais je ne contraindrai l'impératrice Joséphine en rien. Je me souviendrai toujours du sacrifice qu'elle m'a fait. Si elle veut s'établir à Rome, je l'en nommerai gouvernante. À Bruxelles, elle peut encore y tenir une cour superbe et faire même du bien au pays. Près de son fils [Eugène, vice-roi d'Italie à Milan] et de ses petits-enfants, elle serait mieux encore et plus convenablement. Mais écrivez-lui que, si elle préfère vivre à la Malmaison, je ne m'y opposerai pas. »

Ce sera son choix.

La naissance du roi de Rome la bouleverse. Citons encore les Mémoires de la reine Hortense : « L'impératrice désirait vivement voir le roi de Rome. Mme de Montesquiou le mena un jour à Bagatelle où elle se rendit. Elle le caressa beaucoup, ne put s'empêcher de pleurer en l'embrassant et de s'écrier : "Ah ! cher enfant ! tu sauras peut-être un jour combien tu m'as coûté !" L'Empereur fit à ma mère une visite dont l'impératrice Marie-Louise éprouva de la peine. Il croyait cependant avoir pris ses précautions pour qu'elle l'ignorât. De peur de lui causer une nouvelle inquiétude, il n'y retourna plus. »

Joséphine se console comme elle peut avec un grand voyage en Suisse qui suit sa cure à Aix. Elle partage le reste de son temps entre Malmaison et Navarre.

Elle n'a jamais trahi Napoléon

Cependant, les événements s'accélèrent. Après le désastre de Russie en 1812, c'est la perte de l'Allemagne l'année suivante. L'ancienne impératrice suit avec angoisse cette accumulation de défaites. Napoléon a cessé, semble-t-il, de lui écrire depuis juin 1812. Comment ne penserait-elle pas à son fils Eugène, le vice-roi d'Italie, pris lui aussi dans la tourmente guerrière ? Ses lettres ne lui ont pas caché les horreurs de la retraite de Russie.

Désormais, Joséphine s'effondre moralement et sa santé en souffre. « Elle évoquait sans cesse Napoléon et accusait le ciel de les avoir séparés, d'avoir ôté à Napoléon la sauvegarde de sa présence », observe l'une de ses proches, Mlle Avrillon.

Elle prend l'initiative d'écrire une lettre à Napoléon, reproduite par Chevallier et Pincemaille dans leur biographie de l'impératrice. Pour la première fois depuis le Directoire ou le Consulat, elle prend des positions politiques. Elle invite par la suite Napoléon à renoncer au Grand Empire pour se limiter aux frontières naturelles de la France. Sans doute faut-il voir derrière cette attitude l'influence d'Hortense, qui se révèle en cette fin de l'Empire une tête politique et utilisera sa mère pour sauver ce qui reste de sa fortune.

Le pessimisme de Joséphine s'exacerbe. Mlle Avrillon note : « Il faut bien que je le déclare, comme je le pense, hautement et sincèrement, les malheurs de Napoléon sont pour beaucoup, sont peut-être pour tout, dans les causes qui ont amené la mort prématurée de Joséphine. »

La campagne de France la chasse, du 30 mars au 15 avril 1814, de Malmaison. Elle trouve refuge au château de Navarre.

L'entrée des Alliés à Paris lui porte un nouveau coup. Le déferlement de pamphlets contre l'Empereur l'écœure, la trahison de certains maréchaux la dégoûte.

Le 6 avril, Napoléon abdique sans conditions. Le traité de Fontainebleau lui attribue l'île d'Elbe, dérisoire royaume pour l'ancien maître de l'Europe. L'une de ses dernières pensées est pour Joséphine. Il lui écrit le 16 avril de Fontainebleau : « Adieu, ma chère Joséphine, résignez-vous ainsi que moi, et ne perdez jamais le souvenir de celui qui ne vous a jamais oubliée et ne vous oubliera jamais. »

Au moment où il disparaît de la scène politique, Joséphine devient subitement une icône. Elle a été la touchante victime de l'ambition démesurée de Napoléon qui l'a sacrifiée pour épouser une princesse autrichienne dont il croyait qu'elle lui assurerait l'alliance des monarques européens. Elle n'a jamais trahi sa confiance quand la trahison se glissait dans tous les rangs. Elle a toujours ménagé les royalistes, intervenant par exemple en faveur du marquis de Rivière, de Polignac et du duc d'Enghien lors de la grande conspiration de 1804. Tout le monde l'admire, y compris Marie-Louise, retournée par la reine Hortense. Une manœuvre, à laquelle se prête cette dernière, s'esquisse pour séparer les Beauharnais des Bonaparte et s'en servir comme caution d'une restauration monarchique. Si Eugène reste loyal, Hortense règle ses comptes avec son mari, Louis Bonaparte, et n'entend pas sombrer avec lui.

Le tsar Alexandre Ier veut connaître Joséphine. Il se fait annoncer la veille par le comte Tchernicheff et se présente le 17 avril à Malmaison. De retour de Rambouillet, où elle a rencontré Marie-Louise, Hortense s'étonne « de voir la cour remplie de Cosaques et tout le monde en mouvement. J'en demandai la raison. On me dit que ma mère se promenait dans le jardin avec l'empereur de Russie. J'allai les rejoindre et je les rencontrai près de la serre. Ma mère, heureuse et surprise de mon arrivée, m'embrassa avec tendresse et lui dit : “Voilà ma fille et mes petits-fils. Je vous les recommande.” Elle quitta le bras de l'empereur qui me l'offrit aussitôt… Nous nous trouvâmes ainsi, l'empereur Alexandre et moi, seuls, à quelques pas de tout le monde… Une froide réserve était le seul sentiment que je dusse montrer en présence du vainqueur de mon pays ».

Mais Alexandre sait briser la glace et Hortense s'y prête facilement. A-t-elle vraiment été surprise de voir le tsar chez sa mère ? Elle consacre plusieurs pages de ses Mémoires à justifier son attitude… qui lui sera beaucoup reprochée.

À la suite du tsar se pressent en effet tous ceux qui ont trahi l'Empire, comme Berthier ou Bernadotte, le roi de Prusse et les princes de la Confédération. Tous les vainqueurs de Napoléon se retrouvant chez Joséphine, il y a en effet de quoi être surpris.

Alexandre revient à plusieurs reprises. Il assure qu'il est prêt à offrir un palais en Russie à Joséphine, mais qu'aucun n'égalerait Malmaison, qu'il fera tout ce qui est en son pouvoir pour l'aider, ainsi qu'Hortense. Cette intimité entre les Beauharnais et Alexandre finit même par inquiéter les royalistes à Paris.

Pleurée par la France entière

Progressivement Hortense éclipse Joséphine qui décline. En vérité, la chute de Napoléon l'a bouleversée et elle peine à donner le change. Le 14 mai, lors d'une promenade en calèche chez le tsar, elle prend froid sous l'effet d'un temps humide et frais.

Désormais, elle paraît abattue, ayant du mal à parler, la respiration courte secouée de violentes quintes d'une toux sèche. Pourtant son médecin, le docteur Horeau, ne s'inquiète pas et diagnostique un simple rhume. Tout juste consent-il à lui poser un vésicatoire au cou et à lui faire boire un verre d'eau de Sedlitz. En réalité, Joséphine souffre d'une angine gangréneuse qui ravage un organisme affaibli par le chagrin. Le 23 mai, elle fait un gros effort pour recevoir le roi de Prusse ; le 24, elle endure une nouvelle réception. Est-ce par goût ou sous la pression de sa fille qui s'efforce de sauver ses biens qu'elle se prête à ces manifestations ?

Le 26 mai, elle se couche pour ne plus se relever. D'après Caulaincourt, elle « [...] vit approcher la mort avec résignation et sans regrets. Elle me disait encore, peu d'heures avant d'expirer, qu'elle avait oublié l'abandon de l'Empereur, qu'elle ne se rappelait que les marques de son attachement et qu'elle ne pouvait plus tenir à la vie, quand elle le savait si malheureux, sans pouvoir aller le consoler ». Dans son délire, on l'entend prononcer : « Bonaparte..., l'île d'Elbe, le roi de Rome. » Le 29, à midi, elle expire dans sa chambre de Malmaison, son fils Eugène auprès d'elle. Elle a cinquante et un ans, l'âge auquel Napoléon trouvera la mort à Sainte-Hélène. Ses obsèques ont lieu le 2 juin en l'église Saint-Pierre-Saint-Paul de Rueil, devant un parterre de maréchaux, d'ambassadeurs, d'anciennes dames du palais et d'artistes. C'est la France entière qui la pleure, comme si elle réconciliait pour un bref moment partisans de Napoléon et royalistes.

Et voilà que les partisans de Louis XVIII la revendiquent. L'un d'eux s'exclame : « Seule au milieu de ces Corses, elle parlait la langue des Français et devinait leur cœur. » On prêtera même à Joséphine un rôle dans la prétendue évasion de Louis XVII du Temple ; une fable qui atteste à la fois de son bon cœur et de son influence.

Du coup, lors du séquestre des biens de la famille Bonaparte, en sont exceptés ceux de la reine Hortense qui deviendra duchesse de Saint-Leu, ainsi que ceux de son frère. On peut donc s'interroger sur le rôle d'Hortense à Malmaison en ce printemps de 1814. A-t-elle manipulé une Joséphine amoindrie, acceptant de recevoir le souverain qui a poussé Napoléon à une abdication sans conditions, afin de faire prévaloir ses intérêts sur la réputation de sa mère ?

De retour de l'île d'Elbe, Napoléon reprochera à sa belle-fille ses compromissions avec les royalistes, et notamment ce titre de duchesse de Saint-Leu. Mais il gardera

Hortense auprès de lui pour tenir le rôle qui aurait dû revenir à Marie-Louise.

Hortense perdra tout après Waterloo. C'est Napoléon qui se chargera de faire entrer Joséphine dans la légende. Il évoque son souvenir avec émotion lorsqu'il trouve refuge à Malmaison le 25 juin 1815. « Je ne puis m'accoutumer à habiter ce lieu sans elle », dit-il notamment à Hortense. Le 29, avant de partir pour Rochefort, il reste seul quelques minutes dans la chambre où elle est morte. À Sainte-Hélène, il multipliera les confessions sur elle, y compris les plus intimes, louant de concert sa grâce, sa douceur, sa dignité et sa féminité.

Joséphine a-t-elle pesé sur le cours de l'histoire ? À peine, pour ne pas dire nullement. Mais que serait la légende sans cette émouvante et sensuelle figure de femme dont l'amour humanise le héros et l'adoucit aux yeux de la postérité ?

Bibliographie sélective

Branda, Pierre, *Joséphine*, Paris, Perrin, 2015 (à paraître).

Chevallier, Bernard, et Pincemaille, Christophe, *L'Impératrice Joséphine*, Paris, Presses de la Renaissance, 1988.

Hortense (reine), *Mémoires*, Paris, Plon, 1927.

Masson, Frédéric, *Joséphine, impératrice et reine*, Paris, Albin Michel, 1894.

—, *Joséphine répudiée, 1809-1814*, édition définitive, Paris, Ollendorff, 1914.

Napoléon, *Lettres d'amour à Joséphine*, présentées par Jean Tulard, Paris, Fayard, 1981.

Wagener, Françoise, *L'Impératrice Joséphine*, Paris, Flammarion, 1999.

14

L'ENVOL D'UNE ÂME ERRANTE ET TOURMENTÉE

Élisabeth d'Autriche, dite Sissi
Genève, 10 septembre 1898

par Jean DES CARS

Souveraine fragile d'un empire malade, Élisabeth d'Autriche incarne de concert la malédiction des Habsbourg et la force d'un mythe conjuguant l'imaginaire impérial et la solitude princière ; mythe d'autant plus universel qu'il se déploie dans le faste et s'enracine dans la tragédie. À l'image d'une existence peuplée de paradoxes, son assassinat – perpétré pour la détruire – acheva de l'élever au firmament des figures de proue qui hantent la mémoire collective.

Dans l'été lumineux des Alpes du Salzkammergut, la longue masse jaune de la Kaiservilla s'étire au pied d'un éperon boisé que l'impératrice et reine Élisabeth d'Autriche-Hongrie, férue de poésie, appelle sa « Montagne magique ». En cette mi-juillet 1898, il fait chaud, il fait beau. Une fois de plus, le séjour de Sissi ressemble à un entracte dans l'opéra, somptueux et tragique, de sa vie : François-Joseph s'est arrangé pour faire des allées et venues régulières depuis Vienne, afin de fêter comme d'habitude son anniversaire dans sa résidence favorite, et y retrouver celle qu'il aime toujours, près de l'endroit où, en 1853, il avait eu le coup de foudre pour sa jolie cousine. Il y a quarante-cinq ans déjà... Et sans le savoir, le couple y vit ses ultimes moments de vie commune. Pour une fois qu'Élisabeth n'est pas en voyage !

Mais cette pause ne pouvait durer : fidèle à ses décisions brutales qui épuisent son entourage, elle ordonne qu'on mette son train spécial sous pression et qu'on fasse ses malles. Comme toujours, cette femme pressée ne peut rester en place. Encore une fois l'empereur d'Autriche (depuis 1848) et roi de Hongrie (depuis 1867) se résigne, en silence, à la voir repartir. Ne l'a-t-il pas encouragée à cette fuite permanente en lui disant un jour : « Je préfère te savoir heureuse loin de moi que malheureuse près de moi » ? Le 16 juillet, l'éternelle nomade couronnée monte, le pas urgent, au premier étage, jette un dernier regard sur son bureau, un décor simple qui est le sien car elle l'a aménagé avec son cœur. Sur des paravents, des photos de sa dernière fille, Marie-Valérie, avant et après son mariage dans cette villa impériale. Puis, à l'heure du thé, Sissi écrit ses réflexions sur cette journée d'été passée avec son mari ; dès son adolescence, elle a toujours écrit, le plus souvent des poèmes parlant du vent, des arbres, des chevaux. Avant des considérations politiques.

Les adieux à la reine

Une calèche avec escorte conduit le couple impérial à la gare de Bad Ischl. L'impératrice et reine retrouve sa voiture-salon-chambre spécialement aménagée pour elle, à la livrée vert sombre, anonyme, construite à Prague en 1873, comportant trois essieux et pesant 18 tonnes. Elle en aime la décoration douillette du boudoir et son lit, qu'elle a voulu parallèle à la voie. Mais depuis quelque temps, elle goûte moins ses périples ferroviaires car elle ne peut pas suffisamment bouger. Pour compenser ces heures d'immobilisme forcé, elle marche de long en large dans le couloir, allant de son lit à son salon, ne s'arrêtant que pour contempler le paysage qui défile. La suite accompagnant l'illustre voyageuse, installée dans deux autres voitures, est réduite, mais compte tout de même une quinzaine de personnes, Sa Majesté cherchant toujours à voyager discrètement, ce qui n'est guère facile en raison de quelques originalités.

Sifflet de locomotive, jets de vapeur, le train démarre. Les témoins, dont son aide de camp, remarquent combien l'empereur, très ému, suit longtemps des yeux la rame qui s'éloigne et reste même figé après que le dernier panache eut disparu. Comme s'il avait un pressentiment. Quand va-t-il revoir la souveraine errante, son véritable amour ? Pour d'évidentes raisons politiques, il doit assister, à Vienne, aux cérémonies de son jubilé : il y a cinquante ans qu'il est monté sur le trône. Il a promis à Sissi de la rejoindre en Suisse, dans environ trois semaines, sur les bords du lac Léman.

Un détour par sa chère Bavière, qui lui manque tant, permet quelques visites familiales à celle qui était née duchesse en Bavière dans la nuit de Noël 1837. Ces retrouvailles lui sont indispensables. Le 30 août, son train arrive à Montreux, perle de la Riviera vaudoise. Élisabeth gagne Territet puis les hauteurs de Caux, choisissant des excursions un peu éprouvantes pour son cœur. Le 3 septembre, elle fait la montée aux Rochers de Naye. Après l'ascension en funiculaire, elle découvre un panorama splendide. Le Léman étincelle, entouré par les Alpes bernoises, valaisannes, savoyardes et par le Jura. Elle est heureuse ou, pour être plus exact, apaisée. La dernière photographie d'elle vivante est prise par un passant l'ayant identifiée devant une brasserie, dans une rue de Territet, le 8 septembre, tenant son ombrelle blanche.

Le 9 septembre, l'impératrice et reine est si revigorée qu'elle songe à de nouveaux voyages – pourquoi pas l'Égypte, si fascinante ? Au début de la matinée, elle monte sur le vapeur qui va la conduire de Territet à Genève. Élisabeth est d'excellente humeur ; elle passe les quatre heures de navigation sur le pont. Peu de personnes la reconnaissent, ce qui la soulage. Elle a accepté l'invitation à déjeuner de la baronne Julie de Rothschild. Il a lieu à Pregny, une villa magnifique des environs de Genève. L'accueil est somptueux, des orchidées fleurissent la table, dressée pour trois puisque la souveraine est accompagnée de sa dame d'honneur, la comtesse Irma Sztàray, une Hongroise. Sissi est seulement ennuyée que le pavillon impérial flotte au sommet de la villa et que des laquais galonnés servent le déjeuner. Mais elle ne saurait en vouloir à son hôtesse qui lui a envoyé sa voiture, tout est si beau et si délicieux… Le « déjeuner de Sa Majesté l'Impératrice » (rédigé en français) est pantagruélique puisqu'il annonce des « petites timbales à l'impériale » (cela s'imposait !), une « Truite du lac du Bourget », un « Filet de bœuf jardinière », une « Mousse de volaille Périgueux », un « chaud-froid de perdreau en Bellevue », une « crème glacée à la hongroise » (la gastronomie est bicéphale !), « une spongeade au citron » et une « marquise au chocolat ».

Bon appétit, Madame ! Pauvre Sissi qui s'évertue à suivre un régime démentiel conforme à sa réputation d'anorexique et ne cesse de scruter son tour de taille, dans les cinquante centimètres ! Curieusement – c'est sans doute un signe de rare sérénité –, l'hôte fait honneur à cette bonne chère et boit même une coupe de champagne, demandant à sa confidente magyare d'envoyer le menu à l'empereur et de l'informer qu'elle a mangé de tout. Un événement ! Puis, elle visite, très longuement – trois heures ! –, les volières d'oiseaux étranges, les aquariums de poissons exotiques et les parterres de fleurs rares du domaine des Rothschild à Pregny. Avant de partir, elle signe le livre d'or « Erzsébet », son prénom en hongrois, celui auquel elle tient le plus… sans savoir, heureusement, que sur une page précédant la sienne son fils avait signé « *Rodolphe* »…

Mauvais augures

La voici à Genève à l'hôtel Beau-Rivage, accueillie par la jeune directrice et propriétaire, Mme Fanny-Louise Mayer. Le concierge lui remet un paquet de lettres postées depuis Bad Ischl et Vienne. « Tu me manques infiniment », avoue l'empereur esseulé. « Mes pensées sont près de toi et je souffre à l'idée de cette longue, si longue absence. La vue de tes appartements vides a réveillé ma mélancolie. » Une mélancolie envahissante, la vraie compagne du couple impérial. Sissi monte dans sa chambre, la numéro 34-36, au premier étage, à proximité de la suite – le secrétaire particulier (il est aussi médecin), le grand chambellan de la Cour (un général) et l'ambassadeur accrédité à Berne – qui s'installe. Quelques sonnettes électriques ont été installées spécialement afin que la souveraine puisse appeler son personnel sans déranger tout le monde. Les deux dames d'honneur et les deux caméristes sont en noir, comme Sissi. La livrée du malheur qui a frappé les Habsbourg. Mais la personne dont l'impératrice et reine se sent le plus proche est, on le sait, sa première dame d'honneur et confidente, la comtesse Irma Sztàray, qu'Élisabeth fait toujours passer immédiatement après elle et qui occupe la chambre voisine, la 32-33. La souveraine est souriante, réjouie.

En fin d'après-midi, des deux femmes c'est la dame d'honneur qui est la plus fatiguée. La conversation a été très élevée. À Irma Sztàray, catholique très pratiquante, l'impératrice avoue :

« Je suis croyante, moins que vous, certes, mais je connais ma nature. Il n'est pas du tout exclu que vous me voyiez revenir vers la religion. Je crains la mort, qui ne vous effraie pas, bien que souvent j'y aspire ; le passage, l'incertitude me font trembler.

— De l'autre côté, c'est la paix, la félicité, assure la Hongroise.

— D'où le savez-vous ? Aucun voyageur n'est jamais revenu de l'au-delà... »

Puis elles s'asseyent un moment au jardin Brunswick, proche de l'hôtel Beau-Rivage. Dans sa main, Sissi tient une pêche qu'elle a achetée pour se rafraîchir. Au moment où elle va mordre dans le fruit, un corbeau, très attiré lui aussi, fait tomber le fruit d'un battement d'ailes. Élisabeth se lève brusquement et, très pâle, dit :

« Un corbeau n'est pas bon signe. Il annonce toujours un malheur dans notre maison... »

Silencieuses, l'impératrice et sa suivante regagnent le palace. Une terrible prémonition pèse sur ces moments et Sissi, incontestable médium ayant pressenti plusieurs drames, ne peut l'éloigner. Tant de tragédies se sont déjà abattues sur les Habsbourg, hantés par la malédiction d'une « Dame blanche » ambassadrice du malheur... Et si ce spectre maléfique, redouté par la dynastie, avait pris la forme d'un corbeau ? Les deux femmes se reposent une heure puis repartent, en début de soirée, pour quelques emplettes dans Genève. Chez Dimier, quai du Rhône, elle achète une table pour Valérie et s'exprime en hongrois afin de ne pas être reconnue. Le soir venu, l'épouse de François-Joseph aura du mal à trouver le sommeil car sa chambre est romantiquement inondée d'un clair de lune, du faisceau intermittent d'un phare et des mélodies d'un chanteur italien dans la rue. Refusant de fermer sa fenêtre et ses doubles rideaux, Sissi demeure longtemps sur le balcon et ne s'endort qu'à 2 heures du matin, sur le lit de fer qu'elle avait demandé. Comme à Vienne et partout dans ses voyages.

Le lendemain, samedi 10 septembre, fatiguée par sa courte nuit, l'impératrice ne se réveille pas avant 9 heures. Un horaire inhabituel chez elle. Une de ses femmes de chambre lui dépose sa collation. « Pour son petit déjeuner, raconte Mme Mayer, l'impératrice et reine avait demandé un choix de petits pains de tous les goûts et de toutes les formes qui lui ont été servis sur un grand plateau en argent. » L'illustre cliente voyageait souvent accompagnée d'un boulanger habitué à lui préparer ses choix, aussi minutieux que les tisanes qu'elle faisait élaborer spécialement à Vienne chez Demel, fournisseur agréé de la Cour.

Une fine brume se dissipe sur le lac. La journée sera très belle et la température est déjà élevée. À Irma Sztàray, la souveraine, qui paraît reposée malgré son manque de sommeil, donne des instructions simples :

« À 11 heures, je veux aller écouter un nouvel orchestrion, et à 13 h 40, comme prévu, nous prendrons le bateau pour Territet. D'ici là, je n'ai besoin de rien. »

11 heures. D'une ponctualité maniaque, comme François-Joseph, Sissi et la comtesse se dirigent vers le magasin de musique Baecker, rue Bonivard. L'impératrice et reine a toujours aimé les boîtes à musique. On lui présente un modèle à manivelle, fabriqué à Berne[1]. Elle l'achète et fixe son choix sur vingt-quatre rouleaux qui débitent, entre autres, les mélodies bouleversantes de *La Traviata*, l'entrain de *La Grande-Duchesse de Gérolstein*

1. J'ai eu le privilège de le voir.

et l'émotion de *Lohengrin* dont Sissi juge que la partition « a quelque chose de fatal ».

À Irma Sztàray, elle dit, heureuse : « Cela fera plaisir à l'empereur et aux enfants. »

Elle signe le livre d'or « Erzsébet Kiralyné », à nouveau en qualité de reine de Hongrie, l'identité dont elle est fière. Son ultime paraphe officiel. Une revanche sur l'Autriche qui ne la comprend pas et qu'elle n'aime guère parce qu'on ne cesse de l'y critiquer. Les deux femmes regagnent l'hôtel à 13 heures. Dans sa chambre aux volets clos en raison de la chaleur, Sissi sonne un valet et demande du lait frais, qu'elle boit dans son gobelet en argent, pendant que la comtesse achève une collation rapide, l'œil rivé à la petite montre suspendue à son cou par une chaîne en or. En hongrois, la comtesse dit à Élisabeth :

« Majesté, il est presque une heure et demie. Le vapeur part dans dix minutes. Il faut nous hâter ! »

La reine répond en hongrois, le regard fixé sur les cimes qui déchirent le ciel pur :

« Je n'ai jamais vu le Mont-Blanc aussi nettement… »

La menace fantôme

Si Irma Sztàray est inquiète, ce n'est pas seulement à cause de l'horaire du bateau. Elle vient d'apprendre que, la veille, Sissi a congédié sa suite, ordonnant au grand chambellan, à son médecin, à ses dames d'honneur et femmes de chambre, au chef du train impérial et même aux policiers de la Sûreté helvétique de ne plus l'accompagner. Et puisqu'elle a refusé le yacht privé, le *Gitana II*, que la baronne de Rothschild mettait à sa disposition pour se rendre à Montreux, les deux voyageuses se retrouvent seules. Le train spécial est parti à midi, vers Montreux, avec les bagages, et malgré leur insistance, le commissaire et les inspecteurs affectés à sa protection ont disparu, de même que le représentant de l'empereur à Berne, vexé d'être ainsi éloigné. « Je n'aime pas les cortèges ! », avait expliqué Élisabeth à Mme Mayer, stupéfaite de savoir les deux femmes sans le moindre accompagnement…

Pas la moindre escorte ! Comme à l'aller, elles prendront, démocratiquement, le bateau public, le *Genève*, de la Compagnie générale de navigation, mais sans aucune suite. Une folie, selon la comtesse ! Et s'il arrivait quelque chose ? Et si elles manquaient le bateau ? « Madame, nous serions entièrement seules ! Que dirait l'empereur ? Il serait furieux ! » Irma Sztàray est angoissée. Par précaution, elle envoie un valet au bateau pour demander qu'éventuellement on retarde son départ de deux ou trois minutes. En ne dévoilant pas l'identité de la voyageuse ? Ce serait compromettre la légendaire exactitude helvétique !

« Pauvre Irma ! », soupire Sissi, compatissante. « La responsabilité que vous avez aujourd'hui semble vous peser très lourd… »

Et elle lui tend son gobelet, vite lavé et rangé dans un sac de la comtesse. Devant un miroir, la plus spectaculaire des souveraines de son temps ajuste soigneusement sa tenue, remet son chapeau noir, enfile ses longs gants blancs, saisit éventail et ombrelle. Sans précipitation, elle quitte sa chambre à pas mesurés, descend l'escalier de la superbe galerie-patio qui, avec ses colonnes vénitiennes, évoque l'atrium d'une villa vénitienne.

« Vite, Votre Majesté ! » supplie la Hongroise, affolée.

Il est 13 h 35 lorsque, saluée par Mme Mayer et le concierge – un homme d'origine viennoise –, Élisabeth-Erzsébet sort de l'hôtel, épanouie, sans doute heureuse à l'idée de se trouver, comme elle aime, anonyme au milieu des passagers, heureuse de profiter de l'admirable paysage de vignobles dorés, au rythme des roues du vapeur qui battent l'eau claire. En passant devant le monument Brunswick, elle admire les marronniers – moins fournis qu'aujourd'hui – qui lui rappellent les arbres de Schönbrunn.

« Vous voyez, comtesse, nous arriverons à temps. Les gens montent lentement sur le bateau et ne se pressent pas. »

Mais maintenant, elle marche vite. Vers la mort qui la guette à moins de cent cinquante mètres… Peut-elle ressentir cette menace ?

L'attentat

Un cocher de fiacre, en attente devant le jardin Brunswick, regarde les deux femmes en noir, dont l'identité, qui aurait dû rester secrète, est connue dans le quartier depuis la veille. La cloche du bateau retentit, appelant les passagers. L'impératrice et reine presse le pas, la comtesse aussi. Le quai du Mont-Blanc est désert, mais soudain un jeune homme vient à leur rencontre. Presque en courant, il semble tituber. Est-il ivre ? Elles s'effacent car il va les heurter. À l'instant où il croise les deux silhouettes en noir, l'inconnu paraît trébucher et lève le poing droit. Il frappe Élisabeth qui cherchait à ouvrir son ombrelle, peut-être par peur, peut-être pour se protéger du soleil aveuglant, car si elle aime le grand air, elle ne souhaite pas que son visage soit hâlé. Sous le choc, la souveraine s'affaisse sans dire un mot et sa tête heurte le quai. La dame d'honneur, qui n'a pas eu le temps de voir ni de comprendre ce qui s'est exactement passé, pousse un cri pendant que l'inconnu prend la fuite. Témoin de la scène, le cocher aide la Hongroise à relever Sissi. Rouge d'émotion, celle-ci arrange son chapeau et ses cheveux, ses beaux et longs cheveux, qu'elle appelle sa

« vraie couronne » – peinte par Winterhalter – et qui ont amorti sa chute. Le cocher hèle le concierge de l'hôtel, M. Planner, autre témoin de la scène, qui courait déjà vers les deux femmes. Il aide la dame d'honneur à brosser la robe grise de poussière d'Élisabeth. Irma Sztàray n'a vu qu'un coup de poing. Défaite, elle interroge :

« Madame... Est-il arrivé quelque chose à Votre Majesté ? Votre Majesté souffre-t-elle quelque part ?

— Non... Non... Je vous remercie. Ce n'est rien. »

Rien ? Le concierge est persuadé du contraire. Il insiste pour que la souveraine retourne à l'hôtel. Sissi proteste, faiblement :

« Mais non ! Il n'est rien arrivé...

— Votre Majesté a-t-elle eu peur ?

— Oui... J'ai eu peur... »

Un aveu de la part d'une femme qui, entre provocations et non-conformisme, semblait braver tous les dangers. On aide Élisabeth à se relever, les deux femmes sont devant le bateau, le *Genève* dont la cloche, insistante, annonce le départ imminent. Il va partir, l'équipage va larguer les amarres. L'impératrice et reine peine à s'avancer vers la coupée. En hongrois, Erzsébet interroge le Destin :

« Je me demande ce que me voulait cet homme... Peut-être arracher ma montre ? »

Mais la rougeur de son visage a fait place à une inquiétante pâleur. Craignant un malaise, la comtesse soutient Sissi qui s'appuie sur la balustrade en fonte bordant le quai. La voix noyée d'angoisse, elle demande :

« Ne suis-je pas très pâle ?

— Oui, Madame. Très pâle. Votre Majesté souffre-t-elle ?

— La poitrine me fait très mal... »

À ce moment, le concierge crie :

« L'agresseur est arrêté ! »

L'homme, qui s'était enfui par la rue des Alpes, perpendiculaire au quai, a été maîtrisé par un ouvrier électricien, M. Louis Chammartin, venant en sens inverse. Un gendarme, qui faisait une ronde, l'a aidé à arrêter celui qui est alors pris pour un voleur. Ramené au Beau-Rivage – par l'entrée de service –, il est interrogé.

« Mon mari, raconte Mme Mayer, au comble de l'exaspération, lui asséna un violent coup sur la bouche. Un jeune baron autrichien, qui se trouvait à l'hôtel, voulut aussi se jeter sur lui. Le gendarme l'en empêcha. » L'inconnu a refusé de répondre. Il a un air fier, cynique et sauvage. Il est transféré au poste de police des Pâquis. Pendant ce temps, Sissi, soutenue par sa dame d'honneur, atteint péniblement le bateau. La comtesse cesse un instant de la soutenir. Élisabeth se retourne et lui dit, la voix faible :

« Maintenant, donnez-moi votre bras. Vite ! »

La comtesse, aidée d'un marin, saisit l'impératrice, mais Élisabeth s'affaisse, doucement, sa tête appuyée sur la poitrine de sa dame d'honneur. Sissi a perdu connaissance quand le bateau va quitter l'embarcadère.

« De l'eau ! De l'eau ! », crie Irma Sztàray.

On asperge le visage, de plus en plus pâle.

« Un médecin ! »

Il n'y en a pas à bord. Mais une passagère, Mme Dardalle, ancienne infirmière, s'empresse. Arrive le capitaine, M. Roux. Il a entendu qu'une femme s'est trouvée mal. Il conseille de débarquer immédiatement la malade et de la ramener à son hôtel.

« C'est une syncope due à la peur... »

Une chaleur étouffante règne sur le pont et près des machines. M. Roux propose une cabine. Non, il faut de l'air. Trois messieurs portent Élisabeth sur le pont supérieur et l'allongent sur un banc. La dame d'honneur dégrafe la robe noire, coupe le corset qui gêne la respiration et glisse entre les lèvres de Sissi un morceau de sucre imbibé d'alcool. Le bateau est parti. Sissi croque le sucre instinctivement. Elle ouvre les yeux et essaie de se redresser.

« Votre Majesté se sent-elle mieux ?

— Oui, merci. »

Elle parvient à s'asseoir.

« Mais qu'est-il donc arrivé ? »

Pas de réponse. Élisabeth a reperdu connaissance. En hâte, Irma Sztàray achève de délacer Sissi et aperçoit, sur le chemisier de batiste mauve, une tache brune, de la taille d'un florin d'argent. Au-dessus du sein gauche, elle découvre une blessure triangulaire et une goutte de sang séché. Un caillot !

« Grand Dieu ! s'écrie la Hongroise à l'infirmière. Elle a été assassinée !... »

« Je te confie à Dieu »

On appelle le capitaine.

« Pour l'amour du Ciel, je vous en prie, accostez vite ! Cette dame est l'impératrice d'Autriche et reine de Hongrie. Elle a une blessure grave à la poitrine. Je ne puis la laisser mourir sans médecin et sans prêtre. Accostez à Bellevue. Je l'amènerai à Pregny, chez la baronne de Rothschild.

— Vous n'y trouverez pas de médecin... »

Sur-le-champ, M. Roux donne l'ordre de mettre le cap sur Genève. Comme il n'y a pas de civière sur le bateau, on en improvise une avec de la toile à voile, des pliants, des coussins et deux rames. Élisabeth râle, le visage perlé de sueur. Désespérée, la comtesse est à ses pieds. Six marins portent la civière jusqu'au Beau-Rivage. Recouverte de son manteau, Élisabeth, toujours sans connaissance, remue la tête de droite à gauche. Un combat désespéré, une ultime lutte involontaire, peut-être pour refuser de mourir… Le concierge, qui avait tout suivi et s'était précipité, tient la main de Sissi « afin qu'elle ne pende pas misérablement ». Il protège sa tête avec l'ombrelle. « L'affolement était à son comble. La tristesse et la consternation se lisaient sur tous les visages », écrit Mme Mayer.

Le Beau-Rivage est l'un des premiers palaces genevois équipés d'un ascenseur, mais la civière ne tient pas dans la cage. Le cortège s'engouffre dans l'escalier. On étend Sissi sur son lit. Elle est immobile, inconsciente, d'une tragique beauté. Des médecins arrivent, essoufflés. Le premier, le docteur Golay, tente de sonder la plaie. Il est 2 h 10.

« Y a-t-il un espoir ?, lui demande, dans un souffle, Irma Sztàray.

— Aucun, Madame… hélas. »

Mme Mayer et une nurse, une Anglaise, aident à déshabiller la mourante et à la déchausser. Un prêtre arrive et donne l'absolution à celle dont le plus grand péché avait, sans doute, été de vouloir être elle-même, obsédée par sa volonté de passer inaperçue. Toutes les femmes sont agenouillées et prient. Avec ses volets clos qui barrent l'entrée du soleil, la chambre est déjà une antichambre de deuil. Dehors, il y a la vie. Un second médecin tente l'impossible en incisant l'artère du bras gauche, mais aucune goutte de sang ne se forme sur la peau claire. À 2 h 40, l'impératrice d'Autriche et reine de Hongrie rend son âme tourmentée à Dieu, après une agonie d'environ une heure. Sissi était dans sa soixantième année, ce que les médecins ont du mal à croire tant son corps avait échappé aux empâtements de l'âge. Bien sûr, depuis quelques années, ses portraits et ses photographies, retouchées, vantaient son éternelle beauté. Mais sa silhouette élancée, elle, ne mentait pas. Par une dernière courtoisie, la mort colore un peu ses joues et ses lèvres esquissent un vague sourire, ce sourire qui, par sa rareté, avait ému des millions de sujets. L'hôtel est pétrifié, clients et personnel sont stupéfiés par cette incroyable tragédie, si injuste, si rapide. « La comtesse Sztàray lui ferma les yeux et lui joignit les mains », note Mme Mayer, qui ajoute : « Je restai avec la comtesse jusqu'à l'arrivée de la suite, vers 6 heures, prévenue par télégraphe. L'impératrice fut embaumée et mise dans un cercueil. La comtesse me fit demander ainsi que mon mari et me donna une rose qu'elle prit du cercueil et que je garde précieusement ainsi qu'un petit bout de ruban mauve taché de sang. Aujourd'hui, le sang a disparu », écrira-t-elle bien plus tard.

Ce même samedi 10 septembre 1898 à Schönbrunn, vers 16 heures, l'empereur François-Joseph écrit à son épouse lointaine. Sachant que cela lui fera plaisir, ses premiers mots sont en hongrois : « Mon âme douce et aimée. » Il se dit heureux d'avoir de bonnes nouvelles de la voyageuse. Ses derniers mots : « Je te confie à Dieu, mon cher ange, et je t'embrasse de tout mon cœur. Ton petit. » Cachetée, la lettre part en courrier spécial. Environ une demi-heure plus tard arrive le comte Paar, premier aide de camp de l'empereur. Bouleversé, il a demandé à être reçu d'urgence. Dans sa main, il tient une dépêche dont le texte est bref : « Sa Majesté l'Impératrice grièvement blessée. Prière annoncer à l'Empereur avec ménagement. » Mais comment ? Le souverain, absorbé consciencieusement par son travail de premier fonctionnaire de la double monarchie, lève la tête, surpris que le comte Paar, d'ordinaire très maître de lui, soit ému.

« Qu'y a-t-il donc, mon cher Paar ?

— Sire… je viens de recevoir une très mauvaise nouvelle… »

D'un bond, le souverain est debout et crie :

« De Genève ? »

Et il arrache le télégramme à l'officier, recule en chancelant puis se ressaisit :

« Eh bien ! D'autres nouvelles doivent arriver ! Télégraphiez ! Téléphonez ! Il faut absolument en savoir plus ! »

À ce moment, un autre aide de camp se présente, au garde-à-vous devant le monarque, tenant une seconde dépêche. François-Joseph se précipite sur le télégramme et lit son terrible message : « Sa Majesté l'Impératrice vient de décéder. »

Figé par l'effroi, le pauvre homme reste immobile puis s'effondre dans son fauteuil. Son front dégarni disparaît dans ses mains. Il pleure. D'une voix neutre, comme s'il se parlait à lui-même, il dit, entre deux sanglots :

« Rien ne m'est épargné sur cette terre. »

Neuf ans plus tôt, le 30 janvier 1889, son fils, l'archiduc héritier Rodolphe, était retrouvé mort à Mayerling. Ses parents étaient sans doute parmi les seuls au courant des causes et des circonstances exactes de sa mort, laborieusement présentée comme un suicide, mais sans convaincre.

L'assassin de Sissi a vingt-cinq ans. Il est arrogant et revendique son acte. Luigi Lucheni, né à Paris d'une mère italienne, n'a pas connu son père. Maçon, manœuvre, il a été valet de chambre d'un prince et accusé de vol. Il se dit anarchiste, ce qui est très répandu à l'époque. Sous son chapeau rond, il sourit entre deux gendarmes. Quand il apprend que sa victime a succombé au coup violent donné avec une lime triangulaire enfoncée dans un manche de bois – il a confectionné cette arme –, il crie : « Vive l'anarchie ! »

Il était arrivé cinq jours plus tôt à Genève où il avait trouvé un emploi sur le chantier de la grande poste en construction. Lucheni n'était guère fixé sur le choix de sa victime. Il dira avoir songé à tuer le comte de Paris, prétendant au trône de France, ou bien le président de la République française au motif qu'il s'était juré de tuer « n'importe quelle personne haut placée : roi, prince, président, ils sont tous pareils ». Et pourquoi Sissi ? « Parce qu'un Lucheni ne tue pas une blanchisseuse ! » C'était seulement par le hasard d'un écho de presse, ce matin du 10 septembre, qu'il avait appris la présence d'Élisabeth au Beau-Rivage. Il l'avait dès lors guettée…

La fin d'un calvaire terrestre

Mais Lucheni s'est doublement trompé. Il croyait avoir commis un crime politique. La justice helvétique ne le considéra que comme un criminel de droit commun – infamie pour un anarchiste. Jugé comme tel, condamné comme tel, il finira par se pendre, désespéré, dans sa cellule de la prison de l'Évêché, en 1910. En 1986, la tête de Lucheni, conservée dans le formol à l'Institut de médecine légale de Genève et qu'on m'a permis de contempler, a été, on ne sait par quelle obstination ou remords macabre, donnée à l'Autriche sans que son nom connaisse un immense sursaut de notoriété.

Ce pauvre garçon s'est également fourvoyé sur la personnalité de sa victime. Il croyait frapper un être vivant, il n'a qu'aidé une survivante à mettre fin à son calvaire terrestre. Depuis longtemps, Sissi attendait la mort, écrivant : « Nous marchons vers un destin effrayant. » Il croyait aussi débarrasser le monde d'un être superficiel. Erreur : la souveraine mal aimée d'Autriche et adorée de Hongrie pressentait, par ses incessants voyages et ses prémonitions, que « l'orage éclaterait dans les Balkans ». Elle l'avait écrit en 1890, vingt-quatre ans avant l'attentat de Sarajevo. Enfin, il ignorait qu'il allait assassiner un être qui lui survivrait dans la mémoire humaine, car Sissi, insupportable, dépressive, cultivée, courageuse, amazone fascinante, belle, dotée d'un esprit politique avisé, était une légende vivante dont l'assassinat allait décupler le mythe pour mieux forger la légende. Elle avait prédit les guerres qui ravageraient l'Europe, écrit des poèmes confiés à la Suisse et qui ne seraient publiés qu'à partir de 1950, en précisant que les revenus iraient aux victimes des conflits. Ses funérailles à Vienne, en présence de cinquante chefs d'État, empereurs, rois, princes, grands-ducs et autres têtes couronnées rassemblés dans une atmosphère de grandiose effondrement, auront bouleversé des dizaines de millions de gens.

Avec le temps, les convulsions de l'histoire et, bien entendu, le cinéma des années 1950, Sissi est tellement présente qu'à sa manière elle continue de régner dans nos cœurs, y compris à Vienne où on a décortiqué son existence pour l'abaisser avant de l'utiliser pour faire fructifier la mémoire impériale. Celle d'une femme qui avait écrit : « Ma vie s'enfuira par une toute petite ouverture du cœur. »

Bibliographie sélective

Bled, Jean-Paul, *François-Joseph*, Paris, Perrin, coll. « Tempus », 2011.

Buisson, Jean-Christophe, *Assassinés*, Paris, Perrin, 2013 ; Paris, Pocket, 2014.

Cars, Jean des, *Élisabeth d'Autriche, ou la Fatalité*, Paris, Perrin, coll. « Tempus », 2005.

—, *La Saga des Habsbourg*, Paris, Perrin, coll. « Tempus », 2013.

15

LA FIN D'UNE ÉPOQUE

Victoria
Osborne House, île de Wight, 22 janvier 1901

par Arnaud TEYSSIER

Restée longtemps recluse après la mort de son mari, Albert de Saxe-Cobourg, qui l'avait rendue inconsolable, « la grand-mère de l'Europe » bénéficia dans les dernières années de sa vie d'un sursaut de popularité qui glissa bientôt vers une forme de vénération. Comme si le peuple britannique, soudain, prenait conscience de ce que « l'ère victorienne » lui avait apporté. Comme s'il sentait que sa disparition imminente marquerait la fin d'une époque et peut-être de ses certitudes. Très affectée par l'éprouvante guerre des Boers dans laquelle la Grande-Bretagne s'était jetée un an plus tôt en Afrique du Sud, la reine Victoria mourut de vieillesse, à quatre-vingt-un ans, dont plus de soixante passés à régner, pour faire de l'Empire britannique la première puissance mondiale. Peut-être parce qu'elle s'était appliquée, comme le lui avait conseillé son oncle Léopold de Saxe-Cobourg, à cultiver ces trois vertus : courage, fermeté et honnêteté.

« Le soir avait été de pourpre et d'or ; et pourtant, la journée devait finir dans les nuages et la tempête. » C'est en ces termes que Lytton Strachey, dans son irremplaçable biographie de la reine Victoria (1921), décrit la fin du règne de « l'impératrice des Indes », dans cette dernière année du siècle que vont suivre les sombres et barbares tragédies de la grande guerre civile européenne. Jeté dans le conflit sud-africain – cette guerre de Blancs que fut déjà la guerre des Boers[1] –, le pays fut subitement saisi d'un trouble et d'une tension qu'il n'avait pas connus depuis des décennies, et dont nous avons quelque peine, aujourd'hui, à ressentir la force.

La puissance impériale britannique était ouvertement défiée. Sur cette toile de fond à bien des égards prophétique, une femme, une reine, se détache avec force – celle que Benjamin Disraeli appelait *« the Faery*[2] », « la Fée », parce qu'il trouvait chez cette petite personne très digne quelques traits ou qualités plutôt drôles, presque magiques, surréalistes avant la lettre. « Un instant, la nation fut ébranlée, écrit encore Strachey ; et la reine prit

1. Les « Boers », descendants des Hollandais et des Français, calvinistes, qui s'étaient installés autour du cap de Bonne-Espérance au XVIIe siècle se heurtèrent, au XIXe siècle, à la colonisation anglaise partie du Cap. Ils se replièrent plus au nord et fondèrent la république du Transvaal, mais les Britanniques, sous l'impulsion du gouverneur Cecil Rhodes, poursuivirent leur entreprise d'expansion. Pour abattre la puissance des Boers – appelés aussi Afrikaners –, il faudra, à partir de 1899, de très longs mois de guerre pour que le puissant corps expéditionnaire britannique vienne à bout d'un ennemi dix fois inférieur en nombre, mais entraîné au terrain et aux techniques de guérilla. Les Anglais paieront leur victoire de 22 000 morts dans ce conflit épuisant, impopulaire, traumatisant pour l'opinion britannique, et de mauvais augure pour l'avenir de l'Empire.

2. Par référence à *The Faerie Queene*, vaste et complexe poème allégorique de l'auteur élisabéthain Edmund Spenser (1590), qui inspira les poètes romantiques de la génération de Disraeli.

part avec une intime sollicitude aux détresses publiques. Mais son esprit restait ferme ; elle gardait tout son courage et toute sa confiance. Elle se jetait corps et âme dans la lutte, travaillait avec une vigueur redoublée, s'intéressait à tous les détails des hostilités, cherchait, par tous les moyens qui étaient en son pouvoir, à rendre service à la cause nationale. » Puis, au début de janvier 1901, après cet ultime sursaut d'énergie qu'appelaient les circonstances, la reine Victoria commença doucement de mourir.

Les derniers jours de la vieille Europe

Au-delà de ce conflit aux bords lointains de l'Empire, un contraste saisissant oppose le passage au nouveau siècle – ce siècle dont nous savons, grâce au recul du temps, qu'il amorce le déclin de la prépondérance britannique – à la fin paisible, au lent glissement vers la mort de celle qui incarna pendant près de soixante-quatre années une puissance qui semblait invincible. La reine Victoria occupe une telle place dans l'histoire d'Angleterre, mais aussi dans celle de l'Europe et du monde, qu'une littérature immense lui a été consacrée. Elle est souvent décrite comme un personnage énigmatique ou contradictoire, dont les représentations purement littéraires ou cinématographiques frisent parfois, comme il est d'usage, la caricature. À force de vouloir tempérer ou corriger la rigidité légendaire, toute « victorienne », de la reine, on en vient à exagérer ses aspects présumés les plus fantasques.

Son règne se confondit avec la révolution industrielle, avec la montée en puissance de l'Angleterre et l'affirmation parallèle de son régime parlementaire, si admiré et si envié en France où l'on cherchait en vain à le reproduire. La couronne avait la rude tâche d'accompagner ces profondes transformations, avec un degré variable d'activisme ou de passivité. À cela il fallait du temps, de la stabilité, du tempérament. Victoria disposa des trois et sut imprimer sa marque sans jamais céder aux tentations d'une présence trop ostensible. De sa réussite devait témoigner l'ascendant peu contestable qu'elle exerça sur le siècle auquel elle donna son nom. Aujourd'hui, prisonniers d'innombrables préjugés, nous retenons l'image d'une société riche, mais profondément inégalitaire, d'un monde fascinant, mais dévoré par l'hypocrisie. Nous voyons toujours le règne de Victoria avec les yeux du public britannique, qui, suivi bientôt du public français, découvrit en 1967 sur l'étrange lucarne la formidable adaptation du roman éponyme de John Galsworthy : *La Dynastie des Forsyte*. Cette saga – en noir et blanc – d'une famille de notables typiquement victoriens s'ouvrait avec les authentiques images d'archives des funérailles de la reine, filmées aux débuts du cinématographe[1] : on sentait déjà les drames domestiques qui se croisaient avec les tragédies de l'histoire et attendaient les personnages, simples jouets de leurs passions et de leur destin. La reine restait présente par sa mort même : il y avait l'Angleterre de Victoria, puis celle « d'après »

1 « Fin janvier 1901, je pars pour Londres où sont célébrées les funérailles de la reine Victoria. Bien à l'avance, mes deux appareils – un Lumière et un Mirograph – sont en batterie à l'emplacement que je me suis réservé à Hyde Park, dans le décor de Marble Arch, que doit traverser le cortège funèbre [...]. Tout à coup l'artillerie tonne, les musiques militaires attaquent des marches funèbres. Le roi Édouard VII, son bâton de feld-maréchal à la main, suit à cheval le cercueil de la reine Victoria, recouvert du pavillon royal. Le duc de Connaught, l'empereur Guillaume et une assemblée de rois, où figurent Don Carlos de Portugal et Georges de Grèce, suivent à quelques pas en arrière. Viennent ensuite, dans l'ordre établi par un rigoureux protocole, les princes héritiers, les généraux et les diplomates en uniformes étincelants. Le défilé dura longtemps entre les haies de soldats, à travers la capitale en deuil. » Souvenirs de Félix Mesguich, dans *Tours de manivelle*, Paris, Grasset, 1933.

Victoria. À une dignité quelque peu engoncée allaient succéder les tumultes d'une époque dominée par le pur individualisme…

Pour nous, les derniers jours de cette reine, distante et familière à la fois, petite, boulotte, austère, ce sont les derniers jours de la vieille Europe et les premiers de notre lent déclin. Lieu commun suprême, sa mort est considérée universellement comme « la fin d'une époque ». Car comme l'a écrit George Steiner[1], ce n'est pas le passé qui nous domine, ce sont les images du passé, souvent « aussi puissamment structurées et contraignantes que les mythes ». Il ajoute que « chaque ère nouvelle se contemple dans l'imaginaire de sa propre histoire ou d'un passé emprunté à d'autres cultures », et met ainsi à l'épreuve l'intuition de son progrès ou de son déclin. Le règne de Victoria a un sens profond, une résonance incomparable pour ces deux pôles de la civilisation que sont l'Angleterre et la France. Ne l'appelait-on pas « la grand-mère de l'Europe », en raison de la profusion d'alliances et de têtes couronnées qu'avait produites sa famille ? Ce règne nous évoque sinon un âge d'or, du moins ce XIXe siècle mythique qui fut « le jardin imaginaire de la culture libérale » – un jardin que nous plaçons, dit Steiner, dans l'Angleterre et l'Europe occidentale des années 1820 à 1915 : expansion de la démocratie, « recherche patiente, et en général couronnée de succès, d'une coexistence pacifique entre les nations souveraines », hégémonie d'un système de valeurs qui, malgré ses injustices, s'identifie à la vieille Europe, progrès de la technique et de la culture à la fois. Règne d'un certain ordre, en somme, dont le chaos de la Grande Guerre et de ses suites allait sonner lourdement le glas.

1. *Dans le château de Barbe-Bleue*, Paris, Gallimard, 1973.

Un caractère façonné par la nécessité

Née le 24 mai 1819 au palais de Kensington, à l'époque où Napoléon achevait ses jours sur son rocher, elle était montée sur le trône à dix-huit ans, le 20 juin 1837. C'était une jeune princesse encore peu connue de ses futurs sujets, que son oncle, le vieux duc de Clarence, devenu roi sous le nom de Guillaume IV, avait désignée dès son avènement (1830) comme son héritière présomptive[1]. Au début de son règne, après avoir reçu une éducation générale et une instruction religieuse fort soignées, c'était une mince jeune fille blonde, à la physionomie « non pas belle, mais attachante » (Strachey) et douée d'un air fait à la fois d'innocence et de gravité. Elle parut bien fragile lors des somptueuses cérémonies du couronnement. Mais on s'aperçut assez vite qu'elle était déjà une petite personne décidée, étrangement têtue pour son âge, qui confiait d'ailleurs à son *Journal* : « Puisqu'il a plu à la Providence de me mettre à cette place, je ferai tout mon possible pour accomplir mon devoir envers mon pays ; je suis très jeune, et, en bien des choses, sinon en toutes, très inexpérimentée ; mais je doute qu'on trouve aisément une personne de meilleure volonté et plus sincèrement désireuse de faire ce qui est bien et juste. » Elle était tout entière en ces lignes : portée par une conscience aiguë de son destin, elle en tirait une réelle humilité, mais en concevait, aussi, beaucoup d'orgueil et quelques solides certitudes. Pour son entrée sur la scène publique, elle avait suivi l'exemple et les conseils avisés de son oncle Léopold de Saxe-Cobourg, souverain de la jeune Belgique,

1. Alexandrina Victoria, qui n'était à l'origine que cinquième dans l'ordre de succession, devait cet héritage aux circonstances (les disparitions successives de son père et de ses oncles).

et du Premier ministre whig[1], l'excellent et estimé lord Melbourne, mais elle allait bientôt dépasser leurs espérances. Bien plus tard, lorsqu'elle vint en visite officielle dans la France de Napoléon III – un voyage heureux, accompli dans la plénitude de son bonheur de reine et d'épouse –, elle devait se décrire à plusieurs reprises dans son *Journal* comme « déprimée, déroutée et excitée ».

Quand Victoria monta sur le trône, l'Angleterre disposait de puissants atouts. Napoléon, vaincu à Waterloo devant Wellington, était mort depuis seize ans. Le continent avait trouvé un nouvel équilibre depuis le congrès de Vienne. La révolution de 1830 en France n'avait pas entraîné de nouveau séisme grâce à la politique sage et calculée de Louis-Philippe, par ailleurs anglophile convaincu : tout au plus, des deux côtés de la Manche, subsistait une rivalité très ancienne entre les deux puissances, rivalité teintée d'hostilité, mais que les deux souverains surent habilement maîtriser contre une partie même de leurs milieux dirigeants. Le système parlementaire anglais avait lui-même trouvé son équilibre. Le point faible, c'était cette dynastie importée d'Allemagne depuis plusieurs décennies et qui peinait à trouver son ancrage. Les souverains qui s'étaient succédé en ce premier XIXe siècle avaient été des malades ou des médiocres, des hommes rarement estimés… Leur

1. Après l'importante réforme électorale de 1832, le parti whig, partisan du renforcement du parlementarisme, devint le parti « libéral » avant la lettre. Il s'opposait aux tories qui formèrent ensuite le parti conservateur et privilégiaient traditionnellement l'idée d'un pouvoir royal fort, tout en prônant la nécessité d'une aristocratie foncière puissante et stabilisatrice. Les appellations de « whig » et « tory » dataient du XVIIe siècle et continuèrent d'être en usage, même si l'opposition entre les deux grands partis prit vite une tournure plus moderne et se concentra surtout sur les questions de politique impériale – de politique étrangère, économique et commerciale.

famille était déchirée par les querelles internes et les luttes d'influence. Victoria était consciente de ce passif. Il fallait faire oublier la folie du roi George III et les extravagances du prince régent, devenu ensuite George IV[1], que le court règne du vieux Guillaume, peu prestigieux lui-même, n'avait pas suffi à corriger.

Au-delà du caractère de la reine, sa légendaire rigueur morale naquit d'abord d'une nécessité, celle de redresser l'image et la dignité de la couronne. Cette tendance naturelle fut renforcée par son mariage, le 10 février 1840, avec son cousin, Albert de Saxe-Cobourg. Neuf enfants devaient naître de cette union, qui fut envisagée de longue date mais se révéla un véritable mariage d'amour. Le prince Albert était un caractère rigoureux, pour le coup très austère, dont le rôle politique s'affirma d'abord, pour s'atténuer dès que la maladie commença à le gagner. Pour Victoria, ces années de jeunesse et de maternité furent heureuses : le parallèle avec la famille d'Orléans est à la fois tentant et justifié. Les deux familles royales, si unies et riches d'enfants, se rencontrèrent, rompant ainsi avec des siècles de mutuelle ignorance, quand Victoria et Albert se rendirent en France à la fin de l'été 1843 ; puis quand Louis-Philippe et Marie-Amélie se rendirent à leur tour en Angleterre en octobre 1844. Les peintures et les gravures du temps nous renvoient les images d'une authentique simplicité au château d'Eu, puis à Windsor, même si le contexte politique était parfois tendu. Victoria ne pouvait qu'apprécier le roi des Français, son éducation, sa connaissance de l'Angleterre, sa modération mêlée d'une

1. Il règne pleinement de 1820 à 1830. « On lui pardonne, écrit Élie Halévy, d'être ivrogne, joueur, débauché : ce sont des vices virils. On ne lui pardonne pas sa mollesse, sa poltronnerie légendaire, l'obstination qu'il met à vouloir être [...] l'Adonis de l'aristocratie européenne. »

discrète fermeté[1]. Leurs familles, simples, affectueuses et néanmoins aristocratiques – bien plus que « bourgeoises », comme on le dit trop souvent –, se ressemblaient au point de presque se confondre. Le roi des Français parla, pour la première fois, de « cordiale entente ». Ces remarquables affinités entre Victoria et la France, qui se prolongèrent sous le Second Empire, contribuèrent à changer le cours de l'histoire. Quant à Louis-Philippe, renversé en 1848 par une révolution sans gloire, il devait trouver refuge, avec sa famille, dans le domaine de Claremont, dans le Surrey, que Victoria avait connu enfant.

Réclusion volontaire

Lorsque Albert mourut, le 22 novembre 1861, à l'âge de quarante-deux ans, il entraîna avec lui tout sentiment de bonheur chez la reine. Il ne restait à Victoria que son devoir, et son impérissable dignité. Elle entra dans une sorte de réclusion, entre ses résidences d'Osborne et de Balmoral : on ne la vit plus, et si elle continua d'exercer une certaine influence sur la politique anglaise, la réalité du pouvoir lui échappa peu à peu. À Balmoral, en Écosse, elle retrouvait son majordome, le curieux John Brown, qui défraya dès l'époque la chronique et dont on ne sut jamais vraiment s'il fut son amant, mais qui fut assurément son soutien et son réconfort. Quant à Osborne, c'était une vaste propriété qu'elle avait acquise en 1845, avec Albert, sur l'île de Wight : plus qu'un domaine, un petit royaume, où la vie quotidienne était réglée avec une précision de métronome. Quand la reine était plus jeune, on la disait

---

1. Une des filles de Louis-Philippe, la princesse Louise, avait épousé le roi des Belges, Léopold de Saxe-Cobourg, l'oncle si apprécié de Victoria.

dominée par les whigs et, du coup, les journaux tories l'attaquaient sans ménagement. À ce reproche avait laissé place ensuite le grief fait à Albert de s'ingérer par trop dans la politique britannique[1]. Et désormais on reprochait à la reine de confondre veuvage et retrait du monde. Mais on mesura vite qu'elle ne s'était jamais réellement éloignée des affaires gouvernementales, et qu'elle ne renonçait pas davantage à ses fonctions protocolaires ou cérémonielles les plus essentielles.

Elle se montrait ainsi, dit une tradition tenace – nourrie il est vrai par ses propres déclarations –, la fidèle héritière des enseignements de son mari : en réalité, son caractère n'avait pas changé, il s'était simplement affirmé sous l'influence du malheur. Avec les années, certains traits physiques et moraux s'accentuèrent chez elle – pas nécessairement les plus aimables. Lytton Strachey, tout imprégné des Mémoires du temps, évoquera les « regards perçants et hautains », les « petites dents avançantes », le « petit menton en retrait » traduisant une « inquiétante volonté » : on retrouve ces traits dans le beau portrait de Winterhalter, composé en 1855. La reine organisa pour elle-même une sorte d'exil intérieur. Elle ne revint que tardivement vers son peuple.

Un homme y contribua activement : Benjamin Disraeli, qui fut Premier ministre à deux reprises (en 1868, puis en 1874-1880), domina longtemps la politique britannique avec son adversaire Gladstone, et sut admirablement comprendre « la Fée ». Il sut la conquérir et, d'une certaine manière, la diriger. Il avait très vite décelé ce sens viscéral de la dignité qui était à la fois l'arme et la carapace de la

1. De tempérament actif et organisateur, Albert joua très tôt un rôle de conseiller auprès de son épouse, qui ne fit ensuite que se développer, notamment dans les entretiens avec les ministres, et qu'elle reconnut en lui octroyant officiellement le titre de « prince consort ».

reine, mais qui dissimulait une légèreté presque ingénue, une sensibilité parfois presque enfantine. Le grand homme d'État britannique avait été, dès sa jeunesse, un authentique romancier qui entra – fait rarissime – de son vivant et de manière durable dans l'histoire de la littérature. De toutes ces figures de la politique et de la haute société qu'il croisait dans la vie, il faisait les personnages de ses romans, notamment ceux qui appartenaient au cycle de la Jeune Angleterre[1]. La reine Victoria l'amusait et le séduisait, et il avait besoin d'elle pour exercer pleinement le gouvernement, pour conduire en toute quiétude les grandes manœuvres diplomatiques des années 1870-1880, rendues si complexes par l'effacement provisoire de la France sur le continent et par l'affirmation de l'Allemagne unifiée sous la férule de Bismarck. Il manifestait à la reine un respect ostensible – allant jusqu'à obtenir pour elle, au prix d'un combat parlementaire ardu, le titre d'« impératrice des Indes ». La reine des Fées était presque domptée, mais jamais il ne cessa de lui manifester le plus profond et le plus sincère respect. La bibliothèque de Windsor contient un de ses livres dont il orna la dédicace d'un ravissant poème manuscrit : on connaît peu de ministres qui entretinrent une telle relation avec leur souverain. L'agonie, au printemps 1881, de Disraeli, qu'elle avait fait lord Beaconsfield, fit une telle impression sur la reine qu'elle fut bien près de braver le protocole pour lui rendre visite sur son lit de mort. Mais elle s'en

1. La Jeune Angleterre était le nom du petit groupe de parlementaires, partisans d'un conservatisme à la fois traditionaliste et social, dont Disraeli était l'un des porte-parole. Dans son roman à clé *Coningsby, or The New Generation* (1844), traduit précisément en France sous le titre de *La Jeune Angleterre*, Disraeli procède comme dans d'autres de ses romans : il exprime ses idées sur la politique et la société anglaises à travers des personnages qui, bien plus que des figures symboliques, sont des êtres de chair, de sang et de passion.

retint et lui envoya des primevères d'Osborne. Elle dut supporter encore quelques années le grand rival libéral du tory Disraeli : le whig William Gladstone.

Ainsi, autant cette reine si rigoureuse appréciait l'ancien dandy, l'esprit fin et malicieux, l'intellectuel juif converti à l'anglicanisme qui, immergé dans la haute société, avait conduit d'une main ferme le parti conservateur, autant elle prisait peu le froid protestant écossais qui dirigeait avec hauteur le parti libéral et considérait sa souveraine avec une méfiance teintée d'une certaine incompréhension – elle lui reprochait de s'adresser à elle comme il le ferait à une assemblée. Mais Gladstone mourut à son tour en 1895. Selon l'historien Élie Halévy, sa disparition marqua, plusieurs années avant la propre fin de Victoria, l'épilogue de l'ère à laquelle elle devait donner son nom. Les figures politiques qui suivirent – les Joseph Chamberlain, les Lloyd George – n'appartenaient déjà plus au XIXe siècle.

Le temps de la vénération

Sa vieillesse l'avait pourtant rapprochée de son peuple, comme le montra son jubilé de diamant en 1897. Elle régnait désormais dans un climat de vénération, se confondant avec le sentiment de puissance, de sécurité et de prospérité du pays. Elle s'identifiait à l'éternité et à la grandeur de l'Empire. Depuis qu'elle avait dépassé la soixantaine, la vieillesse l'avait touchée, selon la belle expression de Lytton Strachey, « d'une baguette aimable », avec des traits qui s'adoucissaient et ce « petit corps solide » qui « gagnait en embonpoint ». Les chagrins qu'elle avait éprouvés, ceux qu'elle devait encore connaître dans les derniers temps de sa vie humanisaient peu à peu cette reine rassurante et désormais moins lointaine. Elle souriait peu cependant, et les nombreuses photographies qui la représentent dans ses dernières années renvoient toujours une expression sévère, autoritaire, non dépourvue d'acidité. D'ultimes chagrins l'avaient en effet frappée et la frappèrent encore : la mort de sa deuxième fille, la princesse Alice, en 1878, suivie six ans plus tard de celle du prince Léopold, son quatrième fils, puis celle de son petit-fils Albert Victor en 1892, et pour finir la disparition en 1900 de son deuxième fils, le prince Alfred.

Le 9 décembre 1898, elle reçut à Windsor le nouvel ambassadeur de France, Paul Cambon, personnalité remarquable qui allait jouer un rôle décisif dans les années qui précédèrent la guerre, et, pour nous, témoin de premier ordre : « Elle est moins épaisse que ne la représentent ses photographies. Elle a l'air très vieux, elle parle bas, ses cheveux tout blancs et très crêpés étaient surmontés d'un bonnet de linge. » Un peu plus tard, au dîner officiel, le diplomate put l'observer plus à loisir : « La reine assise paraît infiniment moins vieille que debout [...]. Elle voit mal et elle répand quelquefois le plat sur la nappe. Mais, pour une femme de quatre-vingts ans, elle a encore une présence d'esprit extraordinaire [...]. Il n'y a pas de château en France où les choses se passent plus simplement et elles sont certainement moins simples au Havre ou à Rambouillet quand le président s'y trouve. »

Elle arrivait enfin au terme de sa vie. En avril 1900, déjà, elle avait renoncé à son rituel voyage dans le Midi de la France pour un séjour plus utile, plus « politique », en Irlande – trois semaines au total, sans escorte, pour rendre hommage à ses sujets irlandais qui payaient leur tribut à la guerre en Afrique. L'arthrose la condamnait au fauteuil roulant. Le 14 décembre 1900, Victoria, âgée de quatre-vingt-un ans, eut très certainement une pensée plus vive qu'à l'usage pour Albert, disparu ce même jour quelque quarante ans plus tôt, ainsi que pour la princesse

Alice, morte elle aussi un 14 décembre. Comme tous les ans, selon un rituel intangible, la reine avait gagné Osborne House pour y rester jusqu'à la fin janvier. Sa vie quotidienne était devenue de plus en plus aride, comme celle de tant de gens âgés. Nous en connaissons le moindre détail, grâce à des sources d'époque extrêmement précises, aux souvenirs de son entourage – médecins, secrétaires, hommes d'Église... Elle souffrait d'insomnies, manquait d'appétit. Le prince de Galles, gros mangeur et extraverti, tout l'opposé de son caractère, trouvait, comme si souvent les fils, qu'elle ne mangeait pas assez, qu'elle était trop repliée sur elle-même. Le 25 décembre, fait inhabituel, elle ne participa pas au déjeuner de Noël ni ne goûta à son menu quintessentiel – bœuf du Devon, soupe à la tortue, turbot, oie rôtie, fromage de tête, pâté de viande, Christmas pudding, tartelettes et éclairs au chocolat –, mais resta dans sa chambre pour consommer un modeste « *Benger's food and broth* », potion intraduisible en français, en somme un vrai menu de malade. Le soir du nouvel an, elle se coucha à 9 heures et fit noter par sa petite-fille, dans son *Journal*, au matin du 1er janvier : « Une autre année a commencé, et je me sens si faible et si mal que je m'y engage dans la tristesse. » Et il est vrai que le mois de janvier s'ouvrait sous des torrents de pluie, suivis de chutes de neige. La guerre des Boers dominait tant l'actualité qu'Arthur Conan Doyle délaissa l'écriture des aventures de Sherlock Holmes pour se consacrer à la chronique des événements africains.

Derniers adieux

Les visiteurs – notamment son médecin et l'évêque de Winchester – trouvaient que l'univers de la reine se rétrécissait chaque jour. Elle commençait de s'éteindre, pour ainsi dire de vieillesse. Elle se repliait peu à peu dans sa chambre, vaste et confortable, « *gemütlich* », sommeillant de plus en plus dans son immense lit d'acajou. Son médecin, sir James Reid, lui rendait quotidiennement visite et constatait qu'elle s'affaiblissait inéluctablement, comme si la vie, avec lenteur, la quittait. Il était clair que cette année elle ne pourrait se rendre à son cher Excelsior Régina Palace, à Cimiez. Le 14 janvier, elle avait encore toute sa tête lorsqu'elle reçut lord Roberts, qui commandait les troupes en Afrique du Sud. Mais elle parut très âgée à son visiteur, physiquement affaiblie, passablement agitée même. Trois jours plus tard, elle sembla un peu perdue, ayant subi vraisemblablement une première attaque. Elle ne devait plus quitter son lit. Presque aphone, désormais dans un état proche par moments du coma, état dont la gravité fut confirmée par des médecins appelés de Londres en renfort. La famille royale savait désormais que la fin était proche. L'ambassadeur Cambon notait qu'étrangement la reine n'avait aucun organe attaqué, mais qu'elle semblait comme « absorbée dans une idée fixe », nerveusement épuisée, probablement éprouvée par « cette guerre de quinze mois déjà qui dévore toute la jeunesse anglaise et dont on ne voit pas la fin ». Le 18 janvier, le prince de Galles estima qu'il était temps d'informer le public.

Un hôte passablement encombrant voulut se présenter : l'empereur d'Allemagne, Guillaume II, qui arriva à Londres avec la ferme intention de se montrer à Osborne pour se rendre au chevet de la reine. Le Kaiser n'était autre que le petit-fils de Victoria, tout comme la tsarine en Russie était sa petite-fille. Depuis la crise de Fachoda (1898), la Grande-Bretagne, rivale de la France en Afrique, était en froid avec le gouvernement de la IIIe République. Sa guerre contre les Boers ne contribuait pas à lui attirer la sympathie de l'opinion continentale. Pour Guillaume, l'agonie de sa grand-mère était l'occasion rêvée d'une vaste opération de communication envers l'opinion britannique et son gouvernement. Pour l'opinion, il obtint d'ailleurs le succès escompté. La famille royale s'efforça de le tenir un peu à l'écart, mais n'y parvint pas. Comme l'écrit Élie Halévy, il se montra, « au chevet de sa grand-mère expirante, le plus tendre, le plus respectueux des petits-fils ; il fut, avec ses parents affligés, le plus affectueux des neveux, des cousins. Dans l'île de Wight, dans la capitale, et finalement vers la sépulture royale de Windsor, il défila, soit à pied, soit à cheval, aux côtés du nouveau roi d'Angleterre. Le lendemain des funérailles, il repartit, ayant fait en Angleterre un séjour de deux semaines, au milieu des acclamations de la foule ». Victoria mourante était devenue l'enjeu impuissant d'une habile manipulation diplomatique : mais quoi d'étonnant à cela, puisqu'en cette Europe composée pour l'essentiel de monarchies, les liens de famille interféraient nécessairement avec la diplomatie ?

Guillaume II vit sa grand-mère en tête à tête le matin de sa mort, pendant cinq brèves minutes : nul ne sait ce qu'ils se dirent, ni même s'ils se dirent quelque chose.

La reine mourut donc le 22 janvier 1901, en fin d'après-midi. Albert Édouard, prince de Galles, publia le communiqué suivant : « Osborne, 6 h 45. Ma mère tant aimée, la reine, vient à l'instant de mourir, entourée de ses enfants et petits-enfants. » Le règne d'Édouard VII commençait, mais dans un tout autre style : le nouveau souverain, que l'écrivain Henry James trouvait si vulgaire, était un sexagénaire corpulent qui aimait ses maîtresses, ses cigares et les courses de chevaux, et qui dépensait sans compter. Sir Henry Ponsonby, qui avait été longtemps le *private secretary* de la reine, disait qu'il était l'homme le plus affable et le plus agréable du monde dans les premières minutes d'un entretien, mais que passé ce premier contact, il ne tenait plus la distance, qu'il n'était qu'une façade, qu'il n'exerçait qu'une pure et fugitive séduction sociale.

Tout l'opposé de ses parents, en somme. Il était alors, comme le gouvernement, plutôt favorable à une entente avec l'Allemagne. Mais il était intelligent et manœuvrier : les choses évolueraient bientôt tout différemment, sous l'influence d'une opinion publique qui, dans le fond, était plutôt germanophobe[1].

« Un douloureux étonnement »

Pour l'heure, les sujets de la reine étaient plongés dans la stupeur de sa mort. Ils ressentirent, écrit Lytton Strachey qui l'avait vécu lui-même, « un douloureux étonnement ». « Il semblait que quelque événement monstrueux vînt interrompre le cours naturel des choses. » La reine était pourtant fort âgée pour l'époque. Mais précisément : ce grand âge ajoutait à sa popularité et à son prestige. À mesure que sa capacité d'influence politique réelle avait diminué, son pouvoir de fascination, sa force d'incarnation s'étaient accrus. Cette reine, qui, dans la mémoire des Britanniques, semblait avoir toujours régné, « rentrait pour eux dans l'ordre normal de l'univers ; il leur semblait inadmissible de la perdre » (Strachey). On rapporta même que le camp de prisonniers boers de Greenpoint avait pris le deuil…

Les funérailles furent grandioses et eurent un retentissement mondial, mais au prix d'une organisation labo-

1. L'Entente cordiale fut finalement conclue entre la France et l'Angleterre en avril 1904, grâce, notamment, à l'action subtile de Paul Cambon, et alors même qu'une partie du personnel dirigeant britannique restait durablement favorable à une entente avec l'Allemagne. Selon Paul Morand, cette complaisance entretint encore quelques craintes en juillet 1914, mais Paul Cambon « savait que ce que peut faire de mieux un Français, quand un Anglais va prendre une décision, c'est de ne pas chercher à l'influencer ».

rieuse et chaotique[1]. Trente navires de guerre escortèrent la dépouille royale depuis le port de Cowes jusqu'à Portsmouth. La flotte française, celles du Japon et du Portugal étaient présentes, mais c'est le Kaiser qui se distingua en envoyant quatre bâtiments. Si l'on en croit à nouveau Paul Cambon, le cortège des funérailles à Londres fut à l'image de « la Fée » : grandiose et parfois incongru, flamboyant et par moments désordonné. « On avait eu la singulière idée de convoyer les restes de la vieille reine sur un canon traîné par les chevaux blancs du jubilé. Je doute, quoi qu'on en ait dit, que ce fût par ordre de la morte. Ces chevaux caparaçonnés de rouge, le drap funèbre de satin blanc brodé, tout cela manquait de goût, mais personne ne s'en est aperçu. » Après un office glacé, princes et délégations se retrouvèrent pour un buffet au château de Windsor, et comme dans bien des funérailles privées, la chaleur et la nourriture délièrent les langues. « C'était comme une noce. Les personnes royales lunchaient à côté et nous ont reçus après. Dans leur salon l'animation et la gaîté n'étaient pas moins grandes. »

La reine allait désormais reposer au côté d'Albert, dans le mausolée de Frogmore. Son gisant était prêt. Elle s'était éteinte dans un glissement presque insensible. Lytton Strachey, décidément très romanesque, l'imaginait sur son lit d'agonie, « aveugle et silencieuse », semblant « à ceux qui l'entouraient avoir déjà perdu tout sentiment, avoir déjà glissé, comme par mégarde, dans le fleuve de l'oubli. Et, cependant, dans les retraites de sa conscience, peut-être que des pensées s'agitaient quand même [...] peut être

1. Le 30 janvier, dit Cambon, rien ne semble encore fixé. « L'incapacité de rien organiser qu'on remarque ici tient du prodige. On fait et l'on défait, tout s'embrouille et il est impossible d'obtenir un renseignement précis. Le plus drôle est que ce désordre ne cause aucune agitation. »

que, à travers le brouillard des années, elle revivait des souvenirs de plus en plus anciens : les bois d'Osborne, au printemps, tout fleuris de primevères pour lord Beaconsfield ; le visage d'Albert sous la lampe verte, le premier cerf tué par Albert à Balmoral, et Albert dans son uniforme bleu et argent [...] et un tapis jaune, et quelque doux volant de mousseline à ramages, et les arbres, et le gazon de Kensington »...

Si l'on veut mesurer le cycle des transformations qui suivirent la mort de Victoria, fions-nous au regard le plus observateur, à l'œil le plus perçant de notre littérature du XXe siècle : Paul Morand. Il arrive à Londres, gare de Charing Cross, en 1903, à l'âge de quinze ans, au moment où s'achève la guerre des Boers. L'atmosphère est toujours victorienne en diable. « Le repos dominical anglais sévissait dans toute sa rigueur. Traversant Londres, pour gagner la campagne, j'y humais, en passant, le brouillard. » Il découvre les petites maisons basses, « tant de petites choses ajoutées sans fin à d'autres petites choses » (il emprunte cette formule à Edmund Burke), « l'odeur du malt et du tabac de Virginie, les fenêtres à guillotine » ; il se souvient que le scandale du procès d'Oscar Wilde pour homosexualité lui valut alors les dues recommandations de son père (« si des messieurs, un lys à la main, t'adressent la parole, ne te lie pas avec eux ») et que « l'Entente cordiale n'avait pas encore commencé à répandre dans Londres cette atmosphère voluptueuse et continentale qui caractérisera le règne du roi Édouard ». En 1908, le jeune étudiant d'Oxford trouvera que Londres est bien encore la capitale de Victoria. C'est seulement en 1913 que les premiers signes de changement le saisissent quand, jeune diplomate, il est affecté auprès de Paul Cambon : « Pour la première fois dans l'histoire d'Angleterre, d'autres hommes que des gentlemen étaient appelés à diriger le pays » ; la société s'agite, le mouvement des mœurs se révèle enfin, alors que monte la tension avec la puissante Germanie. C'est alors, vraiment, que s'achève le règne de Victoria.

Comment comprendre le vrai caractère de cette reine ? Le sentiment de grandeur, mais aussi, à nouveau, « tant de petites choses ajoutées sans fin à d'autres petites choses » ? Ses très nombreuses lettres, ses « journaux » tenus avec régularité depuis sa prime jeunesse n'ont pas d'intérêt proprement littéraire, mais restituent fidèlement un caractère. La reine s'y exprime avec une franchise constante sur l'état présent de ses sentiments, elle fait même preuve d'un sens aigu de l'ironie et de l'observation. Certains contemporains, tel le très caustique poète Wilfrid Blunt dans son *Journal*, voyaient Victoria d'un œil peu bienveillant : « De ce que j'ai entendu dire sur son compte, il résulte qu'elle était dans ses dernières années une digne vieille dame assez banale, pareille à tant de nos douairières, de vues bornées, sans goût pour l'art et la littérature, aimant l'argent, ayant un certain don d'application aux affaires et de capacité politique, mais facile à flatter et s'attendant aux flatteries, tout à fait convaincue de sa position providentielle dans le monde et toujours prête à faire n'importe quoi pour l'étendre et l'affermir. » En somme, concluait-il, « une sorte de fétiche ou d'idole » dont personne n'osait dire du mal, même une fois morte…

Vitalité, conscience, orgueil et simplicité

Cette vision plus négative était-elle largement partagée ? Lytton Strachey, suivi par bien d'autres, exprimait ainsi le paradoxe de son caractère : cette petite vieille dame avait de la grandeur. Dans ses écrits, son style, « si parfaitement illettré », était sauvé par son incroyable sincérité. Chez elle, le charme allait avec quelque chose d'un peu « absurde ». Sa respectabilité bourgeoise pouvait irriter : mais dans sa simplicité, elle était tout simplement royale... Très conservatrice en matière de mœurs, pas toujours très subtile ni imaginative, curieusement attachée à certaines banalités très répétitives de l'existence, elle était, avant tout, éprise « d'immuable ». C'est pour cela que Disraeli la comprenait si bien : il voyait toute chose en romancier et en homme d'État. Il avait su percer à jour la personnalité de Bismarck pendant les quelques semaines du congrès de Berlin[1] : pour la « Fée », il eut plus de temps et de loisir. Il l'approcha dans l'exercice de ses fonctions de Premier ministre, mais il noua avec elle également une forme authentique d'amitié qui survécut à son départ du pouvoir, qui survécut même à sa mort. Pour Victoria, Disraeli compta sans doute plus encore que lord Melbourne, qui avait pourtant enchanté sa jeunesse. Auprès de lui, elle prit quelques leçons de pouvoir, et on ne peut comprendre la haute dignité de sa fin de règne sans la marque et le souvenir de cette relation nouée avec l'un des esprits les plus originaux de l'histoire anglaise.

Des scènes relatées par l'homme d'État dans sa correspondance tracent un portrait subtil, par petites touches, qui contient sans doute Victoria tout entière. Ainsi, le 20 décembre 1878, il est reçu en longue audience par la reine, qui vient de perdre sa fille, la princesse Alice, emportée par la diphtérie : « Sa Majesté était en grand deuil avec une coiffure noire. Elle était calme, tout à fait charmante et parfois amusante ; elle n'a pas évité le

1. Ferme et manœuvrier à la fois, au point de séduire et de nouer avec le « chancelier de Fer » des relations de confiance surprenantes pendant ce congrès décisif pour le règlement de la question d'Orient et l'équilibre du continent (1878). Bismarck se serait exclamé : « Le vieux Juif, ça c'est un homme ! »

terrible sujet, mais en a parlé naturellement, en donnant quelques détails. Elle m'a dit que la coïncidence de la date de la mort de sa fille avec celle de son grand malheur n'a pas ajouté à son chagrin et, qu'au contraire, si cela avait dépendu d'elle, elle aurait choisi ce jour. » Cette maîtrise de soi, ainsi que cette intuition toute religieuse du destin sont assurément d'une reine, et d'une chrétienne. On ne pleure pas ostensiblement la mort de son propre enfant quand on règne, car les princes et les souverains ont des devoirs, des exigences qui ne sont pas ceux du commun. En revanche, lorsque quelques mois plus tard le prince impérial, fils de Napoléon III, qui s'était engagé dans l'armée anglaise contre la volonté de sa mère, l'impératrice Eugénie, et contre celle du gouvernement britannique, est tué en Afrique du Sud dans un engagement contre les Zoulous, il pressent qu'elle risque de fléchir. Les liens d'amitié noués naguère par Victoria avec le couple impérial, le destin tragique de ce jeune prince en exil étreignent le cœur de la mère qu'elle est restée viscéralement et qui semble prendre soudain le dessus. Elle paraît très « affligée » et « agitée » – on mesure l'euphémisme –, elle accable son Premier ministre de télégrammes : Disraeli craint qu'elle ne veuille exprimer publiquement et avec une force excessive son chagrin, au risque d'irriter le gouvernement de la IIIe République. Il redoute une « scène lamentable », « car je ne puis guère approuver, ni admettre ce que, dans son chagrin et dans la plénitude de son cœur, Sa Majesté pourra suggérer pour exprimer à cette occasion sa sympathie et celle de son peuple[1] ». Les choses se feront en définitive avec dignité, mais aussi avec la sobriété nécessaire. Car la première de

1. Car, écrit-il à son amie de cœur, lady Chesterfield, « après tout il n'était qu'un prétendant au trône de France soutenu par une clique très active et bien organisée, mais représentant une très petite minorité ».

ses qualités était peut-être celle qui la faisait tant apprécier des Américains, qui l'honorèrent à sa mort comme ils ne l'avaient jamais fait pour aucun monarque : la sagesse, le simple bon sens (*wisdom*).

Telle fut sans doute la reine Victoria : somme toute le modèle achevé d'une excellente souveraine, qui sut se mettre en retrait devant la montée en puissance du parlementarisme et gagner en hauteur et en légitimité ce qu'elle perdait en pouvoir, incarnant ainsi un grand moment de l'histoire de son peuple. Son oncle, Léopold de Saxe-Cobourg, lui avait jadis recommandé de cultiver trois vertus : le courage, la fermeté et l'honnêteté. Même dans une monarchie constitutionnelle, de telles qualités n'étaient pas superflues et faisaient plus qu'équilibrer quelques défauts bien humains et si universellement partagés.

Nul doute que ce modèle devait contribuer à façonner – en particulier dans des circonstances difficiles – l'attitude et le caractère de George V, George VI ou Élisabeth II, figures de proue de cette dynastie « allemande » devenue les « Windsor » et qui, à l'exemple de Victoria, a fini par s'identifier à l'Angleterre. Mais le composé si étrange qui formait le caractère de « la Fée » restera à jamais inimitable. « La jeune fille, l'épouse, la vieille femme étaient les mêmes : vitalité, conscience, orgueil et simplicité, Victoria fut tout cela jusqu'à sa dernière heure », écrit avec sa finesse légendaire Lytton Strachey.

Bibliographie sélective

Deux grands classiques

Halévy, Élie, *Histoire du peuple anglais au XIXe siècle*, Paris, Hachette, 5 vol., 1926-1932.

Strachey, Lytton, *La Reine Victoria, 1819-1901*, Paris, Payot, 1993, réédition de la première édition française parue en 1923, deux ans après l'édition anglaise. Le livre de Lytton Strachey fut écrit avant que l'on dispose des archives du règne. Mais il reste un éblouissant exercice d'analyse psychologique.

Également

Alexandre, Philippe, et Aulnoit, Béatrix de l', *La Dernière Reine*, Paris, Robert Laffont, 2000.

Langlade, Jacques de, *La Reine Victoria*, Paris, Perrin, 2009.

Marx, Roland, *La Reine Victoria*, Paris, Fayard, 2000.

Moulin, Joanny, *Victoria, reine d'un siècle*, Paris, Flammarion, 2011.

Packard, Jerrold M., *Farewell in Splendor. The Death of Queen Victoria and Her Age*, New York, Dutton Publishing, 1995.

Rennell, Tony, *Last Days of Glory : The Death of Queen Victoria*, New York, Griffin, 2002.

16

LA REINE MAUDITE

Draga Obrenović
Belgrade, 11 juin 1903

par Jean-Christophe Buisson

Sa mort horrifia l'Europe dite civilisée. Dans la nuit du 10 au 11 juin 1903, à l'issue d'un coup d'État spectaculaire, Draga, la reine de Serbie, était sauvagement assassinée dans son palais du centre de Belgrade par un groupe d'officiers serbes mené par celui qui, onze ans plus tard, planifierait l'attentat de Sarajevo. Depuis son mariage, trois ans plus tôt, avec le dernier héritier de la dynastie Obrenović – de douze ans son cadet –, cette fille de meunier, qui avait été la dame d'honneur de la propre mère du souverain, était devenue l'objet d'une vindicte populaire d'une ampleur inédite. Accusée d'orienter la diplomatie du pays vers une alliance avec l'Autriche, suspectée d'avoir tué son premier mari et de n'avoir épousé le jeune roi que pour s'enrichir et satisfaire son ambition personnelle, elle fut sans doute la souveraine la plus haïe de toute l'histoire de la Serbie.

À Belgrade, au printemps, les nuits sont délicieuses. Ce 10 juin 1903, le roi et la reine de Serbie, Alexandre et Draga Obrenović, ont décidé de profiter des dernières lueurs du jour sur le balcon de leur palais situé à l'angle des deux grandes artères menant vers le sud et l'est de la capitale. Par-dessus le mur blanc du vaste bâtiment carré que le père du souverain, Milan Ier, a fait bâtir dix ans plus tôt, ils observent, dans la pénombre naissante, les badauds arpenter la rue qui longe le splendide jardin de leur résidence. Le monarque est d'humeur maussade. D'abord parce que cette date est un mauvais souvenir pour la dynastie dont il est le seul et ultime héritier : le 10 juin 1868, il y a exactement trente-cinq ans, le prince Mihailo (Michel)[1] était assassiné dans le parc de Topčider, sur une des collines surplombant Belgrade. Une immense perte pour le pays. En moins de dix ans, le fils de Miloš Obrenović, le fondateur de l'État serbe, chef de la seconde insurrection[2] contre les Ottomans en 1815, avait modernisé son pays en gouvernant à la manière d'un Frédéric de Prusse. Autocrate éclairé, il avait réformé la justice, les finances et l'armée – confiée à un colonel français, Hippolyte Mondain –, fait partir l'occupant turc des grandes villes du pays, développé un système d'alliances avec les nations balkaniques voisines – Grecs, Bulgares, Monténégrins. Jusqu'à ce jour funeste où un

1. À cette époque, la Serbie est encore une principauté. Après les deux grands mouvements de révolte anti-ottomane du début du siècle (1804 et 1815), les Serbes ont réussi à arracher leur autonomie politique et administrative au sein de l'Empire ottoman qui occupe le pays depuis plusieurs siècles. En 1867, les garnisons turques ont quitté toutes les grandes villes du pays – il n'en reste plus qu'une, symbolique, dans la vieille forteresse de Belgrade. En 1878, la Serbie est reconnue indépendante au congrès de Berlin. Elle devient un royaume en 1882.

2. Onze ans après un premier soulèvement contre les Ottomans dirigé par un éleveur de cochons, Karađorđe (ou Karageorges), une deuxième révolte avait éclaté en Serbie. À sa tête, un des rares meneurs de la première insurrection qui était resté dans le pays malgré la répression turque : Miloš Obrenović – lui-même éleveur de bétail.

révolutionnaire, sans doute manipulé par les Autrichiens, avait mis fin à cette expérience...

Mais ce soir, Alexandre Obrenović a un autre motif de mal-être. Son Premier ministre, Dimitrije Cincar-Marković, vient de lui remettre sa démission au terme d'un entretien houleux. Bien que le roi l'ait nommé après avoir aboli une Constitution relativement libérale qu'il avait lui-même promulguée deux ans plus tôt, le chef du gouvernement lui a affirmé qu'il ne s'estimait plus en situation de diriger le pays. Il en a énuméré sèchement les raisons : les caisses sont vides (en partie par la faute du train de vie du couple royal) ; les fonctionnaires et les soldats ne sont payés qu'irrégulièrement ; la corruption est générale ; la colère populaire ne cesse de grandir. Il y en a d'autres mais Cincar-Marković n'a pas eu la cruauté de les rappeler au souverain de vingt-sept ans. Il y a deux mois, des émeutiers ont été tués lors d'une manifestation de commerçants en colère rejoints par des étudiants, et les résultats des récentes élections générales ont été honteusement falsifiés. Bien qu'Alexandre bénéficie du soutien diplomatique de la Russie, sa politique étrangère paraît pencher dangereusement du côté de l'Autriche, la puissance voisine honnie. Des rumeurs de complot circulent, en particulier dans les milieux militaires. Surtout, la haine suscitée par la reine a atteint des proportions inquiétantes.

Draga Obrenović, qui est assise à côté de son mari dont elle est l'aînée de douze ans, n'est ni sourde ni aveugle. Depuis son irruption dans la vie du monarque à peine dix ans plus tôt, elle n'a cessé de subir les regards hostiles et les remarques désobligeantes. Née roturière dans une famille modeste de province, elle estime que ce sont ses origines qui lui valent autant d'inimitié. Dans certains pays, ne laisse-t-elle pas de s'étonner, le destin d'une jeune fille sortie du ruisseau qui devient princesse suscite l'affection et l'admiration ; en Serbie, il provoque la jalousie et le mépris. Cruels et obscurantistes Balkans…

Du reste, toute sa famille est la cible de la colère populaire. Ses deux frères, Nikola et Nikodije, qui sont également présents sur le balcon du palais, sont accusés de tous les maux. On prétend qu'ils exigent que soit joué l'hymne national quand ils entrent dans une taverne ; on se plaint qu'ils ne cessent de tirer des coups de feu en l'air dès qu'ils ont un peu bu ; il se dit même que ce sont eux qui seraient à l'origine de la suspension de la Constitution. Pis : Nikodije, sur qui pleuvent les soupçons de débauche, de cupidité et d'homosexualité, aurait été désigné par son beau-frère dans un texte secret comme l'héritier présomptif de la couronne, le couple royal n'ayant pas eu d'enfant. Pis encore : leur sœur cadette aurait proposé à la reine de lui donner son bébé afin de le faire passer pour le sien et couper court aux rumeurs malfaisantes de stérilité. Draga le répète souvent : c'est tout juste si on ne fait pas passer sa famille pour des gitans égarés dans les palais de la monarchie serbe.

L'air est rempli de poignards

Il fait maintenant nuit et le couple royal, au-dessus duquel volettent quelques papillons de nuit qui viennent se brûler les ailes sur les lampions accrochés le long des colonnes doriques de la façade, se laisse bercer par le son d'orchestres tziganes qui monte depuis la vieille ville toute proche. Parmi eux, sûrement, ceux qui sont venus participer l'après-midi, dans les jardins du palais, au grand concours de musique organisé depuis deux jours dans les principaux lieux publics de la capitale. En tendant l'oreille, il leur semble bien reconnaître la mélodie de

Serbie, patrie de mon cœur. Un vieux chant haïdouk[1] qui appelle à libérer le pays du joug ennemi.

Alexandre et Draga ne se trompent pas. C'est bien cet hymne de combat qui monte des murs du cercle militaire, de l'autre côté de la rue Katarina-Kodar, face au palais. Sauf que ce n'est pas un orchestre tzigane qui est en train de l'interpréter, mais le lieutenant Veličković, arrimé à son violon comme un marin à son mât. Vingt-huit officiers l'entourent et l'encouragent de la voix et du geste, moins ivres d'alcool de prune que d'excitation. Il y a quelques heures, au terme d'une réunion dans la maison du comte Patana, très hostile au roi Alexandre, certains d'entre eux ont réglé les derniers détails de l'opération qu'ils préparent depuis des mois et qui doit se dérouler dans la nuit : l'assassinat du roi et de la reine de Serbie. Soutenus par de nombreuses personnalités politiques appartenant aux partis radical, libéral ou progressiste, ils ont promis de remettre le pouvoir à des civils une fois leur geste accompli. Après délibération, il a été convenu que ce serait au prince Pierre Karađorđević, héritier de la dynastie rivale des Obrenović et actuellement en exil en Suisse, que serait proposé le sceptre du pouvoir.

Les deux meneurs du groupe portent le grade de colonel. Le premier se nomme Dragutin Dimitrijević. On le surnomme Apis, en référence à son cou de taureau égyptien. C'est un véritable personnage de roman : franc-maçon portant une grande croix orthodoxe autour du cou, le torse tatoué d'une épée et d'une rose, Apis est un officier brillant et charismatique dont les convictions patriotiques très affirmées le conduiront, bientôt, à mettre sur pied un mouvement nationaliste aux méthodes vio-

1. Désigne, dans la langue turque, un hors-la-loi, un brigand. Par extension, le terme est devenu, parmi les peuples slaves d'Europe balkanique, synonyme de rebelle à l'occupant ottoman.

lentes, sur le modèle italien des carbonari : L'Unité ou la mort[1]. En attendant de fédérer toutes les bonnes volontés serbes désireuses de chasser des frontières naturelles de la Serbie historique – montagnes de Bosnie, contreforts de Macédoine, plaine du Kosovo –, les occupants turcs ou autrichiens, Apis a juré de débarrasser le pays de la dynastie corrompue, décadente et proautrichienne assise sur le trône, et de lui substituer celle des Karađorđević descendant du chef de la première insurrection anti-ottomane en 1804, Karađorđe. Après deux projets d'assassinat avortés de justesse, il est persuadé que cette fois est la bonne.

Le second officier supérieur à la tête des conjurés se nomme Alexandre Mašin. Ses motivations ne sont pas uniquement politiques : il est animé aussi par un esprit de vengeance personnel. Frère du premier mari de la reine Draga, il est persuadé que l'accident qui a coûté la vie au malheureux Svetozar a été délibérément provoqué par son ex-belle-sœur. C'est lui qui a adressé la veille le télégramme de convocation aux autres membres de l'escouade, tous venus de garnisons de province différentes. « Je veux être celui qui donnera le coup de grâce à la reine », ne cesse-t-il de répéter.

Il est un peu plus de minuit quand Dimitrijević intime l'ordre à tous les officiers de former un cercle et de poser chacun son bras sur l'épaule de son voisin afin de se préparer à une danse traditionnelle serbe, le kolo. Puis il ordonne au violoniste de jouer l'air que tout orchestre est tenu de lancer lorsque apparaît Sa Majesté, « le kolo de la reine Draga ». Après quelques pas, Apis rompt le cercle. « C'est l'heure. Que le Ciel nous bénisse, que Dieu nous pardonne ! En avant ! »

1. Également appelé La Main noire, ce mouvement prendra en charge la logistique de l'assassinat de l'archiduc autrichien François-Ferdinand de Habsbourg en juin 1914.

Ambitions contrariées

Draga Lunjevica est née en 1864. Son grand-père, Nikola, était, comme les chefs des deux insurrections serbes de 1804 et 1815, éleveur de bétail. Fille d'un notable paysan de Gornji-Milanovac, un bourg situé à une centaine de kilomètres au sud de Belgrade, elle épouse à vingt ans l'ingénieur Svetozar Mašin, fils de médecin, frère d'un officier supérieur de l'armée serbe. Le couple s'installe dans une confortable maison du quai du Danube, au centre de la capitale serbe : vie de fêtes, de réceptions, de soirées. Au cours de l'une d'entre elles, Draga est présentée à la famille royale : le roi Milan, la reine Natalija et leur fils d'une douzaine d'années, Alexandre, un garçon aux traits grossiers, très introverti, particulièrement pataud. Draga rayonne. Au contact de la ville, la jeune fille pétillante à l'allure paysanne est devenue une femme élégante, à la taille fine, aux toilettes audacieuses. Elle est belle et consciente de l'être. Des cheveux sombres tombant en cascade sur des épaules volontiers dénudées, des yeux noirs perçants au milieu d'un visage d'une blancheur remarquable, une bouche mince, sensuelle et colorée, un air délibérément hautain : Draga ne déteste pas qu'on la dévore du regard. Avec son mari, les rapports se dégradent très vite. Elle ne veut pas d'enfants, il le lui reproche ; il boit beaucoup, elle lui en fait grief. Un soir où Alexandre, le frère de Svetozar, a quitté sa garnison pour venir leur rendre visite, Draga laisse son mari, déjà ivre mort, descendre à la cave chercher une énième bouteille. Il trébuche, dégringole, se rompt le cou. Voilà Draga veuve. Libre mais sans ressources. Revenir dans sa ville natale ? Impensable. Avec le culot qui l'animait déjà quand, petite, elle narguait du regard les garçons plus âgés qu'elle, elle demande audience à la reine Natalija. Émue par son sort, celle-ci propose de la prendre à son service comme dame d'honneur. Cinq mille dinars de pension. Logée au palais que le grand architecte Alexandre Bugarski vient tout juste de terminer. Pompeusement et très exagérément baptisé par le roi Milan « le Versailles serbe », il est organisé autour d'un vaste hall d'entrée ouvrant sur des galeries et orné en son centre d'un somptueux escalier en chêne. Bientôt des tableaux de Cézanne, Van Gogh et Gauguin habilleront ses hauts murs. Sur trois niveaux, il compte des dizaines de salles d'apparat, une bibliothèque, un jardin d'hiver, une chapelle et plusieurs chambres. Dont celle de Draga, désormais.

La jeune femme ne met pas longtemps à devenir la confidente de sa maîtresse et à prendre la mesure de son malheur. Née princesse moldave, mais fille d'un membre de la garde impériale russe, Natalija Kechko a été choisie en 1875 par le prince Milan Obrenović à qui était pourtant destinée une vraie princesse russe. Ils avaient vingt ans et s'aimaient d'amour tendre : ils eurent très vite un enfant, Alexandre. Passion vive… malheureusement sans lendemain. Rapidement, la raideur morale de Natalija, son âme sèche digne des petites notables russes des contes de Tchekhov sont insupportables au souverain, qui se réconforte dans les bras d'une belle Grecque, Artemisia, à qui il fait aussi un enfant. Devant les yeux de leur fils, témoin, objet et enjeu de leur séparation, le couple se déchire avec une violence inouïe, pour le plus grand bonheur des auteurs belgradois de comédies de boulevard et de la presse à scandale locale. Draga, souvent, assiste aux scènes de ménage dignes d'une pièce de Strindberg qui rythment la vie quotidienne au palais. Finalement, un accord est trouvé en 1887 : Natalija élèvera Alexandre une partie de l'année en Allemagne et en Crimée et le laissera à son père, à Belgrade, pendant ses vacances. L'accord tourne court. Inquiet de l'éloignement du prince héritier, Milan le fait enlever quelques mois plus tard alors qu'il est en villégiature avec sa mère à Wiesbaden. Puis obtient du métropolite de l'Église orthodoxe serbe Théodose l'autorisation de divorcer. Sa décision, le 7 mars 1889, d'abdiquer en faveur d'Alexandre ne réduit pas l'ardeur de la bataille entre ses parents. L'Europe entière rit du vaudeville serbe. Alexandre étant encore adolescent, il a été institué après l'abdication de Milan un conseil de régence ; celui-ci décide de mettre fin à cette lutte conjugale en faisant voter une loi qui interdit aux deux parents du futur roi de résider dans le pays afin de permettre au prince de grandir et de se préparer à régner dans une atmosphère apaisée : décision sage, mais périlleuse. Le jour de mai 1891 où la reine est arrêtée par la police pour être conduite hors de Serbie, une émeute éclate : le peuple de Belgrade a pris fait et cause pour elle, estimant injuste ce que lui fait subir Milan. Devant la pression de la foule, Natalija est ramenée chez elle. Sursis. Dès le lendemain, elle est conduite de l'autre côté du Danube. Draga l'accompagne.

Passion fatale

Après quelques mois d'errance en Europe, les deux femmes s'installent sur la côte basque française. À Bidart, la reine achète pour 150 000 francs le domaine de Castel-Biarritz qui surplombe l'océan Atlantique. Autour d'un bâtiment style Louis XIII, trois villas et un immense parc. La maison principale a été rebaptisée Sachino – de Sacha, le diminutif d'Alexandre – et Natalija y reçoit régulièrement les grands noms de l'aristocratie européenne : la reine de Suède, l'infante Eulalie de Bourbon, les familles princières roumaines, etc. À proximité de là vit sa sœur

Ghika, qui soigne ses affections pulmonaires. Appréciée de la population locale, la reine se promène quotidiennement, flanquée de sa dame d'honneur qui se plaint constamment du froid, du vent, de l'humidité... Logée dans une petite chambre sous les toits, condamnée à des aventures sentimentales médiocres – un Russe et un Français, quelques semaines chacun –, Draga s'ennuie. Des envies de suicide la rongent.

En avril 1893 éclate un coup de tonnerre à Belgrade : l'insipide, indolent et transparent garçon que semble être Alexandre fait arrêter les trois régents et plusieurs ministres au cours d'un dîner au palais et leur annonce qu'ils sont congédiés. À dix-sept ans, celui qu'on croyait traumatisé par le divorce houleux de ses parents et incapable de toute action se réveille et se révèle. Son coup d'État n'est pas un coup d'éclat sans lendemain. Très vite, il affirme son autorité. Il suspend la Constitution de 1888, assez libérale, pour restaurer celle de 1869, plus autoritaire, s'appuie sur un parti minoritaire à l'Assemblée – le parti progressiste –, alors que le parti radical – créé sur le modèle de son homologue français – y fait la pluie et le beau temps législatifs depuis plusieurs années, muselle la presse. Puis il rappelle son père pour le nommer à la tête de l'armée ! Devenu un homme et un roi, il ne reste plus à Alexandre qu'à trouver l'âme sœur.

En février 1895, Alexandre effectue une visite officielle en France. Après avoir été reçu par le président Félix Faure, il rejoint Biarritz en train. Sur le quai de la gare de la Négresse l'attendent une fanfare – qui interprète l'hymne serbe –, un archimandrite russe, la moitié du conseil municipal de Biarritz, le sous-préfet de Bayonne et le vice-consul d'Angleterre. Et sa mère, qui le trouve bien changé : le visage blafard mais déterminé, le cheveu coupé ras, la moustache vaillante, il a bel et bien quitté ses oripeaux de jeune homme gauche et confit en timidité qu'elle lui connaissait. La chose n'échappe pas à Draga, qui voit soudain renaître ses rêves et ses ambitions. De douze ans son aînée, elle ne tarde pas à prendre en main le jeune homme, manifestement moins initié aux jeux de l'amour qu'à ceux de la stratégie politique. Sans peine, elle l'attendrit, le séduit, l'envoûte. Habile, Draga n'en fait rien paraître devant sa maîtresse qui voit déjà son fils convoler avec la fille du grand-duc Vladimir ou celle du roi du Monténégro, la princesse Marie de Grèce, voire quelque princesse allemande. Jusqu'à ce jour de 1897 où Natalija comprend tout. Dans un accès de colère, elle chasse l'impudente, qui n'en demandait pas tant. « Quand vous entendrez à nouveau parler de moi, Madame, je serai reine à mon tour », lui lance Draga sur le perron de Sachino devant lequel l'attend l'attelage qui la conduira à Biarritz, avant de gagner par le train Paris, Trieste et Belgrade. Les deux femmes ne se reverront jamais.

Revenue dans sa maison, au 24, quai du Danube, Draga patiente. Son heure royale viendra bientôt, elle le sent, elle le sait. Fou d'elle, le roi passe la voir plusieurs fois par jour et dort fréquemment chez cette maîtresse qui l'occupe autant que les affaires publiques. Peu à peu, elle s'impose auprès de lui. Un jour à Zagreb, en terre austro-hongroise, intégrée dans la délégation serbe ; une fois par semaine, dans la salle attenante à celle où se déroule le Conseil des ministres, Alexandre venant la voir lors de chaque pause. Toute la ville et le gouvernement s'inquiètent de l'emprise de cette jeune veuve à la réputation douteuse sur le roi. Des intellectuels serbes annoncent qu'ils ne remettront plus le pied à Belgrade tant que la ville sera souillée par sa présence. Des photos d'elle circulent, qui la montrent tantôt plus laide qu'un monstre marin, tantôt dans une tenue digne des filles de mauvaise vie du quartier mal famé de Dorćol. Des libelles l'accusent d'être la maîtresse du père d'Alexandre ou de diffuser les textes de nihilistes russes à la Cour. Mais bientôt chacun se rend à l'évidence : ce qui semblait une passade sentimentale a fini par durer. Et s'il prenait à Alexandre l'idée insensée et irresponsable de l'épouser ?

Mariage pluvieux, mariage malheureux

Le 8 juillet 1900, Alexandre Obrenović, vingt-quatre ans, roi de Serbie, annonce qu'il se mariera dans un mois avec Draga Mašin, trente-six ans, veuve de Svetozar Mašin et fille d'un meunier devenu fou. Il a pris soin de faire cette proclamation un jour où son père et son Premier ministre se trouvaient à l'étranger, mais des dizaines de personnes envahissent le palais pour lui manifester leur mécontentement et leur incompréhension. À un ministre qui menace de démissionner s'il maintient sa décision, il répond, la voix exempte de la moindre hésitation : « Il existe une femme que j'aime plus que tout au monde, c'est la seule femme avec laquelle je puisse être parfaitement heureux, et ce n'est que si elle devient mon épouse que je pourrai consacrer ma vie entière aux intérêts de notre peuple. Cette femme est Mme Draga, la fille de Panta Lunjevica. Et je suis irrévocablement résolu à l'épouser. »

Le patriarche orthodoxe serbe Inocentije gronde (« la Sainte Église considère comme déraisonnable un mariage où le mari est beaucoup plus jeune que la femme et le peuple serbe critiquera celui d'un homme s'unissant pour la première fois à une femme convolant en secondes noces ») ; le gouvernement démissionne, non sans avoir – en vain – ordonné à Draga de quitter le pays ; le vieux roi Milan annonce qu'il abandonne son poste à la tête d'une armée elle-même au bord de l'insurrection, mais rien n'y fait. Le mariage a lieu le 3 août 1900 – sous la pluie. En France, on ricane : « Qui est le roi-mécanicien ?

Le roi de Serbie, car il veut faire des enfants à la machine [Mašin se prononce “machine”]. »

Des enfants, justement… Quand Draga annonce avant la fin de l’année qu’elle est enceinte, une accalmie survient dans la fureur populaire à son encontre : au moins donnera-t-elle un héritier au trône. Mais n’était-elle pas supposée être stérile ? On appelle deux médecins de Russie pour vérifier ses dires. Verdict : grossesse nerveuse. On la jugeait courtisane, on la soupçonnait corruptrice, on la sait désormais menteuse. Pour l’immense majorité des Serbes, il ne fait plus de doute que la farce va virer au drame. Voire à la tragédie. Revient alors à beaucoup cette prédiction de ce paysan d’Užice, Mata de Kremane, le jour de l’assassinat du prince Michel, en 1868. Non content d’avoir « vu » et annoncé le meurtre avant qu’il ne se produise, l’homme avait assuré que son successeur serait un enfant et que le pays serait gouverné par trois régents. Que cet enfant finirait par régner – mal –, ferait un mauvais mariage, susciterait des troubles, entreprendrait des guerres, agrandirait les frontières de la Serbie, deviendrait roi, abdiquerait, mourrait en exil avant d’atteindre la vieillesse, laisserait un fils qui, à son tour, plongerait la Serbie dans le chaos et mourrait avant trente ans sans héritier, condamnant la dynastie des Obrenović. Jusque-là, tout s’était révélé exact, sinon que Milan et Alexandre étaient encore en vie. Mais le premier très âgé, et le second effectivement sans héritier – et objet d’une vindicte populaire sans précédent.

Il est environ 2 heures du matin quand, sous la conduite de Dimitrijević et Mašin, la petite troupe de soldats déterminés à tuer Alexandre et Draga Obrenović parvient devant le palais. Il fait nuit noire et un profond silence a succédé aux notes de musique qui ont envahi les rues de la ville durant toute la soirée. Les grilles sont fermées. L'écuyer du roi, rallié à leur cause, doit venir leur ouvrir la porte d'entrée. Mais il tarde. Au bout de quelques minutes, on décide de dynamiter le verrou sans l'attendre – peut-être s'est-il endormi ou ravisé... L'explosion s'entend à plusieurs centaines de mètres à la ronde, mais aucune inquiétude ne se lit sur le visage des conjurés : dans les casernes des environs ont été envoyés des officiers de confiance pour empêcher tout régiment de tenter de venir défendre le souverain et sa diablesse de femme. On a envoyé un homme sûr, Vojislav Tankosić[1], arrêter les deux frères de la reine qui ont rejoint la maison du quai du Danube – ils seront passés par les armes par un peloton d'exécution quelques heures plus tard. Quant à Cincar-Marković, qui habite tout près et dont le gendre appartient à la garde du palais, deux officiers sont partis chez lui pour l'empêcher d'intervenir – il sera abattu, lui aussi.

Ayant détruit le système électrique général, les soldats félons avancent dans le noir. Un groupe essuie des coups de feu d'une poignée de gendarmes fidèles. Apis lui-même est blessé – les trois balles qu'il reçoit resteront dans son corps jusqu'à sa mort. Après avoir éliminé le gouverneur de la maison du roi, les insurgés pénètrent à l'intérieur du palais. Dans le vestibule se trouve l'homme qui devait venir les accueillir : ivre mort, il dort sur un fauteuil. Éclairés par la faible lueur de bougies, les hommes progressent à tâtons parmi le bric-à-brac entreposé dans les salons et les pièces. Meubles, bibelots, fauteuils, paravents, fontaines de marbre, instruments de musique et mille autres objets plus ou moins exotiques entravent leur progression. Parfois, l'ombre d'un soldat se dessine sur un

1. C'est lui qui, au printemps 1914, fournira à Gavrilo Princip et à ses compagnons des armes et une partie de la logistique qui leur permettront d'assassiner l'archiduc François-Ferdinand à Sarajevo.

mur : l'homme est rapidement neutralisé. Soudain surgit, les bras levés, l'aide de camp d'Alexandre : pour permettre à Leurs Majestés, qui dorment à l'étage, de s'enfuir ou de se cacher, il suggère aux soldats de fouiller les caves.

Abattue, éventrée, défenestrée

Réveillés par les coups de feu, les courses au rez-de-chaussée du palais et les cris, Alexandre et Draga cèdent à la panique. Ils ont compris ce qui se passe. Tandis que le roi envisage de descendre parlementer avec les intrus, Draga l'en empêche. Son corps étroit sanglé dans un corset de soie blanche, elle l'entraîne dans un cagibi où sont pendus leurs vêtements et qui sert de pièce de repassage à sa femme de chambre. Au hasard, elle attrape un jupon jaune qu'elle enfile, tandis que le roi glisse ses jambes tremblantes dans un pantalon rouge. Maudissant son beau-père d'avoir fait murer le passage secret conduisant à l'ambassade de Russie, toute proche, Draga tente de rassurer le roi : la porte du cagibi étant recouverte du même papier peint que les murs de la chambre, il est probable que les insurgés ne la repéreront pas dans la pénombre générale. Il leur suffit d'attendre. En silence.

La porte de leur chambre a fini par céder sous les coups de hache des hommes d'Apis. À travers la porte de leur réduit, ils devinent le sort fait à leur lit et à son baldaquin, au cabinet de toilette, aux rideaux et à tous les objets traînant dans la pièce. Notamment ce petit instrument qui imite les cris des animaux et que le jeune roi adorait manipuler, le soir, avant de s'endormir. Le temps de l'innocence est bien passé. Des coups de feu retentissent : sur quoi peuvent-ils bien tirer ? Alexandre grelotte de peur. Draga lui saisit la main : elle est moite et glacée.

Au bout d'interminables minutes, le brouhaha cesse. On entend encore quelques raclements sur le parquet, des coups sur les murs, mais le cœur n'y est plus. Un souffle de résignation semble s'être abattu sur les quelques soldats encore présents dans la chambre. Bientôt, plus aucun bruit ne se fait entendre. Draga serre le bras d'Alexandre : dans quelques minutes, c'est sûr, ses frères vont arriver, suivis de la garde royale qui aura fait rendre gorge aux traîtres.

Les hommes qui reviennent en courant dans la chambre ne sont, hélas pour la reine, ni ses frères ni des soldats fidèles venus la délivrer, mais les mêmes intrus que plus tôt. Un de leurs prisonniers a dévoilé l'existence du cagibi et les premiers coups de hache commencent à s'abattre sur la cloison qui sépare le couple royal des assaillants. Alexandre et Draga déverrouillent la porte du réduit et sortent de leur cachette. La lumière vacillante des bougies et des cierges dont se servent les soldats pour s'éclairer rajoute à l'étrangeté de la scène : le roi et la reine de Serbie, grotesquement habillés de vêtements dépareillés, face à une dizaine d'hommes armés d'épées et de revolvers. On demande à Alexandre s'il est décidé à abdiquer. La réponse fuse, crâne : « Non, je ne suis pas le roi Milan, je ne me laisserai pas intimider par un quarteron d'officiers factieux. » Une salve de tirs accueille la réponse du souverain qui s'effondre dans les bras de Draga. Le sang s'est retiré du visage de la malheureuse qui reçoit le dernier souffle d'Alexandre avant d'être elle-même criblée de balles. Mais l'avoir tuée ne suffit pas à apaiser la fureur et la haine de Mašin et de ses hommes. Pris d'un accès de folie, ils s'acharnent sur le cadavre dénudé de la reine honnie qu'ils transpercent, tailladent et éventrent de leurs lames et de leurs baïonnettes avant de le jeter par la fenêtre. Quelques secondes plus tard, il en est fait de même avec celui du roi.

Dehors, sous une pluie fine qui annonce l'aube du 11 juin 1903, des cris de joie s'élèvent autour des corps sans vie des souverains tombés au milieu d'un massif de roses rouges que la reine Draga avait elle-même plantées à la fin de l'hiver précédent. Étrange hasard de l'histoire.

Quelques jours plus tard, Pierre Karađorđević rentre d'exil et prend les rênes du pays, à la demande des insurgés. Avant même son couronnement, en septembre 1904, il manifeste son attachement aux valeurs démocratiques en rétablissant la Constitution de 1888 et en laissant le gouvernement issu des élections gouverner en paix. Très francophile et favorable à une alliance diplomatique étroite avec la Russie, il ne craint pas de s'opposer avec force et à plusieurs reprises à Vienne. Comme tous les citoyens de son petit royaume, il caresse le rêve de voir un jour les Serbes vivant dans les territoires de Croatie et de Bosnie occupés par les Austro-Hongrois rejoindre la mère patrie. La marche infernale vers la Première Guerre mondiale a débuté.

Bibliographie sélective

Bataković, Dušan, *Histoire du peuple serbe*, Lausanne, L'Âge d'Homme, 2005.

—, *Les Sources françaises de la démocratie serbe*, Paris, CNRS Éditions, 2013.

Buisson, Jean-Christophe, *Histoire de Belgrade*, Paris, Perrin, coll. « Tempus », 2010.

Clark, Christopher, *Les Somnambules*, Paris, Flammarion, 2013.

La Cerda, Alexandre de, *Nathalie de Serbie, la reine errante*, Biarritz, Atlantica, 2000.

Mackenzie, David, *Apis, The Congenital Conspirator : the life of colonel Dragutin T. Dimitrijevic*, New York, Columbia University Press, 1985.

Mousset, Jean, *La Serbie et son Église, 1830-1904*, Paris, Institut d'études slaves, 1938.

Tomić, Yves, *La Serbie, du prince Miloš à Milošević*, Bruxelles, Peter Lang, 2003.

Touchais, Bernard, *Alexandre et Draga de Serbie*, Paris, Gallimard, 1959 (roman).

West, Rebecca, *Agneau noir et faucon gris. Un voyage à travers la Yougoslavie*, Lausanne, L'Âge d'Homme, 2000.

17

LE CHEMIN DE CROIX DE LA DERNIÈRE TSARINE

Alexandra Fedorovna, Iekaterinbourg, 17 juillet 1918

par Irina de Chikoff

Née princesse allemande de confession luthérienne, Alix de Hesse-Darmstadt avait épousé le tsar Nicolas II en 1894, après s'être convertie à l'orthodoxie. L'entrée en guerre de la Russie contre le Reich et l'emprise jugée néfaste qu'exerçait sur elle Raspoutine suscitèrent à son endroit critiques et cabales, mais Alexandra Fedorovna fit front, retournant même l'opinion russe en n'hésitant pas à recueillir et à soigner elle-même des dizaines de soldats blessés dans les palais impériaux de Saint-Pétersbourg, devenu Petrograd.

Avec le renversement de l'Empire, en 1917, débute, aux côtés du tsar déchu et de leurs enfants, son chemin de croix. Il va durer plusieurs mois, au cours desquels elle connaîtra l'emprisonnement, l'exil intérieur, la séparation d'avec ses proches. Jusqu'à son exécution sommaire, avec les autres membres de la famille Romanov, par la Tcheka, la police politique soviétique, dans la cave d'une maison de Iekaterinbourg, au pied des monts Oural, le 17 juillet 1918.

16 juillet 1918. À demi allongée sur le divan dans sa chambre jaune paille, Alexandra Fedorovna regarde le petit pot de *cold-cream* sur sa table de toilette. Il porte une inscription en lettres cyrilliques devenue dérisoire : *Pharmacie de la maison impériale de Sa Majesté*. Le petit pot est vide mais l'impératrice ne veut pas s'en séparer. Elle le prend dans sa main, le retourne comme elle le ferait d'une boule de cristal. Et le passé renaît. Mystérieusement.

Alix se revoit en Crimée sous son ombrelle blanche tandis que Nicky revient d'un bain de mer bras dessus, bras dessous avec son frère Michel. Les grandes-duchesses, toute de blanc vêtues, jouent avec l'épagneul roux. Alexis est auprès d'elles, sur une petite chaise, en costume de marin. Si pâle. Si beau.

Alix a fermé les yeux pour essayer de retenir cette image du bonheur enfui, mais les visages aimés se sont déjà dissous et l'impératrice ne peut réprimer un frisson. L'ange approche. Elle le sait, même si elle ne peut s'empêcher de nourrir encore quelque espoir.

Longtemps elle a voulu croire que de preux chevaliers viendraient les libérer. Deux lettres, signées par un officier qui donnerait sa vie pour la famille impériale, sont récemment parvenues avec le lait, la crème et les œufs qu'une novice du couvent de Novotikhinsk apporte le matin aux détenus de la maison Ipatiev, mais depuis il ne s'est rien passé.

Les jours s'écoulent lentement comme le temps dans un sablier. Alexandra Fedorovna ne quitte presque plus jamais sa chambre dont toutes les fenêtres ont été badigeonnées à la chaux. Elle ne peut même plus voir la cime des arbres mais elle s'est accoutumée à vivre dans cette brume, comme au creux d'un nuage. Loin, très loin du monde extérieur en pleine convulsion. L'Empire a été saisi d'une folie meurtrière. Alix a toujours pensé que les Russes étaient des enfants à l'âme obscure. Mais ils ne cassent pas un simple jouet, ils détruisent leur propre pays.

Tous les matins, au moment de la prière, la tsarine supplie Dieu de sauver la Russie. Elle lui rend grâce aussi d'avoir permis que la famille ait été réunie après un long mois de séparation quand Olga, Tatiana, Anastasia et Baby, son soleil, son tourment, ont dû rester à Tobolsk alors qu'elle était partie avec Nicky et Marie pour Iekaterinbourg.

Quelle souffrance fut la sienne ! Mais il n'était pas question de laisser l'empereur seul. Ils ignoraient où le commissaire dépêché par Moscou comptait l'emmener. Or Alexis, en proie à une de ses crises d'hémophilie après s'être heurté, était intransportable ! Aujourd'hui encore, elle l'entend pleurer et l'appeler tandis que ses sœurs tentent de l'apaiser. Le précepteur, Pierre Gilliard, lui avait promis de ne laisser personne venir sur le perron pour un dernier adieu.

Où est Gilik maintenant ? Où est Élisabeth, sa sœur ?

Un sentiment de culpabilité

C'est au mariage d'Ella avec le grand-duc Serge Alexandrovitch, frère cadet de l'empereur Alexandre III, qu'Alix – elle avait alors douze ans – a rencontré Nicolas. Les deux jeunes gens furent aussitôt attirés l'un par l'autre. Mais l'empereur et sa femme, Maria Fedorovna, ne souhaitaient pas qu'une princesse allemande devienne la future tsarine. Ils ne purent se fiancer qu'en 1894, quand la santé du tsar a décliné. Le mariage eut lieu le 26 novembre de la même année, quelques semaines seulement après la disparition d'Alexandre III.

Le grand-duc Serge Alexandrovitch a été tué par un terroriste. Comme le grand-père de Nicolas, Alexandre II. Comme tant de ministres et de dignitaires. La houle montait, mais Alexandra Fedorovna n'avait pas encore conscience que son univers était menacé.

Elle avait donné quatre filles à son époux et désespérait de mettre au monde un héritier. Elle avait eu recours à toutes sortes de mages et de guérisseurs. Elle fit également des pèlerinages dans l'espoir que Dieu exaucerait son vœu. Enfin, en 1904, Alexis était né ! Quel bonheur !

Mais très vite on constata que l'enfant était hémophile. Un douloureux sentiment de culpabilité s'était emparé de l'impératrice car c'est elle qui avait transmis cette maladie inguérissable au tsarévitch.

Le couple impérial avait tenté de garder la chose secrète. Il résidait le plus souvent possible à Tsarskoïe Selo, dans le palais Alexandre que la Grande Catherine avait fait construire pour son petit-fils.

Alix a toujours eu du mal à supporter les réceptions et les interminables dîners officiels. La Cour lui reprochait sa raideur, son manque de naturel. On la disait guindée. On la trouvait distante. En réalité, elle était paralysée par une timidité incontrôlable et ne se sentait à l'aise que dans l'intimité familiale.

À partir de 1905, elle y a introduit Raspoutine qu'elle avait connu chez les Monténégrines, ces petites princesses qui avaient épousé chacune un grand-duc.

Le Sibérien passait pour être un *starets* (un guide spirituel). Il avait surtout le don de calmer les souffrances d'Alexis. Saint-Pétersbourg avait commencé à murmurer contre l'influence que le *moujik* exerçait sur l'impératrice. Bientôt des rapports de police firent état de la vie licencieuse de Raspoutine.

Presque tous les membres de la famille Romanov, ainsi que sa propre sœur, avaient mis en garde Alix. Mais elle ne voulait rien entendre. Aujourd'hui encore, Alexandra Fedorovna reste convaincue que le *starets* était un homme de Dieu.

Révolutions

Elle a gardé le petit carnet bleu dans lequel elle notait les pensées de Raspoutine. Lui-même y avait ajouté quelques notations. Sur la foi. Le pardon. Le destin. Après le désastreux conflit avec le Japon, celui de la famille impériale a basculé. En 1905, la Russie est entrée en effervescence politique et Nicolas II a été contraint de promettre une Constitution. Une Douma a été élue. Puis une autre. Et encore une autre. Les députés réclamaient toujours plus de pouvoir pour le Parlement. Mais lorsque l'Allemagne et l'Autriche-Hongrie ont déclaré la guerre à l'Empire, le pays, dans un véritable élan patriotique, s'est soudé derrière son tsar.

Alexandra Fedorovna n'a pas ménagé sa peine. Après avoir suivi une formation d'infirmière, elle a ouvert un hôpital militaire au palais d'Hiver ainsi qu'à Tsarskoïe Selo. Aucun soin ne la rebutait. Les soldats blessés l'appelaient « matouchka » et Alix a eu l'impression que le peuple russe l'avait enfin adoptée. Mais lorsque l'empereur a décidé de prendre lui-même le commandement suprême de l'armée et de résider le plus souvent à Moghilev, siège de son état-major, Alexandra Fedorovna a exercé une régence *de facto*. Ses décisions, souvent inspirées par Raspoutine, ont fait l'objet de critiques de plus en plus radicales. On ne l'appelait plus « petite mère » mais « l'Allemande ». Comme jadis en France on avait traité Marie-Antoinette d'« Autrichienne ».

Lorsqu'en décembre 1916 le *starets* a été assassiné dans le palais du prince Youssoupov où ce dernier l'avait attiré parce qu'il estimait que cet homme mettait en danger le prestige de la monarchie, le Tout-Petrograd s'est réjoui de sa disparition. Sans les enfants et Nicky, Alix se serait effondrée. Elle a fait inhumer la dépouille de Grigori Raspoutine dans le parc du palais Alexandre.

La guerre perdure. Elle a déjà fait 2 millions de morts dans les rangs de l'armée russe. La disette a touché Petrograd. Des usines se sont mises en grève.

Au mois de février 1917, une première insurrection éclate. Le président de la Douma plaide pour la formation d'un gouvernement responsable devant le Parlement. L'empereur refuse. Les manifestations de plus en plus violentes sont devenues quotidiennes. La police, la garde et même des Cosaques pactisent avec les émeutiers. Lorsque le Premier ministre démissionne, les députés élisent un Comité provisoire tandis que soldats et ouvriers forment un Soviet.

Après avoir consulté ses généraux, qui sont presque tous favorables à ce qu'il renonce au trône, l'empereur abdique le 3 mars 1917 non seulement pour lui-même, mais aussi pour son fils. Il espère que le grand-duc Michel acceptera de lui succéder, mais son jeune frère se dérobe.

Le 8 mars, le général Kornilov, qui a rallié le gouvernement provisoire, vient informer Alexandra Fedorovna qu'elle est en état d'arrestation. Ainsi que toute sa famille.

Alix a posé le petit pot de *cold-cream* sur sa table de toilette. Elle appelle Anna Demidova, sa caméristе, pour qu'elle lui apporte des compresses. Ses migraines lui laissent peu de répit. Elle souffre aussi du cœur et, comme toujours, des jambes, à cause d'une très mauvaise circulation du sang.

De tous leurs gens qui les ont suivis en exil en Sibérie, il ne reste qu'Anna, que toute la famille appelle affectueusement Niouta, le cuisinier Ivan Kharitonov et le valet de l'empereur, Aloïs Trupp. De leur suite, il ne reste que le docteur Botkine. Tous les autres ont disparu au fil des mois. Emmenés pour un interrogatoire, comme le prince Dolgorouki, dont ils ne sont jamais revenus. Ou bien empêchés de les rejoindre, comme ce bon Gilik.

Niouta a posé une compresse sur son front et s'est assise sur une chaise auprès de sa souveraine. Elles n'ont pas besoin de parler pour se comprendre. Une même angoisse les étreint. Mais l'une comme l'autre s'en remettent à la volonté de Dieu.

Alix avait beaucoup hésité, beaucoup pleuré avant de se convertir à la religion orthodoxe. Depuis, elle a appris à aimer sa liturgie, ses chants graves, les cierges allumés devant les icônes et sa foi inébranlable en la miséricorde du Seigneur. Le Christ a pardonné aux hommes parce qu'ils ne savent pas ce qu'ils font. Alix ne veut plus garder rancune contre ceux qui l'ont blessée, meurtrie. Dans son journal, elle a écrit récemment : « Il faut tout supporter pour se purifier et renaître. »

Alexandra Fedorovna a enduré les trahisons qui ont suivi l'abdication de Nicolas II. L'une des premières fut celle du grand-duc Cyrille qui a quitté sa caserne avec l'équipage de la Garde, un ruban rouge à sa vareuse, pour prêter allégeance au nouveau pouvoir. Elle a ressenti comme un coup de poignard dans le dos celle de George V. Le roi d'Angleterre, cousin germain de Nicolas II, s'était rendu aux arguments de son Premier ministre, David Lloyd George, qui estimait qu'il n'était guère opportun de donner asile au « tyran ».

Nicky, un tyran ? Alix a souvent exhorté l'empereur à davantage de fermeté. Elle aurait voulu qu'il soit un autre Pierre le Grand, mais il n'était pas taillé dans le même marbre. Ne l'avait-elle pas aimé parce qu'il était doux et tendre ?

Victime impuissante d'un ordre nouveau

Après leur arrestation, cantonnés dans une partie du palais Alexandre, les Romanov voient s'esquiver bien des membres de la Cour. Au début, les valets en livrée manifestent encore leur respect pour les souverains déchus, mais bientôt ils commencent à rechigner. Les gardes, eux, arborant un calicot rouge, prennent vite leurs aises. Ils ont trouvé le chemin de la cave à vin et on les entend rire et chanter.

Dans le parc, les tirailleurs veillent, baïonnette au canon. Goguenards, ils font des remarques impertinentes quand les grandes-duchesses sortent prendre l'air. Privé de longues promenades comme il aime à en faire, Nicky se met à sarcler et couper du bois. Il organise avec Pierre Gilliard les études des enfants.

Alexandra ne peut qu'admirer son calme, sa patience. Mais comme il a changé ! Les yeux sont profondément cernés, le teint bistre, des rides ravinent ses joues ; et son regard, si bleu, si vert, semble désormais éteint.

Alexandra espère encore que le gouvernement provisoire, à l'issue de l'enquête ouverte sur les agissements du ci-devant empereur, finira par autoriser la famille à se retirer à Livadia, en Crimée, dans leur résidence d'été. Nicky ne cherche pas à la désappointer. Mais elle devine qu'il ne croit guère à cette possibilité. Sans doute pressent-il déjà que son monde va être englouti comme une autre Atlantide.

Au mois de juillet 1917, les bolcheviks, conduits par Lénine qui est rentré d'exil, lancent leur premier assaut armé pour renverser le gouvernement provisoire. La tentative échoue et Lénine doit se réfugier en Finlande. Alexandre Kerenski, un avocat membre du Parti social-révolutionnaire qui est ministre de la Guerre, assume la présidence du Conseil.

Craignant un nouveau coup de main des bolcheviks, il décide d'éloigner les Romanov de Petrograd et en informe l'empereur, mais sans lui révéler le lieu de leur relégation. Il lui conseille seulement d'emporter des vêtements chauds.

Le départ est fixé au 31 juillet 1917. Dans l'après-midi, ce jour-là, Kerenski revient à Tsarskoïe Selo. Il a amené avec lui le grand-duc Michel. Nicolas et son frère s'étreignent, mais ils ne trouvent pas les mots pour exprimer tout ce qui pèse sur leur cœur. Ils se tiennent par les épaules, les mains. Gauches. Avant qu'ils ne se séparent, Alix voit par une fenêtre du palais que Nicky bénit son cadet à la façon russe, en traçant une croix sur son front. Elle ne peut retenir ses larmes.

Le voyage de Tsarskoïe Selo à Tobolsk, en Sibérie, a duré six jours. En train tout d'abord, puis sur un vapeur, le *Rus*. La maison du gouverneur qui leur est destinée n'étant pas prête, ils vivent jusqu'au 13 août sur le bateau. Leur demeure, rebaptisée « Maison de la liberté », est vaste mais passablement délabrée. La suite – guère nombreuse – qui a tenu à les accompagner loge dans un immeuble juste en face. Un commissaire, dépêché par le gouvernement provisoire, contrôle leur correspondance et n'autorise aucun membre de la famille à se rendre en ville. Mais, à partir du mois de septembre, ils peuvent aller à l'église, située de l'autre côté de la rue. Grâce au prêtre, ainsi qu'aux religieuses d'un couvent qui apportent de quoi améliorer les repas, les Romanov se sentent moins isolés.

En novembre, ils apprennent que les bolcheviks ont conquis le pouvoir à Petrograd. Kerenski s'est enfui et tous les membres du gouvernement provisoire sont arrêtés. Alexandra Fedorovna a cru que son cœur allait s'arrêter de battre. Pour elle, les bolcheviks sont des tueurs. Des assassins qui veulent faire table rase de la vieille Russie. Celle que l'impératrice aime. Une Russie silencieuse, mystique, avec ses frêles bouleaux, ses larges fleuves qui s'écoulent paresseusement et les bulbes dorés de ses églises. Elle ne connaît pas l'autre, celle des bas-fonds.

Le nouvel an à Tobolsk est funèbre, l'hiver particulièrement glacial. Les doigts d'Alix se couvrent de gerçures. En se regardant dans un miroir, elle s'effraie elle-même. Ses cheveux ont blanchi. Son corps s'est décharné. Où sont passées ses boucles dorées avec lesquelles Nicky aimait tant jouer ? Sa beauté, fragile, discrète, comme celle d'une porcelaine anglaise, s'est aussi envolée. Quant à ses yeux gris clair, comme un ciel d'automne, ils ne reflètent plus qu'une immense lassitude, une infinie tristesse. Alexandra se souvient que son père l'appelait *Spitzbube* (« chenapan », au sens d'enfant turbulent et espiègle) parce qu'elle était une petite fille espiègle, très gaie. Sa grand-mère l'avait même surnommée « rayon de soleil ». Mais à Saint-Pétersbourg une méchante comtesse l'avait comparée à une statue de glace. Et aujourd'hui ? Que dirait cette médisante si elle voyait l'impératrice ? Qu'elle est devenue une vieille statue de glace ?

Jour après jour, Alix sent ses forces l'abandonner tandis que des nouvelles funestes parviennent à Tobolsk. Dissolution de l'Assemblée constituante où les bolcheviks n'ont pas la majorité. Instauration d'une république socialiste. Mise en place de l'Armée rouge par un certain Léon Bronstein, dit Trotski. Signature de la paix avec l'Allemagne à Brest-Litovsk. Abandon de Petrograd pour Moscou, qui devient la nouvelle capitale.

Peu à peu, dans tout l'ancien empire, des Soviets se constituent. Par mimétisme ou par prudence, les tirailleurs qui gardent les Romanov ont décidé d'en créer un. Leur première décision est d'abolir les épaulettes des officiers. Nicolas doit retirer les siennes. L'empereur se rebelle, mais Alix et ses proches le supplient de se soumettre. Il le fait à contrecœur, notant dans son journal : « Je ne leur pardonnerai jamais cette saloperie. »

Les bolcheviks ont pris Omsk et la capitale de l'Oural, Iekaterinbourg. L'étau se resserre. Fuir ? Alix y songe. L'évêque de Tobolsk lui a laissé entendre qu'il pourrait aider les Romanov. Mais Nicky a tranché : compte tenu des circonstances, nul ne doit abandonner la Russie.

Au mois d'avril arrive un nouveau commissaire, un certain Vassili Iakovlev, qui annonce que la famille doit être transférée dans un lieu secret. L'empereur tente de s'y opposer car Alexis, qui s'est de nouveau blessé, ne peut supporter un voyage. Le commissaire menace d'emmener le tsar seul, sous la contrainte s'il le faut.

Chronique d'un massacre annoncé

Alexandra Fedorovna regarde Niouta qui lui sourit tristement. Toutes deux se souviennent de leur départ le 12 avril 1918, ou plutôt le 25 avril, car les bolcheviks au mois de février ont abandonné le calendrier julien pour adopter le grégorien en vigueur dans toute l'Europe. Elles avaient pris place avec la grande-duchesse Marie dans une *tarentass*, ces chariots sibériens sans sièges, reposant sur des perches et attelés à des chevaux. L'impératrice n'a pas dit mot de tout le voyage qui a duré deux jours avant de rejoindre Tioumen où un train les attendait.

Le 30 avril 1918, Nicolas, Alexandra, Marie, le prince Dolgorouki, le docteur Botkine, Anna Demidova, le laquais Sednev et le vieux valet Tchermodourov sont arrivés en gare d'Iekaterinbourg. Les autorités de l'Oural rouge les y attendaient. Valia Dolgorouki ne fut pas autorisé à poursuivre avec eux. Il devait être interrogé pour complément d'information. On ne l'a jamais revu. Les Romanov et leurs gens ont été conduits en voiture vers la colline de l'Ascension. Les véhicules se sont arrêtés devant une palissade qui dissimulait presque entièrement une demeure blanche et trapue. La maison Ipatiev.

Lorsqu'il a entendu ce nom, Nicky a frémi. C'est au monastère Ipatiev, à Kostroma, que Michel Romanov a appris en 1613 que le Zemski Sobor (états généraux) venait de le choisir comme nouveau tsar. L'empereur ne pouvait croire à une simple coïncidence. Il y a vu un signe du destin.

Jusqu'au 23 mai, date de l'arrivée des enfants, tant attendus, Alexandra Fedorovna ne se souvient de rien ou presque tant elle vit dans la peur de ne plus jamais les revoir. Elle leur écrit sans cesse et lorsqu'elle reçoit une lettre d'Olga ou de Tatiana, les deux aînées, elle pleure de joie. Mais l'effroi reprend très vite le dessus.

Dans la maison Ipatiev, la garde est assurée par des soldats-ouvriers souvent ivres qui s'amusent à dessiner des scènes obscènes dans les toilettes. Leur commandant, Alexandre Avdeïev, boit beaucoup lui aussi et le matin, lorsqu'il vient faire son inspection quotidienne, il est toujours d'humeur agressive. C'est lui qui censure le courrier. Alexandra lui remet ses lettres sans daigner le regarder.

Niouta s'est levée. Elle va aider Kharitonov à préparer le dîner, Alix ouvre son journal. Elle le feuillette.

24 mai. Alexis s'est heurté la jambe et a dû s'aliter.

26 mai. Un nouveau venu a fait son apparition. Iakov Iourovski. Les grandes-duchesses le surnomment « l'homme en noir ». La famille a tout d'abord cru que

c'était un médecin car il a examiné Alexis, mais par la suite, il apparaît qu'il est membre de la nouvelle police politique, la Tcheka.

27 mai. Nagorny et Sednev ont été emmenés par les gardes.

3 juin. Un prêtre a été autorisé à venir célébrer une liturgie dans la maison Ipatiev.

10 juin. Le commandant Avdeïev a prévenu le docteur Botkine qu'un départ précipité de la famille était possible à cause des troubles créés autour d'Iekaterinbourg par des anarchistes.

18 juin. Anastasia a eu dix-sept ans.

22 juin. Des ouvriers sont venus ouvrir une fenêtre après des semaines et des semaines de demandes repoussées.

4 juillet. L'homme en noir est le nouveau commandant de la maison Ipatiev. La garde aussi a changé. Elle est désormais formée en majorité par des Lettons.

11 juillet. Une grille a été scellée sur la fenêtre qu'on peut ouvrir et le monastère de Novotikhinsk n'a plus le droit d'apporter du lait, de la crème ou des œufs.

13 juillet. Baby a enfin pu prendre un bain en se tenant debout sur une seule jambe. Il ne peut toujours pas déplier l'autre.

14 juillet. Le prêtre est revenu dire une messe avec son diacre.

15 juillet. Des femmes ont lavé tous les planchers.

Alix a refermé son journal pour regarder la grille qui condamne une fenêtre. Elle est ordinaire, mais depuis qu'elle a été posée, quelque chose a changé. L'impératrice ne saurait dire quoi.

En vérité elle sent que chacun, comme elle, a l'intuition que le dénouement approche. L'ange, oui l'ange va venir les délivrer. Du poids des jours. De cette lente asphyxie.

Des doutes. Des espoirs aussi. Car la guerre civile gagne toute la Russie.

À l'appel d'un certain nombre de généraux, une armée de volontaires se bat contre les Rouges. En Sibérie, le corps expéditionnaire tchécoslovaque, composé de 40 000 prisonniers, s'est rebellé contre les bolcheviks. Ce sont sans doute les « anarchistes » dont parlait Avdeïev.

Se pourrait-il qu'ils réussissent à reprendre Iekaterinbourg ? Parfois, la nuit, Alix et Nicky sont réveillés par des coups de canon. Ils se prennent la main. Ils ne disent mot. Mais l'un comme l'autre s'interrogent. Les bolcheviks peuvent-ils courir le risque que la famille impériale soit libérée ?

Alix a fermé les yeux. Elle laisse aller sa tête sur le dossier du divan et reste immobile, comme morte, jusqu'à ce qu'elle entende la voix d'Alexis qu'Aloïs Trupp ramène de la promenade dans sa chaise à roulettes.

Le pauvre enfant gémit. Les cahots ont ravivé ses douleurs. « Mon Dieu ! Mon Dieu, ce calvaire ne finira-t-il donc jamais ? Comme il est ardu le chemin qui mène au Golgotha ! Et comme Votre Croix, Seigneur, est lourde à porter ! »

Ultime signe de croix

Nuit du 16 au 17 juillet 1918.

Comme tous les jours, les Romanov se sont levés tôt. Ils ont prié tous ensemble dans la chambre d'Alexandra Fedorovna. À 9 heures, le commandant Iakov Iourovski, flanqué de son adjoint, Grigori Nikouline, est venu pour l'inspection réglementaire. À 10 heures, la famille a pris le thé dans la salle à manger. Elle a eu la surprise de voir qu'une novice avait été autorisée à venir apporter du lait et des œufs. Mais peu après, les gardes ont emmené le petit Liochka Sednev, prétendument pour qu'il puisse rejoindre son oncle.

La journée s'est déroulée comme à l'accoutumée. Promenade d'une demi-heure avant le déjeuner. Lecture pour les uns, réussites ou puzzles pour les autres. Le docteur Botkine a longuement conversé avec l'empereur. À 19 heures, ils ont bu du thé. Puis de nouveau promenade dans le jardin durant une demi-heure avant le dîner servi à 20 heures. À 22 h 30, tout le monde est allé se coucher. Les lumières se sont éteintes à 23 heures.

Il devait être minuit quand Iakov Iourovski est venu réveiller le docteur Botkine en lui demandant de faire lever toute la famille à cause de troubles dans la ville. Lorsqu'ils ont été habillés, le commandant les a fait descendre dans une pièce à l'entresol. Vide.

Nicolas entre le premier en portant dans ses bras son fils. Alexandra Fedorovna le suit. Les grandes-duchesses, le docteur Botkine, Ivan Kharitonov, Anna Demidova et Aloïs Trupp ferment la marche. L'impératrice demande une chaise pour elle-même et pour son fils.

À peine sont-ils assis qu'un moteur de camion commence à vrombir. Onze hommes armés s'encadrent dans la porte. Iakov Iourovski sort un papier de sa poche et commence à lire la sentence de mort.

Alexandra Fedorovna n'a que le temps de faire un signe de croix avant de tomber à terre, mortellement touchée. La fusillade n'a duré que quelques instants. Les blessés sont achevés à coups de baïonnette. Puis les corps sont chargés dans le camion qui prend la route de la forêt de Koptiaki, à quelque vingt-cinq verstes d'Iekaterinbourg.

18 juillet 1918. Le Conseil des commissaires du peuple, présidé par Lénine, apprend officiellement par Iakov Sverdlov, chef du Comité central, que Nicolas Alexandrovitch Romanov a été exécuté à Iekaterinbourg.

19 juillet 1918. Iakov Sverdlov informe Trotski, de retour du front, que Nicolas le Sanglant a été fusillé ainsi que toute sa famille.

20 juillet 1918. La presse est autorisée à faire état de la mort du tsar. L'annonce précise que sa femme et leurs enfants ont été évacués en lieu sûr.

25 juillet 1918. Les Blancs ont investi Iekaterinbourg. Plusieurs officiers se rendent dans la maison Ipatiev. Toutes les pièces ont été nettoyées. Mais au sous-sol, malgré le lessivage, des traces de sang persistent sur les murs. Deux juges sont chargés de l'instruction, mais l'enquête n'avance guère. Quand l'amiral Koltchak, qui commande l'armée blanche de Sibérie, prend la direction de l'Oural, il charge un autre magistrat, Nicolas Sokolov, de faire la lumière sur ce qui apparaît comme le massacre de la famille impériale.

À l'issue des interrogatoires et des investigations, le jeune juge conclura que les corps des victimes ont été brûlés et leurs cendres éparpillées dans la forêt de Koptiaki ou jetées dans une mine à ciel ouvert.

17 juillet 1998. Quatre-vingts ans après l'exécution de la famille impériale, jour pour jour, le premier président de la Russie, Boris Eltsine, conduit à Saint-Pétersbourg les obsèques du dernier empereur, Nicolas II, de la tsarine Alexandra Fedorovna, de trois de leurs filles, les grandes-duchesses Olga, Tatiana et Anastasia, ainsi que des quatre personnes qui ont partagé leur destin : le docteur Evgueni Botkine, Anna Demidova, Ivan Kharitonov et Aloïs Trupp.

Leurs restes ont été officiellement exhumés en juillet 1991 dans la forêt de Koptiaki au lieu dit « la fosse aux troncs ». Ils seront authentifiés par le département d'anthropologie biologique de Cambridge ainsi que par le laboratoire de l'Institut de pathologie des forces armées aux États-Unis. Mais on n'a trouvé nulle trace de la grande-duchesse Marie et du tsarévitch Alexis.

Ce n'est qu'en 2007, sous la présidence de Vladimir Poutine, que de nouvelles fouilles sont entreprises dans les mêmes bois. Quelques ossements calcinés sont retrouvés. Les tests ADN révéleront qu'ils sont bien ceux de Marie et Alexis. Les deux jeunes martyrs rejoindront dans la crypte de la cathédrale Saint-Pierre-Saint-Paul de Saint-Pétersbourg les dépouilles de leurs parents.

Bibliographie sélective

Cars, Jean des, *La Saga des Romanov*, Paris, Plon, 2008.

Meaux, Lorraine de (dir.), *Saint-Pétersbourg : histoire, promenades, anthologie et dictionnaire*, Paris, Robert Laffont, 2003.

Paléologue, Maurice, *Le Crépuscule des tsars, journal 1914-1917*, Paris, Mercure de France, 2007.

Radzinsky, Edvard, *Nicolas II, le dernier tsar*, Paris, Le Cherche Midi, 2002.

Riasanovsky, Nicholas V., *Histoire de la Russie : des origines à nos jours*, Paris, Robert Laffont, 2014.

Troyat, Henri, *La Grande Histoire des tsars*, Paris, Omnibus, 2009.

18

LA DERNIÈRE IMPÉRATRICE

Eugénie de Montijo
Madrid, 11 juillet 1920

par Éric ANCEAU

À la mi-juillet 1920, la presse annonce par un entrefilet la mort d'une très vieille dame de quatre-vingt-quatorze ans, dont le nom n'évoque plus qu'un souvenir lointain à la plupart de ses contemporains. Cette femme, l'impératrice Eugénie, avait pourtant régné plus de dix-sept ans sur l'une des deux plus grandes puissances de la planète. Ingratitude du temps ! Il est vrai que la France sortait tout juste d'une guerre planétaire qui effaçait une débâcle à laquelle l'ancienne souveraine était associée. Elle avait pourtant joué un rôle décisif dans le retour au sein du giron national des provinces arrachées en 1871, mais le commun des mortels n'en avait rien su. Elle n'avait cherché à en tirer aucune gloire, pas plus que le gouvernement n'avait tenu à la replacer dans la lumière. Elle avait vécu le demi-siècle qui venait de s'écouler dans une retraite volontaire marquée par des malheurs précoces et terribles qu'elle avait su surmonter. Elle s'était aussi parfois signalée par une attention permanente aux nouvelles techniques et au progrès, et par des prises de position inattendues et audacieuses : en faveur du capitaine Dreyfus, pour une meilleure intégration des femmes dans la société, etc. Comme le remarque Gustave Flaubert dans sa Correspondance *: « À force de s'élargir par la souffrance, l'âme en arrive à des capacités prodigieuses. »*

Montée sur le trône impérial à vingt-six ans, en janvier 1853, par son mariage avec Napoléon III, Maria Eugenia de Palafox-Portocarrero de Guzmán, marquise d'Ardales et de Moya, comtesse de Teba et de Montijo, avait été aux premières loges lors de toutes les pages glorieuses du Second Empire (1852-1870), à commencer par le baptême de l'héritier qu'elle avait donné à la couronne, le prince impérial, en juin 1856. Le chef de l'État avait succombé à sa beauté, à son élégance et à sa grâce. Avec son sens du peuple français, il avait affirmé publiquement préférer épouser une jeune femme qu'il aimait et qui était « française par le cœur et par l'éducation » – elle était la fille d'un partisan de Napoléon et avait été élevée à Paris – plutôt qu'une princesse impériale ou royale, comme il était de tradition dans les familles régnantes. Par quelques gestes, comme la fondation d'une maison d'éducation pour jeunes filles avec la somme que la ville de Paris voulait utiliser pour lui offrir une parure en diamants, ou sa visite, au péril de sa vie, aux malades atteints du choléra, Eugénie avait su séduire les Français. Cependant, l'immense popularité dont elle avait bénéficié dans les années fastes de l'Empire avait beaucoup souffert du dénigrement systématique de l'opposition qui avait fait ensuite d'elle « l'Espagnole », l'inspiratrice de toutes les erreurs de son époux, depuis l'expédition du Mexique jusqu'à l'entrée en guerre contre la Prusse.

L'intransigeance dont elle avait fait preuve lors de cette guerre en tant que régente, en préférant que son époux se fît tuer à la tête de ses troupes, en digne héritier de son oncle Napoléon, plutôt que de lui permettre de rentrer, défait, dans sa capitale, contribua à la débâcle de Sedan dont découlèrent la révolution du 4 septembre 1870 et la proclamation de la république. Fataliste, elle voulut attendre ce jour-là la foule qui menaçait le palais des Tuileries, et subir peut-être, elle, « l'Espagnole », le sort de « l'Autrichienne », Marie-Antoinette, qu'elle admirait tant et à laquelle elle se comparait souvent. Il fallut lui faire comprendre qu'en partant elle emporterait avec elle les droits de son fils pour qu'elle consentît à quitter les lieux par une sortie dérobée, accompagnée par les ambassadeurs d'Autriche et d'Italie. Elle se réfugia chez son dentiste américain, le docteur Evans, puis gagna Deauville et traversa la Manche sur le petit yacht d'un officier britannique – qui faillit sombrer dans la tempête.

Drames et blessures

Ce fut en Angleterre qu'elle retrouva son fils qui avait réussi à échapper au désastre de Sedan. Ce fut là aussi, dans le manoir de Camden Place, à Chislehurst, non loin de Londres, qu'elle ménagea une retraite heureuse à son époux, déchu de ses droits par l'Assemblée nationale, puis libéré par les Allemands qui l'avaient retenu prisonnier jusqu'à la conclusion de la paix. L'adversité les rapprocha. Eugénie avait pardonné à son mari ses anciens écarts conjugaux et le couple ne connut plus aucune scène orageuse comme il avait pu en avoir sous l'Empire.

La chute du régime, la défaite de la France, les palinodies au sein même du personnel impérial, la perte d'amis proches comme Prosper Mérimée, qu'Eugénie connaissait depuis l'enfance, l'ingratitude des Français, les calomnies les affectèrent beaucoup. Eugénie aurait voulu que son époux se défendît. Celui-ci refusa. « Un monarque, un empereur surtout, lui répondit-il, se dégraderait en cherchant à se disculper, car il plaiderait sa cause contre son peuple. » Elle le comprit et respecta sa décision de son vivant comme après sa mort. Elle se tint toute sa vie à cette attitude. « Quand on a eu comme moi le malheur de devenir un personnage historique, on doit se résigner à se voir discuter de son vivant de la façon la plus vive et la plus injuste par les passions politiques. Je ne répondrai jamais, je ne démentirai rien, si douloureux que cela puisse être pour moi. Une guerre de récriminations me répugne. J'ai foi que pour l'Empereur d'abord, et pour moi peut-être, le temps fera justice. » Elle était néanmoins sceptique. Elle répondit ainsi à une amie anglaise qui s'étonnait de son silence : « Ma légende est faite. Au début du règne, je fus la femme frivole, ne s'occupant que de chiffons ; et vers la fin de l'Empire, je suis devenue la femme fatale qu'on rend responsable de toutes les fautes et de tous les malheurs. Et la légende l'emporte toujours sur l'histoire. »

Un deuxième drame survint bientôt, quasiment vingt ans jour pour jour après son mariage et moins de deux ans et demi après la chute de l'Empire. Napoléon III ne survécut pas à l'opération destinée à le délivrer de la pierre qu'il avait dans la vessie et qui le faisait souffrir depuis le milieu des années 1860. Il s'éteignit le 9 janvier 1873. Après être passé par le King's College de Londres, le prince impérial, qui terminait sa formation à l'Académie royale militaire de Woolwich, fut appelé en urgence, dès le début de l'agonie de son père, mais il arriva après sa mort. Eugénie se jeta à son cou, éperdue : « Je n'ai plus que toi, Louis. »

Elle reporta tous ses espoirs sur son enfant et continua de lui voir un avenir de souverain. Elle laissa néanmoins à Eugène Rouher, l'ancien ministre d'État du Second Empire, le soin de diriger le parti bonapartiste et de faire l'éducation politique du prince. De son côté, elle l'emmenait avec elle, dès que possible, dans les capitales européennes comme Rome et Vienne, mais aussi dans les lieux chargés d'histoire pour les Napoléonides, comme Arenenberg, où leur époux et père avait vécu de si belles années, dans sa jeunesse, avec sa propre mère, la reine Hortense, fille de Joséphine et épouse de Louis, roi de Hollande. Ils en firent leur villégiature durant plusieurs étés.

Malgré la volonté d'Eugénie, le prince, qui avait soif d'action et qui ne voulait pas s'étioler comme le duc de Reichstadt, décida d'aller servir dans l'armée britannique qui combattait la révolte du peuple Zoulou, en Afrique australe. Elle chercha à l'en dissuader en lui certifiant que ses partisans se sentiraient trahis, alors qu'en fait la raison profonde de son opposition était qu'elle craignait pour sa vie. Elle avait de funestes pressentiments. La lecture d'un article sur la dangerosité du serpent mamba la mit dans l'angoisse pendant plusieurs jours.

La mort du prince devant les Zoulous, lors d'une patrouille dans le *bush*, à Ulundi, dans le Natal, le 1er juin 1879, la bouleversa. Après avoir passé vingt-quatre heures dans une semi-inconscience, elle se reprocha ensuite de ne pas avoir trouvé les arguments pour empêcher son fils de partir et resta prostrée plusieurs jours devant la fenêtre où elle le voyait jadis revenir de Woolwich, alors que certains l'accusaient d'avoir été une mère trop possessive qui l'aurait obligé à chercher le salut dans la fuite. « Ou bien la douleur m'usera, dit-elle à la reine Victoria qui s'inquiétait pour elle, ou je l'userai. » Elle finit par se relever. L'année suivante, elle décida de se rendre en Afrique du Sud, sous son nom d'incognito habituel de comtesse de Pierrefonds, pour visiter les lieux traversés par son fils. « Je me sens attirée vers ce lieu de pèlerinage avec la même force que devaient éprouver les disciples du Christ pour les Lieux saints. » Elle planta un saule et un lierre apportés de Camden Place à l'endroit précis où le prince était tombé. Elle revint éreintée, mais apaisée.

Une certaine idée de la vieillesse

Si Eugénie disait souvent : « Je suis morte en 1879 », elle accepta de continuer à vivre, en chrétienne. Cependant, elle songeait de plus en plus à sa propre mort et à ce qu'il adviendrait ensuite. Dès son retour, elle décida de déménager car la petite église catholique Sainte-Marie de Chislehurst ne pouvait accueillir à la fois le sarcophage de son époux et celui de son fils auxquels s'ajouterait bientôt, sans doute, le sien.

Elle fit l'acquisition d'un vaste terrain à Farnborough, dans le Hampshire, non loin du château de Windsor, ce qui lui permettrait de rendre de fréquentes visites à son amie la reine Victoria. Y seraient construites à la fois une nécropole inspirée de l'abbaye d'Hautecombe, pour y mettre « les siens », et une demeure pour elle, à proximité. Un bois situé non loin avait aussi séduit Eugénie qui le surnomma vite son « Compiègne » en souvenir de la résidence qu'elle chérissait le plus, car c'était là que le prince-président lui avait déclaré sa flamme avant que le couple n'y réunît les fameuses séries[1] et ne vînt régulièrement y fêter la Sainte-Eugénie. Les travaux confiés à l'architecte français Hippolyte Destailleur débutèrent en 1881, mais s'éternisèrent. Alors qu'Eugénie vint s'installer sur place dès 1885, l'abbaye qui avait été dédiée à saint Michel et qui reçut une communauté de religieux pré-

1. Chaque automne, le couple impérial y conviait pour une semaine des personnalités politiques, des savants, des artistes. Ces séries hebdomadaires rapidement surnommées les « Compiègne » se succédaient, au nombre de trois à six, selon les années.

montrés pour y chanter les offices et prier pour le salut des âmes de Napoléon III et du prince impérial ne put recevoir leurs dépouilles que le 9 janvier 1888, pour le quinzième anniversaire de la mort du souverain.

Eugénie vivait dans le culte des « siens », comme elle appelait désormais son époux et son fils, et au milieu des vestiges de l'Empire. Elle avait tenu à ce que, de sa chambre, elle pût voir l'église. Chaque pièce de Farnborough Hill avait ses reliques à profusion. Dans le vestibule de marbre figuraient à la fois sa toile préférée, où Winterhalter l'avait peinte assise dans un coin du parc de Saint-Cloud entourée de ses dames d'honneur, et le chariot d'enfant offert par le prince Albert, époux de la reine Victoria, à son fils. Dans son cabinet de travail, où elle passait des heures, elle avait tenu à avoir la statue de son fils par Carpeaux, lumineuse, sur un rideau d'herbes et de roseaux ramenés du Zoulouland et, sur le mur, le portrait de Napoléon III par Cabanel. Au milieu du jardin d'hiver, elle avait fait placer le célèbre marbre du prince impérial avec son chien Nero, également œuvre de Carpeaux.

Au nom de la dignité impériale, notion qui lui était chère entre toutes, Eugénie tint à conserver le titre d'impératrice et rien ne l'irritait davantage que de lire au détour d'un article « l'ex-souveraine ». Jusqu'à un âge avancé, elle décida de teindre ses cheveux blonds tirant sur le roux qu'elle devait à sa mère d'origine écossaise et qui étaient devenus prématurément blancs avec tous ses soucis. Elle continuait aussi d'entretenir une cour, y maintenait l'étiquette et recevait en audience.

En revanche, elle aurait voulu demeurer dans la réserve politique, mais elle fut contrainte de se mêler des affaires dynastiques pour faire respecter le testament de son fils qui avait fait du prince Victor son héritier au détriment du prince Napoléon, cousin germain de Napoléon III, aux idées avancées et au caractère ombrageux, qui la détestait depuis toujours et qui avait critiqué à plusieurs reprises les décisions impériales. La mort de celui-ci en 1891 la délivra enfin de toute action politique. Voilà pourquoi le gouvernement français ne formula aucune objection à ce qu'elle fît construire une villa au Cap-Martin, endroit où elle avait l'habitude de retrouver depuis plusieurs années son amie l'impératrice d'Autriche, Élisabeth, elle-même inconsolable de la mort de son fils unique Rodolphe à Mayerling. Ce fut la villa Cyrnos, appelée ainsi en hommage à la Corse dont Cyrnos était le nom antique, qu'elle fit construire par l'architecte Hans-Georg Tersling, déjà auteur du grand hôtel de la station et qu'elle occupa régulièrement de 1892 à 1895.

Conseillère de Léon Daudet

Elle n'en renonçait pas pour autant à sa liberté de parole. Alors que les bonapartistes, comme les Français, se divisaient lors de l'affaire Dreyfus, mais que les principaux ténors de son parti et les masses se retrouvaient dans le camp des « anti », au nom de l'autorité de l'État, elle n'hésita pas à prendre fait et cause pour le capitaine. Elle qui regrettait souvent de ne pas avoir été un homme pour « réaliser de grandes choses » et « être plus libre » avait fait décerner la Légion d'honneur au peintre animalier Rosa Bonheur, essayé de faire entrer George Sand à l'Académie française, soutenu les cours pour jeunes filles de Victor Duruy, appuyé l'obtention du baccalauréat pour les jeunes filles et contribué à leur entrée à la faculté de médecine. Elle encourageait désormais le mouvement des suffragettes. Elle continuait aussi de manifester un intérêt prononcé pour la modernité, le progrès technique et la vie de son temps. Elle avait été l'une des premières à s'enthousiasmer pour le téléphone et à acquérir une automobile. Elle avait tenu à monter en haut de la tour Eiffel dont l'idée lui avait plu d'emblée. Elle félicita Marconi pour ses premiers essais sur la TSF, suivit de près les expériences sur le radium et, le 11 septembre 1909, se passionna pour les essais du pionnier de l'aviation, Samuel F. Cody, sur le terrain d'aviation de Farnborough.

Malgré la disparition progressive de ses proches – sa lectrice, Mme Lebreton, et le frère de celle-ci, le général Bourbaki, son cousin Ferdinand de Lesseps, le grand chambellan, duc de Bassano, l'impératrice Élisabeth ou la reine Victoria – qui l'affecta profondément, elle donnait le change. Elle se disait d'ailleurs de plus en plus ennuyée par les « vieilles dames » qui ressassaient toujours les mêmes idées et s'entourait de jeunes parents et protégés comme Léon Daudet qu'elle connut alors qu'il était lycéen, auquel elle évita de se perdre et dont elle fut toujours la conseillère avisée, écoutée, admirée. Elle ne cessait aussi de voyager car ce mouvement perpétuel, comme elle disait souvent, était ce qui la maintenait en vie. Comme elle adorait la mer, elle fit de fréquentes croisières à travers la Méditerranée, achetant même un petit yacht, mal commode, qui inquiétait ses amis, ce qui la faisait beaucoup rire. Néanmoins, ses voyages étaient de plus en plus empreints de nostalgie. Si elle avait vendu sa villa de Biarritz et cédé le palais du Pharo à la ville de Marseille, elle se rendait fréquemment dans les lieux qu'elle avait appréciés pendant qu'elle régnait pour retrouver une atmosphère et se remémorer les souvenirs que sa prodigieuse mémoire avait conservés. À Paris, quand elle ne descendait pas chez sa grande amie la duchesse de Mouchy, elle séjournait à l'hôtel Continental. Elle fit la conquête d'anciens adversaires politiques, comme Joseph Reinach, l'ami de Gambetta, qui projeta même d'écrire un livre sur elle. Elle se rendit aussi aux Archives pour vérifier certains faits sur Marie-Antoinette. Elle passa surtout des heures dans le parc des Tuileries et dans celui de Saint-Cloud à se figurer les châteaux qui n'existaient plus puisqu'ils avaient été incendiés, l'un et l'autre, au cours de l'« année terrible ».

Elle se rendit aussi à Compiègne, en août 1910, pour la première fois depuis 1868. Alors que le guide du château devenu musée faisait visiter les pièces au groupe de touristes au milieu duquel elle s'était glissée avec la dame d'honneur et les deux messieurs qui l'accompagnaient, elle fit un malaise. Celui-ci ne fut pas provoqué par la chaleur mais bien par l'émotion. Dans le salon des Fleurs, l'ancienne chambre du prince impérial, elle venait de voir intactes, à un demi-siècle de distance, les marques au crayon qu'elle avait tracées elle-même dans l'embrasure d'une fenêtre, pour matérialiser la croissance de son fils, rapportèrent les uns, ou les inscriptions qu'il avait faites, avec un couteau, sur une table basse, et qui lui avaient valu une punition, prétendirent les autres.

Ultime revanche, dernier voyage

En juillet 1914, l'impératrice visitait la côte dalmate après quelques jours passés à Venise et Ravenne, quand elle fut arrêtée par l'ultimatum de l'Autriche à la Serbie. Elle rebroussa chemin. « Cette fois, dit-elle, nous la tenons : c'est la revanche. » Elle fit tout ce que pouvait faire une femme de cet âge. Elle écrivit ainsi à la tsarine pour presser son époux de mobiliser et au roi de Roumanie, Charles de Hohenzollern, quoique prussien de naissance, pour le supplier de ne pas entrer en guerre aux côtés des Empires centraux. Elle transforma Farnborough Hill en hôpital militaire pour les officiers anglais auxquels elle porta régulièrement le réconfort. Au début de la guerre, lorsque sa vue le lui permettait encore, elle tricotait couvertures et cache-nez pour les soldats. Elle envoya les Français à son service se battre dans l'armée. Elle offrit aussi son yacht à l'amirauté britannique. Elle ne cessa de vanter l'union sacrée, tout en déplorant cependant qu'elle n'eût pas pu voir le jour en 1870. Elle s'enthousiasmait pour les victoires alliées, et en particulier pour ce qu'accomplissaient Foch et Haig, le chef de l'armée britannique en France. Elle donna aussi 100 000 francs pour reconstruire la cathédrale de Reims, à laquelle elle remit plus tard le talisman de Charlemagne qui protégeait les Napoléonides. Elle ne craignait qu'une chose : mourir avant de voir la victoire. Son amour de la France avait traversé les épreuves de la vie et elle était blessée que d'aucuns pussent en douter. « J'ai toujours placé la France avant tout, avant l'Empereur, avant mon fils ! Ils ne savent donc pas, ceux qui m'appellent l'Espagnole, qu'une étrangère qui met sur son front la couronne de France a l'âme bien lâche si elle ne devient française qu'à demi. J'aime l'Espagne, je ne m'en cache pas, je l'aimerai toujours ; je vis en Angleterre où sont ensevelis les miens, mais je n'ai qu'une patrie, la France, et je mourrai avec son nom écrit dans mon cœur ! »

À la fin du conflit, elle prouva cet attachement indéfectible à la France par un geste magnifique. Comme elle savait gré à la République, régime honni, et à Clemenceau, l'ennemi intransigeant de l'Empire et l'ancien maire de la Commune, d'avoir conduit le pays à la victoire, elle décida d'intervenir pour permettre à la France de recouvrer l'Alsace-Moselle que les Alliés et en particulier les Américains étaient réticents à lui restituer, car ils la considéraient allemande. Dans ce but, elle tira de ses archives personnelles un document de la plus haute importance. En pleine guerre franco-allemande, le 23 octobre 1870, elle avait écrit au roi de Prusse pour l'amener à renoncer à annexer les départements de l'Est. Celui-ci lui avait répondu le 26 par la négative en expliquant le but militaire de l'opération : « Après avoir fait d'immenses sacrifices pour sa défense, l'Allemagne veut être assurée que la guerre prochaine la trouvera mieux préparée à repousser l'agression sur laquelle nous pouvons compter aussitôt que la France aura réparé ses forces et trouvé des alliés. C'est cette considération seule, et non le désir d'agrandir une patrie dont le territoire est assez grand, qui me force à insister sur des cessions de territoires, qui n'ont d'autre but que de reculer le point de départ des armées françaises qui, à l'avenir, viendront nous attaquer. » Lue par Clemenceau dans une réunion interalliée à la Sorbonne, cette lettre qui prouvait les intentions réelles de la Prusse fut décisive. L'ancien insurgé se fendit d'une lettre de remerciement à l'impératrice déchue. De l'éclatant succès, Eugénie disait : « Il rachète tout, il lave tout, il me paie de tant de douleurs, il me permet de mourir le front haut, en paix avec la France qui n'aura plus rien à nous reprocher… »

Au printemps 1920, elle décida de se rendre une nouvelle fois en Espagne, sur les lieux de son enfance. Elle comptait aussi s'y faire opérer de la cataracte. Elle était désormais presque aveugle et elle ne concevait pas de vivre dans cet état. Or, les chirurgiens parisiens refusaient de prendre le risque d'une opération, en raison de son grand âge. Elle savait qu'elle ne rencontrerait pas les mêmes scrupules chez leurs confrères ibériques. « Je veux voir de nouveau ou mourir », disait-elle. Elle prit la mer à Marseille, non sans avoir visité une nouvelle fois son cher Pharo, débarqua à Gibraltar, puis resta deux semaines à Séville. À l'Alcazar, elle retrouva le roi et la reine d'Espagne, sa filleule, fille de Béatrice d'Angleterre. Elle assista à une fête de flamenco et à une corrida.

Elle gagna ensuite la capitale espagnole. Là, elle s'installa chez son petit-neveu, le duc d'Albe, au palais de Liria. Hommes politiques, diplomates, écrivains, artistes, journalistes se succédèrent pour voir « l'aïeule de l'Europe ». Elle les reçut simplement et les frappa par la vivacité de son esprit.

Malgré son neveu qui cherchait à l'en dissuader, elle gardait à l'esprit l'un des buts de son voyage : son opération de la cataracte. Le docteur Barraguer la jugea en assez bonne santé pour accepter. De fait, l'opération se déroula parfaitement. En quelques heures, elle recouvra une bonne vue et, avec elle, l'envie de nouveaux projets. Devant des visiteurs, elle annonça vouloir regagner rapidement l'Angleterre pour assister au mariage d'un petit-neveu, mais aussi pour ouvrir un musée dédié à son époux et à son fils. Elle fit réserver un wagon-salon dans un train, en partance le 14 juillet, de façon à regagner plus vite Farnborough par la France. Cependant, le 10, après s'être réveillée pleine d'entrain, elle se sentit mal, après un déjeuner pourtant léger. En dépit d'une chaleur accablante, elle fut prise de malaises et de frissons. Le médecin, appelé immédiatement, diagnostiqua d'abord un embarras gastrique, mais devant les vomissements répétés et l'empourprement soudain et complet du visage, il se ravisa. L'impératrice Eugénie était frappée par une violente crise d'urémie qui, à son âge, laissait bien peu d'espoir sur l'issue. Installée dans la chambre de sa sœur aînée, Paca, morte soixante ans plus tôt, elle ne connut plus guère de répit, étant agitée à intervalles de plus en plus rapprochés de violents spasmes. Profitant d'une accalmie, son neveu fit appeler un prêtre qui lui donna l'extrême-onction devant tous les proches agenouillés dans la chambre. Alors que les prières des agonisants étaient désormais récitées, en cette aube du dimanche 11 juillet, elle eut encore la force de murmurer doucement : « Je suis fatiguée. Il est temps de m'en aller », puis elle s'éteignit. Les cloches appelaient déjà les fidèles à l'office. Eugénie haïssait le dimanche, jour de la chute de l'Empire et du décès de son fils, et disait souvent qu'elle partirait ce jour-là.

Hommage international

Au nom du roi et de la reine d'Espagne qui étaient en voyage à Londres, l'infant Ferdinand vint s'incliner devant le corps de sa compatriote, puis le cercueil, escorté par quelques proches, fut transporté à Paris. Dans une chapelle ardente installée en gare d'Austerlitz, près de 3 000 personnes vinrent se recueillir. Le convoi repartit ensuite vers l'Angleterre et l'abbaye de Farnborough. Le 20 juillet, lors de la messe de requiem, le prince Victor et son épouse la princesse Clémentine qui conduisaient le deuil étaient entourés par le roi d'Angleterre George V et la reine Mary et par les couples royaux d'Espagne et de Portugal. Dans l'assistance figuraient encore les ambassadeurs d'une dizaine de puissances, des lords anglais, des grands d'Espagne et plusieurs chefs de famille de la noblesse impériale, dont le prince Murat, le duc de Massa, le duc d'Albufera. Son corps fut placé dans la crypte de l'abbaye, aux côtés de ceux de son époux et de son fils. En revanche, aucun représentant du gouvernement français n'avait fait le déplacement. Ce fut dom Cabrol, abbé de Saint-Michel, qui prononça l'oraison funèbre : « Quelles leçons furent jamais plus éloquentes que celles que nous donne du fond de son tombeau Eugénie de Guzmán de Montijo, grande d'Espagne, puis impératrice des Français ; et puis veuve d'un empereur détrôné ; mère d'un fils, son espoir et sa joie, que lui arrache une mort glorieuse ; celle qui ne veut pas être consolée dans sa douleur ; celle qui porte avec elle, jusqu'à la plus extrême vieillesse, toute l'histoire d'un siècle, et qui est le souvenir vivant au milieu de nous des plus grandes infortunes qui puissent frapper une femme, et qui vécut assez pour voir son pays d'adoption relever dans la victoire une tête courbée depuis plus de quarante ans sous le poids des défaites. [...] Reposez donc en paix, Majesté, reposez sans remords dans cette crypte que vous avez construite, reposez en paix auprès des cendres de Napoléon III et du prince impérial. »

Par son testament, Eugénie laissa l'ensemble de ses biens au prince Victor et à ses deux enfants, le prince Louis Napoléon et la princesse Marie Clotilde, sa filleule. Elle constitua en majorat le domaine de Farnborough. Elle affirma sa volonté que les trois cercueils ne fussent jamais séparés et fussent éternellement laissés dans la crypte de l'abbaye, le sien, derrière et au-dessus de l'autel, ceux de son mari et de son fils dans les deux chapelles latérales, alors que la basilique de Saint-Denis, de la volonté même de Napoléon III, mais aussi la chapelle impériale d'Ajaccio et l'église Saint-Augustin de Paris, édifiées l'une et l'autre à son initiative et sous son règne, constituaient de possibles nécropoles. Ce fut donc sans surprise qu'en 2007 le maire de Nice, Christian Estrosi, qui avait eu l'idée d'un rapatriement en France des trois dépouilles pour une inhumation dans sa ville à l'occasion du cent cinquantième anniversaire du rattachement de celle-ci à la France, se heurta au refus de la famille.

Par son testament, Eugénie affirmait enfin ne jamais avoir écrit de Mémoires et priait ses exécuteurs testamentaires de poursuivre tous ceux qui en feraient publier sous son nom. Comme son époux, elle attendait des historiens et d'eux seuls l'établissement de la vérité sur l'Empire d'abord, sur son époux ensuite et, enfin, si possible, sur elle-même, dernière souveraine à avoir régné sur la France.

Bibliographie sélective

Anceau, Éric, *Napoléon III, un Saint-Simon à cheval*, Paris, Tallandier, coll. « Texto », 2008 et 2012.

Aubry, Octave, *Les Dernières Années de l'impératrice Eugénie*, Paris, Fayard, 1933.

Bertaut, Jules, *L'Impératrice Eugénie et son temps*, Paris, Amiot-Dumont, 1956.

Cars, Jean des, *Eugénie, la dernière impératrice*, Paris, Perrin, 1997.

Daudet, Léon, *Dans l'ombre de l'impératrice Eugénie*, Paris, Gallimard, 1935.

Desternes, Suzanne, et Chandet, Henriette, *L'Impératrice Eugénie intime*, Paris, Hachette, 1964.

Dufresne, Claude, *L'Impératrice Eugénie*, Paris, Perrin, 1986.

Filon, Augustin, *Souvenirs sur l'impératrice Eugénie*, Paris, Calmann-Lévy, 1889 ; rééd. 1920.

Lachnitt, Jean-Claude, *Méconnue et calomniée, l'impératrice Eugénie*, Paris, Les Amis de Napoléon, 1982.

Smith, William H., *Eugénie, impératrice et femme, 1826-1920*, Paris, Olivier Orban, 1989.

19

SOIXANTE ANS DE TÉNÈBRES INTÉRIEURES

Charlotte de Belgique
Château de Bouchout, 19 janvier 1927

par Jean-Louis THIÉRIOT

20 janvier 1927, château de Bouchout, à l'orée de la plaine de Flandre. Sous des bourrasques de neige, frappé des armes de la couronne impériale du Mexique, s'ébranle un lourd corbillard tiré par des chevaux blancs caparaçonnés de noir, portant plumet de même couleur. Albert Ier, le Roi-Chevalier, le prince Léopold et quelques dignitaires de la Cour et de la ville tiennent les cordons du poêle. Dans la petite église paroissiale de Meysse, l'archevêque de Malines prononce l'absoute. Sur le cercueil, on peut lire : « Sa Majesté l'impératrice Marie-Charlotte-Amélie-Victoire-Clémentine-Léopoldine, princesse de Belgique, née à Laeken le 8 juin 1840, décédée au château de Bouchout le 19 janvier 1927, veuve de Sa Majesté impériale, l'archiduc Maximilien d'Autriche, empereur du Mexique. » Ainsi s'achève, dans les froidures du plat pays, le veuvage d'une existence promise aux plus hautes destinées, une existence commencée sous les ors de la couronne de Belgique, calcinée sous le soleil du Mexique et accomplie, soixante ans durant, dans les ténèbres de la raison.

Sur le berceau de Charlotte, née le 10 avril 1864, le destin a posé des couronnes. Fille de Léopold Ier de Belgique, fondateur de la dynastie belge, petite-fille de Louis-Philippe, le roi découronné des Français, elle ne rêve que trône et dynastie. À onze ans, elle écrit dans son journal enfantin : « Dieu demandera un compte immense aux princes auxquels il a confié une partie de sa grandeur et de sa puissance. Il leur impose le devoir de veiller au salut des peuples dont ils ont le gouvernement. » Alors que son père et sa tante – la reine Victoria – songent à la marier à l'infant du Portugal, elle refuse. Trop modeste parti pour elle. Elle jette son dévolu sur l'archiduc Maximilien d'Autriche, le jeune frère de François-Joseph. Avec sa barbe blonde, ses uniformes flamboyants, sa belle figure de Habsbourg et son front bombé, il a fière allure. Il a surtout le mérite d'être le rejeton d'une dynastie impériale depuis près de cinq siècles. Que l'empereur vienne à disparaître sans descendance et Maximilien montera sur le plus prestigieux trône d'Europe. Mais sa beauté est celle de l'insignifiance. C'est le négatif de François-Joseph, un nerveux, un faible, un velléitaire avec de brusques foucades autoritaires. C'est surtout un cadet mécontent de n'être pas aîné. « Trop large d'esprit pour son peu d'esprit, écrira de lui Paul Morand, il donnera par sourde opposition à son milieu natal dans un libéralisme qui lui sera mortel. On le fusillera moins pour ses crimes que pour ses bonnes intentions. »

Après le mariage célébré en 1857, la vie du jeune couple commence comme un conte de fées. Maximilien est nommé vice-roi des provinces de Lombardie-Vénétie. Charlotte est presque reine. Elle jubile. Son profil racé, son abondante chevelure brune, sa moue légèrement dédaigneuse et ses yeux en amande perdus dans d'ineffables rêveries font des ravages. Mais dans son orgueil aveugle, elle ne voit pas que les sourires ne sont que de façade. Le vieil édifice se lézarde. Le mouvement national fait son œuvre. Les mesures libérales de Maximilien n'y peuvent rien. L'aristocratie italienne choisit la maison de Savoie. Il faut supporter les avanies, les opéras à la Scala de Milan où les invités envoient leurs domestiques pour les représenter, les bals où les élégantes portent des robes de deuil. Solferino et Magenta (1859) sonnent le glas de la vocation italienne des Habsbourg.

Piteusement, le couple doit se retirer dans les provinces héréditaires. Maximilien n'a plus de hautes fonctions à exercer. L'empereur s'en méfie comme de la peste. Il craint ce frère trop séduisant, aux idées trop avancées. Pis encore, le trône s'éloigne. François-Joseph et l'impératrice Élisabeth viennent de donner naissance à Rodolphe, l'héritier mâle qui leur faisait défaut. Réduits à l'inaction, les ambitieux désœuvrés se réfugient à Miramare, propriété de l'archiduc. Inspirée de Sintra, de Windsor et de l'Alhambra, c'est une magnifique thébaïde plantée sur l'Adriatique, à quelques lieues de Trieste. Maximilien s'y fait prince-jardinier. Mais les terrasses, les magnolias, les orangers et les roses thé ont leurs limites. Il s'ennuie et se réfugie dans ses rêves. Charlotte ressasse ses amertumes. Le couple se défait. Il avait pour les unir une haute ambition. Celle-ci brisée, il ne reste plus grand-chose. L'archiduc oublie ses désappointements dans les bras des cocottes viennoises.

Le rêve américain de Napoléon III

La situation au Mexique vient à point nommé ouvrir des perspectives aux oisifs inemployés. Cette colonie espagnole conquise par Cortés en 1519 devient indépendante en 1821 sous l'éphémère dynastie des Iturbides. Rongé par l'instabilité politique, le pays a connu plus de deux cents coups d'État. À la fin des années 1850, il est présidé par Benito Juárez, un Indien, séminariste défroqué, libéral, anticlérical, promoteur d'une réforme agraire qui s'en prend à l'Église et aux grands propriétaires terriens. L'anarchie est la règle. Les puissants émigrent. Les finances publiques sont au plus mal. En 1860, le gouvernement décide d'interrompre le remboursement des dettes contractées auprès des puissances occidentales. C'est le début d'un engrenage qui conduit ces dernières à intervenir. Napoléon III a l'idée d'ancrer en Amérique une puissance latine alliée qui puisse faire pièce à l'influence croissante de l'Amérique du Nord. Plus de 20 000 hommes commandés par le général Forey, puis par le général Bazaine, occupent le pays afin de prendre des gages, en attendant d'établir un gouvernement acceptable.

Maximilien pourrait en être le chef. Les Tuileries insistent auprès de Maximilien et de Charlotte pour qu'ils acceptent la couronne impériale du Mexique. L'archiduc hésite. Mais folle de ses espérances couronnées, Charlotte pèse de tout son poids pour qu'il s'en empare. N'est-il pas le descendant de Charles Quint, de ces Habsbourg espagnols qui régnaient sur un empire « sur lequel le soleil ne se couchait jamais » ? La vocation d'une famille impériale n'est-elle pas de régner ? Entêtée, Charlotte rêve d'être impératrice, comme Eugénie, comme Sissi. Faisant fond sur les promesses de Napoléon III de lui garantir un important soutien militaire de 25 000 hommes en contrepartie d'indemnités dont chacun devine que le Trésor mexicain sera bien incapable de les payer, Maximilien n'écoute pas les conseils de son frère : « Tu ne peux pas te mettre sous la tutelle de la seule France. » Il n'écoute pas davantage la rumeur publique qui l'appelle « l'Archidupe ». Quant à Charlotte, elle ne prête pas attention aux avertissements de sa grand-mère, la reine Amélie : « Malheureux, ils vous assassineront. » L'exigence de

François-Joseph, que son frère renonce à son statut de membre de la maison d'Autriche pour éviter d'éventuels embarras diplomatiques, ne la fait pas davantage plier. Le 10 avril 1864, à Miramare, Maximilien, en grand uniforme d'amiral, accepte la couronne des mains de la délégation mexicaine conduite par l'émigré monarchiste Gutiérrez de Estrada[1]. Au mât de la résidence, on hisse le drapeau impérial mexicain. Charlotte jubile. Elle écrit : « Ce sera une des plus nobles pages de l'histoire moderne car le pays est l'un des plus beaux. » Maximilien, lui, est tétanisé. Il s'enferme pendant trois jours dans le pavillon d'été, interdit qu'on lui parle du Mexique et écrit un poème prémonitoire : « Vous me parlez de sceptre, de palais, de puissance, vous ouvrez devant moi une carrière sans limites […]. Oh ! laissez-moi suivre en paix mon tranquille chemin, le sentier obscur et ignoré parmi les myrtes ! »

Le 14 avril, le couple impérial embarque sur la frégate *Novara*. Durant tout le voyage, on ne parle que protocole, uniformes et croix. Charlotte exige que l'on crée pour les dames nobles un ordre comparable à celui de la Croix étoilée de Vienne.

1. José María Gutiérrez de Estrada (1800-1867) est un diplomate et grand propriétaire foncier mexicain, militant monarchiste. Époux de la fille de la grande maîtresse de cour de l'archiduchesse Charlotte, il n'a de cesse de faire entrer le Mexique dans le giron des Habsbourg. En 1821, il avait déjà tenté d'en convaincre l'archiduc Charles. En 1863, il est l'organisateur de la consultation populaire truquée ayant donné l'impression que la population mexicaine souhaitait l'arrivée des Habsbourg sur le trône. Il incarne parfaitement les propos de Machiavel sur les émigrés politiques : « Il est dangereux de se fier aux promesses des émigrés. Tant est extrême en eux le désir de retourner dans leur patrie, qu'ils croient naturellement beaucoup de choses fausses et y en ajoutent artificieusement d'autres, que ce qu'ils croient ou affectent de croire remplit de vaines espérances. » Il meurt en exil, à Paris.

Le 25 mai 1864, les souverains débarquent à Veracruz. Les mauvais présages s'enchaînent. La ville est sinistre, écrasante de chaleur et de moiteur. On l'appelle « la ville des morts ». La foule n'est pas au rendez-vous. Le vent a arraché les arcs de triomphe. Dans la cité désertée, on n'entend que le fracas des cavaliers d'escorte, hussards français et lanciers mexicains. Après un voyage épique, entrecoupé d'incidents tragi-comiques, de bals interrompus par des attentats et de banquets entrecoupés de coups de fusil, le couple arrive enfin au palais de Mexico. Charlotte découvre que c'est une bâtisse vide, traversée de courants d'air, dont les lits sont remplis de punaises. Le couple se réfugie au château de Chapultepec où il s'efforce de reconstituer dans le Nouveau Monde un peu du charme de l'Ancien.

Pour le reste, l'aventure mexicaine est une longue débâcle où il apparaît que rien n'est organisé, si ce n'est le vol. Pas d'administration. Pas d'armée digne de ce nom. Seulement la corruption. Pour se maintenir, Maximilien ne peut compter que sur les baïonnettes françaises, sur un corps franc belge et sur quelques volontaires autrichiens. Il laisse faire des gouvernements faibles et incompétents. Très vite, écrasé par le climat, frappé par la malaria, il s'abandonne à une aboulie générale pour trouver du réconfort dans les bras d'une Indienne, fille d'un jardinier de sa résidence de campagne de Cuernavaca. S'étant mis à dos les conservateurs, sans avoir satisfait les libéraux, mal avec les Tuileries qui lui reprochent son inaction, plus mal encore avec Bazaine, pourtant son ultime recours, pressé par les rebelles de Juárez qui descendent du Nord et font tomber les places les unes après les autres, il balance de la coupable faiblesse à l'extrême rigueur. Le 3 octobre 1865, il prend un décret fameux ordonnant que tous les guérilleros juaristes pris les armes à la main soient fusillés sur-le-champ. Une rivière de sang le sépare désormais de son peuple. Maintenant, il est seul. Il ne lui reste qu'un seul appui au monde, Charlotte.

Aux portes de la folie

Charlotte fait ce qu'elle peut. En l'absence de son mari, elle assume une régence de fait. Elle tente de se concilier les masses paysannes en interdisant les travaux forcés auxquels sont astreints les Indiens dans les grandes propriétés. En vain ! Les édits ne sont pas exécutés. Charlotte paie de sa personne. Elle se rend dans les contrées les plus inhospitalières du Yucatán pour rencontrer son peuple. Son principal effort est d'arracher un concordat à l'Église catholique. Il conditionne la paix civile car il permettrait de réconcilier conservateurs et libéraux autour du statut des « biens nationaux » expropriés par le gouvernement juariste. Mais le négociateur envoyé par le Vatican, M. Meglia, est d'une intransigeance féroce. Dans les chancelleries, on l'appelait « le *syllabus*[1] ambulant ». Le dernier point d'ancrage de l'impératrice vacille. Elle espérait que l'Église serait son soutien. Elle se dérobe. L'équilibre de sa belle âme chrétienne se lézarde. Dans une lettre, elle s'en prend à « ceux qui font étalage d'opinion religieuse. J'y retrouve plus le sombre isolement de Philippe II que la charité de saint Vincent de Paul, cette charité qui aime et qui ne hait point. Je vois habiller des saints et des crucifix de diverses couleurs, porter un Jésus de cire avec des flambeaux [...]. Mais je ne vois pas soulager beaucoup les membres de Jésus souffrant ; et tout cela, c'est le vieux Mexique, celui qui s'éteint et

1. Manifeste conservateur et antilibéral publié en 1864 par le pape Pie IX en même temps que l'encyclique *Quanta Cura* pour « dénoncer les principales erreurs de notre temps ».

qui forcément fait place à un autre qui ne sera guère croyant si Rome ne tend pas de planche de salut à ce peuple qui l'implore [...]. Le danger de n'avoir pas une piété vraie, tolérante et sincère me rend presque folle ».

En janvier 1866, elle est bien près de le devenir complètement. Conscient de l'impéritie de Maximilien, pressé par l'opinion publique qui dénonce le coût de l'aventure mexicaine, désireux de ne pas s'aliéner les États-Unis qui, libérés du fardeau de la guerre de Sécession, apportent désormais un soutien sans équivoque à Juárez, Napoléon III écrit à son impérial cousin une missive qui sonne comme un arrêt de mort : « L'impossibilité de demander de nouveaux subsides au Corps législatif pour l'entretien du corps d'armée au Mexique et celle où se trouve Votre Majesté de ne pouvoir plus y contribuer elle-même, me force [*sic*] de fixer définitivement un terme à l'occupation française. À mes yeux, ce terme doit être le plus rapproché possible. »

Faute de sabres étrangers, la seule solution raisonnable serait l'abdication. Maximilien est près de s'y résoudre. Mais pour une femme de la trempe de Charlotte, c'est impossible. Que son mari périsse, mais qu'il ne s'humilie pas. « Abdiquer, c'est prononcer sa condamnation, se décerner un certificat d'incapacité, lui écrit-elle ; ce n'est admissible que de la part de vieillards ou de faibles d'esprit, ce n'est point l'acte d'un prince de trente-quatre ans, plein de vie et ayant l'avenir devant lui. La souveraineté est la propriété la plus sacrée qu'il y ait au monde [...]. À l'heure où l'on prend en charge la destinée d'une nation, on le fait à ses risques et périls, et il ne vous appartient jamais de l'abandonner. » Pour son malheur, le faible Maximilien s'inclinera devant cette mâle monition. Il le paiera de sa vie.

Une fois encore, Charlotte tente de prendre les choses en main. Habitée de son orgueil et de sa maladive exaltation, dans un XIXe siècle où les femmes ne traitaient que de loin des affaires du monde, elle décide d'aller plaider elle-même la cause du Mexique auprès de Napoléon III. Elle compte sur les sentiments chevaleresques du maître de la France. Elle ne pense pas qu'une parole donnée puisse être reprise. Le 13 juillet 1866, de Veracruz qui, deux ans plus tôt, l'avait vue arriver triomphante, la voilà qui s'embarque suppliante. Sur le paquebot *Impératrice Eugénie*, elle cingle vers la France.

Le chemin de croix commence.

Les chocs subis depuis deux ans sont si forts que la raison de Charlotte commence à vaciller. Depuis quelques mois déjà, elle vivait dans l'obsession du poison et des sorts que lui auraient jetés des sorciers vaudous comme le Mexique en compte tant. Sur le bateau, elle s'effondre psychologiquement. Les crises de nerfs succèdent aux crises de nerfs. Elles sont si violentes que le capitaine fait tapisser de matelas sa cabine.

L'arrivée à Saint-Nazaire le 8 août 1866 n'est pas pour la rassurer. C'est le début d'une longue série de déconvenues. Le préfet n'a reçu aucune instruction de Paris et, sachant que l'impératrice du Mexique n'est guère en cour à Paris, il s'abstient de toute démonstration protocolaire. Pour l'accueillir sur le quai, il n'y a que l'ambassadeur du Mexique, Almonte, et le maire de la ville. Aucun piquet d'honneur ; aucune délégation officielle. Elle fulmine. Une modeste réception est improvisée à l'hôtel de ville. Elle y apprend une triste nouvelle. Le 3 mai 1866, les Autrichiens ont été défaits par la Prusse à Sadowa. Les deux alliés dont elle escomptait le soutien, Paris et Vienne, sont affaiblis en Europe. Comble de l'ironie, il n'y a pas de drapeaux mexicains sur place. On utilise le drapeau péruvien, considéré comme le plus proche, pour pavoiser les lieux. La préfecture ayant fermé ses portes, il faut dormir à l'hôtel. Pour s'y rendre, l'impératrice du Nouveau Monde doit user d'un fiacre de louage... Elle envoie aussitôt à Napoléon III une dépêche révélant son implacable détermination : « Je suis arrivée aujourd'hui à Saint-Nazaire, chargée par l'empereur d'entretenir Votre Majesté de différentes affaires concernant le Mexique qui la concernent aussi. »

Au pays des régicides, premiers égarements

Sur le quai de la gare de Nantes, le sol se dérobe à nouveau sous ses pieds. Tétanisé à l'idée de cette rencontre, Napoléon III se fait porter pâle. Il lui fait remettre par le préfet une dépêche ainsi libellée : « Je reçois à l'instant même la dépêche de Votre Majesté. Étant revenu souffrant de Vichy, obligé de garder le lit, je ne puis aller au-devant d'elle. Si, comme je le suppose, Votre Majesté va d'abord en Belgique, elle me donnera le temps de me remettre. »

Nul n'est dupe. Mais rien ne changera sa détermination. Elle ira à Paris. Là, nouvelle déconvenue ! À la suite d'un malheureux concours de circonstances, la délégation chargée de l'accueillir l'attend gare d'Orléans alors qu'elle arrive gare Montparnasse. Il n'y a là que Gutiérrez, un immigré, le ministre plénipotentiaire à Londres et le prince Salvador Iturbide, petit-fils du premier empereur du Mexique[1]. Encore une déception, et de taille. L'impératrice espérait être reçue aux Tuileries. Elle sera logée au Grand Hôtel...

Le lendemain, Eugénie vient présenter ses devoirs. Elle semble sincèrement émue, se sentant au fond d'elle-même infiniment coupable. Lorsque Charlotte lui demande quand Napoléon III pourra la recevoir, l'impératrice des

1. Augustin Ier, éphémère empereur de mai 1822 à mars 1823, déposé par un coup d'État avant d'être exécuté l'année suivante. Salvador avait été adopté en 1865 par Maximilien qui désespérait d'avoir un héritier et comptait en faire son successeur.

Français s'en tire par une piteuse excuse : « Oh, l'empereur va toujours très mal. » Faisant fi de la bienséance qui sied aux cours, la Mexicaine exige de le voir le lendemain et menace de « faire irruption ». Une de ses dames de compagnie note qu'elle regagna ses appartements « les joues rouges d'excitation, comme égarée ».

Napoléon III cède. Le lendemain, 11 août, un attelage impérial à la Daumont vient quérir Charlotte au Grand Hôtel. Vêtue d'une longue robe de soie noire et d'une mantille, la belle brune aux yeux sombres a déjà le visage d'une veuve. Les quelques acclamations qu'elle reçoit sur son passage ne calment pas son agitation. Elle s'accroche au bras de sa dame de compagnie, Mme Almonte. À Saint-Cloud, l'accueil est parfait. Les cent-gardes lui rendent les honneurs. On sonne l'hymne mexicain. Le prince impérial, le petit « loulou » âgé de dix ans qui tombera sous les sagaies des Zoulous en 1879, attend la délégation au pied du grand escalier, portant au cou la chaîne de l'ordre de l'aigle mexicain. Il prend gracieusement l'impératrice par la main et la conduit au cabinet privé de l'empereur, en présence d'Eugénie. Sans précaution, Charlotte va droit au but. Elle rappelle à Napoléon ses engagements : « Sire dit-elle, je suis venue pour causer d'une affaire qui est la vôtre. » Elle a ses dossiers. Elle brandit les lettres de l'empereur s'engageant à un soutien sans faille : « Mon appui ne vous manquera jamais », ou encore « Que penseriez-vous de moi si je disais que je ne puis tenir les conditions que j'ai signées ? ». C'est une longue philippique contre la France et surtout contre Bazaine. Napoléon III baisse les yeux. D'après la comtesse de Reinach, il semblait « malade, fatigué, désemparé, des larmes coulant sur les joues ». Pourtant il se ressaisit et déclare que la décision ne dépend pas de sa volonté, mais de celle du gouvernement et du Corps législatif. C'en est trop. Charlotte s'emporte : « Comment, s'écrit-elle, maître d'une nation de 30 millions d'âmes, possédant la suprématie en Europe, disposant d'immenses capitaux, jouissant du plus vaste crédit du monde, ayant des armées victorieuses et toujours prêtes, votre armée ne peut rien pour le Mexique ? »

À cet instant, un serviteur apporte sur un plateau d'argent une carafe de cristal contenant de l'orangeade. Lorsque Eugénie tend le verre à l'infortunée impératrice, elle le regarde fixement, l'air angoissé. Elle hésite puis s'en empare et le boit d'un trait. Sa raison vacille. D'effrayantes ténèbres envahissent son esprit. La voilà saisie d'une hantise du poison qui ne la quittera plus. Elle est convaincue que les Français veulent l'assassiner. Alors, abandonnant toute pudeur, elle livre le fond de sa pensée : « Comment ai-je pu oublier qui je suis et qui vous êtes ! J'aurais dû me souvenir que le sang des Bourbons coule dans mes veines et ne pas disgracier ma race et ma personne en m'humiliant devant un Bonaparte, en traitant avec un aventurier. » C'en est trop. Les forces de l'infortunée mendiante ne peuvent la soutenir davantage. Une crise de nerfs la tord puis la laisse sans mouvement. Lorsqu'elle se réveille, elle repousse violemment le verre d'eau qu'on lui tend en hurlant : « Emportez votre boisson empoisonnée. » On l'emmène, dans un état d'agitation extrême. Elle n'a rien obtenu. Le 22 août, lors d'une seconde entrevue plus calme, Napoléon III confirme que sa décision est irrévocable et qu'il ne dissoudra pas le Corps législatif qui refuse toujours de voter les crédits militaires nécessaires au maintien du corps expéditionnaire. Désespérée, Charlotte écrit à Maximilien : « Je pars d'ici demain pour Miramare... Ceci prouve que je n'ai rien obtenu. » Brusquement, le ton de la lettre change : « Napoléon veut commettre une mauvaise action préparée de longue date parce qu'il représente le principe du mal dans le monde. » La manie de la persécution surgit ; la folie est proche.

À la veille de perdre la raison, après cette première alerte, en ce Miramare où elle se réfugie, l'impératrice laisse une dernière fois éclater son impérial orgueil. À son mari, qui, jeune amiral, s'était efforcé de redresser la marine autrichienne, elle lance ces mots à travers l'Atlantique : « C'est aujourd'hui que défilera devant Miramare l'escadre victorieuse [qui venait de remporter la bataille de Lissa[1] sur la flotte italienne]. C'est le dernier salut de la marine ; elle a sauvé la côte dalmate que tu aimais tant… L'honneur de la maison d'Autriche a traversé l'Atlantique ; il disparaît avec le soleil pour ressusciter là-bas… Charles Quint a montré la voie, tu l'as suivie, ne le regrette pas. »

Nuit shakespearienne au palais du Vatican

Pie IX est le dernier atout dans le jeu de Charlotte. Qu'il accepte un concordat et Maximilien peut encore être sauvé en s'appuyant sur l'Église et la droite mexicaine qui n'obéit qu'au pape.

Le 25 septembre, l'impératrice fait son entrée à Rome. Le Saint-Siège l'accueille en grande pompe comme il sied à une souveraine catholique. « La gare, écrit Blasio, le secrétaire de l'impératrice, était illuminée et magnifiquement décorée, la foule immense. La souveraine fut reçue par une députation de cardinaux que le Saint-Père avait envoyés à cet effet, par les ministres étrangers résidant à Rome et par un grand nombre de représentants de

1. Bataille navale remportée le 20 juillet 1866 par l'amiral autrichien Tegetthoff sur la flotte italienne au large de la Croatie. Mais la défaite de l'Autriche face à la Prusse alliée à l'Italie à Sadowa fait de cette victoire une victoire pour rien. Lors des traités de paix, l'Autriche doit céder la Vénétie à la maison de Savoie.

l'aristocratie romaine. La garde noble et la gendarmerie pontificale formaient la haie. Une escorte de dragons accompagna la princesse et sa suite jusqu'à l'Albergo di Roma, sur le Corso, où des appartements avaient été préparés. » Le lendemain, elle est reçue au Vatican. L'homme en blanc accueille avec chaleur la dame en noir. Mais en dehors de vagues déclarations d'intention et de beaucoup de compassion, il n'en sort pas grand-chose. Pie IX ne peut ou ne veut rien faire. Le 29, il lui rend sa visite ainsi que le protocole l'exige, mais sans résultat.

Le 30, tout bascule. « À 8 heures, écrit le comte Corti, intime des Habsbourg, l'impératrice [...] commanda un fiacre et se fit conduire d'abord à la fontaine de Trevi. Elle éprouvait une soif brûlante parce qu'elle n'avait rien bu le jour précédent, de peur que les boissons fussent empoisonnées. Ensuite, elle donna tout à coup au cocher l'ordre de la conduire au Vatican. Arrivée dans le palais papal, elle demanda impétueusement d'être conduite chez le pape. [...] Vêtue de deuil et terriblement agitée, elle fut introduite dans les appartements du pape où elle se jeta à ses pieds et, le visage baigné de larmes, l'implora de faire arrêter sa suite. Tous voulaient l'empoisonner et dans tout l'hôtel elle n'était entourée que des espions de Napoléon. [...] Ses plaintes devenaient de plus en plus déchirantes. Enfin on fit semblant de céder à son désir. » Avec une grande générosité, Pie IX se conforme à ses caprices. Il lui fait servir du chocolat. Elle remplit sa tasse d'une façon naturelle puis, tout à coup, y trempe les doigts et déclare qu'elle est empoisonnée et qu'elle préfère mourir de faim. Le soir venu, il est impossible de faire rentrer la malheureuse à son hôtel. Elle veut rester sous la garde du souverain pontife. Appelé à la rescousse, le médecin personnel du pape recommande de ne pas la contrarier. Alors, faisant une entorse aux règles du Saint-Siège interdisant aux femmes d'y dormir, on lui installe un lit dans la bibliothèque. Brisée par l'émotion, elle s'endort, veillée par sa dame d'honneur. C'est la première femme à dormir au Vatican depuis Lucrèce Borgia. Le lendemain, elle rédige ses dernières volontés, convaincue qu'elle sera bientôt victime du poison. Elle demande « à être enterrée très simplement dans l'église Saint-Pierre, aussi près que possible du tombeau des apôtres ». Elle écrit à Maximilien : « Mon trésor bien-aimé, je te dis adieu, le seigneur m'appelle auprès de lui. Je te remercie du bonheur que tu m'as donné. Que Dieu te bénisse et te fasse obtenir la paix éternelle. » Elle sollicite du pape qu'il lui accorde la bénédiction apostolique *« sub articulo morte »*. Elle vivra encore soixante ans. Mais pour la raison des hommes, c'est déjà une morte.

Ramenée enfin à son hôtel, elle arrête l'escorte pour se désaltérer avidement aux fontaines publiques où, quotidiennement jusqu'à la fin de son séjour, elle se rendra. Elle ne dort plus, de peur d'être égorgée dans son sommeil. La nuit, elle déambule et soliloque. Elle fait grande consommation de châtaignes grillées achetées au hasard des étals forains afin d'éviter qu'une main assassine n'y glisse du poison. Les repas sont préparés sur un petit fourneau à charbon par sa camériste viennoise. La femme de chambre achète elle-même des œufs et des poulets vivants qui sont gardés dans la chambre attachés aux pieds du lit. Des chats sont réquisitionnés comme goûteurs… Ces scènes shakespeariennes se prolongent jusqu'au début d'octobre.

Appelé en renfort, le frère de la malheureuse, le comte de Flandre, arrive le 7 octobre. Il constate l'étendue du désastre. Les médecins aliénistes sont pessimistes. Ils diagnostiquent une paranoïa aiguë. Il faut l'emmener loin de Rome, dans un lieu où l'on puisse lui prodiguer les soins exigés par son état. Le 11 octobre, elle arrive à Miramare.

Commence alors la longue nuit de l'enfermement.

Une si longue agonie

À Miramare, l'état de l'impératrice est si préoccupant qu'il est impossible de la laisser seule dans la maison principale. On l'enferme dans la *Garthenhaus*, le pavillon d'été où s'était réfugié Maximilien avant d'embarquer pour le Mexique. Derrière les fenêtres vissées de sa modeste résidence, elle va, saluant dans le vide « Maximilien, maître de la terre ». Ses officiers et ses dames d'honneur la rationnent, la maltraitent et s'efforcent de mettre la main sur une partie de sa fortune. Le sordide et le tragique se mêlent. Au milieu de tant de vautours, le comte Bombelles s'illustre. Ami d'enfance de Maximilien, ce personnage douteux qui fait feu de tout bois manœuvre pour devenir curateur de la malheureuse afin d'en tirer quelque profit. Il sera d'ailleurs de tous les mauvais coups de la maison d'Autriche. C'est lui qui, grand maître de cour de l'archiduc Rodolphe, sera le pourvoyeur des « petites femmes » de ses échappées nocturnes. C'est lui aussi qui, à Vienne, apprendra le premier, de la bouche du comte Hoyos, le double suicide de Mayerling. Il est toujours là quand frappe la Dame blanche des Habsbourg.

En attendant, une lutte fort déplaisante s'engage entre Vienne et Bruxelles pour savoir qui gardera la pauvre aliénée. L'enjeu est d'autant plus important que la situation au Mexique tourne à la tragédie. Après le retrait des troupes françaises en février 1867, Maximilien ne connaît que la défaite. Chaque jour, les impériaux reculent. Les colonnes yankees prêtent main-forte aux juaristes. L'empereur doit quitter Mexico. Puebla tombe. La route de la mer est coupée. Il ne reste plus qu'à se réfugier à Querétaro. Au bout de soixante-douze jours de siège, la garnison succombe, victime d'une trahison. Maximilien est fait prisonnier. C'est le triomphe de Juárez. Le descendant des Indiens de Montezuma va se venger sur le descendant de Charles Quint. En dépit des efforts des puissances européennes et malgré l'ultime démarche de la cour de Vienne qui rétablit le captif dans tous ses droits, honneurs et dignités, avec la complicité active des États-Unis, Maximilien est fusillé le 19 juin 1867. On se garde bien d'en informer la recluse désormais veuve. Les familles se déchirent. Le couple n'ayant aucun descendant, à qui doit revenir la considérable fortune de Charlotte ? Doit-elle faire retour à la maison de Belgique ? Doit-elle, en vertu du contrat de mariage, être attribuée aux Habsbourg ? On finit par transiger. La dot de l'impératrice sera restituée à Bruxelles. Le roi Léopold II pourra l'accueillir. Le 31 juillet, la souveraine de feu l'empire du Mexique rentre dans son pays natal. Pour ne pas l'effrayer, au palais de Laeken où elle séjourne quelques jours, la Cour quitte ses vêtements du deuil de Maximilien.

Charlotte a vingt-six ans. Désormais, elle ne quittera plus la Belgique, dans une aile du château de Tervueren d'abord, puis, à partir de 1879, au château de Bouchout pour près d'un demi-siècle. Ce qui suit relève plus de la chronique médicale que de l'histoire à proprement parler. Il y a des hauts, il y a des bas. Parfois, Charlotte semble apaisée, lucide même. En 1868, elle est en état d'apprendre la mort de son mari. Longuement, elle écoute le récit de ses derniers instants que vient lui rapporter le diplomate Hoorickx qui a pu le visiter plusieurs fois lors de sa détention au couvent des capucins à Querétaro. Il lui raconte l'empereur couché, frappé par la dysenterie, les tentatives d'évasion organisées par l'épouse de son aide de camp, la princesse de Salm-Salm, les dernières paroles qu'il aurait prononcées : « Pauvre Charlotte. » À certaines heures, elle trouve la paix dans le secours de la religion. À d'autres, sa raison s'égare. Toujours coquette, elle est frappée de crises d'érotomanie. Elle s'efforce de séduire tous ceux qui la servent, du jardinier au valet de chambre, en passant par le chef de sa maison. Elle confond les personnages. Elle croit que l'un ou l'autre des membres de sa suite est le colonel Van der Smissen, chef du corps expéditionnaire belge, ou le lieutenant-colonel Loysel, dont elle s'était platoniquement éprise durant l'aventure mexicaine. La nuit, elle se relève pour jouer au piano l'hymne mexicain. La plupart du temps, elle demeure silencieuse. Parfois, elle prend à témoin des interlocuteurs imaginaires : « Ne faites pas attention, Monsieur, si on déraisonne ; oui, Monsieur, on est vieux, on est bête, on est fou. » Un jour, elle s'écrie : « On vous a dit qu'on avait eu un époux, Monsieur ; un époux, empereur ou roi ! Un grand mariage, Monsieur. Et puis la folie. » Toute une vie résumée en quelques mots.

En 1914, lorsque s'écroule le vieux monde qui l'a vue naître, elle ne sait rien. Pourtant elle a tout compris, comme si la sagesse des fous était plus puissante que la folie des sages qui dirigent les nations. Elle marmonne : « Monsieur, on voit rouge, la frontière est noire, très noire… On ne rend pas les prisonniers… » Les autorités d'occupation allemandes respectent sa retraite. Le drapeau autrichien flotte sur le château de Bouchout. Archiduchesse d'Autriche, elle a droit aux égards dus à la veuve du frère du grand allié. La guerre passe. La paix revient. Rien ne change. C'est maintenant une vieille dame, recluse dans sa solitude, perdue dans ses pensées, égarée dans ses monologues, qui attend la mort. Le 19 janvier 1927, à 7 heures du matin, celle qui rêvait tant d'être impératrice rejoint son impérial époux au paradis des têtes couronnées.

Pour son dernier sommeil, elle ne rejoindra ni la nécropole dynastique qu'elle rêvait de fonder à Mexico, ni le tombeau des saints apôtres de Rome où elle avait exprimé le vœu d'être enterrée, ni la crypte des Capucins où repose la dépouille de Maximilien. Elle reposera, seule, dans la crypte de Laeken, aux côtés des autres membres de la famille de Belgique. Il n'y aura pas de grand tombeau, pas de grand gisant pour célébrer la mémoire de l'impératrice folle qui perdit la raison pour avoir rêvé un destin trop grand pour elle. Ou plus exactement si. Il y en aura un, ce sera un mythe littéraire. Le cénotaphe de Charlotte sera un roman, un roman venu de son empire, de son cher Mexique. Ce sera le chef-d'œuvre de Fernando del Paso, *Des nouvelles de l'Empire*, consacré à la « baronne du Néant, princesse de l'Écume, reine de l'Oubli ».

Bibliographie sélective

Buisson, Jean-Christophe, *Assassinés*, Paris, Perrin, 2013 ; Paris, Pocket, 2014.

Castelot, André, *Maximilien et Charlotte*, Paris, Perrin, 1977.

Corti, Egon, *Maximilien et Charlotte du Mexique*, Paris, Plon, 1927.

Gouttman, Alain, *La Guerre du Mexique*, Paris, Perrin, coll. « Tempus », 2011.

Morand, Paul, *La Dame blanche des Habsbourg*, Paris, Robert Laffont, 1963.

Paoli, Dominique, *L'Impératrice Charlotte, le soleil noir de la mélancolie*, Paris, Perrin, 2008.

Paso, Fernando del, *Des nouvelles de l'Empire*, Paris, Fayard, 1987.

Tulard, Jean (dir.), *Dictionnaire du Second Empire*, Paris, Fayard, 1993.

20

UNE MORT SI INJUSTE

La reine Astrid
Küssnacht am Rigi, 29 août 1935

par Pascal DAYEZ-BURGEON

Il y a quatre-vingts ans, le 29 août 1935, Astrid de Suède, la jeune épouse de Léopold III, roi des Belges depuis quelques mois, trouvait la mort dans un accident de voiture à Küssnacht am Rigi, sur les rives du lac des Quatre-Cantons. Depuis la Belgique traumatisée, l'émotion suscitée par cette tragédie s'étendit progressivement au monde entier au point que, génération après génération, le souvenir d'Astrid resta ancré dans la mémoire collective. Comment comprendre un phénomène d'une telle ampleur qui ne trouvera d'équivalent qu'en 1997, lors des funérailles de la princesse Diana ? Sans doute parce que cette jeune reine, avec son naturel désarmant, son charme si photogénique et sa sollicitude sincère envers les démunis, incarnait à merveille les aspirations de son temps : la course au bonheur, la solidarité des élites et, déjà, la fascination pour la société du spectacle. La mort d'Astrid marquait la fin d'un âge d'or et son souvenir flatte depuis notre penchant pour la nostalgie.

En cette fin de matinée du jeudi 29 août 1935, les Belges se préparent à une nouvelle journée ensoleillée, bien méritée après un hiver glacial et un printemps pluvieux, lorsqu'une incroyable rumeur vient les tirer de leur torpeur estivale. Astrid, leur souveraine adorée, aurait trouvé la mort dans un accident de voiture. Saisi de stupeur, le pays retient son souffle. Maisons et appartements, cafés et bureaux, magasins et ateliers se vident petit à petit au profit des rues, des parcs et des places où, la mine incrédule et grave, chacun cherche à savoir s'il faut prêter foi à la terrible nouvelle.

Rapidement le doute n'est plus permis. Confirmée par un communiqué du palais royal diffusé à midi, la disparition de la reine fait l'objet d'un bulletin radio à midi et quart, répété en boucle durant toute la journée. L'opinion est éberluée. Les déjeuners s'interrompent. Ceux qui vaquaient à leurs occupations s'immobilisent, comme pétrifiés. Les trams s'arrêtent et les trains s'attardent en gare. Des dizaines de milliers de Bruxellois, dont beaucoup de mères et d'enfants en pleurs, convergent vers le palais royal ou la résidence de Laeken. Comme les Américains une génération plus tard, lors de l'assassinat du président Kennedy, les Belges ne devaient jamais oublier le moment où ils apprirent que leur reine était morte.

Dans l'après-midi, l'exaltation succède à l'accablement. On veut savoir, on veut comprendre. La presse met tout en œuvre pour répondre à cette ardeur du désespoir. D'heure en heure, des éditions spéciales se succèdent, la Une bordée de noir, distillant les informations qui parviennent depuis la Suisse. On apprend ainsi que l'accident s'est produit un peu après 9 heures du matin à Küssnacht, sur le lac des Quatre-Cantons, à quelques kilomètres de Lucerne, où la famille royale était en villégiature. Distrait au volant, le roi Léopold a heurté une borne et n'a pas pu empêcher son cabriolet décapotable, une Packard luxueuse mais peu maniable, de verser dans le fossé où il a percuté un arbre. Éjectée par le choc, la reine est morte quasiment sur le coup, le crâne fracturé et la cage thoracique enfoncée. Le roi, lui, n'a été que légèrement blessé.

Si on ne les appelait pas encore ainsi, ils existaient déjà : en moins d'une heure, des dizaines de paparazzi sont sur les lieux de l'accident pour y interviewer toutes les personnes présentes, même celles qui n'ont rien vu, afin de multiplier les « témoignages » touchants. Willy Rogg, un jeune étudiant en médecine, parvient à prendre une demi-douzaine de clichés de l'automobile qui a fini sa course dans les ajoncs du lac, de l'arbre fatal et même de la dépouille de la reine, transportée à l'hôtel de ville. Il les revend tout de suite à l'Associated Press qui, depuis Londres, les diffuse à tous ses correspondants, attisant l'accablement de l'opinion.

Dévotion générale

Les jours suivant, la frénésie s'accroît. Dans la soirée du 29 août, les dernières éditions ont appris aux Belges qu'assommé de chagrin, leur roi a tenu à regagner son pays le soir même. Un train spécial mis à sa disposition par les autorités de Berne lui a permis de quitter Lucerne un peu avant minuit, en compagnie du corps de son épouse, et d'arriver en Belgique à l'aube du 30. En gare d'Arlon, il a été accueilli par le Premier ministre, Paul Van Zeeland, et plusieurs de ses ministres, dont Paul-Henri Spaak, qui, après guerre, deviendra un des pères fondateurs de l'Europe.

Nombreux sont ceux qui prennent à nouveau le chemin du palais royal ou de Laeken pour rendre un hommage silencieux. Comme on pouvait s'y attendre, ni le roi ni sa mère, l'excentrique reine Élisabeth, rentrée de toute urgence d'Italie où vit sa fille, ne paraissent ni ne s'expriment en public. Mais en fin d'après-midi, un communiqué de la Cour, immédiatement relayé par tous les médias, fait savoir à la population qu'elle est conviée à rendre un dernier hommage à la défunte dont la dépouille sera exposée au palais royal dès le lendemain. Une interminable file d'attente se forme aussitôt, digne mais décidée. Quitte à attendre toute la nuit s'il le faut, tout le monde veut en être, hommes et femmes, bourgeois et ouvriers, Flamands et Wallons.

Trois jours durant, on estime à plus d'un demi-million – le pays compte alors huit millions d'habitants – le nombre de Belges qui attendent la dizaine d'heures nécessaires pour être admis quelques courts instants au sein de la chapelle ardente. Revêtue d'une ample robe de soie noire, la reine repose sur un lit de fleurs blanches. Pour dissimuler ses blessures, le pourtour de son visage et son front ont été ceints de gaze, des paravents disposés un peu partout et des tentures de velours noirs apposées sur les fenêtres. Sépulcrale, l'atmosphère prête à l'émotion et les larmes coulent à flots. Chaque jour, des âmes sensibles s'évanouissent. Et le 2 septembre, à 19 heures, lorsqu'il faut fermer les portes, une clameur déchirante retentit parmi la foule qui attendait encore.

Ceux qui n'ont pu faire ce pèlerinage tiennent aussi à s'associer à la dévotion générale. Des manifestations du souvenir sont organisées dans la plupart des villes et des bourgs du pays où des dizaines de milliers de personnes éplorées viennent fleurir le portrait de la reine, crêpé de noir, à l'hôtel de ville ou sur le parvis de l'église. Impressionné, le Français Gaston Marchou, futur biographe de la reine, décrit longuement cette « foule aux dents serrées, aux yeux rougis qui, lentement, pieusement et farouchement silencieuse, s'avançait vers Elle pour la voir une dernière fois, la belle, la bonne, la douce reine des Belges, celle qui comprenait le cœur du peuple et que le cœur du peuple comprenait ».

Soucieuse d'être à l'unisson, la presse redouble d'anecdotes émouvantes : le roi, désespéré, qui, malgré ses blessures, fait un effort surhumain pour retenir ses larmes ; sa mère, admirable, qui le prend sans cesse dans ses bras pour atténuer son chagrin ; et les trois petits princes désormais orphelins, qui ne comprennent pas pourquoi leur mère ne vient pas les embrasser, Joséphine-Charlotte, qui va avoir huit ans, Baudouin, le prince héritier, bientôt cinq ans, et Albert, qui a eu un an en juillet et dont personne n'imagine que, soixante ans plus tard, il montera à son tour sur le trône. C'est une amie d'Astrid, la comtesse du Roy de Blicquy, qui est chargée de leur faire comprendre que leur mère ne reviendra plus, mais « qu'il ne faut pas être triste car elle est montée au ciel ».

Les plus grands noms de la littérature se manifestent. Maurice Maeterlinck, prix Nobel en 1911 et qui a eu soixante-treize ans le jour même de la mort d'Astrid, s'indigne : « Ce couple, le plus jeune, le plus amoureux, le plus conscient, le plus séduisant, le plus généreux de l'Europe, qu'avait-il donc fait ? L'amour, la beauté, la bonté sont-ils donc une offense aux implacables lois qui gouvernent ce monde [...]. Qui veut-on punir ? Qui veut-on éprouver ? Où veut-on en venir ? Une famille royale doit-elle payer pour tous ? » Paul Claudel, ambassadeur à Bruxelles jusqu'au printemps – ce sera son dernier poste –, s'épanche quant à lui sur le sort des orphelins royaux. « Le beau prince Baudouin, Joséphine-Charlotte et le petit Albert [...], c'est à eux que va d'abord ma pensée. L'ombre de la destinée s'est allongée jusqu'à la nursery royale. » Propos convenus ?

Sans doute. Mais l'essentiel est de communier dans la douleur collective.

Vient alors le temps des funérailles. Au diapason de l'émotion générale, les autorités ont prévu les choses en grand. Un deuil national d'une semaine est décrété et tous les drapeaux mis en berne. Le jour de l'enterrement, dans la matinée du mardi 3 septembre, les établissements publics ferment leurs portes, administrations, postes, musées et même écoles – la mesure est symbolique puisque la rentrée des classes n'a pas encore eu lieu. Les commerces, la Bourse, mais surtout les cafés et les restaurants, les cinémas et les kermesses sont incités à faire de même. Aucun incident ne sera à déplorer. Même le Parti ouvrier belge, qui ne porte pas la monarchie dans son cœur, fait savoir que « la classe ouvrière compatit au chagrin de trois enfants privés d'une mère jeune et bonne ». L'affliction est générale.

À 10 h 30, sous un ciel lugubre qu'on croirait lui aussi endeuillé, au son du glas de Saint-Jacques-sur-Coudenberg, le convoi funèbre quitte le palais royal pour la cathédrale Saints-Michel-et-Gudule, entouré par le roi Léopold, son frère Charles, son beau-père, Carl de Suède, et quatre officiers généraux en grand uniforme. Posé sur un charroi de bois laqué tiré par six chevaux noirs et surmonté d'un impressionnant dais de velours, le cercueil de la disparue est recouvert d'un linceul à son chiffre, un A surmonté d'une couronne royale. On s'étonnera après guerre de cet attelage suranné. Mais sur le moment, personne ne trouve à y redire. Après tout, n'avait-il pas servi, vingt-cinq ans plus tôt, pour l'enterrement du roi Léopold II, qui, lui aussi, avait marqué l'histoire de la Belgique ?

À la cathédrale, intégralement tapissée de velours noir, le cardinal Van Roey, primat de Belgique depuis dix ans – et pour les vingt-cinq ans à venir –, prononce une édifiante messe de requiem en présence de la famille royale et des parents suédois de la reine, du gouvernement au grand complet et de toutes les personnalités étrangères qui ont tenu à se rendre à Bruxelles – ambassadeurs, plénipotentiaires, têtes couronnées. Parmi elles, le prince Hubert de Piémont, beau-frère de Léopold, le duc d'York, qui deviendra le roi George VI l'année suivante, les princes de Norvège et de Danemark, de Luxembourg et de Bulgarie, les Habsbourg et même le prince Napoléon. Faute de place, la presse et le public doivent se contenter du parvis, où des haut-parleurs retransmettent l'homélie.

« Le roi… le roi, seul ! »

À midi et demi, dans un silence ponctué par le glas de la cathédrale, la procession funèbre repart en direction de la crypte de Laeken. Mais au dernier instant, Léopold bouleverse le protocole et décide de marcher seul en tête du cortège, laissant les dignitaires le suivre de loin, à pied ou en automobile. La foule, qui s'est massée le long des quatre kilomètres du parcours, est touchée par le spectacle de son roi qui, le bras en écharpe et la jambe raide, vit un martyre physique et moral. Les hommes se découvrent, les femmes se signent et les enfants pleurent en silence. Ému, un chroniquer radio lance, sur un ton pathétique, une formule qui marque les esprits : « Le roi… le roi, seul ! »

Une heure plus tard, dix-neuf coups de canon retentissent. Ils indiquent que le cercueil de la reine a gagné la crypte royale, dont on a toutes les peines du monde à arracher Léopold qui veut continuer à veiller son épouse jusqu'à l'épuisement. « Tout est fini », répète-t-il à plusieurs reprises. Petit à petit, tous ceux qui ont pris part aux funérailles, venus par familles entières, se dispersent et rentrent chez eux le cœur lourd.

Sans qu'on sache s'ils s'en rendent bien compte ni si cela les aide à surmonter leur chagrin, les Belges ne sont pas seuls à pleurer leur reine défunte. Certes, la plupart des chefs d'État et de gouvernement ont tenu à adresser leurs condoléances. Foncièrement catholique, l'opinion a été sensible à la décision de Pie XI qui a fait donner une messe au monastère de Sainte-Marthe en hommage à la « pieuse reine entrée dans le royaume éternel des justes » – le pape appréciait tout particulièrement qu'elle se fût convertie – et indiqué que « son cœur de père était avec le peuple belge dans la douleur, dans la prière et dans l'admiration des impénétrables desseins de Dieu ». Mais l'émotion l'emporte rapidement sur la diplomatie.

Rien n'obligeait en effet le Parlement brésilien à suspendre ses débats, la cour du Siam à prendre officiellement le deuil ou le maire de Rome à envoyer une délégation auprès d'Adolphe Max, l'indéboulonnable bourgmestre de Bruxelles, pour lui faire part de la « solidarité des citoyens romains envers le peuple bruxellois ». Rien n'obligeait non plus des dizaines de milliers de fidèles à se presser dans les ambassades belges à l'étranger, rapidement débordées, pour s'y recueillir devant le portrait de la disparue et y signer des registres de condoléances. Manifestement, la popularité d'Astrid avait franchi les frontières de son royaume.

Symptomatique est aussi la réaction des médias, ce baromètre de l'opinion. La mort de la jeune souveraine occupe la Une des principaux quotidiens, en Europe et en Amérique, en Asie et dans les colonies. Des éditions spéciales s'arrachent à Paris, à Rome, à Budapest, à Istanbul, au Caire, à Washington, et même à Buenos Aires où les Argentins ne se sont pourtant pas encore remis de la disparition de Carlos Gardel, leur idole absolue, qui a trouvé la mort le 24 juin précédent dans un accident d'avion. Monté à la hâte, un documentaire en l'honneur de la disparue fait un tabac dans toutes les capitales où on le programme, et notamment à Léopoldville, au Congo belge, où la population autochtone commence pourtant à maugréer contre la métropole.

Astridmania

Cette aura internationale dont on n'avait pas vraiment pris conscience explique l'étonnante « astridmania » qui déferle dans les mois qui suivent. Les obsèques ne sont pas encore achevées que les éditeurs belges, mais aussi français et suisses, anglais et suédois, italiens, espagnols ou portugais publient des albums commémoratifs et des portraits de la reine, qui ont tout de l'image pieuse. On se les arrache immédiatement et il faut les réimprimer sans cesse. Même succès pour les premières biographies qui sortent à l'automne, rédigées à la hâte par des plumes dont la rapidité est le principal mérite. *Astrid, la reine au sourire*, de Jeanne Cappe, *Notre reine Astrid*, de Louis Wilmet, ou *La Légende de la reine Astrid*, de Jean Mellech, sont des hagiographies redoutablement sulpiciennes. Tant pis : ce sont aussitôt des *best-sellers*.

Sans la moindre vergogne, l'industrie du souvenir se joint au mouvement. En quelques semaines, le marché est submergé de photographies encadrées, de calendriers armoriés, d'assiettes et de tasses commémoratives ou de napperons brodés à l'effigie de la disparue. Même les objets les plus incongrus sont plébiscités : horloges, boîtes à biscuits cerclées de noir, boîtes à café ou à chicorée Regina (« reine », en latin), et même pâte de verre permettant de mouler l'effigie en chocolat de la disparue. Ces objets finissent par être si nombreux qu'aujourd'hui encore, quatre-vingts ans après le drame de Küssnacht, les brocanteurs de la place du Jeu-de-Balle, le fameux marché aux puces de Bruxelles où Tintin déniche la première maquette de la *Licorne*, continuent à les écouler par lots entiers.

Les pouvoirs publics ne sont pas en reste. L'hôtel des Monnaies frappe des médailles de toutes les tailles et pour toutes les bourses. La poste multiplie les timbres commémoratifs, dont les bénéfices sont versés à la Croix-Rouge ou à l'Œuvre de la reine. Peintres et sculpteurs sont mobilisés pour réaliser au plus vite portraits, bustes et statues. En Belgique, mais aussi en France et dans nombre de capitales, des places, des avenues, des parcs, des hôpitaux ou des écoles sont rebaptisés en l'honneur de la disparue. Dans le même élan, quantité d'hôtels choisissent d'adopter le patronage de la reine. Trois générations plus tard, ces « hôtels Reine Astrid » existent toujours, à Nice, à Cannes, à Lourdes, à Toulouse, à Rennes, au Havre, à Rouen ou encore à Lyon où on offre désormais du « champagne Reine Astrid » aux clients privilégiés.

Les Parisiens l'ont oublié, mais leur ville porte encore la trace de cette ferveur populaire. Outre l'Hôtel-Dieu, où le buste de la disparue orne la cour nord-est du bâtiment, le conseil municipal, présidé par l'ancien préfet Chiappe, décide, en juin 1936 – en plein Front populaire –, de dédier à la reine Astrid la place située à l'angle de l'avenue Montaigne et du cours Albert-Ier. C'est à deux pas de là, sous le pont de l'Alma, que, soixante-deux ans plus tard, quasiment jour pour jour, la princesse Diana trouvera la mort dans un accident de voiture. Ouvert avenue Carnot en 1937, l'hôtel de la reine Astrid a toujours pignon sur rue. Quant à la chocolaterie *À la reine Astrid*, établie rue de Washington en septembre 1935 sur autorisation spéciale de la cour de Bruxelles, elle a déménagé rue du Cherche-Midi puis à Meudon et à Viroflay, mais existe toujours. Manifestement, comme devait l'écrire Jeanne Cappe, malgré les années, *Son sourire ne s'est pas éteint.*

S'ils divergent sur l'interprétation du phénomène, les historiens savent combien les foules sont friandes de figures héroïques auxquelles elles peuvent s'identifier. Ils savent aussi que, de temps à autre, ce sont de très jeunes femmes, sortes de modernes Jeanne d'Arc, qui répondent le mieux à ce besoin d'empathie. L'engouement suscité par Astrid n'est donc pas unique en son genre. En décembre 1817, par exemple, plus d'un million et demi de Britanniques éplorés assistaient aux funérailles de la princesse Charlotte, héritière du roi George IV. « C'était comme si chaque personne à travers la Grande-Bretagne venait de perdre son enfant préféré », écrivit lord Brougham, celui-là même qui devait faire de Cannes une destination à la mode.

On n'a pas oublié non plus le torrent d'émotion causé, en juillet 1952, par la mort d'Evita Perón, adulée comme une sainte que, pourtant, elle n'était pas ; ou, en septembre 1997, par les funérailles de la princesse Diana, auxquelles assistèrent plus de 3 millions de personnes. Écho de l'« astridmania » de 1935, l'« évitamania » puis la « dianamania » seraient un trait de la psychologie des foules attisé par la sophistication croissante des médias de masse – la radio jadis, la télévision naguère et, désormais, l'Internet.

Sans doute, mais pourquoi Astrid ? L'histoire ne manque ni de princesses fauchées à l'aube de leur vie ni d'héroïnes nationales au destin tragique. Aucune d'elles n'a pourtant suscité une telle ferveur durant l'entre-deux-guerres. Cette dilection tiendrait-elle à un destin exceptionnel ? Pas vraiment. À cet égard, les notices des encyclopédies frappent par leur modestie. Astrid Sophie Louise Thyra Bernadotte, peut-on y lire en substance, est née à Stockholm le 17 novembre 1905, s'est fiancée à vingt et un ans au prince Léopold de Belgique, qu'elle a épousé le 10 novembre 1926. Après en avoir eu trois enfants, dont deux fils, elle monta sur le trône avec son époux en février 1934 et trouva la mort dix-huit mois plus tard, trois mois avant son trentième anniversaire. Tout cela est, il faut bien l'avouer, assez mince.

Pour compenser, les thuriféraires de la disparue insistent sur son charme, son élégance et sa gentillesse. Ce n'est pas faux. Grande, trop peut-être, et même un peu anguleuse, caractéristiques compensées par une indéniable photogénie, Astrid a de l'allure et un abord naturel et gracieux qui inspire confiance et sympathie. Évitons en revanche de nous attarder sur sa prétendue simplicité, sempiternellement invoquée, jusqu'à l'écœurement. Dans ses *Mythologies*, Roland Barthes a bien montré qu'elle constituait un des clichés les plus éculés de la rhétorique populaire. S'émerveiller que les princes soient simples revient au fond à reconnaître qu'ils n'ont pas à l'être, et donc qu'ils ne le sont pas. Comment vivre simplement lorsque, comme Astrid, on est reine, on vous donne du « Majesté » à longueur de journée et qu'on vit dans un palais somptueux entourée d'officiers compassés, de suivantes déférentes et d'une armada de domestiques ?

Mais comme les ravissantes altesses ne sont pas rares non plus, les panégyristes astridiens font jouer un atout supplémentaire, le fameux « Appel de la reine », lancé en février 1935. Astrid serait une madone sociale. « Monsieur le Premier ministre, écrit-elle à Paul Van Zeeland, de nombreuses initiatives se manifestent déjà, je le sais, dans toutes les classes de la société. Mais le moment est venu de faire davantage [...], d'apporter une aide aux enfants, aux adultes, aux vieillards qui souffrent le plus cruellement de la crise et de la misère. » En quelques semaines, des monceaux d'habits, de vivres et de jouets sont ainsi collectés et redistribués aux plus nécessiteux.

L'élan est généreux et vaut à Astrid son énorme popularité. Envoyé spécial à Bruxelles, le journaliste de *Ouest-Éclair* rapporte sa rencontre avec « un vieux mineur du Borinage [...], un de ces rudes gars de Mons qui, syndicalistes à tous crins, vont jusqu'à porter le drapeau rouge à la tête des mouvements ouvriers. "Alors, vous êtes venu, avec vos camarades, à l'enterrement de votre reine ?" Le regard bleu d'acier du mineur me fixa un moment. "Pour nous, Astrid n'était pas notre reine. Elle était notre fée. La fée secourable des catastrophes et des journées d'entraide sociale. Dans les corons, nos femmes pleurent sa légendaire bonté" ». Pour autant, l'« Appel de la reine » n'a rien de révolutionnaire. La charité fait partie de la panoplie morale et politique des princes, qu'ils soient ou non sincères. Il est en outre difficile d'imaginer qu'Astrid ait agi de son propre chef, sans l'aval de son époux ni l'assentiment du gouvernement, indispensable en monarchie constitutionnelle.

Héroïne de la modernité

C'est donc moins dans la vie de la reine qu'il faut chercher les clés de l'« astridmania » que dans son image, dans les attentes qu'elle incarne, seule ou avec son époux d'ailleurs. Et c'est à ce titre qu'on peut parler de mythe. Le terme, il est vrai, est galvaudé. Pour la langue de bois médiatique, tout fait figure de mythe : un produit en vogue, une vedette de variété, un fait divers insolite. Mais pour les historiens, un mythe est surtout un récit, réaliste ou non, dont la trame traduit en mots simples et en images frappantes les aspirations d'une génération, d'un groupe social ou d'un pays. C'est typiquement le cas de la reine Astrid dont le destin raconte au fond celui de son pays et de son époque.

S'il fallait à cet égard ne retenir qu'un mot, ce serait celui de renouveau. Astrid symbolise le renouveau auquel aspire sa génération, celle de l'après-guerre, qui ne veut plus entendre parler de batailles, d'héroïsme et de sacrifice, et réclame la paix, la prospérité et le droit au bonheur. À sa disparition accidentelle, en février 1934, Albert Ier, le Roi-Chevalier, a emporté avec lui le souvenir glorieux de la guerre. Léopold III et Astrid, qui ont à peine la trentaine, sont les princes de la jeunesse, les souverains de la modernité, les hérauts du monde à construire.

À ce titre, les médias les servent admirablement. Léopold, blond et sportif comme un jeune premier, Astrid, élégante et glamour comme une diva, évoquent les vedettes de cinéma, cet art nouveau qui sort de l'enfance, commence à parler et draine des foules de plus en plus nombreuses. Comme cela ne leur déplaît pas, on les photographie sous toutes les coutures. Quitte à retoucher leur image pour qu'elle atteigne la perfection idéale. Le célébrissime portrait d'Astrid, où, coiffée d'un diadème délicatement Art déco, son visage légèrement incliné et rêveur, comme perdu dans un azur mallarméen, prolonge un cou qu'on jurerait inspiré par Modigliani et un buste tendrement lové dans un nid de perles et d'aigrettes, est un modèle du genre. Astrid est la star des temps nouveaux, une promesse de bonheur hollywoodien, un ange de beauté et de bonté.

Politiquement, cette popularité médiatique est pourtant à double tranchant. À ces jeunes souverains sympathiques qui aiment jouer à M. et à Mme Tout-le-monde en accompagnant leurs bambins à l'école, à la plage ou dans les grands magasins, il est facile d'opposer les politiciens ventripotents, arrogants et corrompus dont les sirènes fascistes prétendent qu'ils représentent l'ordinaire de la démocratie parlementaire. Des ambitieux comme le tribun Léon Degrelle[1], prêt à tout pour faire parler de lui, l'ont bien compris.

Au temps d'Astrid, qui n'a pas sa pareille pour jouer les *public relations* princières, réconciliant d'un sourire jeunes et vieux, socialistes et catholiques, Flamands et Wallons, Léopold ne cède pas à la tentation : il règne et ne gouverne pas. Mais une fois veuf, la solitude, la montée des tensions puis le déclenchement de la guerre le poussent à franchir la ligne. Le 28 mai 1940, l'armée belge est laminée par l'envahisseur nazi. Contre l'avis de son gouvernement, il décide de capituler et de demeurer en Belgique auprès de son peuple. Erreur fatale qui ruinera sa popularité et lui vaudra à la Libération le sobriquet injuste mais irréparable de « roi collabo ». En 1941, passant du drame au vaudeville, Léopold se remarie avec une jeune beauté que l'opinion prend immédiatement en grippe. Comment ose-t-on remplacer l'irremplaçable[2] ?

Les Belges ne lui pardonnent pas. En 1945, on ne veut plus de lui sur le trône et il se retire en Suisse, laissant la régence à son frère. En juillet 1950, persuadé que la crise coréenne[3] justifie son retour, il tente de remonter sur le trône mais ne parvient qu'à susciter d'immenses mani-

---

1. Issu de la petite bourgeoisie wallonne, fondateur du mouvement Rex, un courant monarchiste, catholique et nationaliste, Léon Degrelle (1906-1994) s'est rallié au national-socialisme durant la guerre, jusqu'à combattre sur le front de l'Est au sein de la division SS Wallonie. Réfugié en Espagne à la Libération, il y est mort en fasciste impénitent.

2. Le remariage du roi a lieu le 6 décembre 1941, la veille de l'attaque japonaise sur Pearl Harbor. Née Lilian Baëls (1916-2002), sa seconde épouse sera titrée princesse de Réthy.

3. Le 25 juin 1950, les troupes de la Corée du Nord communiste ayant envahi la Corée du Sud soutenue par les États-Unis, l'opinion est persuadée que le conflit va dégénérer en Troisième Guerre mondiale.

festations qui causent quatre morts. Il n'a plus d'autre choix que de se retirer définitivement de la scène en abdiquant en faveur de son fils Baudouin. Cruelle ironie, tout au long de cette question royale, comme on dit en Belgique, ses ennemis n'auront de cesse de lui opposer le souvenir de son épouse : « Majesté, proclamait-on en référence à Astrid, vous demeurez notre reine et votre fils (Baudouin) est notre roi ! » Astrid contre Léopold ? Comment avait-on pu en arriver là ?

Le mythe du bonheur perdu

C'est que, contrairement à son époux qui, adulé puis détesté, finira par s'éteindre en septembre 1983 dans l'indifférence générale, Astrid, elle, n'a pas eu le temps de décevoir. L'accident de Küssnacht lui a conféré la plénitude et l'éternité héroïques. En outre, dans la mort, l'icône du renouveau s'est muée en figure tragique, symbole de fatalité, de renoncement et de nostalgie. « C'était trop beau pour être vrai », affirme la sagesse populaire. C'est exactement ce qu'illustre le destin de la reine, fauchée en pleine jeunesse, emportant dans la mort les espoirs qu'elle avait incarnés.

Il est symptomatique de voir à cet égard combien leurs contemporains ont vécu différemment les morts du roi Albert et de la reine Astrid. Même si elle toucha les anciens combattants qui perdaient leur héros, la disparition du Roi-Chevalier, en février 1934, était dans l'ordre des choses. On chanta sincèrement ses louanges avant de s'abandonner tout aussi sincèrement à la joie du nouveau règne. Le roi est mort, vive le roi ! La disparition d'Astrid, elle, se révèle irréductiblement tragique. Car on la sait irremplaçable, comme les aspirations qu'elle portait et dont on pressent que la crise économique, les provocations hitlériennes et les bruits de bottes auront bientôt raison. *La guerre de Troie n'aura pas lieu* veut encore croire Jean Giraudoux dont la pièce est montée quelques mois après le drame de Küssnacht. Mais ceux qui ont interprété la mort d'Astrid comme un signe du destin savent qu'il s'agit d'un vœu pieux.

C'est certainement cette force symbolique qui confère à la figure d'Astrid son aura universelle. Avant sa mort, sa popularité demeurait limitée. On ne la connaissait vraiment qu'en Suède et en Belgique, et sans doute un peu en France et en Suisse. À part deux voyages au Congo et un long périple en Asie du Sud-Est, elle n'avait guère voyagé. Mais voilà qu'à sa mort, tout le monde se réclame d'elle, comme si ses faits et gestes avaient toujours été connus de tous.

Ce sont d'abord les circonstances de sa disparition qui frappent les contemporains. Les accidents de la route n'ont pas encore acquis leur triste banalité. Loin de passer pour un drame de la malchance, l'accident de Küssnacht est interprété comme une ordalie sportive, une rançon que la jeunesse aventureuse doit payer au progrès. Grace de Monaco en septembre 1982, Diana de Galles en août 1997 sont des victimes de la route. Astrid, elle, comme Isadora Duncan, Lawrence d'Arabie et même Nungesser et Coli ou Jean Mermoz, est une pionnière de la technique et une martyre de la modernité.

Mais c'est surtout sa mort inopinée et cruelle qui fascine l'opinion. Dans la tragédie grecque comme dans la culture populaire, qui sont plus proches qu'on ne le dit, les héros meurent jeunes. Jamais le *Kœnigsmark* de Pierre Benoit, dont Maurice Tourneur tourne la seconde adaptation cinématographique durant l'été 1935, n'aurait connu un tel succès si la princesse Aurore et le lieutenant Vignerte n'étaient morts à vingt ans, avant d'avoir pu vivre leur amour au grand jour[1]. Astrid est bien morte à Küssnacht le 29 août 1935. Mais c'est ce jour-là que son mythe est né.

« Cygne du Nord », « fée des sagas nordiques », « ange descendu du ciel », « reine nimbée de l'aura d'une sainte » : rares sont les princesses à avoir suscité une telle effusion nostalgique, des âmes simples éprises de poncifs aux imaginaires les plus subtils, celui d'un Patrick Modiano par exemple, dont *Villa Triste* (1975) est une ode surprenante et méconnue à la mémoire de la « pauvre reine des Belges ». Mais c'est moins pour ce qu'elle a été que pour ce qu'elle représente qu'Astrid hante encore nos mémoires. Morte à trente ans, elle est l'héroïne de notre modernité tragique, l'incarnation de ces espoirs de paix et de bonheur qui ont porté la Belgique, l'Europe et même le monde de l'après-guerre, et auxquels il a fallu bientôt renoncer. Elle demeure ainsi et à jamais la figure du bonheur perdu.

1. Publié en 1918, *Kœnigsmark*, le premier roman de Pierre Benoit, traite des amours impossibles d'un jeune répétiteur de français pour la grande-duchesse Aurore de Lautenbourg-Detmold. Succès colossal, il a fait l'objet d'une première adaptation pour le cinéma par Léonce Perret en 1923, avant celle de Maurice Tourneur en 1935 – il sera à nouveau adapté en 1953 et en 1968. Il a été choisi en 1953 pour devenir le premier ouvrage de la collection du Livre de Poche.

Bibliographie sélective

Barthes, Roland, *Mythologies*, Paris, Seuil, 1957, chap. « La croisière du sang bleu ».
Cappe, Jeanne, *Astrid, la reine au sourire*, Bruxelles, Casterman, 1935 – la page de garde est attribuée à Hergé.
—, *Son sourire ne s'est pas éteint*, Bruxelles, Casterman, 1936.
Dayez-Burgeon, Pascal, *La Reine Astrid, histoire d'un mythe*, Paris, Critérion, 1995 ; rééd., Paris, Perrin, 2012.
Koninckx, Christian (dir.), *Astrid, 1905-1935*, Bruxelles, Racine, 2005.
Lobkowicz, Stéphane de, *La reine Astrid n'est pas morte à Küssnacht*, Bruxelles, Éditions de l'Arbre, 2011.
Marchou, Gaston, *La Reine Astrid*, Paris, Plon, 1935.
Mellech, Jean, *La Légende de la reine Astrid, conte pour enfants*, Paris, Desclée De Brouwer et Cie, 1936.
Schwarzenbach, Alexis, *Königliche Träume. Eine Kulturgeschichte der Monarchie von 1789 bis 1997* (Rêves royaux, une histoire culturelle de la monarchie de 1789 à 1997), Zurich, Collection Rolf Heyne, 2012 – en allemand uniquement.
Sparre, Anna, *Vännen min*, Stockholm, Awe-Gebert, 1985, traduit en français sous le titre *La Reine Astrid, mon amie à moi*, Bruxelles, Luc Pire, 1985.
Wilmet, Louis, *Notre reine Astrid*, Bruxelles, Dupuis, 1935.

Notices biographiques des auteurs

Éric ANCEAU, président du jury du prix Mérimée et vice-président du Comité d'histoire parlementaire et politique, enseigne l'histoire de la France contemporaine à Paris-Sorbonne et à Sciences-Po Paris. Il a publié une douzaine d'ouvrages dont plusieurs ont été primés par l'Institut de France, en particulier *Napoléon III. Un Saint-Simon à cheval* (Tallandier, 2008), qui a reçu le prix Drouyn de Lhuys de l'Académie des sciences morales et politiques et le prix du Mémorial de la Ville d'Ajaccio.

Simone BERTIÈRE, ancienne élève de l'ENSJF, agrégée des lettres, passée à l'histoire au terme d'une carrière universitaire littéraire, a conquis une importante notoriété par son vaste panorama des reines de France aux Temps modernes, et surtout par des biographies – la *Vie du cardinal de Retz*, *Marie-Antoinette l'insoumise*, *Mazarin le maître du jeu* et *Condé le héros fourvoyé* –, couronnées par de nombreuses récompenses et qui font référence. Son dernier ouvrage paru est *Le Procès Fouquet* (tous volumes aux éditions de Fallois et au Livre de Poche). Simone Bertière est membre du conseil scientifique du *Figaro Histoire*.

Jean-Paul BLED est professeur émérite d'histoire contemporaine à l'université Paris-IV-Sorbonne. Spécialiste de l'Allemagne et de l'Autriche habsbourgeoise, il a notamment publié les biographies de référence de François-Joseph, Marie-Thérèse et Bismarck, disponibles en « Tempus ». Il vient de publier *Les Hommes d'Hitler* chez Perrin.

Jean-Christophe BUISSON, spécialiste des Balkans et du monde slave, est directeur adjoint de la rédaction du *Figaro Magazine*. Il est l'auteur de plusieurs ouvrages dont *Il s'appelait Vlassov*, *Mihailović*, *Histoire de Belgrade* et *Assassinés*. Il a également codirigé chez Perrin *Les grands duels qui ont fait la France*.

Irina de CHIKOFF, journaliste, longtemps grand reporter pour *Le Figaro*, et écrivain, a publié deux romans : *Sainte-Lune* et *Adrien ou Un songe russe* (Éd. de Fallois), ainsi qu'un essai, *Le Sourire de Dieu* (Le Rocher).

Jean des CARS est l'historien des grandes dynasties européennes et de leurs plus illustres représentants. Parmi ses succès : *Sissi ou la Fatalité*, *La Saga des Romanov*, *La Saga des Windsor*, *La Saga des reines*, *La Saga des favorites* et *Le Sceptre et le Sang*. Son dernier ouvrage paru est *Nicolas II et Alexandra de Russie : Une tragédie impériale*.

Normalien, agrégé d'histoire et ancien élève de l'ENA, Pascal DAYEZ-BURGEON est actuellement responsable des affaires européennes du CNRS. D'origine belge, on lui doit la dernière biographie d'envergure de la reine Astrid (« Tempus », 2012), ainsi qu'une *Histoire du Benelux* et un essai *Les Secrets de la Belgique* (Perrin, 2013). Spécialiste de la Corée où il a résidé de 2001 à 2006, il lui a consacré plusieurs ouvrages, dont une *Histoire de la Corée* et *La Dynastie rouge* (Perrin, 2014) qui traite de la Corée du Nord.

Auteur d'une thèse remarquée sur les images des rois de France pendant les guerres d'Italie, Didier LE FUR est historien des XVe et XVIe siècles, sur lesquels il a publié *La France en 1500*, ainsi que *Marignan, 1515*. Il est également l'auteur des biographies, saluées par la critique : *Louis XII*, *Charles VIII*, *Henri II* ou encore, tout récemment, *François Ier*.

Xavier de MARCHIS, libraire indépendant, est aussi chroniqueur à la radio et à la télévision. Il dirige la librairie Contretemps à Paris.

Lorraine de MEAUX, agrégée et docteur en histoire, spécialiste de la Russie moderne et contemporaine, a notamment publié *La Russie et la tentation de l'Orient* (Fayard, 2010) et l'édition critique du *Roman d'une impératrice. Catherine II de Russie* (Perrin, 2011) de Kazimierz Waliszewski.

Georges MINOIS, ancien élève de l'École normale supérieure, agrégé, est docteur en histoire et docteur d'État ès lettres. Spécialiste de l'histoire culturelle, il a publié une quarantaine d'ouvrages traduits en quinze langues, dont, chez Perrin, *Bossuet*, *Charlemagne*, *La Guerre de Cent Ans*, *Philippe le Bel* et, récemment, *Charles le Téméraire.*

Pierre RENUCCI, spécialiste des empereurs julio-claudiens, est docteur en science politique. Outre sa thèse *Les Idées politiques et le gouvernement de l'empereur Julien*, il a publié *Auguste, le révolutionnaire* ; *Tibère, l'empereur malgré lui* ; *Caligula, l'imprudent* ; *Claude, l'empereur inattendu* et, dernièrement, *Marc Antoine.*

Agrégée d'espagnol, maître de conférences honoraire d'études hispaniques à l'université Paris-IV-Sorbonne, Marie-France SCHMIDT a publié plusieurs biographies dont *Ignace de Loyola*, *La Duchesse d'Albe*, *Goya*, *Isabelle II*, *Christophe Colomb* et, récemment, *Isabelle la Catholique.*

Jean SÉVILLIA est rédacteur en chef adjoint au *Figaro Magazine* et membre du conseil scientifique du *Figaro Histoire*. Il est l'auteur de biographies (*Zita, impératrice courage* ; *Le Dernier Empereur, Charles d'Autriche*) et d'essais historiques (*Le Terrorisme intellectuel*, *Historiquement correct*, *Historiquement incorrect*), qui ont été des succès de librairie, comme son

Histoire passionnée de la France. Son dernier ouvrage paru est *La France catholique.*

Jean-François SOLNON, agrégé d'histoire et docteur ès lettres, est professeur émérite des universités. Spécialiste renommé de l'Ancien Régime, il a notamment publié chez Perrin *La Cour de France* (« Tempus »), *Histoire de Versailles* (« Tempus »), *Les Couples royaux dans l'histoire : le pouvoir à quatre mains*, *Le Goût des rois.* Son *Louis XIV, vérités et légendes* vient de paraître.

Ancien élève de l'ENS et de l'ENA, Arnaud TEYSSIER, à travers plusieurs biographies saluées par la critique (*Lyautey*, *Charles Péguy*, *Louis-Philippe*, *Richelieu*), s'est attaché à éclairer la personnalité profonde de figures historiques par trop figées dans leur image.

Jean-Louis THIÉRIOT tient la chronique « À l'école de l'Histoire » au *Figaro Histoire.* Il a déjà publié *François-Ferdinand d'Autriche, de Mayerling à Sarajevo ; Margaret Thatcher, de l'Épicerie à la Chambre des Lords ; Stauffenberg, l'homme qui voulait tuer Hitler ; France-Allemagne, l'heure de Vérité.* Il a obtenu le prix du NCU pour son *François-Ferdinand* et le prix Robert-Christophe 2010 de l'Association des écrivains combattants pour son *Stauffenberg.*

Membre de l'Académie des sciences morales et politiques, Jean TULARD a enseigné l'histoire de Napoléon à la Sorbonne et publié plusieurs livres de référence sur la période. Il préside le conseil scientifique du *Figaro Histoire.*

Jean-Louis VOISIN, agrégé d'histoire, ancien membre de l'École française de Rome, a enseigné aux universités de Caen, de Bourgogne et Paris-XII. Spécialiste reconnu du monde romain, il a notamment collaboré à une *Histoire romaine* et a participé à la conception du MuséoParc Alésia. Son *Alésia* est paru en 2014 dans la collection « Tempus ».

Composition et mise en pages
Nord Compo à Villeneuve-d'Ascq

Achevé d'imprimer en novembre 2015
par Normandie Roto Impression s.a.s.
61250 Lonrai
N° d'impression : 1505393
Dépôt légal : octobre 2015

Imprimé en France